康熙乾隆的惠山情结

秦志豪　编著

苏州大学出版社

图书在版编目(CIP)数据

康熙乾隆的惠山情结 / 秦志豪编著. — 苏州：苏州大学出版社，2015.12
ISBN 978-7-5672-1570-2

Ⅰ.①康… Ⅱ.①秦… Ⅲ.①康熙帝(1654-1722)—生平事迹②乾隆帝(1711~1799)—生平事迹 Ⅳ.①K827=49

中国版本图书馆 CIP 数据核字(2015)第 270754 号

书　　名	康熙乾隆的惠山情结
编　　著	秦志豪
责任编辑	倪浩文
装帧设计	刘　俊
出版发行	苏州大学出版社(Soochow University Press)
出 版 人	张建初
社　　址	苏州市十梓街1号 邮编：215006
印　　刷	苏州大元印务有限公司
网　　址	www.sudapress.com
E-mail	Yidoushan@163.com　　QQ:121792283
邮购热线	0512-67480030
销售热线	0512-65225020
开　　本	889mm×1194mm 1/16　　印　张：20.75
版　　次	2015年12月第1版
印　　次	2015年12月第1次印刷　　字　数：499千字
书　　号	ISBN 978-7-5672-1570-2
定　　价	50.00元

凡购本社图书发现印装错误，请与本社联系调换。服务热线：0512-65225020

自　　序

乾隆南巡，所开列临幸地，"不曰无锡，不曰惠山，而曰秦园"，乾隆的惠山情结是由其皇祖康熙对锡山秦氏寄畅园的关注而引起的，因此，本书书名取为《康熙乾隆的惠山情结》，它提供了康熙、乾隆南巡临幸惠山和寄畅园的一些资料。2011年，无锡祠堂文化研究会接受了惠山古镇办提出的为惠山祠堂群申遗提供资料的任务，笔者是祠堂文化研究会的成员，曾对寄畅园的园史进行过一些探索，就主动接受了这个课题。

那么，寄畅园和惠山祠堂群有什么关系呢？

明清鼎革之际，寄畅园趋于破败，顺治十二年秦德藻归并合一了寄畅园。康熙六年，秦德藻之子秦松龄请造园名家张涟侄儿张鉽改筑寄畅园，园益胜。康熙六次南巡，至少七次临幸了寄畅园。康熙在四巡回銮时，秦松龄长子秦道然随驾进京，奉旨在九阿哥允禟处教书。雍正即位，秦道然因䄄藩邸事被捕入狱，家产充公，寄畅园没官。乾隆元年丙辰，秦道然之子秦蕙田中一甲三名进士，入直南书房。乾隆二年丁巳，蕙田伏阙陈情，愿以身代父，疏入，秦道然获释，寄畅园发还。乾隆十一年，由秦道然倡议，二十四房共议公决把寄畅园改建成双孝祠，由秦蕙田起草了《寄畅园改建祖祠公议》。这样乾隆十一年后的寄畅园就改建成为双孝祠了，当时著名文人浦起龙还写了《秦氏双孝祠记》，所以寄畅园又称孝园。双孝祠的建立，从法理上守住了寄畅园，使秦氏家族对先祖遗业一代一代的接力传承提供了有力的保证。乾隆南巡临幸无锡是冲着寄畅园来的，乾隆曾先后十一次到寄畅园，并赐"孝友传家"额给双孝祠。如果说，几百年来寄畅园的兴衰变迁是一场旷日持久的寄畅园保卫战，而双孝祠的建立是这保卫战的关键性一役，它成就了今后寄畅园近五百年不易姓的人文奇观。一个私家园林能接续传承了近五百年不易姓，不仅在国内没有，在世界上其他国家似也未听说过。关于寄畅园（双孝祠）也留下了大量文献资料，笔者于2009年编了一册《锡山秦氏寄畅园文献资料长编》，最近又出版了一本《寄畅园园史探索》，加上这本《康熙乾隆的惠山情结》，这三本加起来反映了多少信息！有哪一个私家园林能提供这么多的资料？

寄畅园即双孝祠这段历史，一般人知之不多，发掘这段历史对于惠山祠堂群的申遗无疑只会加分，是传递正能量。

怎样来做课题呢？首先得把自己的工作有一个定位。既然为申遗提供资料，并不需要脱离实际的空洞的长篇大论，需要的是对申遗有加分的资料，是资料！这些资料有些可能已为人所知，需筛选、整理，但也可能有好多对申遗有用的资料尚不为人了解，这就更需要去发掘、搜集。总之，发掘、搜集、筛选、归纳、整理等方法是做好课题的重要途径。有了资料，有了事实，再发表你的议论。

需要什么样的资料呢？被我们采用的资料首先应是第一手的原始资料，提供的资料要有依据，要经得起推敲。例如，要说明乾隆十一年后寄畅园已改成双孝祠，则《寄畅园改建祖祠公议》和浦起龙的《秦氏双孝祠记》就是最好的文献。再如，康熙、乾隆临幸寄畅园的资料，应从《清实录》《起居注》《清圣祖御制诗文集》《清高宗御制诗文集》入手，扈驾大臣的笔记、无锡县的地方志、家族资料等也是一个重要方面。查找资料是做好课题的关键，由于笔者不会使用电脑，对查找资料带来了困难，只能用传统的方法借助图书馆、资料室了。查资料是一个花时最多、非常艰辛的工作。例如，查康熙南巡临幸寄畅园之事从一巡到五巡都已基本解决，就是六巡缺少资料。《康熙朝起居注》有两个版本，一个是中华书局的《康熙起居注》（上中下），另一个版本是台北联经出版事业公司的《清代起居注册·康熙朝》，前一个版本市图有藏，后一个版是托人去北京国图复印的。这两个版本的内容是互补的，但加起来仍不全。我需要康熙四十六年（六巡）的起居注刚好缺失，因此只好采用乾隆《无锡县志》的记载，但乾隆志在记载康熙南巡时常有错，只能存疑待考了。再如，关于乾隆南巡，《清实录》中有关无锡记载很简略，而《乾隆起居注》市图没有，其余地方也不知有没有，我就采用了《清高宗御制诗文集》，此集收录了乾隆诗文四万三千多篇，分装成二十二大册，我不知这中间有多少是需要的，只能一页一页一本一本翻阅过来，而且至少翻阅了七八次，再把需要的复印下来……这是一个漫长而艰苦的过程，资料的发掘、搜索、整理要占到整个课题完成时间之五分之四左右。

搜集的资料，较为零乱、分散，怎样把这些资料有机地整合，形成有特色、有课题的申遗材料呢？若资料不多，可以在分析这些资料的基础上写成文章，记叙文、议论文都可以。若资料很多，就有些麻烦了。我是采用"资料加点评"的形式，把资料按专题分类，按时间排序，加以适当点评。我的观点在点评中反映出来。资料整理完成后，组成了电子文档，它已不是杂乱无章、无迹可循、互不相关的一堆文字，而是一个有序的、凸显某些重要信息的资料库。还可根据需要，在资料库中选取有关元素写成一篇一篇的文章，作者的点评仅反映了最直观的、最易获取的一些信息,远不是信息库中反映的全部,却是带有普遍性的较为重要的信息。用好这个资料库所提供的信息,应是非常重要的。

这本集子收进了三大系列资料:《康熙南巡临幸惠山和寄畅园考》《乾隆的惠山情结》《听松庵的前世和今生》。这三系列都是采用了"资料加点评"的方式来完成的,但由于资料的多与少、内容的复杂或简单、时间跨度的长短不一,三篇文章的表达方式又各不相同。

《康熙南巡临幸惠山和寄畅园考》资料并不多,但有些资料中有错误,要纠正这些错误花了我很多时间,这样考证的篇幅超过了资料的篇幅,就出现了"资料加点评"中夹杂了论证的内容,特别是二巡这一节考证了张英《南巡扈从纪略》中康熙临幸寄畅园的时间搞错了。张英的笔记怎么会把时间搞错呢?这是一个匪夷所思的问题,我通过《清实录》《康熙起居注》《张文贞公年谱》和张英《南巡扈从纪略》中的其他内容证实了张英《南巡扈从纪略》中的时间搞错了。

《乾隆的惠山情结》应是最典型的"资料加点评"模式,虽然内容多,但单一,只涉及《清高宗御制诗文集》,收录诗文共六百十九篇,占御制诗文总数的1.4%,它提供了好多鲜为人知的信息,例如,乾隆在茶舍"盘山千尺雪"的诗中好多次提到了"唐太宗晾甲石"的故事,在《题唐太宗晾甲石》诗的自注中:"太宗开创主也,天下既定,斯为守成之君,以海外叛蛮而事亲征,失轻重矣。"乾隆以孝治国,特别强调祖先创业,子孙守成是他的重要治国理念,乾隆从这一点出发对于寄畅园几百年不易姓是看重的,因为这是祖先创业、子孙守成的一个成功的典型例子,他极其推崇,因而赞叹"异世一家能守业,犹传凤谷昔行窝"。他把寄畅园的兴衰同自己的治国理念联系起来了。笔者认为这部分是三大系列中最重要的一大系列。

《听松庵的前世和今生》是乾隆南巡的延伸,这部分资料的特点除了资料杂而多外,时间跨度也长。从明洪武到清乾隆再到民国,分布较散,好多诗文散落在社会上,收录起来有难度,整理过程出现了好多疑点,有些疑点的考证只能放在附录中了。

这篇自序反映了我是怎样想的,又是怎样做的。由于笔者不是搞文史的专业人士,凭着一腔热情,追怀先祖的遗训,宣传锡山秦氏的文化,竭尽全力地努力着、追逐着,不妥和错误之处在所难免,恳请大家指正。

2015 年 8 月

目 录

康熙南巡临幸惠山和寄畅园考

一、康熙第一次南巡 二十三年（1684）
甲子 31岁 ……………………（3）
　（一）文献记载一
　（二）文献记载二
　（三）有关诗文

二、康熙第二次南巡 二十八年（1689）
己巳 36岁 ……………………（6）
　（一）文献记载一
　（二）文献记载二
　（三）张英《南巡扈从纪略》中的疑点
　（四）有关诗文

三、康熙第三次南巡 三十八年（1699）
己卯 46岁 ……………………（14）
　（一）文献记载一
　（二）文献记载二

四、康熙第四次南巡 四十二年（1703）
癸未 50岁 ……………………（16）
　（一）文献记载一
　（二）文献记载二

五、康熙第五次南巡 四十四年（1705）
乙酉 52岁 ……………………（18）

　（一）文献记载一
　（二）文献记载二
　（三）有关诗文

六、康熙第六次南巡 四十六年（1707）
丁亥 54岁 ……………………（20）
　（一）文献记载一
　（二）文献记载二
　（三）有关诗文

七、康熙南巡临幸惠山和寄畅园统计 …（22）

八、其他 …………………………………（23）
　（一）黄惺吾《乾隆南巡秘记》中有关康熙南巡部分
　（二）传说

附录一、有关文献 ………………………（24）
　（一）康熙第一次南巡
　（二）康熙第二次南巡
　（三）康熙第三次南巡

附录二、主要参考书目 …………………（38）

乾隆的惠山情结

一、文献资料 ……………………（41）
　（一）无锡寄畅园—北京惠山园
　1. 寄畅园
　（1）寄畅园
　（2）再题寄畅园
　（3）游寄畅园题句
　（4）介如峰

　（5）寄畅园叠旧作韵
　（6）寄畅园杂咏
　（7）泛梁溪,游寄畅园,即目得句
　（8）寄畅园再叠旧韵
　（9）雨中游惠山寄畅园
　（10）寄畅园三叠旧韵
　（11）游寄畅园叠旧作韵

(12) 游寄畅园再叠丁丑旧作韵
(13) 游寄畅园三叠丁丑旧作韵
2. 惠山园
(14) 晓春万寿山即景八首（其八）
(15) 题惠山园八景有序
(16) 再题惠山园二首
(17) 仲春万寿山杂咏六首（其五）
(18) 惠山园
(19) 题惠山园叠前韵
(20) 再题惠山园八景
(21) 惠山园
(22) 惠山园
(23) 墨妙轩
(24) 惠山园即景
(25) 墨妙轩
(26) 惠山园
(27) 惠山园
(28) 再题惠山园八景
(29) 惠山园
(30) 题惠山园
(31) 惠山园观荷花
(32) 再题惠山园八景
(33) 洗秋阁
(34) 惠山园
(35) 题惠山园八景叠旧作韵
(36) 再题惠山园八景
(37) 惠山园
(38) 题惠山园
(39) 题墨妙轩
(40) 惠山园荷花
(41) 题惠山园
(42) 再题惠山园八景
(43) 惠山园
(44) 题惠山园
(45) 再题惠山园八景
(46) 惠山园
(47) 惠山园
(48) 惠山园
(49) 惠山园
(50) 再题惠山园八景
(51) 惠山园
(52) 游惠山园，因忆江南去岁被灾地
(53) 再题惠山园八景
(54) 题惠山园八景，叠丙申韵
(55) 惠山园
(56) 再题惠山园八景
(57) 题惠山园八景
(58) 题惠山园八景
(59) 惠山园八景
(60) 惠山园八景

（二）无锡竹炉山房—北京玉泉山竹炉山房及其他

3. 无锡竹炉山房（惠山寺听松庵）
(61) 惠山听松庵用竹炉煎茶，因和明人题者韵，即书王绂画卷中
(62) 汲惠泉烹竹炉歌
(63) 再题听松庵书张宗苍补图上
(64) 惠山歌题张宗苍画
(65) 听松庵竹炉煎茶叠旧作韵
(66) 汲惠泉烹竹炉歌叠旧作韵
(67) 题张宗苍补《惠泉图》叠旧作韵
(68) 题沈贞竹炉山房
(69) 听松庵竹炉煎茶再叠旧韵
(70) 竹炉山房作
(71) 题张宗苍补《惠泉图》再叠旧韵
(72) 汲惠泉烹竹炉歌再叠旧韵
(73) 听松庵竹炉烹茶戏成
(74) 汲惠泉烹竹炉歌三叠旧韵
(75) 听松庵竹炉煎茶三叠旧韵
(76) 题张宗苍补《惠泉图》三叠旧韵
(77) 听松庵竹炉烹茶作
(78) 题惠山听松庵《竹炉图》叠前韵
(79) 听松庵竹炉煎茶四叠旧作韵
(80) 补写惠山寺听松庵《竹炉图》并成是什纪事
(81) 听松庵竹炉烹茶戏成，效白居易体
(82) 咏惠山竹炉
(83) 惜张宗苍补《惠泉图》亦被毁，因四叠旧韵

(84)汲惠泉烹竹炉歌四叠旧作韵
(85)以王绂《溪山渔隐图》赐惠山寺弆珍,以偿竹炉四图回禄之失,诗以志事
(86)咏惠山竹炉叠庚子诗韵
(87)汲惠泉烹竹炉歌五叠旧作韵
(88)听松庵竹炉煎茶五叠旧作韵
(89)题补写惠山寺听松庵《竹炉图》叠庚子诗韵
(90)题王绂《溪山渔隐图》叠庚子诗韵
(91)题张宗苍《惠山图》

4. 玉泉山竹炉山房(玉泉山静明园,仿惠山竹炉山房建造)
(92)仿惠山听松庵制竹炉成,诗以咏之
(93)玉泉山天下第一泉记
(94)玉泉山竹炉山房记
(95)初春游玉泉山即景五首(其四)
(96)进舟至静明园即景再作
(97)咏竹炉
(98)竹炉山房
(99)竹炉山房歌叠惠泉烹竹炉韵
(100)竹炉山房
(101)竹炉山房
(102)竹炉山房试茶
(103)竹炉山房
(104)竹炉山房作
(105)竹炉山房烹茶作
(106)竹炉山房
(107)竹炉山房品茶
(108)暮春玉泉山揽景
(109)竹炉山房试茶二绝句
(110)竹炉山房
(111)竹炉山房烹茶作
(112)竹炉山房
(113)竹炉山房烹茶作
(114)竹炉山房烹茶戏题
(115)竹炉山房试茶作
(116)竹炉山房
(117)竹炉山房
(118)竹炉山房作
(119)竹炉山房
(120)竹炉山房
(121)竹炉山房
(122)竹炉山房
(123)竹炉山房戏题二绝句
(124)竹炉山房
(125)竹炉山房
(126)竹炉山房
(127)竹炉山房
(128)竹炉山房戏题二首
(129)竹炉山房二首
(130)竹炉山房
(131)竹炉山房
(132)竹炉山房二首
(133)竹炉山房二首
(134)竹炉山房二首
(135)竹炉山房
(136)竹炉山房
(137)竹炉山房
(138)竹炉山房作
(139)竹炉山房
(140)竹炉山房
(141)竹炉山房二首
(142)竹炉山房作

5. 竹炉精舍(香山静宜园,茶舍)
(143)竹炉精舍
(144)竹炉精舍烹茶戏作
(145)竹炉精舍烹茶作
(146)竹炉精舍
(147)竹炉精舍戏题
(148)竹炉精舍烹茶
(149)竹炉精舍
(150)竹炉精舍
(151)竹炉精舍
(152)竹炉精舍
(153)竹炉精舍口号
(154)竹炉精舍漫题
(155)竹炉精舍

6. 试泉悦性山房(香山碧云寺,茶舍)
(156)题试泉悦性山房
(157)试泉悦性山房
(158)试泉悦性山房
(159)试泉悦性山房
(160)试泉悦性山房
(161)试泉悦性山房
(162)试泉悦性山房
(163)试泉悦性山房
(164)试泉悦性山房
(165)试泉悦性山房
(166)试泉悦性山房
(167)试泉悦性山房
(168)试泉悦性山房
(169)试泉悦性山房口号
(170)试泉悦性山房
(171)试泉悦性山房
(172)试泉悦性山房
(173)试泉悦性山房戏题
(174)试泉悦性山房
(175)试泉悦性山房
(176)试泉悦性山房
(177)试泉悦性山房
(178)试泉悦性山房
(179)试泉悦性山房
(180)试泉悦性山房
(181)试泉悦性山房作歌

7. 味甘书屋(热河避暑山庄,茶舍)
(182)味甘书屋
(183)味甘书屋
(184)味甘书屋
(185)味甘书屋
(186)味甘书屋
(187)味甘书屋口号
(188)味甘书屋
(189)味甘书屋
(190)味甘书屋
(191)味甘书屋
(192)味甘书屋

(193)味甘书屋
(194)味甘书屋
(195)味甘书屋口号
(196)味甘书屋口号
(197)味甘书屋戏题
(198)味甘书屋口号
(199)味甘书屋
(200)味甘书屋
(201)味甘书屋口号
(202)味甘书屋
(203)味甘书屋
(204)味甘书屋口号
(205)味甘书屋试茶
(206)味甘书屋口号
(207)味甘书屋自警

8. 焙茶坞(西苑,茶舍)
(208)焙茶坞
(209)焙茶坞
(210)焙茶坞
(211)焙茶坞
(212)焙茶坞
(213)焙茶坞戏题
(214)焙茶坞戏题
(215)戏题焙茶坞
(216)焙茶坞
(217)焙茶坞
(218)焙茶坞口号
(219)戏题焙茶坞
(220)焙茶坞戏题
(221)焙茶坞
(222)焙茶坞
(223)焙茶坞
(224)焙茶坞
(225)焙茶坞
(226)焙茶坞
(227)焙茶坞
(228)焙茶坞

9. 春风啜茗台(万寿山清漪园,茶舍)
(229)题春风啜茗台

(230)春风啜茗台
(231)戏题春风啜茗台
(232)戏题春风啜茗台
(233)春风啜茗台口号
(234)题春风啜茗台
(235)春风啜茗台二首
(236)春风啜茗台
(237)春风啜茗台

10. 盘山千尺雪(盘山静寄山庄,赏景,茶舍)
(238)盘山千尺雪记
(239)千尺雪
(240)千尺雪再成
(241)再叠前韵题唐寅《品茶图》
(242)千尺雪
(243)再题千尺雪
(244)题唐寅《品茶图》仍叠其韵
(245)千尺雪题句
(246)唐寅《品茶图》
(247)千尺雪四首
(248)再题千尺雪
(249)唐寅《品茶图》
(250)千尺雪作
(251)唐寅《品茶图》仍叠前韵
(252)再题千尺雪
(253)千尺雪
(254)千尺雪
(255)题唐寅《品茶图》
(256)千尺雪
(257)题唐寅《品茶图》
(258)再题千尺雪
(259)千尺雪
(260)题唐寅《品茶图》
(261)千尺雪
(262)题唐寅《品茶图》
(263)再题千尺雪
(264)千尺雪
(265)题唐寅《品茶图》
(266)再题千尺雪
(267)坐千尺雪烹茶作

(268)千尺雪
(269)题唐寅《品茶图》
(270)再题千尺雪
(271)千尺雪
(272)题唐太宗晾甲石
(273)题唐寅《品茶图》
(274)再题千尺雪
(275)千尺雪
(276)再题千尺雪
(277)题唐寅《品茶图》
(278)千尺雪
(279)题唐寅《品茶图》
(280)再题千尺雪三首
(281)游山毕入山庄千尺雪门
(282)千尺雪三绝句
(283)题唐寅《品茶图》
(284)千尺雪得句
(285)游山旋入千尺雪门
(286)千尺雪三绝句
(287)题唐寅《品茶图》
(288)再题千尺雪
(289)游山回入千尺雪门有作
(290)千尺雪三绝句
(291)题唐寅《品茶图》
(292)再题千尺雪
(293)游山回,入千尺雪门小憩有作
(294)千尺雪咏唐文皇晾甲石
(295)题唐寅《品茶图》用辛亥韵
(296)再题千尺雪
(297)千尺雪作歌
(298)题唐寅《品茶图》

11. 西苑千尺雪(西苑淑清院,赏景、休憩,设竹炉,选录)
(299)瀛台即景杂赋
(300)题瀛台千尺雪
(301)千尺雪
(302)题千尺雪
(303)晓春瀛台即景杂咏
(304)千尺雪口号

(305) 千尺雪二首
(306) 淑清院杂咏三首
(307) 千尺雪
(308) 千尺雪

12. 热河千尺雪(热河避暑山庄,赏景、休憩,设竹炉,选录)

(309) 千尺雪歌叠旧作韵
(310) 千尺雪
(311) 千尺雪歌再叠旧韵
(312) 千尺雪三首
(313) 千尺雪
(314) 千尺雪
(315) 千尺雪
(316) 千尺雪
(317) 千尺雪

13. 青可轩(万寿山清漪园,赏景、休憩,设竹炉,选录)

(318) 清可轩
(319) 清可轩

14. 枕碧楼(热河避暑山庄,赏景、休憩,设竹炉,选录)

(320) 枕碧楼

15. 亩鉴室(万寿山清漪园,赏景、休憩,设竹炉,选录)

(321) 亩鉴室

16. 画禅室(圆明园,赏景、休憩,设竹炉,选录)

(322) 圆明园画禅室对雪有作

17. 其他(茗渝处)

(323) 雪水烹茶
(324) 再题清晖阁四景(其二)
(325) 舟中杂兴(选一)

(三)无锡黄埠墩—北京凤凰墩

18. 黄埠墩

(326) 黄埠墩
(327) 黄埠墩
(328) 黄埠墩
(329) 皇甫墩

19. 凤凰墩

(330) 凤凰墩

(331) 凤凰墩放舟自长河进宫之作
(332) 凤凰墩对雨
(333) 凤凰墩放舟由长河进宫川路揽景杂咏
(334) 长河放舟进宫之作
(335) 凤凰墩
(336) 凤凰墩
(337) 凤凰墩
(338) 凤凰墩
(339) 长河泛舟至凤皇墩
(340) 凤凰墩
(341) 凤凰墩
(342) 凤凰墩
(343) 凤凰墩
(344) 凤凰墩
(345) 广源闸易舟过万寿寺至昆明湖登陆回御园沿途即景杂咏(选一)
(346) 凤凰墩
(347) 望凤凰墩未至寄题
(348) 舟过绣漪桥小游凤凰墩之作
(349) 凤凰墩口号

(四)其他:惠山和无锡

20. 惠山

(350) 惠山寺
(351) 雨中游锡山
(352) 咏惠泉
(353) 舟行杂兴三十首(其十九)
(354) 题沈周《碧山吟社图》
(355) 拟怀锡山药名离合二首
(356) 拟前题县名离合二首
(357) 先贤周敦颐后嗣持小像求祠名,允其请,并题以句
(358) 惠山寺
(359) 题惠泉山房
(360) 咏惠泉
(361) 惠泉上作
(362) 游锡山
(363) 惠山寺叠旧作韵
(364) 题漪澜堂
(365) 若冰洞

(366) 惠山寺叠旧作韵
(367) 惠泉山房作
(368) 惠山寺叠前韵
(369) 戏题惠泉方圆二池
(370) 题漪澜堂
(371) 若冰洞
(372) 泛舟游惠山即景杂咏
(373) 仇英《松阴观瀑图》
(374) 惠山寺再叠旧作韵
(375) 圆池
(376) 方池
(377) 暗窦
(378) 明亭
(379) 倪瓒《林亭远岫》
(380) 自惠山跋马过无锡县城,登轻舟至水营,即景杂咏
(381) 漪澜堂叠前韵
(382) 若冰洞
(383) 惠山寺四叠旧作韵
(384) 王绂山亭文会叠己卯旧作韵
(385) 圆池
(386) 方池
(387) 暗窦
(388) 明亭
(389) 漪澜堂再叠前韵
(390) 若冰洞
(391) 惠山寺五叠旧作韵
(392) 钱榖《惠山煮泉图》
(393) 王绂山亭文会再叠己卯韵
(394) 圆池
(395) 方池
(396) 暗窦
(397) 明亭
(398) 戏题放生池三首
(399) 漪澜堂三叠前韵
(400) 若冰洞

21. 无锡
(401) 赐大学士嵇曾筠
(402) 题邹一桂《百花卷》
(403) 赐顾栋高
(404) 赐副总河嵇璜
(405) 赐苏州巡抚爱必达
(406) 赐江苏学政李因培
(407) 嵇璜梦麟自河南复命诗以识事
(408) 赐邹一桂
(409) 左都御史张泰开在内廷授诸皇子书,醇谨老成,兹以八旬年老且病告归,特晋礼卿并加宫傅,诗以赐钱
(410) 过无锡县
(411) 舟过无锡城
(412) 大学士嵇璜每有致仕之意,作此什示之
(413) 文渊阁大学士嵇璜疾痊召见赐诗
(414) 赐文渊阁大学士嵇璜《素心堂有感》诗
(415) 大学士嵇璜重赴庚戌科恩荣宴诗以赐之
(416) 大学士嵇璜八十寿辰诗以赐之

二、资料点评 …………………………… (135)
(一) 乾隆的惠山情结概说
1. 乾隆南巡,六巡十一幸寄畅园和惠山
2. 惠山寄畅园—北京惠山园
(1) 寄畅园的古朴、自然、幽静、雅致
(2) 寄畅园独特的人文价值
(3) 惠山园仿寄畅园
(4) 乾隆的惠山情结——惠山园
3. 惠山寺听松庵—玉泉山竹炉山房
(1) 关于竹茶炉
(2) 关于竹茶炉文化
(3) 玉泉山仿制竹炉山房
(4) 乾隆的惠山情结——玉泉山竹炉山房
(5) 乾隆的惠山情结——山房处处有竹炉
4. 惠山黄埠墩—北京凤凰墩
(1) 黄埠墩独特的地理位置
(2) 凤凰墩仿黄埠墩
(3) 乾隆的惠山情结——北京凤凰墩
(二) 乾隆的惠山情结源于寄畅园
(三) 乾隆对寄畅园特别关注的原因

附录一、乾隆南巡在无锡留下的诗篇索引
………………………………………… (146)
附录二、乾隆南巡秘记 …………………… (149)

听松庵的前世和今生

一、听松庵的前世……………（161）
　　（一）洪武七年，僧性海创建听松庵
　　　1. 绣岭亭
　　　2. 听松庵
　　（二）洪武十四年，僧普真修复惠山寺
　　（三）洪武二十八年，僧普真创制竹茶炉
　　　1. 庐山景画壁
　　　2. 竹茶炉
　　　3. 竹茶炉原咏卷（诗和文）
　　　4. 秋声小阁
　　（四）成化十二年，秦夔复竹茶炉
　　（五）山僧真恩首仿竹茶炉
　　（六）成化十四年，秦夔建松风阁
　　（七）成化十六年，庐山景画壁毁于火
　　（八）成化十九年，盛舜臣新制竹茶炉
　　（九）正德四年，《唐六如竹炉图祝枝山草书合璧卷》问世
　　（十）正德五年始，邵宝在听松庵的活动
　　　1. 正德五年
　　　2. 正德十一年
　　　3. 正德十三年
　　　4. 正德十五年
　　　5. 正德十六年
　　　6. 嘉靖二年
　　　7. 嘉靖六年
　　（十一）隆庆年间，听松庵毁于火

二、听松庵的今生……………（206）
　　（一）竹炉山房——听松庵的重生
　　（二）竹炉新咏——竹茶炉和诗卷的延续
　　　1. 听松石床的回归
　　　2. 竹炉新咏
　　　3. 宋荦《竹炉图咏》卷的诞生

　　　4. 雍正年间，竹茶炉的失和复
　　（三）乾隆南巡——竹炉文化的新高潮
　　　1. 乾隆初，竹炉和竹炉诗卷俱存，唯缺第四图
　　　2. 乾隆南巡《竹炉图咏》的补、毁、复
　　　3. 乾隆南巡竹炉诗
　　　（1）《竹炉图咏·前集》乾隆诗
　　　（2）乾隆听松庵竹炉煎茶，用卷中明人原韵、叠韵及和诗
　　　（3）乾隆惠山寺诗叠韵（一）
　　　（4）乾隆惠山寺诗叠韵（二）
　　　（5）乾隆汲惠泉烹竹炉歌叠韵及和诗
　　　（6）乾隆题张宗苍补图叠韵及和诗
　　　（7）其他叠韵诗及和诗
　　　（8）其他
　　　（9）《竹炉图咏》之画卷
　　　4. 乾隆玉泉山竹炉山房和其他茶舍的竹炉诗
　　　（1）玉泉山竹炉山房（玉泉山静明园，仿惠山竹炉山房建造）
　　　（2）茶舍（竹炉精舍、试泉悦性山房、味甘书屋、焙茶坞、春风啜茗台、盘山千尺雪）
　　　（3）设竹炉的景点（西苑千尺雪、热河千尺雪、清可轩、枕碧楼、盥鉴室、画禅室、露香斋）
　　　5. 其他
　　（四）竹茶炉文化余韵不绝
　　（五）结语

附录一、惠山听松庵—竹炉山房留下了多少个不解之谜？……………（300）
附录二、听松庵大事记……………（308）

跋……………………………………（315）

康熙南巡临幸惠山和寄畅园考

清康熙皇帝爱新觉罗玄烨(1654—1722),在位时间 61 年(1661—1722),六次南巡是其一生中的重要轨迹之一,本文以文献为基础探索康熙临幸无锡的具体时间;康熙南巡在无锡留下的诗是七首、八首还是九首;这些诗是何年创作;康熙南巡临幸无锡是七次还是八次;康熙南巡时还有哪些其他诗文。

一、康熙第一次南巡　二十三年(1684)甲子　31 岁

九月二十八日(辛卯)—十一月二十九日(辛卯)

(一)文献记载一

1.《康熙起居注》

十月二十三日乙卯　上自仪真江口渡江,至镇江府西门外驻跸。
十月二十四日丙辰　午后,自镇江启行往苏州府。
十月二十五日丁巳　上过丹阳县、常州府、无锡县。
十月二十六日戊午　上驻跸苏州府城内。
十月二十七日己未　上临虎丘,是日启行往江宁府,驻跸无锡县南门。
十月二十八日庚申　上幸观惠泉山……是日,上驻跸丹阳县南门。

2. 雍正《江南通志》卷首收录了康熙帝的《南巡笔记》:"(十月)廿四日将由仪真幸江宁府,忽遇顺风,可以速达京口,遂乘沙船顺流而下,波恬浪静,瞬息七十里……次早登金山……晚而登舟扬帆丹阳县、常州府、无锡县俱未及泊,一昼夜行三百六十余里达姑苏……二十八日回銮过虎丘山……舟过无锡县,游锡山,观惠泉、石甃、八角池,水色渟泓,味较玉泉远不相及,不知前人何以称之为第二泉。二十九日由丹阳县陆行,初一日过句容县……抵江宁府。"

按:据1、2,康熙第一次南巡到了苏州就回銮。十月二十七日,临幸虎丘后经古运河往无锡,驻跸无锡南门。第二天十月二十八日就临幸惠泉山和寄畅园。因而康熙第一次南巡仅回銮时临幸惠山和寄畅园。

又按:康熙御舟经无锡南门古运河时,目睹了南水仙庙庙会的盛况。1991 年版的《南长区志》收录了一张南水仙庙平面示意图,内中编号"4"为"翠辇停骖"竖额,旁款"恭逢圣祖仁皇帝南巡驻跸庙庭",落款"锡金绅商敬上",就是讲的这件事。

3.《清圣祖御制诗初集·卷十》南巡诗中收录了康熙的一首《锡山》诗。

锡　山

朝游惠山寺,　闲饮惠山泉。　漱石流仍洁,　分池溜自圆。
松闲幽境辟,　岩下小亭悬。　聊共群工濯,　天真本浩然。

——录自《清圣祖御制诗初集》卷十

按:此诗无锡县志中曾收入,但未注明时间。从上述资料可知,此诗是康熙二十三年十月二十八日回銮幸锡山时所作。

(二)文献记载二

1. 秦毓钧《寄畅园家集纂》:"二十三年甲子,九月南巡,十月戊午至苏州,幸虎丘,庚申回銮幸惠山,驻跸寄畅园。"

2. 秦始然《漆园公行述》:"康熙甲子冬,先伯父对岩公罢职未得旋里。上视阅河工,巡幸苏州,回銮过蓉湖观泉,幸寄畅园。吾父代先王父接驾,上垂问家世,并问吾父名及出身,逐一奏对毕。上又问:秦松龄莫不就是尔一家么?奏云:是臣胞兄。时上及诸大臣憩卧云堂,见檐前樟树交枝翳空,顾问这树几何年矣?吾父奏云:有百二十年。上问:缘何晓得?又奏:臣祖臣燿,前朝备员湖广巡抚,移植庭中已百二十年。天颜甚霁,顾随从大臣笑语移时。"

(三)有关诗文

1. 康熙第一次南巡,纳兰性德以一等侍卫扈驾随行。赵秀亭等编著《纳兰性德行年录》康熙二十三年条中,谈到南巡的一些情况:"十月,南巡至扬州,时张玉书适奔丧至扬,性德问慰之,揖别于江干。十月,吴兆骞病卒于京师。十一月初,南巡至江宁,性德会曹寅。在江宁,得汉槎凶问。南巡中,性德得明人《竹炉新咏卷》,为惠山听松故物。回京,以此卷归梁汾,作《题竹炉新咏卷》诗,并为梁汾书'新咏堂'三字。冬,秦松龄因顺天乡试事下狱,徐乾学力救之,得放归。"

此次南巡,纳兰性德还留下了一些有关无锡的诗词:

病中过锡山

润川山尽路漫漫, 天入蓉湖漾碧澜。 彩鹢风樯连塔影, 飞鸿云阵度峰峦。
泉烹绿茗徐蠲渴, 酒泛青瓷渐去寒。 久爱虎头三绝誉, 今来仍向画中看。

又

棹女红妆映茜衣, 吴歌清切傍斜晖。 林花刺眼篷窗入, 药里关心蜡展违。
藕荡波光思澹永, 碧山岚气望霏微。 细莎斜竹吟还倦, 绣岭停云有梦依。

江南杂诗(共三首)

其二

九龙一带晚连霞, 十里湖堤半酒家。 何处清凉堪沁骨, 惠山泉试虎丘茶。

梦江南

其五

江南好, 真个到梁溪。 一幅云林高士画, 数行泉石故人题。 还是梦游非?

其六

江南好, 水是二泉清。 味永出山那得浊, 名高有锡更谁争。 何必让中泠。

(以上诗词,都录自《通志堂集》)

2. 民国时秦铭光留下一首竹枝词:

竹枝词·驻骢桥

豹尾当年认侍中, 雕弓玉勒小戎风。 垂虹立马空陈迹, 佳话流传说驻骢。

——录自《锡山风土竹枝词》

【作者原注】城内驻骢桥,以清圣祖南巡时,纳兰容若扈跸驻马于此,故以得名。

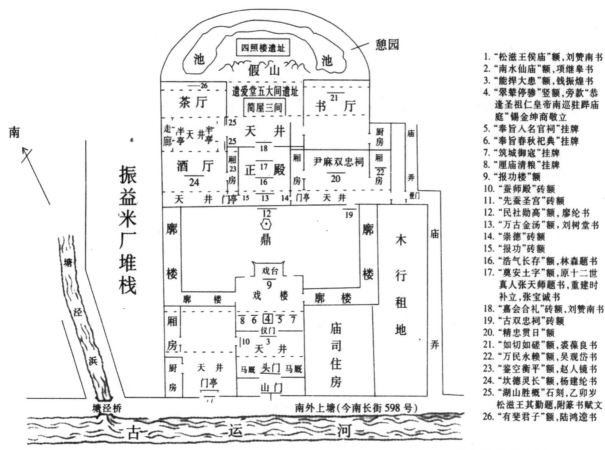

二、康熙第二次南巡　二十八年(1689)己巳　36岁

一月初八(丙子)—三月十九日(丙戌)

(一)文献记载一

1.《清实录》：一月初八,丙子,上南巡。命皇长子允禔随驾,是日启行,驻跸永清县南哥驿。

2.《康熙起居注》、《清实录》、张英《南巡扈从纪略》：

我们从《康熙起居注》、《清实录》、张英《南巡扈从纪略》(下简作《纪略》)所记录的行程中选取了南下过长江后,从金山继续南巡直到回銮再到江宁这一段行程,从《清圣祖御制诗二集》中摘取了对应上述行程康熙所留下的诗作。把上述两部分作一对照分析,试图得出有关结论。

时间	行程	御制诗
一月二十九日(丁酉)	上驻跸镇江府金山寺。	《金山江天寺》《焦山》《驻跸金山》
一月三十日(戊戌)	上过镇江府,驻跸丹阳县七里庙。	
二月初一(己亥)	上驻跸常州府海子口。	
二月初二(庚子)	上驻跸无锡县放生池。	《雨过锡山》
二月初三(辛丑)	上驻跸苏州府城内。	
二月初四(壬寅)	上巡察民生风俗,便道观虎丘山,上驻跸苏州府。	《虎丘望山后》
二月初五(癸卯)	上观苏州府属万峰山、太湖,上驻跸万峰山。	《邓尉山》《邓尉小轩望太湖》
二月初六(甲辰)	上自万峰山启行,观灵岩山,驻跸吴江县龙王庙。是日,随到吴江县已深夜。(张英《纪略》)	《登灵岩》《晚过吴江》
二月初七(乙巳)	上驻跸浙江秀水县施茶亭。	《入平望》
二月初八(丙午)	上驻跸仁和县塘栖镇。	《禾中道上》
二月初九(丁未)	上驻跸杭州府城内。上已登吴山,急往从之。(张英《纪略》)	《巡幸杭州》《吴山》
二月初十(戊申)	上驻跸杭州府。驾之西溪,予未从。(张英《纪略》)	《泛舟西湖》《西溪》《题西溪山庄以"玉窗"二字书赐高士奇》《过桃花岭至玉泉寺》《湖心亭》
二月十一日(己酉)	上驻跸杭州府。	
二月十二日(庚戌)	上驻跸杭州府。大雪。(张英《纪略》)	
二月十三日(辛亥)	上渡钱塘江,往禹陵,驻跸绍兴府会稽山麓。驾入绍兴登卧龙山。(张英《纪略》)	《渡钱塘江》《山阴》《谒大禹庙》《登卧龙山越望亭》
二月十四日(壬子)	上亲撰祭文诣禹陵致祭。	

	上驻跸萧山县西兴镇。	
二月十五日（癸丑）	上驻跸杭州府城。	《云栖竹树甚茂幽兰满山》
	十五日过云栖、灵隐、暮登舟过西湖，宿西兴之次日（15日）渡钱塘。	《虎跑泉》《灵隐寺》《飞来峰》
二月十六日（甲寅）	上幸演武场，阅官兵骑射，上驻跸杭州府。	《谕浙省将吏军民》
二月十七日（乙卯）	上自杭州回銮，乘舟还至石门县石门镇驻跸。	《舟中书怀》
二月十八日（丙辰）	上驻跸吴江县南。	
二月十九日（丁巳）	上驻跸苏州府城。	
二月二十日（戊午）	乡绅士民请圣驾暂留数日，上曰：姑留一日，后日早行。上驻跸苏州府城。	
二月二十一日（己未）	上驻跸苏州府。	《将游华山以欲雨未往》
二月二十二日（庚申）	上在苏州未发时，接见各地官员，上自苏州府启行，驻跸无锡放生池。	《雨中幸锡山园林》《惠泉》《无锡小民以羔羊惠酒争献御舟笑而遣之》
二月二十三日（辛酉）	上过常州府，御舟泊丹阳县。	
二月二十四日（壬戌）	上由陆路启行，驻跸句容县城。	《句容望雨》
二月二十五日（癸亥）	上驻跸江宁府城内。	《巡幸江宁》

按：（1）把上述的行程整理一下，共二十七天：

　　金山　　→　　丹阳　　→　　常州　　→　　无锡　　→　　苏州　　→
一月二十九日　　一月三十日　　二月初一　　二月初二　　二月初三—二月初五

　　吴江　　→　　秀水　　→　　塘栖　　→　　杭州　　→　　渡钱塘（绍兴）→
二月初六　　　二月初七　　　二月初八　　二月初九—二月十二日　　二月十三日

　　绍兴（西兴）→　　渡钱塘（杭州）→　　（回銮）石门　→　　吴江　　→
二月十四日　　二月十五日—二月十六日　　二月十七日　　　二月十八日

　　苏州　　　　　　　→　　无锡　　　　　→　丹阳　　→　　句容　　→
二月十九日—二月二十一日　　二月二十二日（过常州）　二月二十三日　　二月二十四日

　　江宁
二月二十五日（江宁第一天）

（2）上述御制诗顺序没有改动过也没有遗漏，行程和御制诗顺序很契合，御制诗甚至可精确到"日"，至多只有一天的误差，因而上述列表所反映的内容可信度很高。

（3）很明显，康熙第二次南巡，在南下时和回銮北上时，御舟都在无锡县放生池停过，南下时到无锡时间是二月初二，据《康熙起居注》和《清实录》二月初二所记，康熙当天接见了多批官员，外面又下着雨，当日康熙留下一首诗。《雨过锡山》："轻云冉冉雾弯环，细雨丝丝幂远山。画舫青帘开晓坐，平波漫衍白鸥闲。"诗题中"过"字说明没有登岸；从诗文内容看，外面雾气濛濛，下着小雨，康熙在御舟上欣赏着锡山的景色，御舟驶离了惠山，并没有上岸。康熙回銮时到无锡的时间是二月二十二日，并留下了三首诗。光从诗题我们可以断定康熙临幸了惠泉和寄畅园。这样我们可以得出初步结论如下：康熙第二次南巡是在回銮时临幸了寄畅园。

3. 康熙四首诗：

雨过锡山

轻云冉冉雾弯环， 细雨丝丝幂远山。 画舫青帘开晓坐， 平波漫衍白鸥闲。

——录自《清圣祖御制诗二集》卷一

雨中幸锡山园林

澹冶青山色， 幽探傍晓来。 烟笼岩下竹， 雨洗石边苔。
断续听啼鸟， 飘摇惜落梅。 胸襟原浩荡， 随意坐亭台。

惠 泉

寒云覆树昔年经， 再品山泉到此亭。 春水一犁农事足， 喜看膏雨遍郊坰。

【作者原注】甲子观惠泉在十月。

无锡小民以羔羊惠酒争献御舟笑而遣之

自昔君门隔九阍， 如何草野得攀援？ 多因爱此元元切， 忘分公然学负暄。

——以上三首皆录自《清圣祖御制诗二集》卷二

按：以上四首诗在无锡县志中都有收录，据上述分析《雨过锡山》作于二月二日御舟上，另三首都作于二月二十二日。

（二）文献记载二

1. 乾隆《无锡县志》："康熙二十八年己巳，乘舆还自会稽，夜抵锡山，驻跸黄埠，及明放艇山中，遂步玉趾再临寄畅，循览移时，因御书'品泉'二字，命前谕德臣松龄刻扁泉上，而以墨本赐之。"

按：回銮时临幸。

2. 秦毓钧《寄畅园家集纂》："二十八年己巳正月南巡，二月辛丑至苏州，丁未至杭州，辛亥渡钱塘江，祀禹陵，乙卯回銮幸惠山，驻跸寄畅园。"

按：回銮时临幸。

3. 严绳孙《惠山第二泉御书记》（下简作《记》）："春二月，还自会稽，北出无锡。时民以肆赦之余又新留贤令，踊跃之情有加于常。歌吹沸天，灯火匝地。上既驻跸黄埠，厥明，遂步玉趾临于第二泉。灵雨乍零，有诏令民无长跪，于是观者咸呼万岁。"

按："还自会稽，北出无锡"说明是回銮时临幸。

又按：据《起居注》：二月初二，康熙驻跸放生池，下谕旨：无锡县降级县令百姓称其善，着带所降之级留任。

严《记》有："时民以肆赦之余又新留贤令，踊跃之情有加于常。"这不但说明了是回銮时临幸，还可看出二月初二日南下过无锡时没有上岸临幸。

上述三个旁证,加强了我们的康熙是回銮时临幸寄畅园的结论。

(三)张英《南巡扈从纪略》中的疑点

张英《南巡扈从纪略》较为详细地记述了他扈从康熙第二次南巡的经历和见闻,提供了一些鲜为人知故事,是一篇重要的历史文献,但在康熙临幸无锡的时间上和上述文献的结论不同,引起了我的疑虑。现把《昭代丛书》收录的《纪略》全文中,摘出有关康熙临幸无锡的部分,供分析:

张英《南巡扈从纪略》:

初二日至无锡,驻跸黄婆墩,时已暮,墩上悬灯数百盏,下映河水,甚可观。次早,上至秦家园、观惠山泉。予同京江随至秦园,时梅花盛放,登天香楼看殊烂漫。有大山茶一株,高二丈,亦作花,朱殷千朵,与梅相映。园中有樟树大十围,上问留仙曰:汝家老樟树无恙否,又问此树几何年?对曰:此园在臣家二百年,在前原有此树,不知其年也。园中多林木,清池居中,纵横可八九丈,堂阁亭榭环之。叠假山为溪谷,水从溪谷入池。时折玉蝶梅大枝贮瓶中,予从主人索梅插瓶时,驾已回,主人因以此一枝为赠。

……

二十二日到无锡,过惠泉,再过秦园,又之邹园。

《纪略》记载了康熙第二次南巡时,"往""返"皆幸惠山和寄畅园,这同前面的结论"康熙第二次南巡时仅在回銮时临幸了惠山和寄畅园"相矛盾,笔者试从下述四个方面来说明《纪略》的结论可能有误。

1. 张英在《纪略》中谈到康熙和秦松龄关于老樟树在秦氏两百余年的问答,而张英有诗《锡山秦家园二首》第二首有:"老树霜皮态转妍,含清堂畔绿阴偏。至尊相问何年种,自入秦家二百年"。讲的是同一件事。《锡山秦家园二首》收录在张英《存诚堂诗集》卷二十三中。此诗集是按时间排序的,我们很容易据诗题所反映的时间推算出此诗作创作的年份。《存诚堂诗集》卷二十三的第一首(按诗题排序)是:《己巳春日毗陵道上》(常州)、第二首是《入邓尉山九绝句》(苏州)、第三首是《过双泉草堂》(苏州)、第四首是《泠泉亭》(杭州)、第五首是《云栖》(杭州)、第六首是《灵隐寺》(杭州)、第七首是《孤山》(杭州)、第八首即《锡山秦家园二首》(无锡)、第九首是《金陵绝句二首》(江宁)。"己巳"是康熙二十八年,"春日"正是康熙第二次南巡的时间,而张英正是随驾扈跸大臣,在第九首《金陵绝句二首》中有"扈跸经过朱雀桥"之句,说明第一首到第九首都是张英扈跸时所作,所以《锡山秦家园二首》应作于康熙二十八年。

据上述九首诗反映的地点是:毗陵(常州)——→苏州——→杭州——→无锡——→金陵(江宁)

很明显,《锡山秦家园二首》是张英随驾回銮时所作。

《锡山秦家园二首》和《纪略》讲的都是同一时间、同一件事,因而《纪略》记述的时间应是康熙回銮时的时间,不是二月二日,而是二月二十二日。这是张英自己的诗集中反映的时间否定了张英《纪略》中的时间。

2. 《康熙起居注》和《清实录》所记载的情况和张英《纪略》有矛盾。

《康熙起居注》二十八年二月初二:

初二日庚子。上驻跸无锡县放生池。是日,谕旨云:"无锡县降级调用知县徐永言,百姓奏称其善。问之巡抚洪之杰,亦云居官素优,着带所降之级留任。"是日,常州府知府周元宰等,武进县知县罗国珍、守备徐名显等,原任尚书杜臻、原任侍郎严我斯等,原任布政使胡献徵、原任按察使许缵曾、浒墅钞关郎中阎承诏、松江府同知李经政、无锡县知县徐永言、千总赵钦等来朝。

《清实录》康熙二十八年二月初二日:

庚子、御舟泊无锡县放生池,福建浙江总督王骘、浙江巡抚金铉、平阳总兵官李华等及原任工部尚书杜臻、礼部侍郎严我斯等来朝。

康熙南巡并没有停止早朝,早朝是在御舟上进行的,批奏折、拟谕旨、接见地方官员,处理朝政等。二月初二,康熙驻跸放生池,接见多批地方官员,因而当天一早是不可能上岸临幸的,而张英的《纪略》却讲："驻跸黄婆墩时已暮……次早，上至秦家园、观惠山泉。"这是矛盾的所在。

《康熙起居注》二十八年二月二十日戊午，苏州乡绅士民恳留圣上多待几日：

"上谕曰：……'既尔等殷殷恳请，明日迟迟起行可也。'绅民等复叩首恳留，继以泣下。上谕曰：'念尔等再三攀留，出于诚恳，勉徇所请，姑留一日，后日早行。'"

很明显，回銮时康熙为了怕耽误返程，在苏州多停了一日（二十一日）后，二十二日一早就一定要启行了。

《康熙起居注》二十八年二月二十二日庚申：

"上在苏州未发……浙江巡抚张鹏翮、江苏布政使李国良、浙江布政使李永誉陛辞，请旨训谕。……谕毕，鹏翮等出。是日，上驻跸无锡县放生池。"

康熙二十二日清晨，起得很早，先处理好政事，再往无锡，这样，到了无锡可避免政事干扰，有充裕时间临幸惠山和寄畅园。

又据严绳孙《惠山第二泉御书记》："上既驻跸黄埠，厥明，遂步玉趾临于第二泉。"

由于安排得好，康熙御舟到无锡黄埠墩（放生池在旁），可能还未天明，稍事休息，天刚亮就步行临第二泉。因而康熙回銮时临幸无锡的时间是在清早。张英《纪略》讲的也是清早，既是清早，不可能二月初二，只能是二月二十二日。

3. 康熙的南巡诗说明了康熙第二次南巡临幸寄畅园的时间

本文一开始，我们就论证了《起居注》、《实录》、《纪略》和御制诗对照得出了时间和地点非常吻合。二巡在无锡留下了四首御制诗，第一首《雨过锡山》是在二月初二，还有三首都是在回銮时二月二十二日，其中有一首《惠泉》：

惠　　泉

寒云覆树昔年经，　再品山泉到此亭。　春水一犁农事足，　喜看膏雨遍郊坰。

【作者原注】甲子观惠泉在十月。

按：从诗中可看出，康熙第一次到惠泉是二十三年甲子。"再品山泉到此亭"，说明这次是第二次。由于此诗是作于二十八年己巳二月二十二日，所以康熙的《惠泉》诗证明了第二次南巡二月初二没有临幸惠泉，而是在回銮时二月二十二日临幸的。

4. 丁传靖《张文贞公年谱》中有关内容证明了康熙在回銮时临幸了寄畅园。

《纪略》中提到张英同京江同至秦园，京江即张玉书，笔者查到了丁传靖《张文贞公年谱》：

"（康熙）二十七年戊辰，47岁。转兵部尚书，五月奉命勘视河工，八月还京。（《先正事略》）十二月奉命往浙查办事件。（《行述》：浙江巡抚金鋐奏，民杜光遇等讦控兵于害民十款，上命公偕大司空苏公赫往浙察审。比至，而光遇等姓名皆诡托，无其人，所列款又绝无佐证，且奏内多诽谤语。公按律奏拟。）转礼部尚书孙迪生（逸少出康熙癸巳举人，后官陕西榆林知府）。康熙二十八年己巳，48岁。正月自浙还，值上阅河南巡于苏州，复命。（《国史传》：复奏，查无杜光遇其人，抚臣金鋐捏造虚款，暨藩司李之粹迎合附会，情罪非轻，应按律问罪。案：《行述云》：于郯城复命。《国史传》及《东华录》均云在苏州，今从之。）奏事毕，即命从行，三月至淮安。"

按：(1)据《张文贞公年谱》康熙二十七年十二月到康熙二十八年正月这一段经历，主要是叙述张玉书奉康熙命往浙调查浙江巡抚金鋐奏称民杜光遇控告兵丁害民十款之事。这牵涉到民众和驻浙官兵的关系，是影响国家安定的大事，康熙非常重视，而调查结果是"查无此事"，明显是金鋐杜撰，问题就严重了。

(2)张玉书把调查结果曾在二十七年十二月上了奏折，由礼部转呈康熙，这说明康熙在召见张玉书之前已了解整个案情。

(3)康熙召见张玉书是在苏州，结案后，命张玉书从行。

(4)要判断张英《纪略》中所讲二月初二张英、张玉书随同康熙幸秦园的时间有否搞错,就要从康熙处理这个案件的整个过程中去找原因,并把这个过程和张玉书回京复命、立即追赶南巡队伍、等候召见的整个过程相印证,就能得出《纪略》中的时间有否搞错了。

我们据《实录》《起居注》《纪略》所反映的有关内容按时间顺序列出如下:

康熙二十七年十二月　张玉书奉旨赴浙察申杜光遇案,并把结果上奏折由礼部转康熙。(《张文贞公年谱》)

二十八年正月　张玉书自浙还,值上阅河南巡,张玉书回赶南巡队伍,向康熙汇报。(《张文贞公年谱》)

一月二十四日　《纪略》中第一次出现张玉书身影,张英、张玉书,追随御舟,至行在,康熙已休息。(《纪略》)(注:"行在",皇帝所在的地方。)

　　　　　　　按:张玉书未被召见。

二月初二　上接见多批地方官员,有金铉在。(《实录》《起居注》讲接见在二月初三)

　　　　　按:金铉还未罢官。

　　　　　一早,张英、张玉书随康熙幸秦园(《纪略》)

　　　　　按:不可能。

二月初五、二月初六、二月初九、二月十三日,《纪略》中都有张玉书身影。

　　　　　张玉书、张英,都紧随御驾。

　　　　　按:张玉书未被召见。

二月十五日　康熙幸西湖,后早回行在久,传呼汉人无一人到,令侍卫传旨:朕于湖上未设宴,一饭亦未曾进,唯饮虎跑泉上一勺耳。汝等勿令后人口实,众皆惶悲失次。(《纪略》)

　　　　　杭州将军郭丕叩请圣驾多留几日,康熙允曰:更留一日。(即十六日)(《实录》)

二月十六日　上幸教场,亲执酒赐将军郭丕,又命侍卫执酒赐军兵。上又阅官兵骑射。(《起居注》)

　　　　　按:康熙安抚地方驻军,消除"金铉案"影响。

二月十七日　上自杭州回銮,诚谕扈从部院大臣,民风需和谐,不能好为争讼,争讼起,小民受害。并传谕将军总督等令家喻户晓,兵民需日益协和,词讼日益减少,教洽化行,朕心实嘉焉。(《起居注》)

　　　　　又谕:"巡抚金铉、布政使李之粹俱着解任,俟原案完结,其员缺,朕另简授。"(《起居注》)

　　　　　按:进一步消除"金铉案"影响,金铉罢官,但案尚未结。

二月十八日　驾至苏州,予(张英)与、京江辈治具虎丘。(《纪略》)

　　　　　按:张玉书未被召见。

二月二十日　部院诸公以昨游未畅,雇舟觅梨园,予与京江践念斋之约,至念斋家,念斋曰:有笔帖式相寻,上传甚急。我们坐肩舆至行在,满诸公皆未至,少顷陆续而至,他们云,我辈在船上演《会真记》,法聪、红娘方出,闻急召,从船窗上跳出,顾舆在,强舟子抬舆,不能疾行,遂步行,又念步行安能致远,又登舆,转觉迟缓,顿足怒骂,亦无法,相视大笑,少顷传召见。(《纪略》)

　　　　　按:这一段生动的描述把康熙的急召和张玉书、张英的狼狈相跃然纸上。至此张玉书方受康熙召见。

《实录》先是介绍了"金铉案"的原委，并介绍了处置结果："上命兵部尚书张玉书等察审，至是张玉书等奏称，遍查杜光遇并无其人，明系金铉捏造无影之款。李之粹附合金铉，情罪可恶，并拟绞立决。得旨：金铉流徙奉天地方，李之粹充发黑龙江。"（《实录》）

"上谕曰：浙江巡抚已革职，今用张鹏翮……汝辈以为如何？众皆对曰：甚然。后散。"（《纪略》）

"值上阅河南巡于苏州，奏事毕，即命从行。"（《张文贞公年谱》）

按：二月二十日，康熙急召扈驾大臣，宣布对金铉等处分和提拔新的浙江巡抚并征求意见。

二月二十日，召见结束，命张玉书从行。至此，张玉书正式为扈驾官员。（《实录》）

二月二十一日　　谕扈从部院诸大臣，宣布张鹏翮等人升迁决定，若明日即行赴任。（《实录》）

按：金铉一案正式结案。

二月二十二日　　二十二日到无锡过惠泉，再过秦园，又之邹园。（《纪略》）

把上述资料和分析总结一下，就找出了张英《南巡扈从纪略》中二月初二记载的康熙幸秦园的内容错误之处。

时间不对。二月初二（或初三）康熙接见浙江巡抚金铉；二月初二，张英、张玉书随同康熙幸秦园。这两件事不可能发生在同一时间段内。

《实录》和《起居注》在二月初二或初三都有接见金铉的记载。

关于"金铉案"，张玉书已在康熙二十七年十二月把察审结果，由礼部转呈康熙奏报，时隔一个月左右，康熙应已见过张的奏折，二月初接见金铉，因此案的处理程序尚未启动，所以康熙仍接见了金铉。

康熙南巡十一日到杭州，十三日渡钱塘江，十四日祭禹陵，十六日、十七日安抚驻浙将士，告诫地方官员，理顺军民关系，接着金铉罢官，回銮至苏州，二十日急召张玉书等部院大臣，宣布"金铉案"处理意见，命张玉书"从行"。张玉书正式扈驾。扈驾大臣不总是陪同康熙参加有关活动的，康熙在某处临幸，他们可以就在附近自由活动，一听召见，立即赶往。像张英、张玉书陪同康熙幸秦园之事，不是经常发生的，张玉书"金铉案"立了大功，这是一种宠遇。二月初二"金铉案"，还无端倪，且张玉书尚未受康熙召见，怎又可能随同康熙幸秦园呢？

据上述1、2、3、4分析，张英《纪略》把二月二十二日发生的事，记在二月初二了，结论是：康熙第二次南巡临幸寄畅园的时间是在二月二十二日回銮时。

（四）有关诗文

1. 张英诗

锡山秦家园二首

野绕清池一镜圆，　亭桥花竹各便娟。　为园近傍名山侧，　石罅分来第二泉。

老树霜皮态转妍，　含清堂畔绿阴偏。　至尊相问何年种，　自入秦家二百年。

——录自《存诚堂诗集》卷二十三

按：此诗作于康熙二十八年。

忆秦园山茶

忆昔毗陵细雨中， 秦家楼阁正春风。 窗窗堆满梅花雪， 衬出山茶一片红。

——录自《存诚堂诗集》卷二十四

按：此诗收录在《存诚堂诗集》第二十四卷内。按诗题排序，第十首为《辛未上辛祈穀斋宿修吉堂》，第二十五首为《忆秦园山茶》，第二十六首为《辛未夏至有事北郊说岩先生斋宿于冬曹南亭，予斋宿于翰林蒙惠以诗即次来韵》。辛未为康熙三十年，所以此诗应作于康熙三十年。

2. 高士奇随驾南巡诗作

御书赐匾泉上复幸秦园

朝气下林霏， 春岚生霡霂。 嘉树膺顺动， 舣舟惠山麓。
再过品名泉， 甘溜出山腹。 澄泓静且深， 琤琮断复续。
饮漱爱芳洁， 用供智者目。 鲜卉当径开， 闲莎覆阶绿。
岩岫忽阴爽， 天文丽空谷。 转觅林亭幽， 清池乱竹木。
嘤嘤众鸟鸣， 新声胜琴筑。 春霖正及期， 农忙蚕上簇。
圣人有大道， 恩膏登汋穆。

——录自康熙《无锡县志》

按：康熙《无锡县志》完成于康熙二十九年，第二次南巡为康熙二十八年，二巡时，康熙御书"品泉"二字予松龄，而以墨本赐之。松龄乃求善手恭摹，撤漪澜堂匾而新之。此诗作于康熙二十八年二月二十二日。

三、康熙第三次南巡　三十八年(1699)己卯　46岁

二月初三(癸卯)—五月十七日(乙酉)

(一)文献记载一

1.《清实录》

二月初三癸卯	上南巡视阅河工,奉皇太后启行,命皇长子多罗直郡王允禔,皇三子多罗诚郡王允祉,皇五子多罗贝勒允祺,皇七子多罗贝勒允祐,皇八子多罗贝勒允禩,皇十三子允祥,皇十四子允禵随驾。自大通桥登舟,是日,御舟泊近岭地方。
三月十二日辛巳	御舟泊常州。
三月十三日壬午	御舟泊无锡县。(《清代起居注册》:十三日壬午,上驻跸无锡县。是日,赐管夫广储司部中皂保……御书字各一幅。浙闽总督郭世隆……等来朝。)
三月十四日癸未	御舟至苏州……上驻跸苏州。
三月二十二日辛卯	御舟至杭州……是日,上驻跸杭州府。
三月二十九日戊戌	上奉皇太后回銮,舟泊塘栖。
四月一日庚子	上驻跸苏州。
四月六日乙巳	御舟泊望亭。(《清代起居注册》:初五日甲辰,赐……祥符寺僧纪荫御书"神骏寺"三大字。初六日乙巳,上自苏州府启行,……上驻跸望亭。)
四月七日丙午	御舟泊定堰。(《清代起居注册》:初七日丙午,上驻跸定堰地方。是日,赐原任左春坊秦松龄御书"松风水月"四大字,"山色溪光"四大字,放生池和尚御书"慈云寺"三大字,小金山和尚"兰若"二大字。)
四月八日丁未	御舟泊丹阳县。(《清代起居注册》:初八日丁未,上驻跸丹阳地方,赐和尚纪荫御书"清净寺"三大字,字二幅,对联一副。)

按:《清实录》和《清代起居注册》都讲到康熙这次南巡回銮时,四月六日御舟泊望亭,四月七日御舟泊定堰,并赐御书给寄畅园、放生池、小金山,说明定堰在无锡境内,且不是望亭,而遍阅无锡县志,查不到定堰地名,只能待考了。据上述资料,三月十三日壬午,船泊无锡,有可能上岸临幸惠山,回銮时四月七日肯定幸无锡和寄畅园。

《清实录》康熙三十八年三月十三日舟泊无锡县时,给吏部、户部、刑部发了三道谕旨,已处置官办不力者宽免,豁免小民旧欠,宽释部分在监人员等。《清代起居注册》同一天条下记载,赐皂保等三人御书字各一幅,并召郭世隆等人来朝。这说明康熙三月十三日在无锡停留时间较长,还要等人来朝,因而上岸临幸惠山和寄畅园的可能性大为提高了。

2.《清圣祖御制诗二集》卷八收录了一首三巡时在无锡的诗作《回銮复过惠山》。

按:从诗题"回銮"二字,说明四月七日到过惠山,而且有"复过"两字,这说明回銮时的临幸已是第二次了,这提供了三月十三日临幸惠山和寄畅园的旁证。康熙第三次南巡在无锡留下墨宝和诗:

四月初五	赐祥符寺僧纪荫御书"神骏寺"
四月初七	赐秦松龄御书"松风水月"、"山色溪光"
	赐放生池和尚御书"慈云寺"
	赐小金山和尚御书"兰若"
四月初八	赐和尚纪荫御书"清净寺",字两幅,对联一副

回銮复过惠山

是谁妙笔点峦容， 蕴藉迎人四五峰。 堪挹山泉烹雀蕊， 并添新黛入瓯浓。

——录自《清圣祖御制诗二集》卷八

按：此诗《无锡县志》曾收录，据上述，此诗应作于四月初七。

（二）文献记载二

1. 秦始然《漆园公行述》谈及三巡之事："又十载己卯，上南巡回銮，奉皇太后幸园，先伯父前途迎驾，上温旨慰抚外，问：你兄弟怎么不来？伯父奏云：臣兄弟随臣父德藻在园门外伺候。"

按：回銮时临幸。

2. 秦毓钧《寄畅园家集纂》中有："三十八年己卯二月南巡，三月戊子至浙江，辛卯驻杭州，途经无锡幸惠山，驻跸寄畅园。"

按：回銮时临幸。

3. 秦国璋《锡山秦氏献钞》卷六中有关秦德藻的传、墓志铭、墓表中也谈到南巡之事。

（1）张夏《海翁秦先生传》："年来恭遇圣天子修时巡之典，三至江南，而临幸秦园凡四。己巳春，翁率子姓迎驾于园门，蒙上亲问年岁几何，注视良久。己卯初夏，驻跸园亭，亲书二匾以赐。一曰'山色溪光'，一曰'松风水月'，长君随至御舟谢恩。复蒙玉音赐问汝父尚在否？圣意之垂注甚厚。"

按：三巡四幸。

（2）严绳孙《海翁秦先生传》："若今海翁先生之寄畅园，则翠华三巡江南，四经临幸。御书赐额温问再三，其为林泉光宠，固非昔日所敢比。而圣天子之引见高年，优礼耆俊，窃以为虽三代之盛，不是过矣。"

按：三巡四幸。

（3）张玉书《海翁秦先生墓志铭》："车驾巡江南，幸寄畅园者凡四。先生率子姓伏谒道左，上亲问年齿，注视久之。己卯夏复即园中，御书二额以赐，遭遇之隆，士大夫所罕觏也。"

按：三巡四幸。

（4）周宏《封文林郎翰林院庶吉士海翁秦先生墓表》："康熙甲子至己卯十有六年间，天子三巡江南，所至询访耆年，而吾邑封公海翁秦先生实亲被天语，垂问者再。驾幸寄畅园。复赐御书匾额二。宸翰辉煌，宠遇优渥，称异数焉。是时先生年逾大耄，视履食息俱无恙。"

按：秦德藻卒于康熙四十年，介于三巡和四巡之间，上述都是前三次南巡之事，且大都谈到"三巡四幸"，特别是张玉书的墓志铭更具权威性，他在康熙二巡、三巡时都有随驾的经历。再据前面考证一巡、二巡时康熙仅在回銮时临幸寄畅园一次，因此，第三次南巡，康熙往回皆幸寄畅园。

4. 乾隆《无锡县志》："之三十七年戊寅，又幸兹园。""四十二年癸未又幸，赐御书'山色溪光''松风水月'二匾额，一悬嘉树堂，一悬卧云堂，复勒石本以垂万世。"

按：这里讲到的时间都错了：三巡是康熙三十八年己卯，赐二匾额是在三巡，不是四巡，见文献记载一：四月初七丙午条。

四、康熙第四次南巡 四十二年(1703)癸未 50岁

正月十六日(壬戌)—三月十五日(庚申)

(一)文献记载一

1.《清实录》

正月十六日壬戌	上巡视南河,命皇太子允礽,皇四子多罗贝勒胤禛,皇十三子允祥随驾。是日启行,驻跸良乡县。
二月十日乙酉	御舟过常州。(《清代起居注册》第十八册:上过常州府。)
二月十一日丙戌	上幸苏州,驻跸苏州城。(《清代起居注册》第十八册:上驻跸苏州府城。)
二月十三日戊子	上自苏州启行,过嘉兴。
二月十五日庚寅	上幸杭州,驻跸杭州府城内。
二月十八日癸巳	回銮,泊仁和县塘栖。
二月十九日甲午	御舟过嘉兴府。
二月二十日乙未	清明,驻跸苏州。(《清代起居注册》:二月二十一日丙申,上驻跸行宫。二月二十二日丁酉,上驻跸行宫……是日,赐复原任谕德秦松龄、原任检讨冯勖、徐釚、潘耒原品。)
二月二十三日戊戌	自苏州登舟启行,泊浒墅关。
二月二十四日	御舟泊常州府东关外。

按:从上述《实录》及《清代起居注册》我们看到四巡时从常州到苏州到杭州,御舟未泊无锡,直接经过。回銮驻跸苏州时,赐复秦松龄等四人原品。秦松龄有诗记之:

癸未二月二十二日上驻跸苏州,谕江南抚臣有京堂翰林官因公诖误在籍年六十以上者疏名进览,抚臣以臣等四人名上奉旨给还原品

秦松龄

春雨连宵梦未醒,　故人送喜到寒汀。　汪洋圣泽无遗物,　沾被恩光及暮龄。
井底古钗重拂拭,　沟中断木与丹青。　天颜此际瞻非远,　南望吴阊即阙廷。

其二

白头蓑笠久相宜,　再袭冠裳匪梦思。　前事岂忘投杼惧,　新恩终解拾尘疑。
朝衣梅馤余香在,　腰带虫芽旧孔移。　明日回銮迎道左,　感深惟有泪如丝。

——录自《苍岘山人集·碧山后集》

按:康熙四十二年二月二十日,回銮时驻跸苏州,二十一日,二十二日雨(见后),被地方官恳留,二十三日自苏州启程,泊浒墅关,二十四泊常州,康熙临幸无锡的时间只能从浒墅关到常州之时,中途暂泊无锡,时间应是二月二十四日,据此推秦松龄得知喜讯:"故人送喜到寒汀""明日回銮迎道左"都是二十三日之事。至此,四巡时,康熙于二月二十四日回銮时幸无锡和寄畅园。

2.《清圣祖御制诗二集》卷二收录了四巡诗作,我们选摘了部分诗目:《登金山望长江》《虎丘》《雨后见桃花》《云栖归途遇雨》《钱塘江潮》《西湖夜月》《岸侧桑叶初碧》《癸未春二月二十日,自杭回到苏州,是夜雨。二十一日,朕欲北行,地方大小官员百姓留住。二十二日,雨甚再留,不能起行。二十三日,雨晴

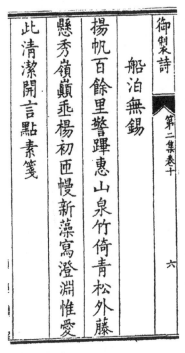

又欲留,故书怀以示》《巡省江浙见闾阎有起色,示诸臣省刑爱民》《船泊无锡》《至江宁,百姓欢迎遮道志喜》。

按:从诗文次序来看,南巡自金山——虎丘——杭州——苏州——无锡——江宁。证实了回銮时临幸无锡,且留下了一首县志中没有收入的诗:

船泊无锡

玄烨

扬帆百余里, 警跸惠山泉。 竹倚青松外, 藤悬秀岭巅。
垂杨初匝幔, 新藻写澄渊。 惟爱此清洁, 开言点素笺。

——录自《故宫珍本丛刊·清圣祖御制诗文集》

按:此首《船泊无锡》在县志中未发现,至此康熙南巡在无锡留下的诗作从七首增加到八首。此首作于康熙四十二年二月二十四日。

(二)文献记载二

1. 秦毓钧《寄畅园家集纂》:"四十二年癸未正月巡视河南,三月戊子至浙江,辛卯驻杭州,途经无锡幸惠山,驻跸寄畅园。"

2. 秦始然《漆园公行述》:"阅四载癸未,先王父已辞世,上巡幸苏州,先伯父蒙恩给还原品。回銮幸园,伯父同吾父,两叔父接驾,有旨宣进,上问子侄中有学问好者,可举一人进内办事。吾父奏云:臣侄儿道然去得,上颔之,即命随驾至京师。"

按:秦道然随驾进京,在当时,这是大喜事,是康熙的恩宠,但却种下了寄畅园几近毁灭的祸因,这是后话。

五、康熙第五次南巡　四十四年(1705)乙酉　52岁

二月初九日(癸酉)—闰四月二十八日(辛酉)

(一) 文献记载一

1. 《清实录》

二月初九癸酉	上南巡。命皇太子允礽,皇十三子允祥随驾,是日启行,驻跸南苑。
三月十五日己酉	上过丹阳。
三月十六日庚戌	御舟泊浒墅关。
三月十七日辛亥	上驻跸苏州。
三月二十五日己未	上至松江府。……驻跸松江府城内。
四月初一甲子	泊嘉兴府。
四月初三丙寅	……是日,驻跸杭州府城内。
四月初十癸酉	上登舟回銮,泊金家墩。
四月十二日乙亥	上驻跸苏州府城内。
四月十八日辛巳	上自苏州府启行,是日泊无锡窑头村。
四月十九日壬午	御舟泊丁堰。
四月二十日癸未	御舟过丹阳。

按:五巡只有一次临幸无锡,即回銮时四月十八日辛巳。无锡窑头村应在南门外大窑路附近,光绪《无锡金匮县志》卷五街坊,在南门外下塘街条下有"窑头"地名。

2. 《清圣祖御制诗文》目录选摘了有关五巡的诗目:《自过江至常州府杂咏四首》《至阊门》《虎丘一咏》《雨中登玉峰》《船泊三江口》《泛黄浦江》《松江进鲜鲫鱼有怀》《驻跸杭州府》《西湖遇雨》《幸云栖二首》《无锡惠山之作》《回舟至常州府,是夜甘霖大需》。

按:地点先后为常州——苏州——昆山——松江——杭州——西湖——云栖——无锡——常州,很明显,回銮时幸惠山和寄畅园,且留下诗一首。

无锡惠山之作(《光绪志》为《春日锡山之作》)

玄　烨

花尽春残一径深,　清流长惹百年心。　溪边鸟语锡山麓,　坐对梧楸叹碧林。

——录自《故宫珍本丛刊·清圣祖御制诗文集》

3. 《振绮堂丛书初集·圣祖五幸江南全录》一卷

"(康熙四十四年乙酉)三月十六日早,皇上船经过常州府……皇船经过无锡,至更深离浒关三里白豸山泊船,驻跸沿河,彩亭戏台迎接,各官启朝请安。十七日,皇船经过浒墅关,有苏州生员耆老人等及故事抬阁并官兵迎接。"

按:五巡"往"时仅经过无锡,至晚更深驻跸浒关,第二天到苏州,没有临幸无锡。

"(康熙四十四年乙酉四月)十八日……皇上同皇太子宫眷乘舆出行宫,幸卧龙街往阊门登舟回銮,晚抵无锡南关驻跸。十九日,皇上御舟行幸黄浦(埠)墩泊船,驾幸锡山、幸秦园、游玩观看惠泉毕即回开行,径(经)过常州。"

按:五巡回銮时临幸惠山和寄畅园。

(二) 文献记载二

1. 乾隆《无锡县志》:"四十四年乙酉又幸,以前皆于回銮时。"

2. 秦毓钧《寄畅园家集纂》:"四十四年乙酉二月南巡,阅视黄河,至杭州而返,途经无锡,幸惠山驻跸寄畅园。"

(三)有关诗文

1. 五巡时,宋荦随驾,关于无锡有一首诗:

扈从恭纪七首
宋　荦

其六

看山名园留(惠山秦园),　试茗石泉挹。　是时雨泽愆,　前路河路涩。
号屏忽效顺,　甘澍来恰恰。　遍野罢桔槔,　瞻天着蓑笠。

——录自《西陂类稿》

2. 据周有壬《锡金考乘》卷十四记载:

"康熙四十四年,康熙皇帝五次南巡。放生池、戏楼、黄埠墩、宝善桥、河塘上俱灯棚结彩。报德坊彩绸扎牌楼覆盖。寄畅园门首灯棚结彩,园中铺设绝盛。泉亭恭设御座,遍地皆红单。大雄宝殿禅僧礼忏圣驾临幸,僧奏乐。乡绅文成坝接驾,贡监生员洛社接驾。六房书吏、妻、尼姑、伴婆、青童、裤妇、养济院俱在惠山迎接。御舟由东河赴吴下,渔婆之艾者衣五色衣,划棹,清吹船尾,御舟奏乐。"

六、康熙第六次南巡 四十六年(1707)丁亥 54岁
正月二十二日(丙子)—五月二十二日(癸酉)

(一)文献记载一

1. 《清实录》

正月二十二日丙子	是日,上南巡,阅淄淮套河工,命皇太子允礽,皇长子多罗直郡王允禔,皇十三子允祥,皇十五子允禑,皇十六子允禄随驾。自畅春苑启行,驻跸南苑。
三月十四日丁卯	御舟泊常州大王庙地方。
三月十五日戊辰	御舟泊无锡县。
三月十六日己巳	驻跸苏州府。
三月二十一日甲戌	御舟泊昆山县青阳岗。
三月二十二日乙亥	御舟泊青浦县柘泽桥地方。
三月二十三日丙子	驻跸松江府城内。
四月初二甲申	上驻跸杭州府城内。
四月十二日甲午	上登舟泊仁和县塘栖。
四月十五日丁酉	上驻跸苏州府城内。
四月十八日庚子	上驻跸虎丘。
四月二十一日癸卯	上登舟泊丁堰镇。
四月二十二日甲辰	御舟泊丹徒镇。

按:六巡可查的资料很少,《康熙起居注》《清代起居注册》《清圣祖御制诗文》皆缺,唯有《清实录》,但很简略,上述资料,自常州往苏州时有三月十五日泊无锡县记载,但在回銮时却看不出到过无锡,若有,只能在四月十八日到四月二十一日之间。

(二)文献记载二

1. 乾隆《无锡县志》:"四十六年丁亥往还俱幸兹园,而回銮时驻跸良久,因御制七言诗一章,并御书'明月松间照,清泉石上流'联对赐松龄,勒碑卧云堂以光泉石,而墨本藏之园中,于是有'宸翰堂'。计前后得游临幸凡七次,每松龄偕弟率子侄接驾园门,必蒙温语问对移晷。今上方勤修时巡之典,山灵又复望幸矣。"

按:乾隆《无锡县志》就六巡讲得较详细,可补资料之不足。例如"往回俱幸兹园,而回銮时驻跸良久……"把康熙第六次南巡往回皆幸讲得很具体。康熙在无锡留下的诗,县志讲了七首,四巡时又发现了一首共八首,但都在前五巡之时,乾隆志有"因御制七言诗一章",有可能再增加为九首,由于六巡诗无资料可查,是否有九首只好存疑了。再如,乾隆《无锡县志》第一次提出了六巡七幸之说,一直延续到现在,流行很广,大家都接受了这种提法,但乾隆志的往回皆幸指的是六巡,我们前面分析的是在三巡,由于缺乏资料,乾隆志的结论无法否定,那么,是否会出现六巡八幸呢? 是或不是都很难下断语。康熙六巡在寄畅园留下对联一副:明月松间照,清泉石上流。

2. 秦毓钧《寄畅园家集纂》:"四十六年丁亥正月,南巡黄河至杭州而返,途经无锡,幸惠山驻跸寄畅园。"

按:这里是指回銮时临幸一次。

3. 秦始然《漆园公行述》:"嗣后乙酉、丁亥上南巡,又两次幸园,吾父俱随先伯父接驾,两赐克食。微末小臣,得邀天语垂问,并蒙赐予,真异遇焉。"

按:这里也是讲的临幸一次。

（三）有关诗文

查慎行随驾留下诗五章。

奉谒侍读秦公于寄畅园敬呈五章
查慎行

石龙喷沫转阶除，　平碧中涵万绿俱。　信是有源能不竭，　旁分一脉给僧厨。

合抱凌云势不孤，　名材得并豫章无。　平安上报天颜喜，　此树江南只一株。

山光水色尽沾恩，　风月兼留雨露痕。　头白村翁传盛事，　銮舆六度幸名园。

德门子弟媲荀陈，　再见琼枝玉树新。　却笑平泉空作记，　世家难得是文人。

韩公文体杜诗名，　谢傅家声白宦情。　四海只今无挚友，　从游应许老门生。

——录自《敬业堂诗集》卷三十四

【作者原注】

第二首诗末注："园中樟树一本，乃数百年物。上尝传问此树无恙，故云。"
第三首："雨露痕"下注："堂中有'山光水色''松风水月'诸额，皆十余年来御笔屡次赐题者。"
第四首："玉树新"下注："谓洛生乔梓。"
第五首诗末注："辛酉，先生典试江西庐陵，彭公是科所得士。慎行癸酉举京兆，又出彭公门下，例得称门生。"

七、康熙南巡临幸惠山和寄畅园次数统计

	往	返	诗篇
南巡一	0	1	1首
南巡二	0	1	4首
南巡三	1	1	1首
南巡四	0	1	1首（新发现）
南巡五	0	1	1首
南巡六	1(?)	1	1首(?)
合　计	1次或2次	6次	8首或9首

1. 康熙南巡临幸惠山和寄畅园至少七次，可能八次。
2. 康熙南巡在惠山留下的诗篇至少八首，可能九首。

八、其他

(一) 黄惺吾《乾隆南巡秘记》中有关康熙南巡部分

1. 圣祖(康熙)六幸江浙,俱尝驻跸惠山,闻初南巡时,汤文正公斌为巡抚,务俭约,无纷华,御舟已入邑境,县令犹坐堂皇决事也。后渐加增饰,至乙酉、丁亥号称极盛,故老犹及见之,亦惟结彩为楼,悬灯映水,点染山色湖光而已。

2. 皇亭　圣祖南巡时,邑建皇亭于泉亭之上。

3. 营盘　圣祖南巡时,未有营盘之设。

4. 正路副路　邑自五牧至望亭,运河、官塘为正路,石塘久倾圮者修之,土塘之坍卸者筑之,圣祖南巡时仅此耳。

5. 二泉漪澜堂　堂临方池,后为二泉,圣祖御书碑刻在焉。

6. 黄埠墩　昔圣祖尝夜驻此。

7. 放生池　圣祖尝赐额"慈云"。

8. 献诗　圣祖时,有以献诗得入南书房致贵者。

按:《乾隆南巡秘记》为清代黄印所撰,黄印字惺吾,此文专载乾隆辛未初次南巡临幸无锡记事,多处有和康熙南巡有所对比,故摘录。

(二) 传说

传说清康熙南巡,召惠山寺当家和尚见贺。和尚清高有骨气,回说:"化外之人,早已隔绝红尘;名利富贵,已成身外之物。"不肯见皇帝,随驾大臣为了不让和尚拒皇帝于佛门之外,便在云起楼中间门楣上,刻上"隔红尘"三字,表示云起楼上已为仙境,和尚与皇帝也可以平起平坐,不行三跪九叩之礼,于是康熙皇帝在云起楼上会见了惠山寺的大和尚。

按:此传说录自无锡史志办公室2005年编的《无锡名胜》。

附录一、有关文献

（一）康熙第一次南巡

南 巡 笔 记
玄 烨

　　康熙甲子春日,有以时值上元,请行封禅及巡狩燔柴诸典礼者。夫朕凉德菲躬,临御海宇。迩年以来,水旱兵戈,民亦劳止。虽邀天庇佑,四海荡平,万姓乐业,实未有丰功伟烈足以昭示来兹,何敢效法前人铭功纪德? 至于巡狩,古天子所以周省侯国,使诸侯肆觐明堂,考其政绩,今天下之权统一,于内,督抚之贤不肖,朕皆得而知之,又无事于巡狩之名也。惟是近畿郡邑屡经巡幸,补助时施,而东南黎民风俗尚未周知,乃于秋九月陈请两宫,暂违定省,二十八日出京师,经河间、过德州、阅济南城观趵突泉,题曰"激湍"。百姓遮拜马首,口户繁盛,比屋可封,昔称临淄之间,肩相摩毂相击者,今尚有遗风焉。十一日至泰山,石径崚嶒,缓步登陟四十里,御障崖瀑水悬流,五大夫枯松犹在岩畔,或亦后人继植者。入南天门,扪秦时无字碑,至孔子小天下处,真可收罗宇宙,畅豁襟怀,题"普照乾坤""云峰"诸字。宿泰山巅,月色清朗,赋诗遣兴。来日登日观峰看扶桑日出,下山祀于岳庙。岳为五方之长,发生万物,故躬祀之,为苍生祈福。十三日雨雪,驻蒙阴县。侍臣云:明日小雪,喜其应候。诘朝,雪霁,望蒙山峰顶,半入云雾,或隐或见。其上石衣,土人攀缒取之名蒙山顶上茶。尝考四川雅州有蒙山五峰,极高峻,上产甘露茶世所传者,或雅州之蒙山也。渡沂水取鱼,既多且鲜,因遣使驰进两宫,以志思恋之怀。葭花铺,青淮之界,居人辐辏。十八日发宿迁县,阅黄河北堤岸一百八十里,频年水患,工役浩繁,民俗罢敝,不若山左之庶饶。渡河,舟行过清江浦、淮安府,商贾往来,舟楫如织。宝应县、高邮州、邵伯镇皆以湖水泛滥未复故道,居人草屋临流,床灶半在水中。朕甚悯焉。登岸步行十余里,亲察水势,召集耆老秀才细访其故。皆云自海口壅塞,水无所归,二十年来田亩已成巨浸,赋诗纪事,思所以拯济之。廿三日抵维扬,市肆繁华,园亭相望。游平山堂、天宁寺,百姓持香夹道,意甚诚敬。平山堂乃宋臣欧阳修所建,修以文学侍从之臣出知扬州。为政之暇,优游谈宴,传为佳话。故朕诗有"文章太守心偏忆"之句。廿四日,将由仪真幸江宁府,忽遇顺风,可以速达京口。遂乘沙船顺流而下,波恬浪静,瞬息七十里。沙船,江中战舰也。自岳州长沙用兵以来,多得其力。今河海清晏,当时战具仅供渡江之用,然安不忘危,朕于此时未尝不念艰难用武之际。次早登金山,孤峦隐岫,屹峙大江中,飞阁流丹,金碧照灼,更有一峰离立,曰"善才石"。郭璞墓在其西,上有妙高台、留云亭、朝阳洞,下有中泠水,称天下第一泉。朕率扈从诸臣一一探眺,纵目千里。题"江天一览"四字,并赋二诗。竹林禅院在镇江府城南五里,曲径逶迤,茂林修竹,高者四五丈,大者围尺。青叶碧枝,阴森崖谷,实北地之所未有。晚而登舟扬帆丹阳县、常州府、无锡县,俱未及泊。一昼夜行三百六十余里达姑苏,舟人云:从无如此之速者。廿七日由枫桥入阊门登城,阅视士民观瞻,莫不忭舞,有献赋颂者,是日驻跸城中。念职事人役辛勤远来,遍赏白金,听其各带方物以示体恤。廿八日回銮过虎丘山,不甚高,亭榭栏槛,布满其上。千人石高下可容千人,传为生公讲经处,故旁有点头石、剑池,在夹崖中殊可观。平远堂俯瞰虎丘之背,田畴林木,望若错锦。苏民仍列酒坊茶肆,各安生业,管弦竞奏,觉有升平景象。然徒事纷奢,罔知务本,未若东北风俗之朴实耳。夜坐舟中,与侍臣高士奇探论古今兴废之迹,或读《尚书》《左传》及先秦两汉文数篇,或谈《周易》,或赋一诗。每至漏下三十刻不倦,日以为常。盖诗书意味深长,不似耳目之好,易于烦厌也。舟过无锡县,游锡山,观惠泉、石甃,八角池水色渟泓,味较玉泉远不相及,不知前人何以称之为第二泉。二十九日由丹阳县陆行,初一日过句容县,蜿蜒石堤数十里。抵江宁府,雨花台在城南,登之则江山城郭历历可见。报恩寺规制宏壮,宝塔九级,金碧琉璃,尽镂梵相,结构之巧,殆竭人工,非前代内帑所修不能至此。城中阛阓充实,烟火万家,景物太平。昔称六朝佳丽,今亦不减大都也。

明日祭明洪武陵,见其颓废,敕地方官禁护之。过明故宫,仅存遗址,不禁慨然,作《过金陵论》并赋一诗。登观星台,望后湖,题"旷观"二字。又明日,再遣使进两宫方物,阅镇将射于教场。颁赐扈从诸臣币帛,督抚御衣。初四日发江宁府,泊燕子矶。峭壁临江,亦有胜致。初十日阅高家堰堤工,望洪泽湖汪洋千顷。复由河南岸行一百八十里,过桃源县。十一日渡河至宿迁,次日驻跸蒺花铺,自郯城、沂州,取道东兖,渡沂、济、洏、汶、泗诸水。泗水出陪尾,山下泉林寺侧,石穴吐水,众泉俱导,古树成林,有石碑刻于在川上处,然阙里志载,孔子观川亭在尼山宣圣庙侧,未知孰是。十六日长至节,天气晴暖,无朔风祁寒,扈从诸人莫不欣喜。十七日过少昊陵、颜子林,驻跸曲阜县南。十八日黎明,祀于阙里,齐心穆穆,若有所见。礼毕,坐诗礼堂,命孔氏子孙讲《周易》《大学》,遍观车服、礼器及汉唐碑版。桧树在大成门内,古干苍然,苔藓润泽,真灵迹也。敬想至圣道冠,百王前代留金银器具,皆人力可办,独以仗前曲柄龙盖留庙中。并书"万世师表"四字、《过阙里》诗、《古桧赋》。出北门,酹酒孔子墓下。伯鱼墓在孔子墓东十余步,子思墓在其前,西有子贡庐墓之所,左有宋真宗驻跸亭,林中奇树葱郁未可计数。行三十里,驻跸兖州府,杜甫所谓"浮云连海岱,平野入青徐"是也,念周公制礼作乐,道接文武。顷过曲阜,未得躬谒庙庭,特制祭文遣亲藩代祀之。遂由汶上东阿高唐至德州,亟欲定省两宫,兼程而归。是行也,往返数旬,所历山东江南诸郡县,日以周谘民隐,体察吏治为首务,行道之顷,复得览其山川、凭吊古迹,至于地方利弊,则将有以斟酌损益焉,率笔记之,示朕之不徒事游豫也。

——录自《江南通志》卷首

附记:关于康熙第一次南巡的行程,在时间顺序上《康熙起居注》和《江南通志》所录《南巡笔记》稍有出入,笔者以《康熙起居注》为准。

(二)康熙第二次南巡

南 巡 诗 序
玄 烨

朕念切民依,咨询幽隐,于二十八年春再举南巡。爰自畿甸东临齐鲁,沿沂江淮,达于吴越。曩者甲子之岁,舆卫所经,瞻顾闾阎,观省谣俗,悯怀泽国,轸恤群黎,未尝一日忘于朕心。已尝形诸篇咏载前集中。今兹重历郡邑,见民物渐殷,生业就埋,远胜曩时,中心慰悦,又不禁吟咏及之,途中停警撤跸,欲以洞悉舆情。数千里间,百姓欢跃载路,星攒云集,瞻依爱戴,发于至诚,朕自惟化理何以克洽民情益用,是欲然也。乃于巡历所至,沛膏泽,饬官方,戒民俗、修典礼、经武备、览河防,施诸事矣。又发诸言,或御帐殿,或抚船窗,吟咏所及,性情在焉。古人云:诗言志。凡朕篇章所寓,时以民生风化,惓惓为念,即间于眺览之际,抒写景物,指顾山河,要其寄托则自有在也。因裒而集之为《南巡诗》一卷云。

——录自《江南通志》

惠山第二泉御书记
严绳孙

古天子巡狩,自柴望肆觐,黜陟宴享,乃至宫室车旗衣服,权量市贾,无不考校。其周旋登降仪文,又甚繁且重。计其时,一岁而周五岳,且日不暇给,至于山川风俗,惟土训氏,夹王车而行,以待王问九州形势,太师采里俗之歌谣,以乐播而陈之外,是不闻多及焉。后世省方之典废,则民不获一望朝廷之卤簿,而人主亦不复亲识天下山川要害之形况,践历名胜,而与百姓相接哉。我皇上天纵神圣,值海内承平,万几多暇。二十三年,盖尝东狩,一至江南。又五年,视河淮阴,再历江浙。渡钱塘、祀禹陵,所至方岳大吏,下迄郡县之长,进退有差,盖不屑屑于三代之旧文。而一游豫间,无非事者,至当湖山胜赏,渺然远览。往往发抒睿藻,人拟之《卷阿》。汾水之游而不知所以。周察民隐,兼览天下之厄塞,以知其土俗所宜。圣人之用心,勤且广也。春二月,还自会稽,北出无锡。时民以肆赦之余又新留贤令,踊跃之情有加于常,歌吹沸天,灯火匝地。上既驻跸黄埠,厥明,遂步玉趾临于第二泉。灵雨乍零,有诏令民无长跪,于是观者咸呼万岁。襁负之众,咫尺天颜。顷之幸寄畅之园,因出御书"品泉"二字,命前谕德臣松龄刻匾泉上,而以墨本赐之。翠华启行,爰求善手恭摹神迹,金泥饰榜,缘之雕龙。笔势宛然,神彩具足。中古帝王书法莫如贞观,飞白方之,盖蔑如矣。知县臣永言,偕臣松龄乃撤漪澜堂而新之。令加崇于前数尺,闲以梲槛,文以丹臒,焕然翼然,庶几游人过而知敬焉。至七月落成,臣永言集乡诸缙绅耆老,拜瞻忭舞,尊阁如礼。又葺覆井之亭,别勒贞珉,以垂永久。既讫事退,咸谓中允臣绳孙备员,珥笔宜书其事,以无替天子之宠光。臣虽不文敢弛厥职,臣惟泉之在山,盖自开辟而已,然矣抑塞泯没于荆榛风雨之中,几千百年得唐陆羽之言而始著,若蒙之待发焉。物不能无赖,于品题如是,士所以有知己之叹也。夫羽一布衣,草泽之子耳,独以能别水味而擅文藻,遂操千古之甲乙,至奔走天下而莫有能易之者。况万乘之主,一顾再顾,亲加品定,被之奎章,炳耀岩壑,使太乙下观,百灵潜卫。其光气所及,方当结为甘露,流为卿云,以泽我烝民于兹泰伯之旧壤,而岂独斯泉之幸哉?然非我皇上辙迹所至,其用心之勤且广,有高出于三代之上者,固未暇以及此,因不揣固陋,拜手飏言以为之记。

——录自光绪《无锡金匮县志》

王石谷出任康熙《南巡图》首席画师

以下摘自常熟赵平《王石谷年谱》:

康熙三十年　辛未　1691年　60岁

石谷出任《南巡图》首席画师。绘制《南巡图》是一项集体工程,除石谷、宋骏业外,被聘参加绘制的东南画家有邑人杨晋、虞沅、云间顾昉、泰州王云、长洲徐玫、松陵吴芷、娄东顾汶等,这些画家有的本是石谷弟子,其余的后来也多成了石谷弟子。至于画人物、屋舍等,有精西法的宫廷画家焦秉贞及弟子冷枚等。石谷是位认真、负责的画家,一生操守大致可用"清清白白做人,认认真真绘画"概括,既受命主持《南巡图》,自当全力以赴。唐孙华《清晖赠言·序》中描述:"凡东南画家名辈数人,并集一堂。秋纤分寸悉禀受王先生指麾,无敢逾越。予每过之,见其帘阁据几,凝神定志,寂若无人。诸贵人争相延致,辎軿填咽,悉谢不往也。"邑人蒋廷锡从兄蒋振辰,字星来,长年游学异乡,和石谷同龄,有《寿石谷六十》诗,诗中涉及石谷绘制《南巡图》的不少细节。"待诏金马门,追随同柱史。"待诏,官名,明清翰林院属官,秩从九品,可知石谷主持绘《南巡图》,朝廷曾给官衔,虽然只秩从九品,这就是石谷返乡亦经"恩准"的原因,石谷在京时曾有一小段时间画上署"臣翚"印。"命写翠华图(《南巡图》),江山费摹拟。千幅鹅溪绢,无从得原委。意象殊惨淡,变化生笔底。点染赖群公,翻若臂使指。"要绘《南巡图》,石谷惨淡经营,构思良苦。石谷为主持者,主要工作是构思、构图,而"点染"则有赖各位画家,合作默契,"翻若臂使指",绘制《南巡图》是石谷主持下群体成功合作的典范。

南巡扈从纪略

张　英

南巡扈從紀略　　　　桐城張　英敦復著

己巳正月初八日

駕南巡是日宿南溝驛　扈從第一日出正陽門至

南海子

上同

皇太子及　諸皇子在南苑射獵申時後發宿

南溝驛予同靜海以一鼓始抵行在羽衛寂靜

因各尋帳房予一日曾遣輜重僮僕先至

宿處伺候此時昏黑中見家人來迎深幸有卽

次之安偉其指觀而彼已恍惚不能記憶原處

蓋千幕一色空曠之地頃刻又增營幕最難記

識又軍中例不許高聲呼奐至夜尤嚴故只低

聲問之有頃一僕遠聞疾趨而前蓋已越數十

幕倉卒來迎不可得又一旋轉間而彼又茫然矣已飢疲

下三鼓矣　帳房牀褥飲食器具大約載一車

極求息肩不可得又越散刻始得達帳房已漏

中車日行不能百里營中例

御前行李未行離王公輜重馬駄俱不得越予輦

僮僕車輛更迭遲緩每日

御營駐扎之地車輛大約至日落後始到予輦皆

先藉草以俟管中最難得水近地井泉皆中官

用龍袱蓋罩以備

御用惟十餘里外者始許衆汲及飲馬取水至然後烹茶炊

飯時已二鼓支行予輩侍從近臣器於　行在營前祗

候至

上安歇後始散天未明則又詣　行在矣

初九日宿馮家莊

初十日過河間宿劉家莊

十一日過獻縣宿阜城縣是日

駕至河間屯有獻麥穗二歧三歧者以示從臣

十三日宿德州

十四日宿平原縣之南是日

詔免山東來年租稅

十六日過濟南 䕊從至濟南是日五鼓啓行百五十里始至

上觀趵突泉予乘馬隨侍衛同到奔突之時屨蹩于簷又隨至巡撫署中

上觀珍珠泉澄澈中有游魚大者二尺橫可六七丈清泉澄澈四圍甃以石縱可四五丈橫可六七丈鑑皆見時有珠湧起池旁有

御筆清漪二字乃甲子年書池後一亭

御筆錢塘二字靜海書洗心二字衛爾錫書甲書深志二字張運青書□□二字振觀瀾二字陳頤陵周強之不肯書

上御亭命諸臣題匾咸謝不敏再三命之予書澄懷

上曰皆作霖二字子寫字時

上顧

上曰諸皇子曰存他用筆

上命縣州祠廟視每年香稅銀四百硬

十七日宿泰安州

十八日宿淨郎

二十日宿鄰城

二十一日宿蒙陰

二十二日宿紅花舖

二十三日宿遷予隨

駕以申刻至宿遷縣

上出城南門過五壩堤指顧中河甚狹後又至支河口

上席地坐出地圖指示晚始歸 行在

二十四日宿清江浦自信遷五鼓啓行岸上行四五十里聞

上已登舟于輩四五人亦登舟然舟行稍遲又五六十里聞

上已登岸予輩又登岸行至清河已將日落蓋是日行二百餘里予僅僕八八皆不及隨一僕幸一馬予命共前尾之而行先是予與京江厚菴運青同行予墮馬濕衣而諸君已疾馳予力追之不能及至清河聞

上已渡河且令侍從臣皆于今日渡予攔一僕二馬

玉河邊已昏黑正無可如何有禮部筆帖式在

此相候予遂偕之渡河留三馬一僕于沙泥間

以待後人予與筆帖式坐南岸先是曾記禮部

侍郎席君預遣人于清江浦覓船此時亦不得

消息筆帖式有一僕亦能幹令彼往尋之久而

不至筆帖式又自往少項其僕來云莫然矣而

上人且提鐙卽來而筆帖式又同船上人提小鐙籠尋至

筆帖式始至予同船上人提小鐙籠尋至

在時

御舟旁鐙已落昏黑無所見尋令提鐙人卻後獨

自往暗中見侍衛皆藉草或坐或臥問部院

扈從諸臣云已散又問答者為誰云是總督予

遂同船人步行至舟中與席君舟相鄰彼炊

泰相待飯訖有一僕以被褥從宿遠水路行是

時渡河尋至舟中予僕馬幸無恙

泥中予僕馬幸無恙

二十五日宿清河是日

題詢江南歷年遞賦

二十六日宿清水潭是日薄暮有風

二十七日宿寶應之南

二十八日宿瓜洲是日經維揚見閭閻之間供

帳甚盛

上命撤之

二十九日辰刻渡江扈從登金山飲第一泉

舊傳第一泉在江中今并在山半非是

上乘舟至焦山尋予輩不能往

三十日宿丹陽

二月初一日至常州

初二日至無錫

駐蹕黃婆墩時已暮墩上懸鐙數百盞下映河水甚

可觀次早

上至秦家園觀惠山泉尋同京江隨至秦園時梅花

盛放登天香樓看殊爛漫有大山茶一株高二

丈亦作花朱毅千朶與梅相映園中有樟樹大

十圍

上問留仙曰汝家老樟樹無恙否又問此樹幾何年

對日此園在臣家二百年矣在前原有此樹不卯
其年也園中多林木清池居中縱橫可八九丈
堂間亭樹環之壘假山爲谿谷水從谿谷入池
時折玉蝶梅大枝貯餅中寻從主人索梅插餅
時
駕已回主人因以此一枝爲贈
初三日至蘇州鹽
駕過念齋門首念齋率二子迎
駕寻下馬一揖而去至　行在予衆中見孝儀原少
鈍菴輩駕于朱家念齋以家人阿二相隨是日
暮七弟來
孝儀
初四日宿蘇州登虎邱是日過念齋七弟同晤
初五日宿念齋分雲亭
濱
駕至光福之日寻與京江坐小舟攜阿二隨行至木
上巳登岸乘馬予輩無馬且過木瀆水甚淺幸舟小
可曳之行至山下斷漸見梅花村落予與京江

昭代叢書《戊集卷第七》　七　世楷堂藏板

步行閱此地去聖恩寺尚有六七里勉力行三
里餘尼疲不能進正喘息間見三人乘小兠來
阿二前指揮令下彼猶逡巡阿二叱之遂下兠寻
與京江因各坐小兠其一攜之以與同官席公
因問阿二此爲誰云是吳縣更胥見尊官不下
是以此之至聖恩寺
上尚在馬家山看梅花未至寻輩欲往少頃傳呼曰
駕至吳因同京江坐聖恩寺前銀杏樹下部院諸公
及地方大僚咸在時已日暮寺中方丈皆
御前人住公候戚畹及部院諸人皆命下院安宿
寻與京江及同官席公皆坐小兠命阿二引之
之念齋墓園香黑至分雲亭寻家居時念齋
阿二皆鄰圃取菠翁白雲莊人借以助之黑
寄書索書分雲亭區之桑桂一牛背分吾
黍時三人果來一宿亦前定也阿二命莊人具雞
之句今果來一宿亦前定也
夜微雨京江及席公皆就寢予命莊人持炬徧
看園樹詣繆年伯墓前一拜又看繆氏祠堂皆

昭代叢書《戊集卷第七》　八　世楷堂藏板

修葺整齊分雲亭乃念盧墓所居此地梅桂
駕盛雜花亦有春秋時率妻子來住一兩月亦
佳話也
初六日天未明詣 行在候
駕
駕行後予與京江以未到馬家山為歡與人頗不以
上已辰刻出迎恩寺門外古松與梅花相間前臨
太湖山翠湖煙可謂佳勝
為勞且慈恩之僮僕皆不願行予與京江又慮
僮僕相班命之舟中只京江有一楊長鑑
與頗豪顯從之董墳間忘擔雨具予與京江坐
兩兜子行至董墳而雨甚然松翠欲滴溪山幽
絕極為可觀及至馬家山雨大作山畔看梅銀
海百頃遂叩門避雨小池竹離雛幄有一小別業
頗幽邃則梅花皆在檻外山純莊筆筋南一小樓
三間中題雲壑藏舟為汪純莊筆筋南一小樓
登樓則梅花皆在檻外山光盤五湖光映帶可
愛個中境主人姓汪舉硯琴筝亦楚楚為客具茶

果坐片晌雨少止因坐山行起過光麗登舟舟過
木瀆京江終以未登靈嚴為歡奧人乃木瀆人
又慈恩之予以疲乏辭京江遂登靈嚴予徐步
至松間山牛亭看西施洞西施履跡荃河下
指消夏灣去靈嚴山寺亦不遠倚徒問京江
山同歸舟中厚禱奧人遣之急放舟行
駕已之吳江是日隨到吳江已深夜吳勞來晤宿吳
江
初七日宿斗門
初八日宿塘栖
初九日到杭
駕至杭州之日各官乘馬隨至 行在
上已登吳山急往從之是時二月中旬天氣甚熱不可當
輩皆衣重襲不及脫及步登吳山喘息不可予
因坐路傍神祠中遇青在茶肆買茶呼飲之此
時從官皆雜遝傳伍豈知越數日遂為此地撫
軍也
初十日

駕之西溪予未從

十一日住杭州

十二日大雪

十三日渡錢塘也

駕渡錢塘之西興渡上小舟由蕭山到紹興時已日瞑間

上巳之禹陵急掉船往至　行在巳二鼓次早天未明

上展祭禹廟畢親窒石亭山川幽秀林木蔥蒨二十年前曾一往今復　尾從至思前事如夢境

駕入紹興登臥龍山暮登舟次日至西興渡予舟人有心疾以勢而發誼叫不知人事予恐近行在急命之去予宿京江舟中

十四日祭禹陵回至西興渡宿

十五日過雲栖靈隱暮登舟過西湖宿西興之次日渡錢塘

駕未入城便之雲栖予往紹興時會僱一艗子此時得一營馬一老兵相隨例營馬此許自騎只得以艗子命余二坐之令稍遠尾之而行遂由錢塘江岸上行疲無從得食因同京江運青厚菴見路傍一小別業飯而後行將入山已有邨落數家過此則岡阜環抱景物幽邃至雲栖二三里修竹喬松夾路綠陰蒙密至洗心亭溪水澄湛

上至雲栖諸臣咸從因幸後竹園裏玎萬樹蘭蕙滿山樹色青蔥頗似初夏

天顏甚悅因過虎跑泉

上取泉水飲之至靈隱寺予輩皆坐冷泉亭移時

上之淨慈寺登湖山亭同京江輩為東川相留飯於西廊僧房飯畢至湖上于岳墳前同京江運青厚菴東川輩僱一小舟登舟風作撐舟者兩童子簸蕩不可恐客皆悚然僕馬已先遣于錢塘門候舟又不可行至孤山各倉皇登岸命人追僕馬不可得因步行至孤山岸上運青厚菴如閟帝廟看玉印出日非真東川號曰此去

錢塘門水路直岸上紆迴將十餘里侍諸君步至巳深夜門且闔矣門指東川識士八又覓一舟遂櫂至錢塘門僕馬奔馳相名云到中途則見各衙門筆帖式奔馳急詣行在侍傳臨漢人無一人到者急詣行上久已回 行在傳臨漢人無一人到者急詣旨云朕雖到杭州並未于湖上設宴即一飯亦未會進惟飲虎跑泉水一勺汝等所知勿令後人曰實也泉皆惶恐失次至三鼓始散

昭代叢書 戊集卷第七 南巡扈從紀畧 圭 世楷堂藏板

十八日宿蘇州隨
十七日宿吳江
十六日宿金河
駕至蘇州諸臣中有言我輩宜稍稍宴會何事大腐板予與京江輩遂治具虎邱部院諸臣皆往早
能會免侍衛轉
泰然止于清謳列席平遠堂中尋道經念齋之門遂至雙泉草堂園地視舊稍拓杏樹囊時種者
今已喬木山茶正開玉蝶滿放留連片晷見兩

十九日事也
二十日部院諸公以昨遊未暢遂約明日同京江再求遂之
虎邱是時人家皆賣幽蘭遂買數莖置舟中此
尋與京江欲踐念齋之約私念拙政園亦不
可不到遂命阿二先驅至拙政園已數易主
日就荒圯惟堂後山茶猶在然已顯頓溪亦不
甚澗溪北有土山山多喬木有樓已就傾園中
桂甚大亦百年物因見瞬間古木修竹極盛詢
知是王園並叩門請觀中多奇石較拙政園稍
小亦年久荒蕪憑眺移時方至念齋家甫入大
門念齋迎謂曰有筆帖式在此相尋云
上傳甚急尋與京江急急坐肩輿行人以疲乏告原
擬于念齋宅少休強之行遂之 行在滿諸公
皆未至蓋彼已移舟出閶門炎少頃陸續爛
聊而至云我輩已登舟出演劇有乘輿少者有乘馬
者輿馬皆散去演會眞記法聰紅娘方出閶急
名從船窗上跳出顧輿在而與夫無有强舟

昭代叢書 戊集卷第七 南巡扈從紀畧 卣 世楷堂藏板

子輩與朕子不諭不能疾行遂步行又念歩行安能致遠于是又登輿轎覺遲緩頓足怒罵亦無可如何相視莫不大笑少頃傳

上諭曰浙江巡撫已革職今用張鵬翮彼在兗州做太守行賢名汝輩以為何如朕皆對曰甚善然後徹京江始終未履念齋之園僅于大門一揖而巳

二十一日從蘇州至常州

二十二日到無錫過惠泉再過泰園又之鄒園駕幸丹陽登陸先是京江為尋僱輿夫四人又于營中借得二馬行未十餘里雨大作石路泥滑不可行尋與京江各坐肩輿去句曲十里天已黑風雨交至鐙火不可持輿八一跌二鼓時抵句曲已極次早從句曲至江寧百餘里人馬踐踢泥滑不可言

二十三日到丹陽

二十四日宿句容

二十五日雨至江寧從

駕行又甚速京江棄輿乘馬急從之尋所乘輿午刻雨如澍輿中衣履盡濕然得此大雨洗滌泥土過淳化關稍霽典夫始可行日未暮抵行在

二十六日至金陵之次日

上詣明太祖陵致祭尋輩從之

上行禮誠敬奠酒三跪九叩嚴肅異常命諸臣皆于牌樓前下馬揪原鹿咸得其所守陵太監賜宛然無恙松楸原鹿咸得其所守陵太監賜以銀百金

親慰勞之此事可法千古回從機房遂登城過覆舟山至後湖時湖上駐綠舟以備遊覽

上盡驅之止乘小舟一泛湖卽諭總督曰此綵舟可卽撤去勿謂朕所御後遂不用也

上于酉刻幸觀象臺甫出門問曰欽天監穆成格在平侍衞對曰與朕來時穆成將至觀象臺下又問

上御步輦行甚緩尋輦乘馬從

眾對曰穆成格來矣少刻予馬上見敦住向後
行未久見敦住步來知其為與穆成格也予輩
至山半下馬
上在亭上予同京江厚巷葷覽之曰將暝
上顧問之際但見敦住跪奏其意似穆成格不能來
者
上片南俸早問予曰南極到江南總見果然又指眾
呈問李厚巷艮久而陽成格未至
上已知其隆馬日無妨否尚對曰無妨
上曰可以酒沃之
上意已覺其創重而予輩初不覺但見其久不來耳
又徘徊久之
駕始回傳令昏夜謹慎予輩送不敢乘馬下山發行
至平地臨轡緩行次早聞穆成格已盡平地
緩行陡馬不知其何以傷重也 賜銀百金以
歸其襯
駕至金陵之次日即傳
諭北旋金陵百姓數萬集 行在前懇留因

諭再留二日是日出南門至報恩寺
上既下從
駕諸公欲登
上登浮圖予輩皆在佛堂祇候
上立而觀之予將登
上笑曰朕登矣何用再登予稍退
上曰向來常登此亦須一登遂至九層看
御筆所書額
駕旋從至文德橋時巷陌皆有鼓吹
上命停之遂登舟命予輩亦登舟時兩岸河房觀者
萬人
上舟至則跪予檻內人家皆結綵張鐙焚香舟過往
返將一里許復登岸
上顧謂總督曰此無乃煩擾百姓對曰秦淮風俗舊
來如此彼聞
駕至皆歡喜鼓舞雖禁之亦不能也
上至燕子磯登舟渡江是日免江岸房稅獄呼動地

予與京江滿司冦圖諱納司空蘇諱黑總憲馬諱齊少宰傅諱喇塔少宗伯席諱爾達同舟是日風不順舟逆浪惜風而行俊而南岸懺而北岸東往江心經大浪數十餘横行二十餘里實只行二三里俗謂之跌橋申時望見上舟已將至金山而予輩所乘之舟相去十餘里風浪大作舟中人皆大恐京江與予乘一小舟欲其依北岸而行滿諸公又横舟而南及返仍在小舟之側予所乘滿諸公又顛簸不可行問舟人此處離瓜洲不過十里京江遂決意登岸步行滿諸公或去或從徘徊不定天時已將暮風益起失從陸行五六里已昏黑從田家覓火炬各家人持之行至息浪菴已二鼓甚飢僧人出粥一盂豆腐一盤食之甚甘遂偃息于禪房時上舟已抵金山縣鐙數百盞照江如白日是日至五鼓急渡江詣行在乃三月初二日也是日至揚州初四日至清江浦換船北行十八日抵天津衛舟行運河之速未有如此者

盖舟小而縴夫多鬧皆啟晝夜兼行故無遲留也

三月十九日駕從天津已登陸予輩舟始至京中僕馬來迎次于直沽已時同京江登陸行至楊村天已將暝間駕已過武清道黑不可辨從村中呼老叟相送不肯行探青蚨百文與之始同行二鼓至武清叩破寺門炊豆粥充飢土銼暫憩聞滿洲諸公宿于城北已啟行遂同京江攜僕馬遶城而行星光微月一望皆荒草無一村一人可以問道但遙聞一牛車聲漸漸遠約行三十里兩僕兩馬攔行李永積尾之而行忽而落後渺不可見此地曠僻多盜意必有失同命一僕從來路尋覓呼之數百聲不可得遂同上馬又行五六里見一驢牛車之人時已五鼓說汝等行錯此是武清往南非離武清遠近日不過十里盖中夜行四十餘里皆錯也于是向北行十餘里天漸明始見村落

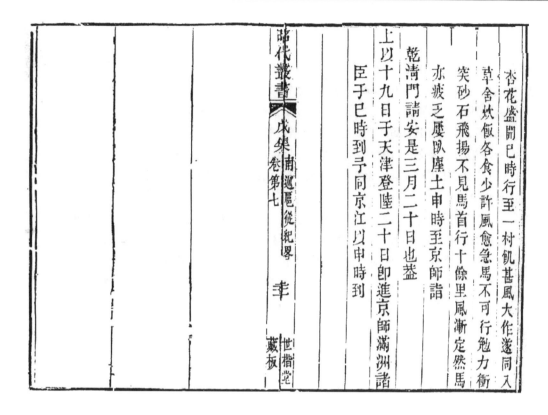

（三）康熙第三次南巡

南巡诗序

玄烨

朕三度南巡，咸因视河，亲为筹画，遂至江浙察吏安民，所历之地，随其时宜，广沛膏泽，拯疾苦焉。兹行兼奉皇太后銮舆而南，既可无阙定省之仪，且欲见先帝开基、富有四海，而朕守成教育，率土清宁，无惭付托，以博慈颜之怿悦。然往返遄迅，绝无滞留，百司章奏，三日一送，行在即与剖决。舟行多暇，仍览书史，日操觚翰，偶寄吟篇，莫非记采风俗，时存怀保竞业之意。后之人读朕前后南巡诸诗，知朕之心有在云尔。

附录二、主要参考书目

1. 《清实录》,中华书局影印(无锡市图书馆有藏)
2. 《康熙起居注》(上中下),中国第一历史档案馆整理,中华书局(无锡市图书馆有藏)
3. 《清代起居注册·康熙朝》,台北联经出版事业公司(北京国家图书馆有藏)
4. 《江南通志》,四库全书总507册(无锡市图书馆有藏)
5. 《清世祖圣祖御制诗文》,故宫珍本丛刊,海南出版社(无锡市图书馆有藏)
6. 秦毓钧《秦氏献徵录·寄畅园家集纂》,手抄本(无锡市图书馆有复印件)
7. 乾隆《无锡县志》
8. 《振绮堂丛书初集·圣祖五幸江南全录一卷》,汪康年文集,浙江古籍出版社,2011年
9. 《清代诗文集汇编》第150册(张英《存诚堂诗集》)
10. 北京图书馆藏珍本《年谱丛刊》:第85册:丁传靖编《张文贞公年谱》

(此文第一次修改稿发表于《祠堂博览》2012年春之卷上)

乾隆的惠山情结

一、文献资料

《清高宗御制诗文集》选录（按专题顺序）

（一）无锡寄畅园—北京惠山园

1. 寄畅园

(1) 寄 畅 园

轻棹沿寻曲水湾， 秦园寄畅暂偷闲。 无多台榭乔柯古， 不尽烟霞飞瀑潺。
近族九人年六百， 耆英高会胜香山。 松风水月垂宸藻， 昔日《卷阿》想像间①。

——录自《清高宗御制诗二集》卷二十四（乾隆十六年，辛未三）

【注释】

①乾隆原注：秦氏子姓迎驾者二十余人，秦孝然年九十，实然年八十七，敬然年八十五，荣然年七十，寿然年六十六，芝田年七十六，瑞熙年六十一，莘田年六十，东田年六十二，九人六百余岁又皆近族，故五六及之。

(2) 再 题 寄 畅 园

雨余山滴翠， 春暮卉争芳。 搴薜盘云径， 披松渡石梁。
鸣湍空尘意， 列岫澹烟光。 更许传佳话， 遮留诗债偿①。

——录自《清高宗御制诗二集》卷二十六（乾隆十六年，辛未五）

【注释】

①乾隆原注：秦孝然年九十乞诗，故书赐之。

(3) 游寄畅园题句

烟溪又复泛梁鸿， 路侧名园曲折通。 新景林岚六尘表， 昔游岁月寸心中。
清泉白石自仙境， 玉竹冰梅总化工。 小憩便当移跸去， 一声定磬下花宫。

——录自《清高宗御制诗二集》卷六十八（乾隆二十二年，丁丑三）

(4) 介 如 峰

寄畅园中，一峰亭亭独立，旧名美人石，以其弗称，因易之，而系以诗。

一峰卓立殊昂藏， 恰有古桧森其旁。 视之颇具丈夫气， 谁与号以巾帼行？
设云妙喻方子美， 徒观更匪修竹倚。 亭亭戍削则不无， 姗姗阁易非所拟。
率与易名曰介如， 长言不足因成图。 正言辨物得揭揽， 惠麓梁溪永静娱。

——录自《清高宗御制诗二集》卷六十八（乾隆二十二年，丁丑三）

(5) 寄畅园叠旧作韵

双河舟溯慧溪湾， 雅爱秦园林壑闲。 月镜光涵窗潋潋， 云绅声落涧潺潺。
清幽已擅毗陵境， 规写曾教万寿山。 一沼一亭皆曲肖， 古柯终觉胜其间。

——录自《清高宗御制诗二集》卷六十八（乾隆二十二年，丁丑三）

(6) 寄 畅 园 杂 咏

水云佳趣罨檐楹①， 过雨林岚满目清。 也识舟行纡十里， 奈他泉石系崇情。

远峰近巘滴新螺， 清旷名园一再过。 异世一家能守业， 犹传凤谷昔行窝。

九人六百有余岁， 前度曾因佳话传。 硕果今惟四好在， 了知寿者相非圣。

松筼深处小逍遥， 紫绽藤花缀几条。 今日锡山姑且置， 间间塔影见高标。

——录自《清高宗御制诗二集》卷七十一（乾隆二十二年，丁丑六）

【注释】
①乾隆原注：轩名，园中十二景之一。

(7) 泛梁溪，游寄畅园，即目得句

溪泛梁鸿破晓氛， 秦园迹胜久名闻。 爱他书史传家学， 况有烟霞护圣文①。
潇洒聊寻三径曲， 就瞻那禁万民纷？ 问予寄畅缘何事， 情以为田此所勤。

——录自《清高宗御制诗三集》卷二十（乾隆二十七年，壬午四）

【注释】
①乾隆原注：园中恭奉皇祖赐诗及额联。

(8) 寄畅园再叠旧韵

画舫权教舣玉湾， 秦园寄畅暂偷闲。 径从古树阴中度， 泉向奇峰罅处潺。
随喜禅心依佛寺， 已看芳意动春山。 过墙便是青莲宇， 可得敲吟忘此间。

——录自《清高宗御制诗三集》卷二十（乾隆二十七年，壬午四）

(9) 雨中游惠山寄畅园

春雨雨人意， 惠山山色佳。 轻舟溯源进， 别墅与清皆。
古木湿全体， 时花香到荄。 问予安寄畅， 观麦实欣怀。

——录自《清高宗御制诗三集》卷二十三（乾隆二十七年，壬午七）

(10) 寄畅园三叠旧韵

流引惠泉水一湾， 石桥过处敞轩闲。 树遮洞以千年计， 瀑出峡分数道潺。
趣为(去声)永哉畅非俗， 乐惟仁者寄于山。 养疴旋里人何在， 抚境愀然是此间①。

——录自《清高宗御制诗三集》卷四十六（乾隆三十年，乙酉四）

【注释】
①乾隆原注：园为秦氏别业，去秋尚书秦蕙田以病请假南还，寻即在途不起。回溯地是人非，为增感者久之。

(11) 游寄畅园叠旧作韵

胜地宁当目送鸿， 屡来熟路自知通。 一桥横驾琉璃上， 数字回悬琬琰中。
景到春前画不若， 境惟尘表句难工。 书堂小憩传清跸， 欲趁佳辰礼梵宫。

——录自《清高宗御制诗三集》卷四十九（乾隆三十年，乙酉七）

(12) 游寄畅园再叠丁丑旧作韵

江表初看山势鸿， 埠墩西放一舟通。 秦园萧寺相邻近， 水阁云窗小憩中。
视昔由今兴堪托， 松声泉韵画惭工。 仿斯早已成八景①， 愧是卑称大禹宫。

——录自《清高宗御制诗四集》卷六十九（乾隆四十五年，庚子五）

【注释】
①乾隆原注：于万寿山左仿斯成八景，名之曰"惠山园"。

(13) 游寄畅园三叠丁丑旧作韵

那能此地目飞鸿， 境古而幽与理通。 山色泉声清赏外， 昔年今日默思中。
问他王(绂)顾(恺之)画曾擅， 便是杜(镐)倪(瓒)句岂工？ 促就诗休论巧拙， 右厢去礼梵王宫。

——录自《清高宗御制诗五集》卷四（乾隆四十九年，甲辰四）

2. 惠山园

(14) 晓春万寿山即景八首（其八）

寄畅名园爱惠山， 亭台位置异同间。 屋临流水吟澄照， 雅似九龙片刻闲。

——录自《清高宗御制诗二集》卷四十五（乾隆十九年，甲戌一）

(15) 题惠山园八景有序

江南诸名墅,惟惠山秦园最古,我皇祖赐题曰寄畅。辛未春南巡,喜其幽致,图以归,肖其意于万寿山之东麓,名曰惠山园。一亭一径足谐奇趣,得景凡八,各系以诗。

载 时 堂

桥东为堂,爽垲奥密。兼有其胜,风漪澜縠,泛影檐际。

背山得胜地, 面水构闲堂。 阶俯兰苕秀, 檐翻绮縠光。
对时欣职殖, 抚序敕几康。 玩愒曾何谓, 分阴惜不遑。

墨 妙 轩

曲径迤东,疏轩面势,壁间石刻,翠墨留香,有望古遥集之概。

两壁贞珉勒, 千秋宝矩垂。 古香曾不竭, 心正实堪师。
春鸟芝文印, 风漪笔阵披。 逢源契神解, 岂必定于斯?

就 云 楼

抗岭岑楼,每当朝暮晦明,水面山腰,云气蓬勃,顷刻百变。

因迥为高易, 对山得阁幽。 有窗纳荟蔚, 无地幻沉浮。
竹素今兮古, 萝轩春复秋。 宜居忘世者, 繄我足先忧。

澹 碧 斋

楼南闲馆,俯瞰远碧,流憩之余,神心俱澹。

斋俯绿瑠璃, 澄观曾管倪。 藻渊潜赤鲤, 锦浪泛文鹥。
淡月银蟾镜, 轻烟丝柳堤。 忘怀此小坐, 还似对梁溪。

水 乐 亭

绕池为园,亭在岸南,洞庭广乐,恍然遇之。

石泉真可听, 丝竹不须多。 声是八音会, 徵为六合和。
非关肖西浙, 乍似遇东坡。 群鹤神仙侣, 还来按舞傞。

知 鱼 桥

水乐亭之东,长桥卧波。与秋水濠梁同趣。

屡步石桥上, 轻鲦出水游。 濠梁真识乐, 竿线不须投。
子我嗤多辩, 烟波匪外求。 琳池春雨足, 菁藻任潜浮。

寻 诗 径

过就云楼而东,苔径缭曲,获以石栏,点笔题诗,幽寻无尽。

岩壑有奇趣, 烟云无尽藏。 石栏遮曲径, 春水漾方塘。
新会忽于此, 幽寻每异常。 自然成迥句, 底用锦为囊?

涵 光 洞

径侧多奇石,为厂为窦,深入线天,层折而出,仿佛灵鹫飞来。

窈窕神仙府, 嶔崎灵鹫峰。 光涵千舍利, 青削万芙蓉。
芝径缭而曲, 云林秀以重。 只疑丹灶侧, 佺羡或相逢。

——录自《清高宗御制诗二集》卷四十五(乾隆十九年,甲戌一)

(16)再题惠山园二首

稍加位置力, 便足石泉佳。 秀木乔笼屋, 清流曲抱阶。
风松入操古, 春鸟和(去声)音谐。 烟雨锡山景, 悠哉寄雅怀。

径入紫芙蓉, 石林重复重。 临溪开月户, 隔树落云峰。
声拟洞箫按, 形参襄锦淙。 宣毫将侧埋, 到处有清供。

——录自《清高宗御制诗二集》卷四十六(乾隆十九年,甲戌二)

(17)仲春万寿山杂咏六首(其五)

曲廊绕柱度潺湲, 蹀步松风石濑间。 此是惠山真面目, 输他钟磬六时闲。

——录自《清高宗御制诗二集》卷四十六(乾隆十九年,甲戌二)

(18)惠 山 园

玉蕊山茶古干梅, 唐花不较地争开。 何当图画天然里, 借得梁溪烟雨来。

——录自《清乾隆御制诗二集》卷五十四(乾隆二十年,乙亥一)

(19)题惠山园叠前韵

山白桃花可唤梅, 依依临水数枝开。 九龙今日何神肖, 为是光春雨后来。

——录自《清高宗御制诗二集》卷五十六(乾隆二十年,乙亥三)

(20) 再题惠山园八景

载 时 堂

云水相澄上下鲜， 坐来惟爱手芸编。 流阴每拟惜陶侃， 仰止兼因溯史迁。

墨 妙 轩

真诠已萃千秋宝， 清赏还同八咏楼。 钗脚漏痕犹刻画， 请看石立与泉流。

就 云 楼

垄至云烟无定态， 朗开窗牖有奇观。 衣沾为入山深处， 张旭形容契者难。

澹 碧 斋

拍槛漪澜潋滟光， 游鱼潜跃乐相忘。 琉璃界里水精辟， 一物不尘六月凉。

水 乐 亭

峡琴金石韵铿锵， 不攫中（去声）宫还中商。 本意由来肖吴下， 何妨并认作东阳？

知 鱼 桥

林泉咫尺足清娱， 拨剌文鳞动绿蒲。 当日惠庄评论处， 至今知者是娵隅。

寻 诗 径

诘曲穿云复度松， 山如饭颗翠还浓。 诙谐白也苦吟杜， 疑是曾于此处逢。

涵 光 洞

岭岈牝谷静涵虚， 入尽可游亦可居。 朱户只疑双镮处， 藏来二酉有遗书。

——录自《清高宗御制诗二集》卷五十六（乾隆二十年，乙亥三）

(21) 惠 山 园

山泉爱吴下， 位置学秦家。 韶节遇今日， 梁溪不我遐。
乔峰一窗画， 积雪万林花。 静觉春心盎， 还同物纽芽。

——录自《清高宗御制诗二集》卷六十（乾隆二十一年，丙子一）

(22) 惠 山 园

峡声入夏壮， 林色较春浓。 径度镜中彴， 遥闻云外钟。
迎眸惟静趣， 随意作清供。 塔影波间落， 还疑印九龙。

——录自《清高宗御制诗二集》卷六十三（乾隆二十一年，丙子三）

(23) 墨 妙 轩

茗华勒壁贞， 墨妙荟菁英。 远取东坡义[1]， 近规锡麓情[2]。
烟云相雹护， 唐宋与逢迎[3]。 不更临池学， 山阴早擅名。

——录自《清高宗御制诗二集》卷六十三（乾隆二十一年，丙子四）

【注释】
[1]乾隆原注：苏轼有墨妙亭诗。
[2]乾隆原注：是轩建于惠山园。
[3]乾隆原注：《三希堂法帖》自晋魏以至元明，兹以续成，自唐褚遂良为始。

(24) 惠山园即景

偶称寄畅景， 因涉惠山园。 台榭皆曲肖， 主宾且慢论。
饶他千里近， 消我万几烦。 正尔参金地， 陡然忆玉门。

——录自《清高宗御制诗二集》卷七十三（乾隆二十二年，丁丑八）

(25) 墨 妙 轩

茗华继阅古[1]， 公好(去声)岂藏珍？ 慢自方食蔗， 宁当云积薪。
烟霞相润浥， 贤哲会精神。 揭要过庭论， 谁欤步后尘？

——录自《清高宗御制诗二集》卷七十三（乾隆二十二年，丁丑八）

【注释】
[1]乾隆原注：楼名。以贮三希堂法帖石刻，其续摹入石者，则贮墨妙轩。

(26) 惠 山 园

园学秦家寄畅心[1]， 阅时筠木亦阴森。 由来日涉才成趣， 却我几忙率偶临。
云敛琳霄目因迥， 水澄兰沼意俱深。 静观别有相应处， 理趣当前不借寻。

——录自《清高宗御制诗二集》卷七十三（乾隆二十二年，丁丑八）

【注释】
[1]乾隆原注：秦园名寄畅。

(27) 惠 山 园

位置都教学惠山， 溪亭小憩片时闲。 九龙昨岁停春跸， 却在寻常想像间。

——录自《清高宗御制诗二集》卷七十六（乾隆二十三年，戊寅二）

(28) 再题惠山园八景

载 时 堂

座有箴铭架有书， 延清最可适几余。 载时若问对时义， 汉诏中间每起予。

墨 妙 轩

《三希法帖》萃名书， 墨妙苔华复继诸。 自是睪然缘望古， 将毋玩物志渝初。

就 云 楼

云横山直自今古， 筑个山楼号就云。 动静主宾都妙谛， 倩谁点笔为区分？

澹 碧 斋

琳沼冰沦尚未开， 心依澹碧境无埃。 几回磨墨一章就， 自问个从何处来。

水 乐 亭

或戛鸣球或搏弦， 林泉趣也中宫县。 烟霞岭畔依稀似， 坐石临流忆去年。

知 鱼 桥

平铺半亩冻琉璃， 未是轻鯈出水时。 漫道跃潜殊理趣， 鱼知鱼乐我因知。

寻 诗 径

古锦囊教奴子携， 惟应愈涊解金锼。 如今拟问李长吉， 题凑诗乎诗凑题？

涵 光 洞

回岩缪径蔽曦光， 空洞中宏宛委藏。 妙义恰如虚室白， 吉祥止止受无央。

——录自《清高宗御制诗二集》卷七十六（乾隆二十三年，戊寅二）

(29) 惠 山 园

溪声咽乳溜， 径趣掠眉峰。 草木含韶气， 湖山无俗容。
得佳如画读， 契妙以诗供。 遥想九龙畔， 春云正蔚浓。

——录自《清高宗御制诗二集》卷八十三（乾隆二十四年，己卯一）

(30) 题 惠 山 园

位置全规寄畅园， 每因揭涉异同论。 数峰龙阜浑齐峻， 一水梁溪讶讨源。
松是绿虬低欲舞， 石如白凤仰疑骞。 借来明岁春阴况， 谁辨江南与蓟门①。

——录自《清高宗御制诗三集》卷二（乾隆二十五年，庚辰二）

【注释】
①乾隆原注：已降旨明岁恭奉皇太后南巡。

(31) 惠山园观荷花

吴园万寿山东隅， 其水昆明之尾闾。 去岁湖水已忧涸， 津逮弗及甃井如。
自春徂夏湖水足， 余波一方湛且绿。 偶来正值荷花开， 雨后风前散清馥。
洛川湘浦比轻狂， 君子微嫌名教伤。 试看流霞带醺者， 真是水仙宴水堂。
水堂宛转孰南北， 何必燕天隔江国。 汗牛充栋咏莲人， 面目谁真识净植。

——录自《清高宗御制诗三集》卷五（乾隆二十五年，庚辰五）

(32) 再题惠山园八景

载 时 堂

东岭山堂好， 琴书静与宜。 开轩无长(去声)物， 种树有乔枝。
每便粗疏过， 宁非玩愒为。 今朝索延憩， 恰正小年时。

墨 妙 轩

菩琁法宝萃千年， 四壁风华总道诠。 朝暮云烟相荟蔚， 游丝灯影契天然。

就 云 楼

深登每思憩， 因迥得杰构。 题额乃就云， 云亦每相就。
荟蔚荡胸腋， 暖靧润襟袖。 丰隆有奇货， 谷神宛可售。
莫漫拟虞廷， 名实讵胥副。

澹 碧 斋

一湖小停蓄， 渫然澈清影。 咫尺出宫墙， 稻田灌千顷。

水 乐 亭

八音之中独无水， 一无万有实至理。 不然听取宫商声， 了须抛却筝笛耳。
洞庭只在依稀间， 繁会聆以片刻闲。 漫拟九成来凤鸟， 吾犹愧之曰舞干。

知 鱼 桥

饮波练影无痕， 戏莲闯藻便蕃。 知否付之鳞类， 惠庄却费名言。

寻 诗 径

窈窕冲融间， 诘曲逶迤处。 目击斯道存， 浅言亦深趣。 于此论格律， 何殊刻舟误？

涵 光 洞

牝洞悾悾虚室如， 其通以塞有光舒。 恰看生白那愁暗， 何必含明要在疏。
蚕尾银钩临古帖， 蝇头绿字读奇书。 设于二典寻津逮， 四表犹惭普被诸。

——录自《清高宗御制诗三集》卷五（乾隆二十五年，庚辰五）

(33) 洗 秋 阁

惠山园里洗秋阁， 八柱玲珑水一方。 即景飒然成小坐， 当前妙趣悟蒙庄。

——录自《清高宗御制诗三集》卷七（乾隆二十五年，庚辰七）

(34) 惠 山 园

寿山东障枕长渠， 既窈而深清复舒。 问景偏欣优雪后， 行韶恰合载阳初。
轩收孙氏琳琅笥①， 园写秦家水竹居。 又为民艰罢巡跸②， 九龙春色且姑徐。

——录自《清高宗御制诗三集》卷十（乾隆二十六年，辛巳二）

【注释】
①乾隆原注：墨妙轩在园内。
②乾隆原注：以高宝数属被水，暂停今春南巡。

(35) 题惠山园八景叠旧作韵

载时堂

满拟周公禾号书, 迩来愁惹得霖馀。 偷闲快霁聊消闷, 那学匡床昼寝予?

墨妙轩

王家一笔见奇书, 并弆蝇头论望诸①。 虽是此轩号青出, 积薪犹欲不忘初。

就云楼

近来亟欲云闲去, 偏是高楼日就云。 却向西风思致语, 一施神技与吹分。

澹碧斋

池斋每对輙心开, 衣履都教绝点埃。 如此佳哉山水处, 一年屈指两三来。

水乐亭

谁奏泠泠蜀国弦, 徐看石罅细流悬。 为宫为徵徒摹拟, 有此原从太古年。

知鱼桥

香霞蔚覆净琉璃, 极乐国中解夏时。 便是游鳞那无乐, 欲嗤庄叟太言知。

寻诗径

奇峰诡石解招携, 即是黄金刮眼鎞。 快霁一天残暑退, 得教触景此拈题。

涵光洞

风人尚绚恶辉光, 善现由来贵善藏。 石洞空空了此义, 心灯朗照正中央。

——录自《清高宗御制诗三集》卷十五(乾隆二十六年,辛巳七)

【注释】

①乾隆原注:二种皆《石渠宝笈》旧藏上品。

(36) 再题惠山园八景

载时堂

禹锡休方陋室馨， 稚圭见说草堂灵。 而今拟问豁廖者， 曾几春风秋月经。

墨妙轩

千古风流五合传， 无过(平声)过(去声)眼幻云烟。 茗华若识归真处， 同异谁真白与坚？

就云楼

就山楼额就云名， 常见云从楼里生。 楼自静而云自动， 就还云耳岂楼诚？

澹碧斋

春水初生潋碧漪， 澹然涤虑偶凭之。 设方明镜原谊照， 万物形形色色时。

水乐亭

宫商角徵曾谁号， 水石山林亦强名。 明此方能知乐本， 与君同听太初声。

知鱼桥

几个文鳞水面游， 偶因浮豫识庄周。 絜予乐欲公天下， 那向区区在藻求？

寻诗径

一卷当谷下临陂， 步入幽深总合诗。 便是三唐多作者， 个中滋味几人知？

涵光洞

岩围牝洞豁中央， 不尽虚涵不尽光。 试看珠含将玉蕴， 大都能显在能藏。

——录自《清高宗御制诗三集》卷二十八（乾隆二十八年，癸未二）

(37) 惠 山 园

凤凰墩似黄埠墩， 惠山园学秦家园。 舟到其他则且置， 松岩之下先得门。
水态山光经雨好， 墨林书案供清讨。 长河两岸绿畴风， 径送溪堂惬怀抱。
怀抱惬矣几复闲， 新题旧什推敲间。 几度南巡宁为此， 笑未开颜惭靦颜。

——录自《清高宗御制诗三集》卷三十一（乾隆二十八年,癸未五）

(38) 题 惠 山 园

台榭全将秦氏图①， 宛如摘藻咏游吴。 轻阴宿雨今来凑， 也与九龙不迥殊。

——录自《清高宗御制诗三集》卷三十七（乾隆二十九年,甲申三）

【注释】
①乾隆原注:是处位置结构与惠山秦氏寄畅园大略相仿,因名。

(39) 题 墨 妙 轩

碧溪一带锁嵌岩， 径入文轩翰墨林。 四壁苔华阅今古， 三希倒薤藉追寻。
烟云舒卷为同异， 情性刚柔在酌斟。 数典更欣过庭论①， 悬针竟尔度金针。

——录自《清高宗御制诗三集》卷三十八（乾隆二十九年,甲申四）

【注释】
①乾隆原注:孙虔礼《书谱》摹入《三希堂法帖》,其所书《景福殿赋》及《千字文》并刻石此轩。

(40) 惠 山 园 荷 花

山园过雨看荷花， 如濯蜀锦浣越纱。 露珠离虽无色象， 风麝馥馥饶清嘉。
陆葩水卉真鲜比， 梁溪想亦舒芳矣。 裳裳一例镜中华， 南北异同漫议拟。

——录自《清高宗御制诗三集》卷四十（乾隆二十九年,甲申六）

(41) 题 惠 山 园

春意已如许， 春山乍可攀。 含烟林影幂， 解冻涧声潺。
不日涉成趣， 惟无逸乃闲。 略因缱遐想， 却在九龙间。

——录自《清高宗御制诗三集》卷五十四（乾隆三十一年,丙戌二）

(42) 再题惠山园八景

载 时 堂

山右夤缘山左来， 书堂延得小徘徊。 丁东漏里片时过， 惜岂宁论分寸哉?

墨 妙 轩

四壁琳琅墨沈俱， 书林率可作佳模。 只今艳羡星云处， 不识其人尚识无。

就 云 楼

山脚书楼复近溪， 溪云起复入楼低。 许浑诗意全图出， 分主分宾总半提。

澹 碧 斋

冻解当前一镜呈， 碧天上下相(入声)涵清。 无风何必波澜也， 吾意因之静且平。

水 乐 亭

讵止和平与亮清， 八音繁会总云英。 烟霞岭下昨春景①， 耳畔依然是此声。

知 鱼 桥

石栏雁齿亘春池， 出水轻鲦在藻思。 数典列庄亦繁矣， 由来其乐有鱼知。

寻 诗 径

两旁怪石叠嵚崟， 一径烟霞步步深。 此处相应定谁是， 依稀李贺是知音。

涵 光 洞

谽谺幽洞翠岩围， 虚则生光义旨微。 半日春游诗廿首， 恐妨勤政得言归。

——录自《清高宗御制诗三集》卷五十四（乾隆三十一年，丙戌二）

【注释】
①乾隆原注：浙中水乐洞在烟霞岭下。

(43) 惠 山 园

近岸维舟日未午， 小游聊趁片时闲。 恰如墩适离皇甫， 便是园今到惠山。
松傍明亭常落落， 泉淙暗窦自潺潺。 引思那在秦家墅， 只在民情亲切间。

——录自《清高宗御制诗三集》卷五十七（乾隆三十一年，丙戌五）

(44) 题 惠 山 园

一区山左学江南， 初岁清闲取便探。 不似似之浑似似， 前三三即后三三。
岂其园景心犹恋， 只彼舆情意所妡。 却喜雪融春气闰， 柳条已有露珠含。

——录自《清高宗御制诗三集》卷六十二（乾隆三十二年，丁亥二）

(45) 再题惠山园八景

载 时 堂

春来万物畅生生， 便廑民多隅向情。 偶坐书堂知有愧， 载时敢曰象天行。

墨 妙 轩

点缀亭轩学惠山， 胜他墨妙萃斯间。 已嫌腕力难摹古， 过眼云烟更少闲。

就 云 楼

看山常峙看云流， 山脚就云恰有楼。 动亦非纷静非寂， 羲经易简理相投。

澹 碧 斋

小池冰解作波光， 新水溶溶绿带黄。 最合临堤夸一色， 生稊踠地蘸枯杨。

水 乐 亭

不属八音具八音， 泠泠清响静中斟。 前巡诗思分明在， 疑向若冰洞里寻①。

知 鱼 桥

负冰才解尚矜鳞， 画水浮潜意趣新。 庄惠是非嫌语絮， 请看者个早知春。

寻 诗 径

石门云径倚松开， 屧步无尘有绿苔。 试问今来缘底事， 答言端为觅诗来。

涵 光 洞

幽洞能生虚白光， 坐斯神谧意无忙。 更因会得南华旨， 止止之中有吉祥。

——录自《清高宗御制诗三集》卷七十（乾隆三十三年，戊子二）

【注释】

①乾隆原注:惠山寺右首有若冰洞。

(46) 惠 山 园

景写惠山真不真, 明亭暗窦尽宜春。 今朝大似江南者, 宿雾轻烟总绝尘。

——录自《清高宗御制诗三集》卷七十八(乾隆三十四年,己丑二)

(47) 惠 山 园

小园学惠山, 山固非九龙。 结构既毕肖, 惠山想像中。
旷忆无名初, 三千一大同。 有名彼此分, 事乃鲜至公。
南华论齐物, 妙理诚幽通。

——录自《清高宗御制诗三集》卷八十一(乾隆三十四年,己丑五)

(48) 惠 山 园

山左小园别一区, 亭台全拟惠山园。 今年问景犹初至, 素节当秋觉益殊。
松自静因风有韵, 石虽瘦以古为腴。 讵关境胜恒怀彼, 只为(去声)民亲每缱吾。

——录自《清高宗御制诗三集》卷九十一(乾隆三十五年,庚寅七)

(49) 惠 山 园

寿山周览至山左, 别有山园仿九龙。 耐可凭轩供眺望, 欲言返跸且从容。
水花红馥递风细, 林叶翠新过雨浓。 岂弗梁溪烟景似, 不缘渥泽得艰逢。

——录自《清高宗御制诗三集》卷九十八(乾隆三十六年,辛卯六)

(50) 再题惠山园八景

载 时 堂

节前一至兹节后, 景十日馀觉改观。 因忆分阴惜开府, 惜犹容易驻应难。

墨 妙 轩

壁间名迹藏石版, 淳化重摹复例斯。 不觉粲然还一笑, 迄今宋石属何谁?

就 云 楼

就云昨岁太殷勤, 涨至楼腰痕有纹。 此日望云思作雪, 呼偏不就不曾闻。

澹 碧 斋

鱼陟负冰冰已苏， 依然新水满平湖。 一泓澹碧斋前漾， 无忽有还有若无。

水 乐 亭

洗尽尘音契太空， 作于流荡激扬中。 凭栏只合忘听者， 不与五声六律同。

知 鱼 桥

曲折石桥俯碧漪， 唅喁春水出鱼儿。 却嗤庄惠特多事， 何必辨知与不知？

寻 诗 径

诡石丛间有路通， 寻幽得句不期工。 司空《廿四品》如较， 只在清奇委曲中。

涵 光 洞

窗开玉女朗青天， 牝洞中含光皎然。 近似楼西灯未上， 一轮升月正团圆。

——录自《清高宗御制诗四集》卷二（乾隆三十七年，壬辰二）

(51) 惠 山 园

诡石丛间路入从， 春园山水意将浓。 乘闲偶尔游一晌， 缩地居然移九龙。
绕砌近堤吐新草， 明亭暗窦间(去声)苍松。 南巡风景依稀在， 亲切民情镇芥胸。

——录自《清高宗御制诗四集》卷十八（乾隆三十九年，甲午二）

(52) 游惠山园，因忆江南去岁被灾地

园学惠山偶莅之， 江南真者顿萦思。 去年被旱虽经赈， 新岁加恩更展期①。
峰色泉声宁异彼， 衣单食歉镇廑兹。 近闻雨雪麦畴润， 可接青黄半信疑。

——录自《清高宗御制诗四集》卷三十四（乾隆四十一年，丙申二）

【注释】

①乾隆原注：昨岁江南夏秋稍旱，句容等二十八州县及二卫成灾七八分不等，既已循例赈恤，复于新正降旨加展赈期，俾资接济，无锡即在被灾次重之列。

(53) 再题惠山园八景

载 时 堂

春仲来游未及吟， 兹当夏仲绿阴深。 载时多少惜时意， 一瞬流光没处寻。

墨 妙 轩

弆藏名迹命精摹， 墨妙苕华与众俱。 未识当年把笔者， 膻芗今日可知乎。

就 云 楼

名园缀景无不具， 楼就山腰山吐云。 时正宜旸资晒麦， 英英此际漫殷勤。

澹 碧 斋

溪斋临水水溶溶， 碧实邻虚澹匪浓。 妙处可凭不可说， 清风波面拂其踪。

水 乐 亭

静非无进动非流， 九夏凭来意亦秋。 设曰披风有真乐， 应为水调奏歌头。

知 鱼 桥

石桥曲折镜光披， 潜跃文鳞适任伊。 俯仰清华谁弗乐， 便当鱼乐亦应知。

寻 诗 径

窈而深更缭而曲， 步步神传七字真。 若谓寻诗于此合， 可知诗亦解寻人。

涵 光 洞

石林苍逻复青围， 空洞如含静者机。 那更入来讶生白， 南华早已示其微。

——录自《清高宗御制诗四集》卷三十八（乾隆四十一年，丙申六）

(54) 题惠山园八景，叠丙申韵

惠山园久未来吟， 契阔流阴八载深。 长昼且当几略暇， 遂因路便一相寻。

右 载 时 堂

名迹茗华早命摹， 珍同淳化砌廊俱。 虽云思古兼公世， 玩物名言弗碍乎。

右 墨 妙 轩

已长(上声)禾苗麦收候， 但期晴耳弗期云。 赓题原是夏之仲， 一例殷殷望岁勤。①

右 就 云 楼

澹惟澄澈碧沄溶， 色相都非艳与浓。 绨几设如命子墨， 应从此处觅文踪。

右 澹 碧 斋

东坡水乐不凡流， 忆彼钱塘通守秋。 偶此效之还自笑， 岂非抬却两重头？

右 水 乐 亭

桥上偶然一俯披， 鲦鱼出水乐由伊。 惠庄自是出尘者， 何事辨知与不知？

右 知 鱼 桥

四字为文指南诀， 曰惟雅正与清真。 设如絜矩别裁者， 我亦俞乎效此人。

右 寻 诗 径

洞似真人塞其内， 光如夫子入于机。 日涵犹觉有能所， 合唤神明领至微。

右 涵 光 洞

——录自《清高宗御制诗四集》卷八十二（乾隆四十六年，辛丑六）

【注释】

①乾隆原注：现在雨势霶足，秋禾滋长而麦熟正在登场。惟资晒晾日望晴霁。检丙申题诗，有"时正宜晴资晒麦，英英此际漫殷勤"之句，与彼时情景正同。

(55) 惠 山 园

园写秦家墅， 规模肖宛然。 只输少古树， 一例蔚春烟。
暗窦明亭错， 消冰流水鲜。 南方停跸处， 却说是前年。

——录自《清高宗御制诗四集》卷八十六（乾隆四十七年，壬寅二）

(56) 再题惠山园八景

载 时 堂

背山临水构书堂， 乐不为疲抚缥缃。 昨岁江南今冀北， 载时一例阅春光。

墨 妙 轩

自是三希擅大家， 继收墨妙石镌华。 漫嗤孟贾非仙圣， 寒瘦由来未甚差。

就 云 楼

云属动而楼属静， 何云楼乃就乎云。 试看宾主迭为处， 奚必其间著相(去声)分。

澹 碧 斋

碧为水色澹水德， 却是斯来冰始融。 凭槛莫嫌名副少， 两言恒此占斋中。

水 乐 亭

烟霞岭下与东阳①， 及此而三水乐扬。 清泌只知流觱沸， 几曾按拍叶宫商。

知 鱼 桥

久议惠庄多费辞， 鱼乎子者究为谁？ 不如桥上观而乐， 万物由其付自知。

寻 诗 径

散步行来曲栈斜， 傑池林出石嵯岈。 设云此即寻诗径， 不在陇西在浣花。

涵 光 洞

牝洞虽幽望不遮， 南华生白语无差。 箕畴设喻庶民近， 吾亦涵之敢自夸。

——录自《清高宗御制诗五集》卷十二（乾隆五十年,乙巳二）

【注释】

①乾隆原注：西湖烟霞岭下有水乐洞,东阳亦有水乐洞。

(57) 题惠山园八景

载 时 堂

题句于斯隔五年①，上元过尚晦之前。 偷闲来领载时趣， 却识流阴解速迁。

墨 妙 轩

石镌《墨妙》继《三希》②， 真迹严其摹瘦肥。 意欲公天下学者， 后言听彼是和非。

就 云 楼

楼贮春云窗未开， 就楼即是就云来。 推窗却喜出楹态， 一缕徘徊耐挽陪。

澹 碧 斋

澹碧由来以水称，平湖才半泮春冰。 凭斋漫惜名差负， 形色相忘亦绝胜。

水 乐 亭

曲涧活流细落池， 听来水乐讵非斯？ 琵琶行著白居易， 冷涩弦疑绝证之。

知 鱼 桥

鱼负冰过波跃时， 桥头小步契幽思。 惠庄总落未忘我， 付不知原胜有知。

寻 诗 径

诗在己乎诗在他， 日来寻者又谁何？ 炽然能所无实际， 曲径无言胜处多。

涵 光 洞

光生动也涵生静， 岩洞空空无不宜。 漫拟汉宫三十六， 命名历岁却如之③。

——录自《清高宗御制诗五集》卷五十二（乾隆五十五年，庚戌二）

【注释】
①乾隆原注：是处自乙巳题诗后，至今庚戌，攸又阅五年矣。
②乾隆原注：内府《三希堂帖》于壬申年镌成，继于甲戌又刻《墨妙轩帖》于此轩之壁间。
③乾隆原注：斯园于甲戌年落成，至今岁庚戌已三十六年。

(58) 题惠山园八景

载时堂

堂仿秦园曰载时①，几闲偶到每留诗。回思辛未游之创，瞥眼流光卅岁驰。

墨妙轩

帖成《墨妙》《三希》继，甲戌逮今又卅年②。续订《石渠》古迹夥，将重镌石却惭然③。

就云楼

旱时就望(云)霖就惧，(云)望惧无关就致艰④。近雨沾禾晴晒麦，层楼就乃幸心闲。

澹碧斋

山根水裔构闲斋，澹碧之中足浴怀。莫谓方塘才半亩，同其澈则望无涯。

水乐亭

或拟于琴或称筑，那如水乐定无名。东坡名托宫商者，未若浩然听以清。

按：苏轼谓钱唐东南有水乐洞，泉流空岩中，皆自然宫商，可谓善于形容矣。然不若孟浩然《宿从师山房》诗云"风泉满清听"句，为不落言诠，盖虽不言乐而乐之，理已包其中，琴筑等名，徒涉疑似耳。

知鱼桥

宛转曲桥若濠上，鲦鱼自出自游之。凭栏每论知否者，总是惠庄隐笑时。

寻诗径

万物由来备一心，匪疏扩亦匪幽深。呈于前总会于己，诗料何须定费寻？

涵光洞

牝洞幽深亦生朗，涵之之义静而长。个中蕴不知卅岁⑤，妙合义经训退藏。

——录自《清高宗御制诗五集》卷六十六（乾隆五十六年，辛亥三）

【注释】

①乾隆原注：寄畅园为无锡秦氏别业，辛未南巡，回跸于万寿山之东麓，略仿其制位置结构，名之曰惠山园，载时堂乃园中八景之一。

②乾隆原注：内府《三希堂帖》镌成后，于甲戌岁又集《石渠》所藏名迹钩摹泐石，并将石版嵌此廊壁间，因即以《墨妙》颜轩，阅今又三十八年，曰卅年者举成数也。

③乾隆原注：近命内廷翰林续订《石渠宝笈》，其中名人墨迹甚夥，书成后将择其尤佳者镌石以广流传，虽文翰非同玩物，而予怀不免自愆其多矣。

④乾隆原注：必雨旸时若，然后可得无望惧之心。一年之中无一日不廑心较量农务也。

⑤乾隆原注：是园创始辛未，至今已四十年矣，光阴之速，奚啻白驹过隙而已哉。

(59) 惠山园八景

寻诗径

万寿山园学惠山，　九龙八景不劳攀。　予心宁在风光美，　依媚民情想像间。

涵光洞

嶔崎中寻石径崇，　到来牝洞只空空。　因幽识得涵光趣，　方寸大千应(去声)不穷。

墨妙轩

三希石已镌《墨妙》，　审鉴间(去声)犹半假真①。　鲜暇抚临还自笑，　于中无乃废精神。

载时堂

几转梁溪桥过水，　书堂水裔待相宜。　如云俯仰为何令，　恰似江南二月时。

知鱼桥

新水溶溶弱练披，　开奁绿藻欲生时。　负冰才罢锦鳞脆，　乐否惟鱼任自知。

就云楼

昨岁优霖土尚润，　麦田高下绿芃芃。　层楼一畅东郊目，　就景非殷望意中②。

澹碧斋

石罅吐泉犹觉涩，　就平亦有嫩波铺。　凭栏底识澹然意，　似待条风拂绿蒲。

水乐亭

江南燕北两名之，　更忆余杭亦有斯③。　既水不妨即称乐，　八音何必(去声)泥金丝。

——录自《清高宗御制诗五集》卷九十四（乾隆六十年，乙卯二）

【注释】

①乾隆原注：向镌《三希堂法帖》，集内府所藏名迹，自晋魏至元明无不备列。后于甲戌岁，又取《石渠宝笈》中名人墨迹，择其尤佳者钩摹勒石，嵌此轩壁间，因以"墨妙"颜之。二帖鉴别精审，迥非外间法帖所及。但往代旧迹，阅岁既久，或有出于摹临，难免真假参半，要其精采自不可泯，正不必过于推求也。

②乾隆原注：此际不至，切望云也。

③乾隆原注：杭之西湖亦有水乐洞在烟霞岭下，与石屋洞相近。

(60) 惠山园八景

寻诗径

望捷心烦佳节过，　兼归政合简吟哦。　偶翻诗本减十五①，　步径一寻可罢么。

涵光洞

假山砌石本以实，　真洞迎岩乃作空。　真假实空齐置却，　其光得在孰涵中。

墨妙轩

《三希》《墨妙》镌次第，　昨复累累得续编②。　稽古虽云成韵事，　斯之未信合惭然。

载时堂

水裔虚堂三架开，　梁溪不异晓春回。　如询此际何所载，　满眼思看捷信来。

知鱼桥

春水融冰澹荡漪，　弗寒弗暖正宜时。　其简底用劳分辨，　莫若娵隅付彼知。

就云楼

云有去来楼有定，　是诚云就就云讹。　偶观额字恒失笑，　颠倒似兹讹者多。

澹碧斋

方塘几亩铺新水，　日凝日融鱼负欢。　立望一时思捷报，　澹然却羡碧波安。

水乐亭

漫笑八音水字无，　吹风激石视斯乎。　观澜会括听澜意③，　数典何须忆老苏？

——录自《清高宗御制诗余集》卷二（嘉庆元年，丙辰二）

【注释】

①乾隆原注：予向来吟咏，不为风云月露之辞。每有关政典之大者，必有诗纪事。即游艺拈毫，亦必于小中见大，订讹析义，方之杜陵诗，史意有取焉。自乾隆元年，每十二年编为一集，初集自丙辰至丁卯，计得诗四千一百八十余首；二集自戊辰至己卯得诗八千四百六十余首；三集自庚辰至辛卯，得诗一万一千六百三十余首；四集自壬辰至癸卯得诗九千八百余首；五集自甲辰至乙卯得诗八千七百余首，综计六十年中诗凡四万二千余首。初非有意与古诗人夸多较胜，盖惟即事抒怀，阅年既久，遂赢卷帙。今年归政后，一切承祭、视朝、经筵、阅武、耕耤、行师诸典，均为子皇帝之事。虽训政、敕几、劝农、课晴不能不见之篇什，而例成之作，可以大简于昔矣。今年诗本自元旦过燕九日，得四十七篇，较之上年过燕九诗计，已关于十五篇可知。

②乾隆原注：乾隆丙寅，就养心殿温室易其名曰《三希堂》，以贮王羲之《快雪时晴》、献之《中秋》、王珣《伯远》三帖。次年丁卯，复谕内廷翰臣勘校《石渠宝笈》中钟繇、王羲之诸人书，下迨唐宋元明墨迹尤佳者，勒石名《三希堂帖》，凡三十二册，石则嵌于阅古堂壁间。至甲戌岁，又搜遗石渠，得褚遂良以下诸人墨迹勒为四册，颜曰《墨妙轩帖》，石即嵌于轩壁。继又于己丑年，出内府所藏《淳化阁帖》初拓本，重摹上石，以广示艺林。壬辰工藏拓为轩，名以淳化，并为之记，以志寓名蕴古之意。迨己亥岁，复有《兰亭》八柱及《快雪堂帖》之刻，各有诗文志其原委。昨癸丑岁，以后前两辑《秘殿珠林》《石渠宝笈》成书。后又阅四十余年，续入书画真迹甚夥，复命彭元瑞等详加勘择，进呈钦定，荟辑为续编，并御制文冠诸简首。夫鉴古勒珉，亦艺林佳话，惟年代久远，真赝纷歧，如谓鉴赏不爽，锱铢则犹未敢深信。然而屡举斯类，虽曰兴文，颇自厌且自愧。

③乾隆原注：避暑山庄有观瀑亭，亭额为皇祖御书。向年驻跸山庄，自癸亥始有《观瀑诗》，乙丑始有《听瀑诗》，嗣后屡成题咏，盖观者其色，听者其声，瀑泉燕具其胜，而观可括听意，义原自融合，是以癸未《观瀑诗》有"是观可括听，声中觅色难"之句，丙申《观瀑诗》云"高悬圣藻曰观瀑，可识观中即具听"，于观听异同之义辨析至详。兹水乐之构于热河瀑泉，实可互相印证，正不必数典于苏轼《东阳水乐亭》诗也。

（二）无锡竹炉山房—北京玉泉山竹炉山房及其他

3. 无锡竹炉山房（惠山寺听松庵）

（61）惠山听松庵用竹炉煎茶，因和明人题者韵，即书王绂画卷中①

才酌中泠第一泉， 惠山聊复事烹煎。 品题顿置休惭昔， 歌咏膻芗亦赖前。
开士幽居如虎跑②， 舍人文笔拟龙眠。 装池更喜商邱荤， 法宝僧庵慎奉全。

回回山下出名泉， 火候筠炉文武煎。 成佛漫嗤灵运后， 题诗多过玉川前。
试携学士来明汲③， 高谢山僧守晏眠。 我愿灵源常勿幕， 饮教病渴尽安全。

——录自《清高宗御制诗二集》卷二十四（乾隆十六年，辛未三）

【注释】

①光绪《无锡金匮县志》录此诗无诗题，附一按语：惠山名重天下，而听松竹炉为明初高僧性海所制，一时名流传咏甚盛，中间失去。好事者仿为之。已而复得。其仿其复胥见诸题咏，联为横卷者四。我朝巡抚宋荦识以官印，俾寺僧世藏之，自是而竹炉与第二泉并千古矣。乾隆辛未春二月南巡，过锡山，念惠泉为东南名胜，圣祖仁皇帝数临其地，有"品泉"二字赐额。爰命舟瞻仰，坐山房，煜炉酌泉，啜茗小憩，并用前人原韵成二律，题王绂画卷，仍归寺僧永垂世宝，而纪其缘起如此。

②乾隆原注：音趵。

③乾隆原注：是日命汪由敦扈游。

(62) 汲惠泉烹竹炉歌①

惠山氿泉天下闻，　陆羽品后伯仲分。　中冷江眼固应让，　其余有洌谁能群？
高僧竹炉增韵事，　隐使裴公惭后尘。　庄严金碧礼月相，　三间茗室清而文。
梅花天竺间红白，　濛濛沐雨含奇芬。　平方木几一无有，　恰见竹炉妥帖陈。
篾编密致拟周筐，　体制古朴规虞敦(叶)。　玉乳寒漈早汲缳，　明松干烈旋传薪。
武火已过文火继，　蟹眼初泛鱼眼纷。　卢仝七碗漫习习，　赵州三瓯休云云。
政和入贡劳致远，　卫公置递嫌逞权(叶)。　巡跸偶然作清供，　《听松庵图》真迹存。
名流传咏四百载，　墨华硃彩犹鲜新。　山僧藏弆奉世宝，　视比衣钵犹堪珍。
视比衣钵犹堪珍，　后进君子先野人。

——录自《清高宗御制诗二集》卷二十四（乾隆十六年，辛未三）

【注释】

①光绪《无锡金匮县志》此诗标题为《辛未二月二十日，登惠山至听松庵汲惠泉烹竹炉，因成长歌书竹炉第三卷，援笔洒然有风生两腋之致》。

(63) 再题听松庵书张宗苍补图上①

又溯梁溪问惠泉，　春光到比客舟先。　竹炉小试仍松下，　龙井携来正雨前。
此日真成四美具，　当年慢说八禅诠。　补图直继诸贤躅，　便道同堂岂不然。

——录自《清高宗御制诗二集》卷二十六（乾隆十六年，辛未五）

【注释】

①光绪《无锡金匮县志》此诗标题为《题竹炉第四卷张宗苍补图上》。

(64) 惠山歌题张宗苍画

惠山之泉人所闻，　惠山之山我亦欣。　来往惠山才两度，　清兴足共千秋存。
往往林峦入静观(去声)，　笔不能写徒云云。　宗苍画伯亦吴人，　经营惨淡其传真。
朝来九龙在吾目，　烟舟舣待梁溪曲。　白足僧人若可呼，　我独何为在书屋。
春云如滴山如洗，　品泉往事征茧纸。　寄畅园、法云寺，　由来不隔彼与此。

——录自《清高宗御制诗二集》卷三十四（乾隆十七年，壬申四）

(65) 听松庵竹炉煎茶叠旧作韵

布惠行时拟漏泉，　未苏元气我心煎。　老扶幼挈虽如昔，　室饱家温究逊前。
长吏勋哉其善体，　山僧饶尔镇高眠。　闲庵小试筠炉火，　消渴安能泽被全。

第一吾曾品玉泉，　篾编鼎每就泉煎。　到斯那得忘数典，　于此何妨偶讨前？
从谂茶存谁解吃，　宗苍图补竟长眠。　了知一切有为法，　泡影空花若久全。

——录自《清高宗御制诗二集》卷六十八（乾隆二十二年，丁丑三）

(66) 汲惠泉烹竹炉歌叠旧作韵

法云①初地悦声闻，　有学无学谁为分。　调御丈夫独出类，　天上天下莫与群。
天龙现泉供澡浴，　净洗万劫空根尘。　苓香石髓镇福地，　离垢入净传经文。
我与如来宛相识，　瓣香顶礼旃檀芬。　相好岂有今昔异，　俯仰亦不称迹陈。
荔乌却惯举公案，　未忘者个情犹敦。　听松轩分明熟路，　松枝落地堪为薪。
竹鼎燃火戒过烈，　净物受寂不受纷。　须臾顾渚沸可瀹，　乃悟速不如迟云。
玉泉山房颇仿效，　以彼近恒此还权（叶）。乃今此主彼更客，　有为如幻真谁存？
入画九龙山亘古，　当春第二泉淙新。　漪澜旧堂悬睿藻，　千秋圣迹传奇珍。
千秋圣迹传奇珍，　继述勖哉予一人。

——录自《清高宗御制诗二集》卷六十八（乾隆二十二年，丁丑三）

【注释】
①乾隆原注：惠山寺名。

(67) 题张宗苍补《惠泉图》叠旧作韵

补图曾写惠山泉，　辉映王吴合后先。　孰谓斯人亦长逝，　空嗟绝艺此当前。
花香鸟语春如绘，　流水行云静里诠。　洗涤尘根泯能所，　偷闲题句亦欣然。

——录自《清高宗御制诗二集》卷七十一（乾隆二十二年，丁丑六）

(68) 题沈贞竹炉山房

阶下回回淙惠泉，　竹炉小叩赵州禅。　个中我亦曾清憩，　为缅流风三百年。

——录自《清高宗御制诗三集》卷七（乾隆二十五年，庚辰七）

(69) 听松庵竹炉煎茶再叠旧韵

三试惠山陆子泉，　吾知味以未曾煎。　不妨煮鼎欣因暇，　那便吟诗罢和前。
丽日和风方荡漾，　轻黄嫩草已芊眠。　吴中春色真佳矣，　可得吴民温饱全。

依然冰洞下流泉，　谁解三篇如法煎。　炉篆裊飞祗树杪，　瓶笙响答磬房前。
范阳见说风生腋，　彭泽那关醉欲眠。　我自心殷饥溺者，　让他清福享教全。

——录自《清高宗御制诗三集》卷二十（乾隆二十七年，壬午四）

(70) 竹炉山房作

竹炉是处有山房①，　茗碗偏欣滋味长。　梅韵松蕤重（去声）清晤，　春风数典那能忘？

——录自《清高宗御制诗三集》卷二十（乾隆二十七年，壬午四）

【注释】
①乾隆原注：自辛未到此，爱竹炉之雅，命吴工仿制，玉泉、盘山诸处率置之。

(71) 题张宗苍补《惠泉图》再叠旧韵

凤契清机在惠泉， 寺僧作疏熟闻先。 竹炉且喜还山久， 画卷重看补阙前。
绿竹红梅犹假色， 行云流水是真诠。 呼之欲出宗苍俨， 对此怡然漫惘然。

——录自《清高宗御制诗三集》卷二十（乾隆二十七年，壬午四）

(72) 汲惠泉烹竹炉歌再叠旧作韵

有耳谁能免厥闻， 要当于闻清浊分。 泉之响在闻清矣， 惠泉之清更莫群。
萦河络石所弗免， 色尘虽泯余空尘。 古德创为淘洗法， 土炉护竹坚而文。
松枝取携那费力， 燃火弗炊烟生芬。 庵外老松莞尔笑， 谁为新者谁为陈？
如此好山不试茗， 更当何处佳期敦。 名流诗画卷在案， 山僧宝弄拟传薪。
圆池溶溶用不竭， 瓶罂罍耻徒议纷。 火候既臻众响奏， 听泉有耳休更云。
闻中入流忘所寂， 大士方便信巧权(叶)。 绿杯小啜便当去， 壁间旧作居然存。
长歌险韵一再叠， 春花春鸟从头新。 观民课吏吾正务， 禅房静赏宁宜珍。
禅房静赏宁宜珍， 溪旁待久迎銮人。

——录自《清高宗御制诗三集》卷二十（乾隆二十七年，壬午四）

(73) 听松庵竹炉烹茶戏成

初来犹忆翰臣偕①， 火候曾传文武皆。 习熟中涓经手惯， 可怜竹鼎也听(平声)差。

——录自《清高宗御制诗三集》卷四十六（乾隆三十年，乙酉四）

【注释】
①乾隆原注：辛未南巡，初至听松庵访竹炉旧迹，曾命汪由敦扈游。

(74) 汲惠泉烹竹炉歌三叠旧作韵

一韵屡叠有前闻， 其中亦颇伯仲分。 试问谁应称巨擘， 要数(上声)玉局迥出群。
聚星孤山特杰作， 手把造化超凡尘。 往来无锡此必至①， 何缺押险长篇文？
游山望湖才数首， 字字妥帖余清芬。 我来四度歌四度， 弗自算量翻案陈。
漪澜堂中小团月②， 恍如髯老来相敦。 篆编古鼎依旧在， 拾松枝岂烦樵薪？
至期自熟宁用亟， 中涓伺候忙已纷。 乃悟高闲非我事， 山僧后言那免云？
忽忽一啜命返辔， 回顾曰此偷闲权(叶)。 夹岸苍赤数无万， 各各都麇予心存。
安得人足家遍给， 风俗还古礼乐新。 名山得让阇黎占， 法宝何碍招提珍。
法宝何碍招提珍， 千秋聊付好事人。

——录自《清高宗御制诗三集》卷四十六（乾隆三十年，乙酉四）

【注释】
①乾隆原注：见东坡诗序中。
②乾隆原注：隐括苏诗意。

(75)听松庵竹炉煎茶三叠旧韵

若为石洞若为泉， 早已知津岂待煎？ 静对山川原自古， 何披图画乃称前。
无逾一晌烟云过， 那得恒斯风月眠？ 禅德忽然来跽讯， 是云提半抑提全。

谡谡松涛活活泉， 笑予多事篚炉煎。 半升铛内都包尽， 四个匣中莫并前①。
茶把僧参还当偈， 烟怜鹤避不成眠。 可教缓棹言归矣， 今度赓吟兴又全。

——录自《清高宗御制诗三集》卷四十六（乾隆三十年，乙酉四）

【注释】
①乾隆原注：寺僧奔藏四匣，皆明人诗画，其第四失去图，曾命张宗苍补为之，已见旧作中。

(76)题张宗苍补《惠泉图》三叠旧韵

依旧淙淙山下泉， 诸余都置展图先。 谁知补者宜居后， 忽讶观斯乃缅前。
真是要惟以韵胜①， 由来不可著言诠。 谩訾屡举苏髯体， 此日拈吟属偶然。

——录自《清高宗御制诗三集》卷四十六（乾隆三十年，乙酉四）

【注释】
①乾隆原注：昔与宗苍论画法，每称当以气韵为要。

(77)听松庵竹炉烹茶作

香台右转僻蹊循， 知有茶庵幽绝尘。 松籁已欣清满耳， 竹炉何碍润沾唇。
四巡来往皆曾到， 几卷图书各有神。 只恐诸人或致诮， 吾原不是个中人。

——录自《清高宗御制诗三集》卷四十九（乾隆三十年，乙酉七）

(78)题惠山听松庵《竹炉图》叠前韵

三载春风别惠泉， 竹炉付与荙乌煎。 却缘字迹欲更(平声)旧①， 又见画图宛到前。
舒卷恰同身重(去声)历， 摩挲不是梦中眠。 因之为忆民情挚， 富教惭言两义全。

第一于斯有玉泉， 仿来筠鼎亦烹煎。 常时正尔调称别， 今日输他真在前。
庵底想应僧入定， 松阴好是鹤安眠。 重题仍付南舟去， 胠箧还教善保全。

——录自《清高宗御制诗三集》卷七十二（乾隆三十三年，戊子四）

【注释】
①乾隆原注：近检旧时所书，间有未能惬意者，传旨各处以乾隆廿年前字迹汇进，分别或仍或易。今江苏抚臣明德缴到各种是卷预焉，寄畅吟情宛然若即，因叠韵题此，以溯昔游。

(79) 听松庵竹炉煎茶四叠旧作韵

十六春秋别惠泉， 重来可不试烹煎。 闲情本拟泯一切， 结习无端忆已前。
覆院仍看松半偃， 隔墙还见柳三眠。 浇书恰喜供软饱， 胜酒何妨也得全。

出窦从来本体泉， 谓多事矣瀹和煎。 底须僧偈频提旧， 惟爱民情越恳前。
解阜关予宵与旰， 凿耕由彼食而眠。 偷闲寻胜饶何者， 四叠还赓八韵全。

——录自《清高宗御制诗四集》卷六十九（乾隆四十五年，庚子五）

(80) 补写惠山寺听松庵《竹炉图》并成是什纪事

古寺竹炉四卷图， 惜哉重潢遇伧夫①。 祝融尤物炉诚有， 六甲神威护则无。
降谪权教宽吏议②， 施檀应得偿（去声）僧雏。 惠山佳话宁容阙， 首卷应先补写吾。③

——录自《清高宗御制诗四集·卷六十九》（乾隆四十五年，庚子五）

【注释】

①乾隆原注：《竹炉图》四卷，一为王绂，一为履斋，一为吴珵，其一则早失之，命张宗苍补图者。前人题跋颇多，余每次南巡，必赋咏、叠韵，向贮惠山寺听松庵，昨寺僧收藏弗慎，致锦罇蔫旧，玉笈损折，无锡县知县邱涟携至署中，欲重装，值署西民居失火，延烧四图，竟毁于火，实可惜也。

②乾隆原注：图既被毁，巡抚杨魁、布政司吴坛等自请交部议处，并参知县，因奏报情节未明，随令吴坛往无锡县署履勘失火情形，并查讯被焚属实，因尽宽其议处。然此事虽缘寺僧收弃不慎，该县重装究亦失于防护，只命罚银二百两给寺僧以偿之。

③乾隆原注：竹炉图原卷虽毁，而名流韵事未可阙如。因先补写首卷，命皇六子及弘旿、董诰分画二三四卷，并令补书前人题咏，仍付听松庵收弆流传，永为山寺佳话云。

(81) 听松庵竹炉烹茶戏成，效白居易体

竹炉烹苦茗， 本是山僧事。 性海为清供， 不涉人间世。
侵寻成画图， 展转传文字。 滥觞一至此， 大乖其本意。
豪夺与复还， 益觉其辞费。 我自辛未年， 制匣因精弆（叶）。
为之补图全①， 为之赓吟继。 兹阅十六载， 复诣精蓝地。
听松庵好在， 竹炉亦妥置。 独惜四图毁， 斯则因俗吏②。
熟境率难忘， 可不茶一试。 我既不解烹， 僧亦难近厕。
旋顾左右间， 尚茶惟内侍。 茗碗捧以献， 原来早预备。
谁论文武候， 那识鱼蟹沸？ 是谓当官差， 非所论逸致。
屈哉庵与炉， 孰谓逢此辈？ 辗然亦自笑， 松下排衙类。

——录自《清高宗御制诗四集》卷六十九（乾隆四十五年，庚子五）

【注释】

①乾隆原注：本四图缺一，曾命张宗苍补之。

②乾隆原注：听松庵所藏竹炉图四卷，上年十二月内，为无锡县知县邱涟携至县署重装，致毁于火，俗吏所为，煞风景事，实可惜耳。

(82)咏惠山竹炉

硕果居然棐几陈， 岂无余憾忆前宾？ 偶因竹鼎参生灭， 便拾松枝续火薪。
为(去声)尔四图饶舌幻， 输伊一概泯心真。 知然而复拈吟者， 应是未忘者个人。

——录自《清高宗御制诗四集》卷六十九（乾隆四十五年，庚子五）

(83)惜张宗苍补《惠泉图》亦被毁，因四叠旧韵

宗苍曾写惠山泉， 五咏徒教四叠先。 弗泥(去声)准绳继其后， 真教气韵匹乎前。
同遭回禄诚奇事， 直示无常是正诠。 不忍名蓝绝佳话， 补之复补合应然①。

——录自《清高宗御制诗四集》卷六十九（乾隆四十五年，庚子五）

【注释】

①乾隆原注：张宗苍《惠泉图》本以补阙，兹来四图既毁，不可使名蓝佳话竟尔歇绝，因御笔补写第一图，而命皇六子永瑢及都统弘旿、侍郎董诰等补其三，俾仍存余韵，亦重结一番翰墨缘也。

(84)汲惠泉烹竹炉歌四叠旧作韵

屡叠旧韵众所闻， 可因难易作辍分。 即今竹炉凡五咏， 然何曾契诗之群。
黄墩远望境如画， 梁溪溯泛川绝尘。 精蓝虽演梵其梵， 惠山实具文而文。
禅枝护径益古貌， 慧草绕砌饶净芬。 炽然人固有来在， 泊如佛岂论新陈？
西厢听松庵夙悉， 默无语乃情如敦。 竹炉不任受烈火， 干枝细擘为精薪。
陆羽秘诀纵未学， 要当以静不以纷。 惠泉咫尺可用汲， 驰符调水讵足云。
漪澜堂近聚星远， 歌体却效聚星权(叶)。 抚笺得句便言返， 胜处讵宜恋意存。
溪路烟堤俱识旧， 老瞻幻仰如怀新。 人情为田吾所笃， 林林者固怀中珍。
林林者固怀中珍， 讵避慢亵缇骑人。

——录自《清高宗御制诗四集》卷六十九（乾隆四十五年，庚子五）

(85)以王绂《溪山渔隐图》赐惠山寺弄珍，以偿竹炉四图回禄之失，诗以志事

四图回禄虽分补①， 气韵终嫌似旧难。 爰命石渠出真迹， 俾藏僧舍作奇观。
幸兼跋语存原博②， 一例长图写孟端。 试问惠山白足者， 可犹饮恨有司官。

——录自《清高宗御制诗四集》卷七十二（乾隆四十五年，庚子八）

【注释】

①乾隆原注：竹炉王绂等四图既毁，因为补写首卷而命皇六子及都统弘旿、侍郎董诰分写二、三、四卷，虽诗画依前，而气韵非昔。乃复检《石渠》所弆王绂画卷，邮寄赐之。

②乾隆原注：惠山王绂《竹炉卷》，有吴宽题跋，今《石渠宝笈》所弆王绂《溪山渔隐图》亦有吴宽跋语，称其诗画并臻妙境，与《竹炉图》笔墨绝肖，款识依然，赐藏山寺，俾还旧观，庶为名蓝复增韵事。

(86) 咏惠山竹炉叠庚子诗韵

物理由来新代陈，　炉图竟倒主和宾①。　久哉忘彼烟作烬，　时也对兹火以薪。
清供岂因适口腹，　幽寻聊尔悦心神。　小徘徊可命归舫，　墙外待多瞻就人。

——录自《清高宗御制诗五集》卷四（乾隆四十九年，甲辰四）

【注释】

①乾隆原注：纸坚于竹器理也，兹竹炉竟在而纸图乃毁，是主宾相倒矣。

(87) 汲惠泉烹竹炉歌五叠旧作韵

陆羽品泉今古闻，　山下出者次第分。　金山第一此第二，　未知玉泉迥出群①。
以是推之当历逊，　辞仲为叔居后尘②。　虽然我更有转语，　名象甲乙胥空文。
潏潏者自淙石罅，　岂识人间口颊芬。　在惠惟宜言此惠，　筠炉茗碗况具陈。
地幽春静更值暇，　听松速客意殊敦。　亦弗借缏瓶为汲，　亦弗拾松枝作薪。
中人只要差事备，　烹煎端正忙纷纷。　坐则茶盘擎已至，　宁容火候评云云。
把碗辄然鄙且惧，　似此俗辈可假权(叶)。　更惜四卷称名迹，　已付回禄无一存③。
韵事不可令没灭，　分仿合弄为重新④。　百年以后新会旧，　禅和子孙应世珍。
禅和子孙应世珍，　是语当有笑者人。

——录自《清高宗御制诗五集》卷四（乾隆四十九年，甲辰四）

【注释】

①乾隆原注：尝制银斗较量诸泉，扬子金山泉斗重一两三厘，惠山泉重一两四厘，玉泉则斗重一两，最为质轻味甘。陆羽品泉以扬子为第一，惠山为第二，固尝惜其未至燕京，若至燕京，则定以玉泉为第一矣。详见向所为《玉泉山天下第一泉记》。

②乾隆原注：玉泉为天下第一，则金山当为第二，惠山为第三矣。

③乾隆原注：听松庵旧藏《竹炉图》四卷，一为王绂，一为履斋，一为吴珵，其一则早失之，命张宗苍补写者。庚子年为无锡县知县邱涟携至署中重装，致毁于火，名人墨妙不能久远流传，诚可惜也。

④乾隆原注：四卷虽已被毁，而韵事究未可阙，因御笔仿补首卷，命皇六子及弘旿、董诰分仿二三四卷，仍付听松庵住持收藏，俾余韵流传，精蓝永宝云。

(88) 听松庵竹炉煎茶五叠旧作韵

何处名山弗有泉，惠山传以竹炉煎。四图本拟迹贻后，一火顿令业净前①。
分卷补教集狐腋②，抚笺奚足貌鸥眠。笑他潇洒幽闲事，可称(去声)若而人写全。

方泉云不及圆泉③，遂汲圆泉活火煎。六度吟应绝笔后④，一时想到见图前。
试看弄筍新更旧，岂异交芦起与眠？虽是片时驻清跸，却欣册韵重赓全⑤。

——录自《清高宗御制诗五集》卷四（乾隆四十九年，甲辰四）

【注释】

①乾隆原注：惠山听松庵旧藏《竹炉图》四卷，一为王绂，一为履斋，一为吴珵，其一则早失之，命张宗

苍补图者。前人题跋既富，余每次南巡必赋咏叠韵，本拟流传久远，为艺林韵事。庚子南巡，前无锡县知县邱健携至署中重装不戒，邻火竟致被毁，凡物有成必坏，岂调御示净业乎。

②乾隆原注：卷虽被毁，而名蓝佳话未可阙如，幸寺中刻本尚存，因御笔补写第一图，而命皇六子及都统弘旿、侍郎董诰补其三，其名人题跋仍书每卷后，留之山寺，俾余韵如存云。

③乾隆原注：惠泉圆池在方池上，泉味亦方逊于圆，故壬午惠泉山房诗有"圆甘而方劣"之句。

④乾隆原注：自辛未至今甲辰，竹炉六次题句，适符皇祖南巡六度所为，适可而止，不复拟再巡矣。

⑤乾隆原注：是题七律二首一韵，凡五叠旧作，恰成四十韵。

(89)题补写惠山寺听松庵《竹炉图》叠庚子诗韵

何事郁攸毁旧图， 补装四卷宛成夫。 披观似示空即色， 细体未忘有若无。
王氏弗输龙有九①， 米家终逊虎之雏②。 僧房佳话聊酬矣， 斯永存乎讵信吾。

——录自《清高宗御制诗五集》卷四（乾隆四十九年，甲辰四）

【注释】

①乾隆原注：九龙山人，王绂别号。

②乾隆原注：虎儿，米友仁小字。

(90)题王绂《溪山渔隐图》叠庚子诗韵

分补四图偿旧失①。 犹思愿海满僧难。 石渠特出山人迹， 古寺留供过客观②。
王画吴书都弗阙， 亡凡存楚那穷端？ 笑他微有不足处， 御笔经题恐属官③。

——录自《清高宗御制诗五集》卷七（乾隆四十九年，甲辰七）

【注释】

①乾隆原注：《竹炉》四图既毁，因补写首卷而命皇六子及弘旿、董诰分写二、三、四卷，以补其阙。

②乾隆原注：既补四图，复检《石渠》所弆王绂《溪山渔隐图》，后有吴宽跋者，留赐僧寺，以供过客传观，为精蓝复增韵事云。

③乾隆原注：《竹炉图》四卷向存僧寺，为僧人污损，地方官重装致毁。因补写四图并御题此卷补存寺中，然恐有司鉴前此之失，必为时加检看，则属官物，寺僧仍不得由已与众传观以得布施，或未能满其所愿，因题是图并戏及之。

(91)题张宗苍《惠山图》

每值南巡春仲月， 轻舟先必溯梁溪①。 无端一展石渠卷， 陡忆群瞻跸路徯。
过去江乡已渺渺， 看来春霭尚凄凄。 宗苍那往惠山在， 一例如同古画题。

——录自《清高宗御制诗五集》卷四十五（乾隆五十四年，己酉三）

【注释】

①乾隆原注：六次南巡路经无锡必探惠山寄畅园诸胜。

4. 玉泉山竹炉山房（玉泉山静明园，仿惠山竹炉山房建造）

(92) 仿惠山听松庵制竹炉成，诗以咏之

竹炉匪夏鼎，	良工率能造。	胡独称惠山，	诗禅遗古调。
腾声四百载，	摩挲果精妙。	陶土编细筠，	规制偶仿效。
水火坎离济，	方圆乾坤肖。	讵慕齐其名，	聊亦从吾好。
松风水月下，	拟一安茶铫。	独苦无多闲，	隐被山僧笑。

——录自《清高宗御制诗二集》卷二十六（乾隆十六年，辛未五）

(93) 玉泉山天下第一泉记

水之德在养人，其味贵甘，其质贵轻。然三者正相资，质轻者味必甘，饮之而蠲疴益寿，故辨水者恒于其质之轻重分泉之高下焉。尝制银斗较之，京师玉泉之水斗重一两，塞上伊逊之水亦斗重一两，济南珍珠泉斗重一两二厘，扬子金山泉斗重一两三厘，则较玉泉重二厘或三厘矣。至惠山、虎跑则各重玉泉四厘，平山重六厘，清凉山、白沙、虎丘及西山之碧云寺各重玉泉一分，是皆巡跸所至命内侍精量而得者。然则无更轻于玉泉之水者乎？曰有。为何泉？曰非泉乃雪水也。常收积素而烹之，较玉泉斗轻三厘。雪水不可恒得，则凡出山下而有冽者，诚无过京师之玉泉。昔陆羽、刘伯邹之论，或以庐山谷帘为第一，或以扬子为第一，惠山为第二，虽南人尊帚之论也，然以轻重较之，惠山固应让扬子。具见古人非臆说，而惜其不但未至塞上伊逊，并且未至燕京，若至此，则定以玉泉为天下第一矣。近岁疏西海为昆明湖，万寿山一带率有名泉，溯源会极，则玉泉实灵脉之发皇，德水之枢纽，且质轻而味甘。庐山虽未到，信有过于扬子之金山者，故定名为天下第一泉。命将作崇焕神祠，以资惠济，而为记以勒石。夫玉泉固蚪突山根，荡漾而成一湖者，诗人乃比之飞瀑之垂虹，即予向日题燕山八景，亦何尝不随声云云。足见公论在世间，诬辞亦在世间，藉甚既成，雌黄难易，泉之于人有德而无怨，犹不能免讹议焉，则挟德怨以应天下者，可以知惧，抑亦可以不必惧矣。

——录自《清高宗御制文初集》卷五

(94) 玉泉山竹炉山房记

古之人冬日则饮汤，夏日则饮水，无所谓茗饮也。茗饮其权舆于汉，而盛于李唐之季乎？然物必有其本，不揣其本而齐其末，未为善鉴也。茗饮之本，其必资于水乎？不于水之甲乙定茗之高下，虽摘焙点烹精其制，雨前雷后辨其时，北苑、荆溪、龙井、天目别其地，踵事增华议论滋繁，解渴悦性之道逝其远矣。若惠山之竹炉茶舍，可谓知茗饮之本焉。其地盖始于明僧性海，就惠泉制竹炉以供煎瀹，茶舍之名因以是传。前岁偶至其地，对功德注冰雪，高僧出尘之概仿佛于行云流水间也。归而品玉泉，则较惠山为尤佳。因构精舍二间于泉之侧，屏攒峰之嶪，俯回溪之潆漾，天风拂林，众乐迭奏，浏苙卉歙，若丝者，若竹者，若宫商角徵羽者，与涟漪绮縠相上下观难为状，听复不穷。而仿惠山之竹炉，适陈砥几，蟹眼鱼眼之间，亦泠泠飒飒，作声不止，无事习静之人，乐此经年，不出可也，而余岂其人哉！时而偶来藉以涤虑澄神，亦不可少也。夫精舍竹炉皆可仿，而惠泉则不可仿，今不必仿，而且有非惠泉之所能仿者焉。是不既握茗饮之本，而我竹炉山房作庸可少乎！

——录自《清高宗御制文初集》卷五

(95) 初春游玉泉山即景五首(其四)

构筑精庐仿惠山， 竹炉清伴片时闲。 名泉有德无分别， 岂较寻常伯仲间①?

——录自《清高宗御制诗二集》卷三十一(乾隆十七年，壬申一)

【注释】
①乾隆原注：去年品泉，以玉泉为第一，惠山为第二，故戏及之。

(96) 进舟至静明园即景再作

繁云渐低翳， 波面接雨足。 上下空濛意， 悦我心与目。
烟篷稍沿缘， 一湾复一曲。 宛转达溪源， 舍舟而就陆。
适兹雨少间， 花木渝芳馥。 翠峰为后屏， 萧寺在前腹。
天下第一泉， 趵突益瀰洴。 其侧得少平， 命置棕毛屋。
拟学惠山胜， 肯让听松(庵名)独? 断手应不日， 竹炉候茶熟。

——录自《清高宗御制诗二集》卷三十三(乾隆十七年，壬申三)

(97) 咏 竹 炉

惠山传雅制， 巀谷饬良材。 古拟蟠夔鼎， 华羞翠羽罍。
试煎泉味永， 静对道诠该。 消渴宜摛藻， 何人司马才?

——录自《清高宗御制诗二集》卷三十八(乾隆十八年，癸酉一)

(98) 竹 炉 山 房

谡谡山房松下风， 拾松煮茗竹炉红。 水符底藉循环调， 火候还应文武通。
欲拟灶旁陶陆羽， 未须诗里学卢仝。 品泉僧舍为清供， 前岁春光想像中。

——录自《清高宗御制诗二集》卷四十(乾隆十八年，癸酉三)

(99) 竹炉山房歌叠惠泉烹竹炉韵

山下出泉易所闻， 八功德品梵帙分。 同归殊途何思虑， 辞多应始躁者群。
知然乃复辨甲乙， 笑予未足称绝尘。 前年揽景法云寺， 无暇翻彼贝叶文。
右廊展转入茶室， 古梅对我吹幽芬。 竹鼎小试烹玉乳， 腾声四百年以陈。
画图诗咏萃四卷， 前呼后唱情弥敦。 仿制筠炉忽已得， 底须较量传火薪。
灵泉第一况在迩， 无劳水递驰纷纷。 山房两间取素朴， 土阶茅茨匪所云。
弥月望雨未游历， 雨足散冈一览权(叶)。 绠汲聊尔事煮瀹， 惠山清供宛意存。
品题昔已略于近， 点缀今乃增其新。 增兮略兮胥远道， 促旋清跸延席珍。
促旋清跸延席珍， 我岂高闲啜茗人?

——录自《清高宗御制诗二集》卷四十一(乾隆十八年，癸酉四)

(100) 竹 炉 山 房

南巡过惠山听松庵,爱其高雅,辄于第一泉仿置之,二泉固当兄事

惠泉仿雅制， 特为构山房。 调(去声)水无烦远， 名泉即在旁。
一时仍漫画，① 五字旋成章。 瓶罄何须虑， 松鸣真是凉。

——录自《清高宗御制诗二集》卷四十二(乾隆十八年,癸酉五)

【注释】
①乾隆原注:今春过山房试茗,曾手写为图,题诗置壁。

(101) 竹 炉 山 房

隔岁山房此一过， 试泉偶尔乐天和。 悦心得句恒于是， 夏鼎商彝较则那。
树鸟鸣春声渐畅， 砌苔向日绿偏多。 灵源不冻轻舟系， 檐际漪光镜里波。

——录自《清高宗御制诗二集》卷四十六(乾隆十九年,甲戌二)

(102) 竹炉山房试茶

春炉煮春水， 春茗满春瓯。 却笑相如渴， 宁同陆羽流。
湖光檐上下， 山色镜沉浮。 一晌思灵隐， 冷泉亭上头。

——录自《清高宗御制诗二集》卷五十四,(乾隆二十年,乙亥一)

(103) 竹 炉 山 房

泉上筑山房， 山泉引兴长。 竹炉宜火候， 瓷碗发茶香。
习静宁耽逸， 敕几敢道忙。 小停促归去， 无暇我之常。

——录自《清高宗御制诗二集》卷六十(乾隆二十一年,丙子一)

(104) 竹 炉 山 房 作

竹鼎茅斋学惠山， 浮香消得片时闲。 岭云拖雨拂吟席， 何异九龙荟蔚间?

——录自《清高宗御制诗二集》卷八十七(乾隆二十四年,己卯五)

(105) 竹炉山房烹茶作

第一泉边汲乳玉， 两间房下煮炉筠。 偶然消得片时暇， 那是春风啜茗人?

——录自《清高宗御制诗三集》卷二(乾隆二十五年,庚辰二)

(106) 竹 炉 山 房

石壁前头碧水涯， 筠炉制学老僧家。 清游兴尽欲归去， 且吃山房一碗茶。

——录自《清高宗御制诗三集》卷六(乾隆二十五年,庚辰六)

(107)竹炉山房品茶

春泉近汲，　山房小试，　炉妥瓯香。　火候犹须，　文武邦权，　宁外弛张。

——录自《清高宗御制诗三集》卷十（乾隆二十六年，辛巳二）

(108)暮春玉泉山揽景

叶吐复花开，　春光已冘哉。　岂非绝胜处，　却是不常来。
暗窦明亭侧，　竹炉茗碗陪。　吾宁事高逸，　偶此浣诗裁。

——录自《清高宗御制诗三集》卷十二,（乾隆二十六年，辛巳四）

(109)竹炉山房试茶二绝句

临水山房松竹娟，　竹炉茗碗护清便。　偷闲来试新龙井，　就近偏欣第一泉。

品遍江南几品泉，　只堪继武鲜齐肩。　愁霖廿日刚逢霁，　借此无惊一与湔。

——录自《清高宗御制诗三集》卷二十四（乾隆二十七年，壬午八）

(110)竹 炉 山 房

山房临水山为屏，　水光潋滟翻檐楹。　松风泠泠恰入听，　引我惠麓之遥情。
竹炉茶铫案头在，　烹茶早就伺无怠。　献勤亦莫怪区区，　文武火候诚难待。

——录自《清高宗御制诗三集》卷二十八（乾隆二十八年，癸未二）

(111)竹炉山房烹茶作

山房临水滢，　曲尽山水情。　黛色落波澜，　练纹翻檐楹。
茗碗与竹炉，　妥帖陈纵横。　调泉谢符檄，　就近贮瓶罂。
用汲虽等闲，　惕然思王明。

——录自《清高宗御制诗三集》卷三十（乾隆二十八年，癸未四）

(112)竹 炉 山 房

何必椎轮忆惠山，　欣兹享箒片时闲。　若非制斗评轻重①，　能不失之伯仲间。

——录自《清高宗御制诗三集》卷三十六（乾隆二十九年，甲申二）

【注释】

①乾隆原注：向制银斗评较诸泉，惟玉泉与伊逊，皆斗重一两，余自赢二三厘至一分不等，语具第一泉记。

(113) 竹炉山房烹茶作

饮食寻常总玉泉①， 却因泉近事烹煎。 宁非著相斯多矣， 难解循名曰偶然。
火候武文信难辨， 茶差供奉笑他便。 罨思陆羽卢仝辈， 免俗真应让尔贤。

——录自《清高宗御制诗三集》卷四十（乾隆二十九年，甲申六）

【注释】
①乾隆原注：大官饮膳之需，例向玉泉取水。

(114) 竹炉山房烹茶戏题

中泠第一无竹炉， 惠山有炉泉第二。 玉泉天下第一泉， 山房喜有竹炉置。
瓶罍汲取更近便， 茗碗清风可弗试。 四壁图书阅古人， 大都规写烹茶事。
忽然失笑境地殊， 我于其间岂容厕？

——录自《清高宗御制诗三集》卷五十（乾隆三十年，乙酉八）

(115) 竹炉山房试茶作

近泉不用水符提， 筐鼎燃松火候稽。 两架闲斋如十笏①， 一泓碧沼即梁溪。

春泉喷绿鸭头新， 瓶汲壶烹忙侍臣。 灶侧依然供陆羽， 笑应不是品茶人。

——录自《清高宗御制诗三集》卷五十四（乾隆三十一年，丙戌二）

【注释】
①乾隆原注：十笏斋为惠山佳处，仇英曾有图。

(116) 竹 炉 山 房

水裔山房安篑炉， 东坡不借远驰符。 中泠巧伺浑经惯， 那待寻常火候乎？

亦有松风鸣户外， 更延云岫入窗间。 江南清致何差别， 一晌驰情到惠山。

——录自《清高宗御制诗三集》卷六十三（乾隆三十二年，丁亥三）

(117) 竹 炉 山 房

每到玉泉所必临， 为他山水萃清音。 最佳处欲略延坐， 火候茶香细酌斟。

——录自《清高宗御制诗三集》卷六十五（乾隆三十二年，丁亥五）

(118) 竹 炉 山 房 作

水裔山房特近泉， 竹炉妥贴汲烹便。 玉川七碗太狂逸， 小试一瓯已洒然。

夏冬汤水总需斯①， 就近瀹煎特觉宜。 小坐诸人亦云憩， 得教步辇向前移。

——录自《清高宗御制诗三集》卷七十二（乾隆三十三年，戊子四）

【注释】
①乾隆原注：大官日用饮善例汲此泉。

(119)竹 炉 山 房

每至山房必煮茶， 筠炉瓷碗称清嘉。 春云偏凑濛濛润， 比似九龙定不差。

日日烹煎原玉泉①， 竹炉就近特清鲜。 听松庵②忽生退忆， 别我春风又五年。

——录自《清高宗御制诗三集》卷七十九（乾隆三十四年，己丑三）

【注释】
①乾隆原注：尚膳尚茶所需水，日取诸玉泉，内管领司其事。
②乾隆原注：惠山茗室名。

(120)竹 炉 山 房

趵突春来壮石泉， 宜壶越碗洁陈前。 《鹤林玉露》有佳话， 便拾松枝竹鼎燃。

日饮原为玉泉水， 泉傍煎饮觉尤佳。 因之悟得人情耳， 厌故喜新似此皆。

——录自《清高宗御制诗三集》卷八十七（乾隆三十五年，庚寅三）

(121)竹 炉 山 房

泉称第一冠寰区， 取水无须调水符。 小坐山房试清供， 那更狂句效其卢？

已饥已溺圣人思， 余事惟茶姑置之。 设使相如类消渴， 育材时亦念乎斯。

——录自《清高宗御制诗四集》卷五（乾隆三十七年，壬辰五）

(122)竹 炉 山 房

试品春泉倍觉清， 那宜姑舍是而行。 新收雪水亦携至， 银斗无烦较重轻①。

松籁落从檐际流， 听来不异惠山游。 奔成四卷多称古， 鼻祖翻忘皮日休②。

——录自《清高宗御制诗四集》卷十一（乾隆三十八年，癸巳三）

【注释】
①乾隆原注：尝制银斗，较水轻重。惟玉泉水最轻，斗重一两，伊逊水亦然。其余名泉比之，有加重二三厘至一分者，独雪水较玉泉斗轻三厘。雪水不恒得，凡山下所出之泉，诚无过玉泉者。详见《玉泉山天下第一泉记》。
②乾隆原注：惠山听松庵，因有明僧性海竹炉，王绂为图，后之题咏者积为四卷，竟若庵因是僧而著。不知唐皮日休即有惠山听松庵诗，是庵之名在性海前五百余年，而数典者顾未之及，何耶？

(123) 竹炉山房戏题二绝句

舍舟埼岸步坳窊，　两架山房清且嘉。　早是中涓擎碗至，　南方进到雨前茶。

莫笑殷勤差事熟，　吃茶得句旋（去声）前行。　设教火候待文武，　亦误游山四刻程。

——录自《清高宗御制诗四集》卷十九（乾隆三十九年，甲午三）

(124) 竹 炉 山 房

近水山房号竹炉，　每来试茗作清娱。　取之无尽用不竭，　第一泉为第一湖。

筠鼎瓷瓯火候便，　听松何异事烹煎①。　江南民物安恬否，　未免临风一缱然。

——录自《清高宗御制诗四集》卷二十三（乾隆三十九年，甲午七）

【注释】
① 乾隆原注：惠山寺听松庵为竹炉数典处。

(125) 竹 炉 山 房

混混灵泉春水生，　山房坐俯有余清。　中人茗碗早擎候，　那肯徐徐文火烹？

犀液越瓯都洒然，　宁惟陆羽始称仙。　济南趵突将品水①，　早觉输兹第一泉②。

——录自《清高宗御制诗四集》卷三十四（乾隆四十一年，丙申二）

【注释】
① 乾隆原注：巡幸山东，例汲济南趵突泉水运供茶膳之用，时因告成阙里，三月初即可至山东境。
② 乾隆原注：向以银斗衡量泉品，趵突泉较玉泉每斗重二厘，详见昔所制《玉泉山天下第一泉记》。

(126) 竹 炉 山 房

竹炉茗碗自如如，　便汲清泉一试诸。　四壁前题历巡咏，　阙吟已是两年余。

贡来芽是雨前新，　亦有灶边陆羽陈。　数典不忘惠山寺，　重寻清兴指明春。

——录自《清高宗御制诗四集》卷六十一（乾隆四十四年，己亥七）

(127) 竹 炉 山 房

数典原称惠山寺，　四图惜已付云烟。①　虽云补作还旧观（去声），那似本无精舍全？

前年烹茗于此际，②　去岁行春在彼时。　彼此消弹指顷耳，　三而一也得吟斯。

——录自《清高宗御制诗四集》卷七十九（乾隆四十六年，辛丑三）

【注释】
① 乾隆原注：惠山寺旧藏王绂等四图，昨春惜毁于火，因各补其卷仍付寺僧藏弆，详见南巡诗。

②乾隆原注:己亥于此烹茶,有"重寻清兴指明春"之句。庚子春南巡至惠山,四图虽毁,而竹炉尚在。复一烹试。今又来此,瞬息间已三年矣。

(128)竹炉山房戏题二首

山房原在碧溪旁,　就近当烹第一泉。　内侍侍忙文武候,　早擎茗碗立于前。

观色察言若辈惯,　那容片刻学高闲?　传称絜矩该诸理,　惧在斯乎政所关。
——录自《清高宗御制诗四集》卷八十七(乾隆四十七年,壬寅三)

(129)竹炉山房二首

隔岁山房始偶来,　山桃傍雪认为梅。　分明缩地惠山景,　便可偷闲试茗杯。

庚子南巡三阅秋,　听松庵致忆如流。　设因调水品高下,　第一泉还胜一筹。
——录自《清高宗御制诗四集》卷九十六(乾隆四十八年,癸卯四)

(130)竹 炉 山 房

饮食原兹日用泉①,　山房就近试烹煎。　越瓯擎觉殊常矣,　笑识人情重目前。

谡谡泠泠落玉岑,　听松庵外②老松音。　分明一例惠山景,　何事黎然昨与今③?
——录自《清高宗御制诗五集》卷十三(乾隆五十年,乙巳三)

【注释】
①乾隆原注:茶膳房向俱用玉泉山水。内管领司其事,偶临此,必就近烹试,弥觉甘冽。
②乾隆原注:玉泉竹炉煎茶,本鼓典于惠山听松庵,因爱其精雅,命吴工仿造置此,并即以名山房。
③乾隆原注:去岁于惠山亦烹竹炉试茶,曾有咏。

(131)竹 炉 山 房

山房咫尺玉泉边,　汲水烹茶近且便。　涤虑沃神随处可,　惠山奚必忆前年?

武文火候久需时,　内侍情忙那待斯?　早是一瓯擎坐侧,　体之熟矣笑听之。
——录自《清高宗御制诗五集》卷二十三(乾隆五十一年,丙午五)

(132)竹炉山房二首

汲泉就近竹炉烘,　写兴宁论拙与工。　新旧咏吟书壁遍,　选峰泐句用无穷①。

松风习习静无繁,　相答瓶笙亦不喧。　未肯昌黎文集展,　恐防读至去陈言。
——录自《清高宗御制诗五集》卷二十九(乾隆五十二年,丁未三)

【注释】
①乾隆原注:历年题句揭山房楣槛间者已遍,自今有作,当于山房外选石泐之,绰有余地矣。

(133)竹炉山房二首

楣檐题偏浑无罅, 不竭用之泐壁阿①。 宁可戊申关纪岁, 躁人难免笑辞多。

泉称第一玉波新, 就近竹炉妥贴陈。 恰值雨前初贡到, 瓷杯遂试惠山春。

——录自《清高宗御制诗五集》卷三十七(乾隆五十三年,戊申三)

【注释】
①乾隆原注:向日山房题咏俱揭之楣间,年久已遍,无隙可容。因于山房外石壁间摹泐,嗣后可以用之不竭矣。

(134)竹炉山房二首

趵突千秋山脚披, 垂虹明季误名之①。 泉称第一冠天下, 灵佑皇都万载资②。

山房咫尺两间开, 就近烹煎试茗杯。 竹鼎松涛相应答, 九龙缩地面前来。

——录自《清高宗御制诗五集》卷四十五(乾隆五十四年,己酉三)

【注释】
①乾隆原注:玉泉从山根仰出,实与济南趵突无异,并非瀑泉,旧称玉泉垂虹者,误也。
②乾隆原注:玉泉灵源浚发畿甸,众流皆从此潆注,予因定为天下第一泉。

(135)竹 炉 山 房

竹炉肖以卅年余①, 处处山房率置诸。 惠寺上人应自笑, 笑因何事创于予。

最高处实乏山泉, 司事携泉备茗煎。 好恶(皆去声)因思可不慎, 窥其欲者众皆然。

空山摩诘为予皴, 七字诗中取意神。 未此读书曾闭户, 种松亦作老龙鳞。

——录自《清高宗御制诗五集》卷四十七(乾隆五十四年,己酉五)

【注释】
①乾隆原注:自辛未命仿制,逮今三十八年矣。

(136)竹 炉 山 房

山裔水之涯, 玉泉近不遐。 竹炉安妥贴, 芸籍伴清嘉。
那可无言去, 初非有意加。 雨前适贡至①, 便以试新芽。

——录自《清高宗御制诗五集》卷五十三(乾隆五十五年,庚戌三)

【注释】
①乾隆原注:浙江例贡雨前茶,是日适至。

(137) 竹 炉 山 房

第一泉清试新茗①，　自然澄虑复兴思。　岂非日日饮食用②，　喜近吾犹未免斯。

古泉那借春新旧③，　万载皇都利众生④。　一举杯间廑永念，　随时可以悟持盈。

——录自《清高宗御制诗五集》卷六十三（乾隆五十六年，辛亥三）

【注释】
①乾隆原注：浙中雨前茶适贡至。
②乾隆原注：每日茶膳房俱用玉泉山水，偶来就近烹啜，尤觉甘冽异常。
③乾隆原注：诗人率谓春水初生，然灵泉万古岂有新旧哉。
④乾隆原注：玉泉灵源浚发畿甸，众流皆从此滥注，惠济群生，永资利赖。

(138) 竹 炉 山 房 作

泉傍精舍似山家，　只取幽闲不取奢。　就近烹炉第一水，　尝新遂试雨前茶①。

题壁已周因刻石②，　赋诗多笑此何为。　卢仝杜甫相看谓，　输与岩泉付不知。

——录自《清高宗御制诗五集》卷七十九（乾隆五十八年，癸丑三）

【注释】
①乾隆原注：时浙省例贡雨前新茗适至，遂以泉水试之。
②乾隆原注：自丁未年以此处历年题句揭之屋壁间者已遍，因令嗣后于山房外选峰泐石，可以用之不竭矣。

(139) 竹 炉 山 房

春间来值雪殷望，　夏令过(平声)犹雨冀沾①。　三寸余兹称谢暇，　心希继渥未全恬。

第一泉旁房两间，　试茶就近汲甘潺。　竹炉侧坐陆羽笑，　事固清闲人可闲。

甫微愁释复廑思，　望继沾优刻弗怡。　过去未来弹指顷，　竟于何刻得伸眉。

——录自《清高宗御制诗五集》卷八十九（乾隆五十九年，甲寅五）

【注释】
①乾隆原注：仲春来此祈泽，以冬雪既未优沾，而春初又不及，辛亥之正月，两次得雪尺余，因有望雪寝寻为望雨之句。迨四月望后，自香山回跸路经此园小驻，惟时因四月初九日得雨后，甫阅七日，未敢再诣龙神祠渎请，而心希续需优霖无时少解，是以题乐景阁之作，有"未敢灵祠再三渎，秉诚遥叩鉴斯忱"之句。昨初十日得雨三寸余，大田耕种不无裨益，然犹未能十分沾透，兹来敬谢神佑，而望继渥之心犹未即自释也。

(140) 竹 炉 山 房

饮啄长时总玉泉①， 山房于此近天然②。 竹炉学古年已久③，事半犹欣功倍全。
新到雨前贮建城④， 因之活火试煎烹， 座中陆氏应含笑， 似笑殷勤效古情⑤。

——录自《清高宗御制诗五集》卷九十五（乾隆六十年，乙卯三）

【注释】
①乾隆原注：内廷茶膳房自来俱用玉泉山之水，向品其水为天下第一泉。
②乾隆原注：玉泉山本灵境，就筑山房颇有天然之趣。
③乾隆原注：山房数典惠山听松庵，明僧性海就惠泉制竹炉，以供煎茶之用。辛未南巡，过其地，爱其高雅，旋跸后仿构精舍两楹于是泉之侧，并依式制竹炉贮之几间，详见癸酉所作《玉泉山竹炉山房记》。
④乾隆原注：建城，贮茶器也，以箬为笼，封茶以贮高阁。见明高濂《遵生八笺》。
⑤乾隆原注：唐书载，陆羽嗜茶，著经三篇，言茶之原、之法、之具尤备。时鬻茶者至陶其形，置炀突间，祀为茶神。今山房内亦复效之，未能免俗，应为羽所窃笑也。

(141) 竹炉山房二首

第一灵泉近左边， 竹炉置以便烹煎。 每教空过因愁雨①， 茗碗得擎诚谢天。

虽云归政仍勤政②， 几次祈祠责已频。 兹坐山房吟七字， 笑欣名乃称闲人③。

——录自《清高宗御制诗余集》卷五（嘉庆元年，丙辰五）

【注释】
①乾隆原注：夏初频来祈雨，心殷盼泽，过此未一停憩。
②乾隆原注：今岁既归政，一切筹农致祭均应为子皇帝之事，然予受昊苍懋眷，得为千古第一全人，而精神尚觉强健，理合随事训子，诚一无二。迄自夏初盼望雨泽，何忍自耽安逸，视若无涉，是以频次虔求，返已责躬，幸蒙恩宥耳。
③乾隆原注：自五月初二以后，未及旬日，三次蒙泽。兹来虔谢神惠。乘暇临此试泉、瀹茗，略似闲人斗茶韵事矣，戏谈及之，以称太上也。

(142) 竹 炉 山 房 作

山房留咏例年年， 春月来兹去默然。 一雨救农兼救已， 同斯乳窦发言泉。

昨年曾谓称(去声)闲人①， 望捷望霖仍此身②。 训子为(去声)民忧可罢， 是心不计几何春？

——录自《清高宗御制诗余集》卷十三（嘉庆二年，丁巳五）

【注释】
①乾隆原注：去年仲夏得雨后坐此试泉瀹茗，有"笑欣名乃称闲人"之句，盖以既归政戏云耳。
②乾隆原注：今年入夏以来，望捷、望霖仍夙夜辛，以昊苍鸿佑，精神强健如常，所以训子为政，于一切庶务勿懈益虔，兹既叨恩泽仍更不敢稍放此心也。

5. 竹炉精舍(香山静宜园,茶舍)

(143)竹 炉 精 舍

蟹眼鱼眼声潺潺， 莼芽小试萧晨闲。 筌蹄已忘悟秋水， 伯仲之间见惠山。
气霁波披古铜镜， 云开峰矗青玉鬟。 忽忆明春听松处[①]， 遐心早至梁溪湾。

——录自《清高宗御制诗二集》卷五十九(乾隆二十年,乙亥六)

【注释】
① 乾隆原注:惠山有听松庵,明春南巡将至彼,故云。

(144)竹炉精舍烹茶戏作

竹炉为爱僧房制， 精舍寻常率置旃。 欲拟游山消半渴， 早看调水走中涓。
武文火候容谁待， 冷热茶汤剂已便。 陆羽卢仝却失笑， 茗家清供岂其然?

——录自《清高宗御制诗三集》卷十三(乾隆二十六年,辛巳五)

(145)竹炉精舍烹茶作

到处竹炉仿惠山， 武文火候酌斟间。 九龙蒋遇应予笑， 不是闲人强学闲。

——录自《清高宗御制诗三集》卷二十六(乾隆二十七年,壬午十)

(146)竹 炉 精 舍

缀景偶教筠鼎施， 趁闲聊亦小栖迟。 擎来茗碗定遵例， 何必如斯著相(去声)为?

茶舍窗中景致殊， 西山积雪有碑模[①]。 前旬忽忆御园望， 一帧即斯展画图。

——录自《清高宗御制诗三集》卷六十二(乾隆三十二年,丁亥二)

【注释】
① 乾隆原注:西山积雪为燕台八景之一,向立碑于精舍,对嶂窗中即见。

(147)竹炉精舍戏题

到处山房有竹炉， 无过烹瀹效清娱。 质诸性海还应笑， 大辂椎轮至此乎。

——录自《清高宗御制诗三集》卷七十三(乾隆三十三年,戊子五)

(148)竹炉精舍烹茶

鼻祖由来仿惠山， 清烹到处可消闲。 听松庵里明年况[①]， 逸兴遄飞想像间。

——录自《清高宗御制诗四集》卷六十(乾隆四十四年,己亥六)

【注释】
① 乾隆原注:惠山听松庵旧弆竹炉并王绂画卷,每次南巡无不以竹炉烹茶并题诗书卷中,此间竹炉即仿其制也。

(149) 竹 炉 精 舍

静室边傍精舍存， 磁杯洁净竹炉温。 山泉也自堪煮茗， 松籁瓶笙答不喧。

——录自《清高宗御制诗四集》卷八十九（乾隆四十七年，壬寅五）

(150) 竹 炉 精 舍

静室东厢近， 游廊精舍连。 竹炉置以久， 磁碗净而便。
雪水取之洁， 松枝拾以燃。 今朝真啜茗， 亦欲一时湎。

——录自《清高宗御制诗四集》卷九十六（乾隆四十八年，癸卯四）

(151) 竹 炉 精 舍

到处居然设竹炉， 越瓯犀液助清娱。 灶旁陆羽莞然笑， 忙杀中涓有是乎。

精舍何曾傍竺庵， 贡来新试雨前堪。 惠山吟瀹昨年景， 佳话翻成往事谈。

——录自《清高宗御制诗五集》卷十五（乾隆五十年，乙巳五）

(152) 竹 炉 精 舍

因爱惠泉编竹炉， 仿为佳处置之俱①。 香山精舍偶临此， 即日无泉泉岂无②？

御用大都第一泉③， 携来中使熟烹煎。 惯经伺候早呈到， 谓曰啜清笑不然。

嫌用玻璃用纸疏， 开来廊落试凭虚。 隔峰松种龙鳞老， 摩诘愧他老读书。

——录自《清高宗御制诗五集》卷三十九（乾隆五十三年，戊申五）

【注释】
①乾隆原注：辛未南巡过惠山听松庵，爱竹炉之雅，命吴工仿制，因于此构精舍置之。
②乾隆原注：此为香山最高处，而实山顶无泉也。
③乾隆原注：近京虽多有泉，皆不及玉泉之天下第一泉，凡御用饮膳之水皆从是处取之。

(153) 竹炉精舍口号

茗人烹鼎早殷勤， 却为(去声，后同)厌观弗为欣。 小或致佳大致戒， 一编《明史》具前闻。

——录自《清高宗御制诗五集》卷八十（乾隆五十八年，癸丑四）

(154) 竹炉精舍漫题

中人溉鼎备精良， 火候何曾文武详？ 陆羽炉旁兀然坐①， 笑他执事太匆忙。

——录自《清高宗御制诗五集》卷八十九（乾隆五十九年，甲寅五）

【注释】

①乾隆原注:惠山听松庵竹炉,不过爱其雅洁,因命仿制于此间及盘山等处,构精舍置之。每来驻跸,辄命烹茗,借怡清暇,而中人伺备匆忙,殊失雅人深致。

(155)竹 炉 精 舍

到处竹炉不一足, 耽诗自信匪耽娱。 却将雅事成尘事, 陆老还应笑此夫。

——录自《清高宗御制诗五集》卷九十七(乾隆六十年,乙卯五)

6. 试泉悦性山房(香山碧云寺,茶舍)

(156)题试泉悦性山房

松门延意入, 云牖纵睎遥。 酾酌临阶取, 浮香就鼎浇。
峰姿濯宿雨, 林翠秀春朝。 甲乙何烦品, 怡情万虑消。

——录自《清高宗御制诗二集》卷四十(乾隆十八年.癸酉三)

(157)试泉悦性山房

德水堪方性, 澄渟见本初。 每来试汲绠, 便以拟浇书。
五字片时就, 千峰一牖虚。 松门章奏鲜, 适可悦几余。

——录自《清高宗御制诗二集》卷四十三(乾隆十八年.癸酉六)

(158)试泉悦性山房

天池不冻一泓清, 汲取还教活火烹。 瓷碗竹炉皆恰当, 新题旧什各分明。
石泉岂改琤琮注, 云巘常看图画横。 小坐便当移跸去, 三间多矣笑斯营。

——录自《清高宗御制诗二集》卷六十五(乾隆二十一年,丙子六)

(159)试泉悦性山房

泉虽输第一①, 房自纳三千。 清暇值偶尔, 烹云便试旃。
竹炉文武火, 芸壁短长篇。 境诣于焉验, 心希四十贤。

——录自《清高宗御制诗二集》卷九十(乾隆二十四年,己卯八)

【注释】

①乾隆原注:碧云虽西山名泉,然较玉泉为不及。

(160) 试泉悦性山房

试泉堪悦性， 听我说其因。 淡洗六根滓， 静祛十斛尘。
管弦方已俗， 风月卜宜邻。 随意山花采， 过春却见春。

——录自《清高宗御制诗三集》卷十三（乾隆二十六，辛巳五）

(161) 试泉悦性山房

为爱山房两度来， 泉声竹色净无埃。 洗心亭上心先洗， 那更消烦借绿杯？

——录自《清高宗御制诗三集》卷十三（乾隆二十六年，辛巳五）

(162) 试泉悦性山房

真水冬弗冻， 名山寒亦温。 情知有茗碗， 遂与过松门。
竹绿无改色， 藻青托本源。 何须观玩象， 成性体存存。

——录自《清高宗御制诗三集》卷二十六（乾隆二十七年，壬午十）

(163) 试泉悦性山房

山房石泉上， 便可试山泉。 那待松枝拾， 早呈犀液煎。
笑他工伺侯， 知我岂神仙？ 壁句从头读， 依迟又一年。

——录自《清高宗御制诗三集》卷三十四（乾隆二十八年，癸未八）

(164) 试泉悦性山房

洗心亭北入松门， 别有山房临水源。 瓷铫筠炉俱恰当， 试泉悦性且温存。
低枝竹解尘踪扫， 弹舌禽能佛偈翻。 小坐已欣诸虑静， 一声定磬隔云垣。

——录自《清高宗御制诗三集》卷三十七（乾隆二十九年，甲申三）

(165) 试泉悦性山房

就泉那可不烹茶， 调水饶他去路赊。 檐外适翻涛谡谡， 一家风味本无差。

——录自《清高宗御制诗三集》卷五十二（乾隆三十年，乙酉十）

(166) 试泉悦性山房

壁柏翠笼檐， 泉苔绿映帘。 幽香得喉润， 净色与心恬。
景绘报春及， 吟题逐岁添。 陈言将务去， 戞戞付须拈。

——录自《清高宗御制诗三集》卷六十三（乾隆三十二年，丁亥三）

(167) 试泉悦性山房

携得新芽此试泉， 清供真与性相便。 灶边亦坐陆鸿渐， 笑我今朝属偶然。

——录自《清高宗御制诗三集》卷七十三（乾隆三十三年，戊子五）

(168) 试泉悦性山房

一墙之隔间， 入门觉幽致。 两树长春花， 红覆半亩地。
竹秋而弗秋， 泉试诚宜试， 乐此杯茗中， 偶寓烟霞意。

——录自《清高宗御制诗三集》卷八十一（乾隆三十四年，己丑五）

(169) 试泉悦性山房口号

春泉瀺瀺漱云涯， 绠汲惟明定不差。 便试越瓯非别品， 南方贡到雨前茶。

——录自《清高宗御制诗四集》卷四（乾隆三十七年，壬辰四）

(170) 试泉悦性山房

水亭过洗心， 山房憩悦性。 心性岂二物， 如镜光相映。
仰视流云行， 俯观澄波泳。 洗心既祛尘， 悦性斯养正。
赵州一杯茶， 试领香而净。

——录自《清高宗御制诗四集》卷十二（乾隆三十八年，癸巳四）

(171) 试泉悦性山房

倚壁山房架几楹， 泉临阶下渫然清。 玉泉第一虽当逊[①]， 喜是汲来就近烹。

泉色泉声两静凝， 坐来如对玉壶冰。 拈毫摘句浑艰得， 都为忘言性与澄。

——录自《清高宗御制诗四集》卷二十一（乾隆三十九年，甲午五）

【注释】
①乾隆原注：碧云寺水较玉泉山之第一泉品固稍逊，然汲以烹茶味极清冽，亦玉泉之次也。

(172) 试泉悦性山房

性因泉悦泉因试， 屡举翻如自外求。 然更有言须听取， 试泉无性可能不？

去岁今年纵略同， 启思悦性乃无穷。 彼如我匪我如彼， 颠倒言之笑郑崇。

——录自《清高宗御制诗四集》卷二十九（乾隆四十年，乙未五）

(173) 试泉悦性山房戏题

过亭不数武，则已洗心竟。　古桧曲倚石，为门护幽径。
入门即山房，石壁耸屏映。　壁下喷泉出，味甘色愈净。
竹炉妥帖陈，中人备已定。　那容拾松枝，何借候火性？
当差彼实熟，清供我难称。　持以告陆羽，却走必弗应。

——录自《清高宗御制诗四集》卷六十（乾隆四十四年，己亥六）

(174) 试泉悦性山房

碧云寺侧屋三间，　萧然独据泉之上。　第一虽不及玉泉，却喜石乳喷云嶂。
日色日声两绝清，　宜视宜听信无量。　我游香山此必至，况复清和洽幽访。
宁须伯仲辨劳劳，　得贵其近余应忘。

——录自《清高宗御制诗四集》卷八十九（乾隆四十七年，壬寅五）

(175) 试泉悦性山房

汲水烹茶又一时，　忘尘处即性为怡。　去年此日原不隔，付与山房自会之。

——录自《清高宗御制诗四集》卷九十六（乾隆四十八年，癸卯四）

(176) 试泉悦性山房

山房一来必一到，　窈窕而深静而妙。　有泉有石有松柏，恰称(去声)有欲观其徼。
虽云有欲实无欲，　一尘不生何物效。　洗心亭①已洗心竟，杯茗忘机坐丛峭。

——录自《清高宗御制诗四集》卷九十七（乾隆四十八年，癸卯五）

【注释】
①乾隆原注：在山房前。

(177) 试泉悦性山房

泉自外来物，性实身中有。　兹曰泉悦性，或涉倒置否。
泉已非内存，更藉烹煎手。　相资不可无，是谓因缘偶。
得主乃识宾，莫向宾中取。

——录自《清高宗御制诗五集》卷十五（乾隆五十年，乙巳五）

(178) 试泉悦性山房

泉韵风情静者机，　松枝竹鼎火升微①。　但谋口食无关性，苏(轼)陆(羽)由来两涉非。

——录自《清高宗御制诗五集》卷三十一（乾隆五十二年，丁未五）

【注释】
①乾隆原注：所谓文火候。

(179)试泉悦性山房

性似泉相近， 泉如性与盟。 偶来即惜去， 弗试讵知清。
那待文武候①， 已看杯碗呈。 但期差不悟， 小谨俗人情。

——录自《清高宗御制诗五集》卷三十九（乾隆五十三年，戊申五）

【注释】
①乾隆原注：谓文武火候也。

(180)试泉悦性山房

性知泉洁弗试可， 泉惬性灵斯悦深。 然此悦诚非易得， 甫田继渥以甘霖。

——录自《清高宗御制诗五集》卷四十七（乾隆五十四年，己酉五）

(181)试泉悦性山房作歌

柏垂枝下倚立石， 宛转天然门洞开①。 入门山房朴且冈， 试泉悦性久额齐。
泉固自古窣， 性乃随时怀。 略沾继望方寸中②， 安能怡豫试茗杯。
壁间题句亦屡矣， 羞看昔往仍今来③。

——录自《清高宗御制诗五集》卷八十九（乾隆五十九年，甲寅五）

【注释】
①乾隆原注：山房前景如是。
②乾隆原注：初旬三次之雨田中藉以沾润，跸途阅视，少觉慰怀。然犹须继泽方能深透，日前云势颇厚，而未获霈膏，来此试茗安能怡悦。
③乾隆原注：每岁来此率有题咏，书悬壁间阅之，亦多望雨之句。此来犹殷望泽，拈毫只增惭恧。

7. 味甘书屋（热河避暑山庄，茶舍）

(182)味 甘 书 屋

书屋临清泉， 可以安茶铫。 取用乃不竭， 奚虑瓶罍诮。
泉甘茶自甘， 那繁龙团貌？ 展书待尔浇， 颇复从吾好。
是中亦有甘， 谁能味其调？

——录自《清高宗御制诗三集》卷四十一（乾隆二十九年，甲申七）

(183)味 甘 书 屋

书屋秋风满意凉， 筠炉瓷碗趣偏长。 于茶斯可于言否， 善辟犹然忆赵良。

——录自《清高宗御制诗三集》卷五十一（乾隆三十年，乙酉九）

(184) 味 甘 书 屋

寺后有书屋， 偶然题味甘。 山泉堪煮茗， 犀液正含岚。
不拟吃茶偈， 原非计碗贪。 小停旋命驾， 西峪待幽探。

——录自《清高宗御制诗三集》卷五十九（乾隆三十一年，丙戌七）

(185) 味 甘 书 屋

石髓岩边洁且芳， 便教竹鼎试烹尝。 苦言药也甘言疾， 我却因之缅赵良。

——录自《清高宗御制诗三集》卷六十七（乾隆三十二年，丁亥七）

(186) 味 甘 书 屋

寺后有隙地， 可构房三间。 竹炉置其中， 乃复学惠山。
石泉甘且洁， 就近聊烹煎。 中人熟伺候， 到即呈茶盘。
我本无闲人， 亦不容我闲。

——录自《清高宗御制诗三集》卷七十五（乾隆三十三年，戊子七）

(187) 味甘书屋口号

山泉将谓瀹飞淙， 尝是收来荷露缸。 伺候惯经聊听尔， 以言甘实此无双。

——录自《清高宗御制诗三集》卷八十三（乾隆三十四年，己丑七）

(188) 味 甘 书 屋

精兰之后构书庐， 啜茗泉甘得味余。 一晌南华悟口彻， 缓烹细瀹两成虚。

——录自《清高宗御制诗三集》卷九十二（乾隆三十五年，庚寅八）

(189) 味 甘 书 屋

寺后萧然精舍宜， 浮香瀌雪试聊为。 设如每事耽甘者， 语有之乎亦可思。

——录自《清高宗御制诗三集》卷一百（乾隆三十六年，辛卯八）

(190) 味 甘 书 屋

书屋清依古佛庵， 越瓯吴鼎称幽探。 今朝又异其中味， 半是泉甘半雨甘。

——录自《清高宗御制诗四集》卷六（乾隆三十七年，壬辰六）

(191) 味 甘 书 屋

汲泉茗煮武夷尖， 口为（去声）生津心为恬。 却笑回甘苏氏帖， 还称崖蜜十分甜。

——录自《清高宗御制诗四集》卷十四（乾隆三十八年，癸巳六）

(192) 味 甘 书 屋

向汲山泉饮而甘，　书屋味甘名以此。　竹炉茗碗设妥帖，　试而烹斯偶一耳。
偶一之故室三间，　露台十家产愧矣。　虽然乃更有进焉，　味甘敢忘味苦彼。

——录自《清高宗御制诗四集》卷二十三（乾隆三十九年，甲午七）

(193) 味 甘 书 屋

几净瓯香早瀹煎，　顿消诸虑祇如然。　譬人饮水知冷暖，　甘否由来岂在泉？

——录自《清高宗御制诗四集》卷三十（乾隆四十年，乙未六）

(194) 味 甘 书 屋

书屋缀景为，　洒然萧寺左。　隔岁此初来，　有暇便小坐。
茗瓯及竹炉，　安设原贴妥。　石泉汲以烹，　略试文武火。
既非竟陵癖，　更殊赵州果。　擎杯吟五字，　爽然有会我。
味泉或偶宜，　味言殊未可。

——录自《清高宗御制诗四集》卷三十八（乾隆四十一年，丙申六）

(195) 味甘书屋口号

寺后三间精舍幽，　竹炉茗碗味相投。　东坡却道输崖密，　试问为同为异不？

——录自《清高宗御制诗四集》卷八十三（乾隆四十六年，辛丑七）

(196) 味甘书屋口号

竹炉到处学江南，　书屋因之号味甘。　泉固尚甘茶尚苦，　其间调剂义应探。

——录自《清高宗御制诗四集》卷九十一（乾隆四十七年，壬寅七）

(197) 味甘书屋戏题

山泉雨后味增甘，　常侍烹煎夙所谙。　磁盏擎来呫嗟办，　那容火候昧成三[①]？

——录自《清高宗御制诗五集》卷十七（乾隆五十年，乙巳七）

【注释】

①乾隆原注：味甘书屋亦仿江南竹炉，每至则内侍先煮茗以俟，盖若辈藉以当差，不足语火候也。按黄儒《品茶要录》云：茶初造曰试焙，又曰一火，其次曰二火、三火，市茶者以出于三火前为最佳，故苏轼诗有：美君美玉经三火，又"泻汤倩得茶三昧"之句，又佛语：三昧华言净业也。又《翰林志》学士下直出门，谓小三昧上马，谓大三昧言去，缠缚而就解脱也。戏题味甘书屋，忆及火候三昧因并识之。

(198) 味甘书屋口号

西峪由来此入路， 萧然书屋近精兰①。 底须汲井试佳茗， 即景应知苦作甘②。

——录自《清高宗御制诗五集》卷二十六（乾隆五十一年，丙午八）

【注释】
①乾隆原注：在碧峰寺后。
②乾隆原注：茶之美以苦也。

(199) 味 甘 书 屋

书屋筠炉宜茗香， 味甘因以额楣匡。 寄言有事受言者， 疾也应当思赵良。

——录自《清高宗御制诗五集》卷三十三（乾隆五十二年，丁未七）

(200) 味 甘 书 屋

茗碗竹炉陈妥贴， 山泉有味品移时。 言中设以苦甘喻， 吾意于斯未信之。

——录自《清高宗御制诗五集》卷四十（乾隆五十三年，戊申六）

(201) 味甘书屋口号

甘为苦对殊忧乐， 忧苦乐甘情率然。 洁矩益谦损满道， 试茶可耳慎余牵。

——录自《清高宗御制诗五集》卷四十九（乾隆五十四年，己酉七）

(202) 味 甘 书 屋

筠炉到处护花龛， 讵衹前三与后三。 荷露松泉无不可， 算来今日始知甘。

——录自《清高宗御制诗五集》卷五十八（乾隆五十五年，庚戌八）

(203) 味 甘 书 屋

味泉宜在味其甘， 品第纷哉北与南①。 洪范明言稼穑作， 其余总合谓虚谈。

——录自《清高宗御制诗五集》卷六十六（乾隆五十六年，辛亥六）

【注释】
①乾隆原注：水之质轻者味必甘，故辨水者视其质之轻重定泉之高下。唐陆羽刘伯刍或以庐山谷汇的第一，或以扬子江水为第一，惠山为第二。当制银斗较之，京师玉泉之水与塞上伊逊之水俱斗重一两，扬子金山泉较重三厘，惠山泉较重四厘，则谷帘亦大概可知，因定玉泉为天下第一，而南人享帚之论未足为据也。详见玉泉山天下第一泉记。

(204) 味甘书屋口号

近泉因欲味其甘， 内使茶铛伺候谙。 对此能无莞然笑， 本清事奈俗人参。

——录自《清高宗御制诗五集》卷七十四（乾隆五十七年，壬子六）

(205) 味甘书屋试茶

火候何曾悉浅深， 高擎茗碗满来斟。 只论全备不论俗， 陆羽傍观笑弗禁。

——录自《清高宗御制诗五集》卷八十二（乾隆五十八年，癸丑六）

(206) 味甘书屋口号

何处山泉不可试， 两文书屋额檐眉。 苦言药也甘言疾， 一举茗瓯一慎之。

——录自《清高宗御制诗五集》卷九十（乾隆五十九年，甲寅六）

(207) 味甘书屋自警

苦言药也甘言疾， 幼熟读之岂暂忘？ 独是盈庭耳目者， 颂多规少为彷徨。

——录自《清高宗御制诗五集》卷九十八（乾隆六十年，乙卯六）

8. 焙茶坞（西苑，茶舍）

(208) 焙 茶 坞

石上泉依松下风， 竹炉制与惠山同。 蔡襄不止工其法， 因事还思善纳忠。

——录自《清高宗御制诗二集》卷七十六（乾隆二十三年，戊寅二）

(209) 焙 茶 坞

矮屋疏棂祈两楹， 竹炉茗碗洒然清。 今朝第一泉无藉， 恰好收来雪水烹。

——录自《清高宗御制诗三集》卷十七（乾隆二十七年，壬午一）

(210) 焙 茶 坞

茶坞居然可试茶， 篾炉瓷铫伴清嘉。 竹窗入籁吹梅朵， 仿佛龙山引兴赊。

——录自《清高宗御制诗三集》卷五十四（乾隆三十一年，丙戌二）

(211) 焙 茶 坞

偶因缀景竹炉设， 到便中人烹茗前。 却喜蠡窗对筠棣， 迎眸每与意悠然。

——录自《清高宗御制诗三集》卷六十一（乾隆三十二年，丁亥一）

(212) 焙 茶 坞

雪华收瀹雨前芽， 按例勤擎候不差。 郊外行来廿余里， 越瓯消渴正资茶。

——录自《清高宗御制诗三集》卷六十二（乾隆三十二年，丁亥二）

(213) 焙茶坞戏题

行来小坐正须茶， 竹鼎瓷瓯本一家。 烹瀹不烦早擎到， 嫌他伺候略无差。

——录自《清高宗御制诗三集》卷七十一（乾隆三十三年，戊子三）

(214) 焙茶坞戏题

例有竹炉屋里陈， 奔忙中使捧擎频。 应教笑煞陆鸿渐， 似此安称事茗人。

——录自《清高宗御制诗三集》卷七十七（乾隆三十四年，己丑一）

(215) 戏题焙茶坞

虽曰焙茶岂焙茶[①]， 北方安得有新芽。 浙中贡茗斯恒至， 荷露烹成倍静嘉。

——录自《清高宗御制诗三集》卷八十二（乾隆三十四年，己丑六）

【注释】
①乾隆原注：凡摘荈芽必焙之，而后成茶。此南方事，亦惟南人始能之。北方无茶树，安得有茶事，无过取其名高耳。

(216) 焙 茶 坞

北地无茶岂藉焙， 佳名偶取副清陪。 亦看竹鼎烹顾渚， 早是南方精制来。

——录自《清高宗御制诗三集》卷八十五（乾隆三十五年，庚寅一）

(217) 焙 茶 坞

贡来龙井雨前芽， 焙法南方精且嘉。 荷叶晶晶满擎露， 收将耐可瀹新茶。

——录自《清高宗御制诗三集》卷九十一（乾隆三十五年，庚寅七）

(218) 焙茶坞口号

烹瀹中人忙不休， 到来早滤雪香浮。 擎杯笑固当如是， 岂是卢仝陆羽流？

——录自《清高宗御制诗三集》卷九十三（乾隆三十六年，辛卯一）

(219) 戏题焙茶坞

焙茶岂烹茶， 中涓题认误。 每来擎瓯俟， 依例惯循故。
是以成厌观， 弗顾或竟去。 今番实异常， 水乃收积素。
不可不一啜， 沃心惬清悟。

——录自《清高宗御制诗三集》卷九十四（乾隆三十六年，辛卯二）

(220) 焙茶坞戏题

鸽炭鼎烹雪水， 龙团碗瀹春芽。 即景谓能供奉， 焙茶岂是煎茶？

——录自《清高宗御制诗四集》卷一（乾隆三十七年，壬辰一）

(221) 焙 茶 坞

竹坞新春偶一来， 乘闲便与试茶杯。 最欣万个绿琼处， 根有深深白雪培。

——录自《清高宗御制诗四集》卷九（乾隆三十八年，癸巳一）

(222) 焙 茶 坞

缦转回廊取势斜， 两间朴屋名焙茶。 非其时亦擎茶碗， 中人例事勤周遮。
一盆古梅初放蕊， 复有胜屏装彩绮。 或云假究不若真， 笑指炉瓯奚异此。

——录自《清高宗御制诗四集》卷十七（乾隆三十九年，甲午一）

(223) 焙 茶 坞

野坞临溪竹径斜， 选名题额爱清嘉。 中人茗碗勤供奉， 却是烹茶非焙茶。

——录自《清高宗御制诗四集》卷三十四（乾隆四十一年，丙申二）

(224) 焙 茶 坞

竹根培雪护阶斜， 朴坞萧然号焙茶。 灶侧居然坐陆羽， 笑兹宜付彼为家。

——录自《清高宗御制诗四集》卷七十七（乾隆四十六年，辛丑一）

(225) 焙 茶 坞

焙茶原只设佳名， 贡到雨前早制精。 偶憩亦常得其半， 竹炉每一试清烹。

——录自《清高宗御制诗四集》卷八十一（乾隆四十六年，辛丑五）

(226) 焙 茶 坞

贡茶无不焙成之， 斯坞名惟假藉斯。 一盏浮香烹雪水， 冷泉亭亦似其时。

——录自《清高宗御制诗四集》卷九十五（乾隆四十八年，癸卯三）

(227) 焙 茶 坞

松虬竹凤翠交加， 等第个中宜焙茶。 缀景不过题偶尔， 冷泉亭况亦无差[①]。

——录自《清高宗御制诗五集》卷二十八（乾隆五十二年，丁未二）

【注释】

①乾隆原注：辛未南巡于灵隐寺冷泉亭上有观焙茶作。

(228) 焙 茶 坞

生叶还须细火焙，云林诗咏识其艰①。安名缀景聊烹茗，依媚民情永念间。

——录自《清高宗御制诗五集》卷六十二（乾隆五十六年，辛亥二）

【注释】
①乾隆原注：辛未南巡至龙井，观采茶作歌，有慢炒细焙，有次第辛苦，工夫殊不少之句。盖未经目睹，亦不知其艰也。

9. 春风啜茗台（万寿山清漪园，茶舍）

(229) 题春风啜茗台

虚没无妨铫，清游可当(去声)茶。恰如吟杜氏，即是到何家。
松籁沸如鼎，荷香蒸作霞。题诗著壁上，藉以阅年华。

——录自《清高宗御制诗二集》卷七十九（乾隆二十三年，戊寅五）

(230) 春 风 啜 茗 台

山巅屋亦可称台，小坐偷闲试茗杯。拂面春风和且畅，言思管仲济时材。

——录自《清高宗御制诗三集》卷十二（乾隆二十六年，辛巳四）

(231) 戏题春风啜茗台

徒传啜茗对春凤，偶到新秋悦霁空。小坐未曾安席上，高擎早见满瓯中。
武文火候夫谁待，窥伺神情若辈工。雅趣高人非我事，当年何杜笑难同。

——录自《清高宗御制诗三集》卷二十五（乾隆二十七年，壬午九）

(232) 戏题春风啜茗台

四顾芳荷面面开，平陵山顶起楼台。分明啜茗春凤趣，笑我春徂伏始来。

——录自《清高宗御制诗三集》卷五十八（乾隆三十一，丙戌六）

(233) 春风啜茗台口号

今岁今朝始偶来，茶炉缀景设山台。春风过久秋风至，究亦何曾试茗回？

——录自《清高宗御制诗三集》卷七十五（乾隆三十三年，戊子七）

(234) 题春风啜茗台

湖中之山上有台，维舟屡步登崔嵬。水凤既凉台既敞，延爽望远胸襟开。
竹炉妥帖宜烹茗，收来荷露清而冷。固非汉帝痴铸盘，颇胜唐贤徒汲绠。
绿瓯闲啜成小坐，旧句新题自倡和。以曰循名斯未能，早是春风背人过。

——录自《清高宗御制诗三集》卷八十三（乾隆三十四年，己丑七）

【注释】
①乾隆原注:今岁初来是处,故云。

(235) 春风啜茗台二首

屋弄竹炉肖惠山， 春风啜茗趁斯闲。 却予心每闲不得， 忆到九龙问俗间。

凤饼龙团底较工， 擎杯别有会心中。 春风正值登台候， 管仲老聃异代同。
——录自《清高宗御制诗四集》卷二十六(乾隆四十年,乙未二)

(236) 春风啜茗台

有屋为楼无屋台， 楼据山巅实有屋。 然则何故以台称， 四邻无物可遮目。
其用乃台其实楼， 烹茶况不虑风飕。 攀陟仍弗藉筇杖， 举杯小憩清兴酬。
昔来为春今来夏， 顾名斯乃成假借。 台兮楼兮付不知， 今乎惜乎弹指乍。
——录自《清高宗御制诗四集》卷八十一(乾隆四十六年辛丑五)

(237) 春风啜茗台

湖西缀景别一区， 背山面水景最殊。 山巅之台迥而敞， 春风啜茗因名诸。
啜茗高闲非我事， 炉瓯久未偶来试。 弗以渴害为心害， 修己治人廑此意。
——录自《清高宗御制诗五集》卷二十九(乾隆五十二年,丁未三)

10. 盘山千尺雪(盘山静寄山庄,赏景,茶舍)

(238) 盘山千尺雪记

昨岁巡幸江南,观民问俗之暇,流览江山胜概,寻古迹之奇,文物秀丽区也。其悦性灵而发藻思者所在多有,而独爱吴之寒山千尺雪,创于明隐士赵宦光,今范氏构园其地者。境野以幽泉鸣而冷,题其阁曰"听雪"。为之流连,为之倚吟,归而肖其处于西苑之淑清院,盖就液池尾闾,有明时所筑假山,乔木峭茜喷薄之形,似之矣,而乏天然。及秋驻避暑山庄,乃得飞流漱峡,盈科不已者,作室其侧,天然之趣足矣,而尚未得松石古意。今春来盘山游,文皇所为晾甲石者,汇万山之水而归于一壑,㵫㵫之湍奏石面,谡谡之籁响松颠,时而阴雨忽晴,众豀怒勃,则暴涨砰訇者焉,直下挟石以奔,触石以停,韐然铿然,激扬渏然,虽千夫撞洪钟有不足比其壮者。爰相面势结庐三间,兹重游而其屋适成。开虚窗俯流泉,觉松涛石籁问答,亲人乃叹:寒山千尺雪固在是间。而劳劳往返,营营规写者,不几为流水寒潭笑,未能免俗哉。率笔记之,亦以存高风之慕也。
——录自《清高宗御制文初集》卷五

(239) 千 尺 雪

倚岩架白屋， 开牖临清泉。 春半雪已消， 垂流尺计千。
一二二而一， 圆方方复圆。 寓物陈至理， 随会含神诠。
茗碗不必试， 吾方意油然。

——录自《清高宗御制诗二集》卷四十六（乾隆十九年，甲戌一）

(240) 千 尺 雪 再 成

前朝含冻雪犹白， 今日舒丝柳渐青。 了识如斯在川上， 流阴未肯为人停。

旬渚流离泻复渟， 声难为状色难形。 三间板阁虚窗静， 只合忘言注《水经》。

热河西苑及东吴， 到处风华具四图。 试问得无纷色相， 宣光应道岂妨乎？

——录自《清高宗御制诗二集》卷四十六（乾隆十九年，甲戌二）

(241) 再叠前韵题唐寅《品茶图》

非关陆羽癖分茶， 偶试原欣沃道芽。 瓷碗筠炉值兹暇， 田盘春色正和嘉。

——录自《清高宗御制诗二集》卷四十六（乾隆十九年，甲戌二）

(242) 千 尺 雪

游山乘好春， 言旋未卓午。 山庄咫尺近， 依墙构轩宇。
下马每憩兹， 三楹清尔许。 回落千尺雪， 平贮一泓渚。
松涛泛上檐， 峡籁翻底础。 或为勇丈夫， 慷慨悲歌举。
或为儿女子， 啜嚅相尔汝。 或为金石坚， 戛之凤来舞。
或为丝管脆， 奏之行云伫。 竹炉亦在旁， 汲取活火煮。
无色声香味， 谁能信此语？

——录自《清高宗御制诗二集》卷五十五（乾隆二十年，乙亥二）

(243) 再 题 千 尺 雪

洒然茶舍俯流泉， 茗碗筠炉映碧鲜。 陆羽陶成聊韵事， 个人合是个中仙。

——录自《清高宗御制诗二集》卷五十五（乾隆二十年，乙亥二）

(244) 题唐寅《品茶图》仍叠其韵

壁张墨戏写烹茶， 汲雪因教试荈芽。 正是盘中春好处， 抚松坐石意为嘉。

——录自《清高宗御制诗二集》卷五十五（乾隆二十年，乙亥二）

(245) 千尺雪题句

园门设晾甲，　茶舍石墙边。　常俯瀑如雪，　少言尺有千。
游山归适可，　乐水此于焉。　设以琴音拟，　吾将理化弦。

——录自《清高宗御制诗二集》卷八十二(乾隆二十三年,戊寅八)

(246) 唐寅《品茶图》

可笑琅琊不识茶，　酪奴将谓胜龙芽。　六如解事留真迹，　一再拈吟兴致嘉。

——录自《清高宗御制诗二集》卷八十二(乾隆二十三年,戊寅八)

(247) 千尺雪四首

园门西北对山开，　策骑游山半刻回。　石屋向题千尺雪，　便中聊一俯潆洄。

流泉石底万溪淙，　汇作平池荫古松。　虽是寒山名假借，　天然觉足傲吴侬。

适看阴岭还余雪，　复有消成水几湾。　绿柳红桃春物罢，　无穷景答片时闲。

竹炉茶铫供清陪，　便啜春风茗一杯。　笑指碧溪流水道，　源头何较我先来。

——录自《清高宗御制诗三集》卷三(乾隆二十五年,庚辰三)

(248) 再题千尺雪

一回游寺一回临，　万古如斯万古音。　雨后石泉益清越，　江南春墅祇而今。
未来可借明年景①，　过去难寻昨日心。　昨日明年齐置却，　当前流水复高岑。

——录自《清高宗御制诗三集》卷三(乾隆二十五年,庚辰三)

【注释】
①乾隆原注：将以明年复举南巡之典。

(249) 唐寅《品茶图》

千尺雪旁安竹炉，　壁张伯虎《品茶图》。　却似图中人语我，　不须如此费工夫。

——录自《清高宗御制诗三集》卷三,(乾隆二十五年,庚辰三)

(250) 千尺雪作

回跸游山骑，　进停临水居。　有声皆入寂，　无色不涵虚。
陆羽《茶经》在，　唐寅画帧舒。　两人似相谓，　小别两年余。

——录自《清高宗御制诗三集》卷二十九(乾隆二十八年,癸未三)

(251)唐寅《品茶图》仍叠前韵

底须调水始烹茶， 就近瓶罍煮贡芽。 恰似去年惠泉上， 听松得句也清嘉。
——录自《清高宗御制诗三集》卷二十九(乾隆二十八年,癸未三)

(252)再题千尺雪

咫尺园门路必经， 游归下马便延停。 犹输白石清泉者， 火劫未来太古形。
——录自《清高宗御制诗三集》卷二十九(乾隆二十八年,癸未三)

(253)千 尺 雪

游寺畅攀寻， 归园又憩临。 因思动静趣， 总契知仁心。
白水无终始， 青山自古今。 回看定光塔， 缥渺隔云林。
——录自《清高宗御制诗三集》卷二十九(乾隆二十八年,癸未三)

(254)千 尺 雪

清游辔转园门入， 茗室恁溪下马寻。 霜叶正酣今日色， 石泉弗断去年音。
唐寅画又从头晤①， 陆羽茶须满口斟。 兴在寒山听雪阁， 明春不久重(去声)登临。
——录自《清高宗御制诗三集》卷四十二(乾隆二十九年,甲申八)

【注释】
①乾隆原注:室中悬唐寅《品茶图》。

(255)题唐寅《品茶图》

伯虎品茶挂壁间， 飘萧须鬓道人颜。 汲泉煮茗忽失笑， 笑我安能似尔闲。
——录自《清高宗御制诗三集》卷四十二(乾隆二十九年,甲申八)

(256)千 尺 雪

春骑游山转， 春泉入苑听。 随来千涧水， 汇带一池亭。
高下自如意， 东西弗定形。 前年耳畔者， 依旧响无停。
——录自《清高宗御制诗三集》卷五十五(乾隆三十一年,丙戌三)

(257)题唐寅《品茶图》

苏台文笔擅风流， 雅合高张石屋幽。 竹鼎茗瓯依旧例， 图中人可许从不？
——录自《清高宗御制诗三集》卷五十五(乾隆三十一年,丙戌三)

(258)再题千尺雪

游山罢复返山园， 泉上幽居近苑门。 下马便因成小憩， 前朝景与逝波翻。

或或岩泉高复低， 宜观宜听又宜题。 寒山去岁临流况， 只在清淙东与西。
————录自《清高宗御制诗三集》卷五十五（乾隆三十一年，丙戌三）

(259)千 尺 雪

东涧路非远， 园门马首临。 到来应驻辔， 坐处便听琴。
是雪四时有， 斯泉太古斟。 一观澄万虑， 濯那觅尘襟。
————录自《清高宗御制诗三集》卷六十（乾隆三十一，丙戌八）

(260)题唐寅《品茶图》

泉上山房有竹炉， 品茶恰对品茶图。 谁知三百年前笔， 却与今朝景不殊。
————录自《清高宗御制诗三集》卷六十（乾隆三十一年，丙戌八）

(261)千 尺 雪

唐皇晾甲石， 兹名千尺雪。 结构肖吴中， 池馆殊清绝。
以近苑墙门， 游山归每歇。 开窗俯澄泠， 坐席弄砯汃。
竹炉来必试， 一瓯甘且洁。 旧题如昨日， 不信三年别。
————录自《清高宗御制诗三集》卷八十（乾隆三十四年，己丑四）

(262)题唐寅《品茶图》

草堂事茗是何人， 潇洒衣巾古淡神。 只有解元知此意， 谓宜泉上结良宾。
————录自《清高宗御制诗三集》卷八十（乾隆三十四年，己丑四）

(263)再题千尺雪

潨泪奔波汇作池， 进门每与坐凭之。 游山纷惹即景兴， 静涤居然有待斯。
————录自《清高宗御制诗三集》卷八十（乾隆三十四年，己丑四）

(264)千 尺 雪

下马藓墙入， 憩身水阁临。 静观即悦目， 忘听亦澄心。
煮鼎松枝便， 汲瓶石髓斟。 唐寅图在壁①， 谈茗似相寻。
————录自《清高宗御制诗三集·卷八十八》（乾隆三十五年，庚辰四）

【注释】
①乾隆原注:阁中悬唐寅《品茶图》。

(265)题唐寅《品茶图》

就泉烹鼎试茶槽， 户外松风响谡涛。 默识田畴应首肯， 不教吴郡独称高。
——录自《清高宗御制诗三集》卷八十八(乾隆三十五年,庚辰四)

(266)再题千尺雪

一度游山一度临， 三间水阁对云林。 石泉松籁宜清听， 谁为(去声)启心实沃心。
——录自《清高宗御制诗三集》卷八十八(乾隆三十五年,庚辰四)

(267)坐千尺雪烹茶作

千尺雪原拟议名， 名实毕竟难相争。 譬如颠翁临大令， 真者在前终不成。
昨于泉上已喜雪， 今乃泉上更喜晴。 汲泉便拾松枝煮， 收雪亦就竹炉烹。
泉水终弗如雪水， 以来天上洁且轻①。 高下品诚定乎此， 惜未质之陆羽经。
——录自《清高宗御制诗四集》卷三(乾隆三十七年,壬辰三)

【注释】
①乾隆原注:水以轻者为上,曾制银斗量之,详见《天下第一泉记》。

(268)千 尺 雪

春山半晌小游回， 下马溪斋岩畔开。 差事中人熟伺候， 浮香漉雪早擎来。

雪飞千尺计犹强， 迹涉田畴水亦香。 设与寒山相较量， 儿孙当得视宦光。
——录自《清高宗御制诗四集》卷三(乾隆三十七年,壬辰三)

(269)题唐寅《品茶图》

著壁唐家试茗图， 每来题句不教孤。 伊人设起当前问， 掉首应云有是乎?
——录自《清高宗御制诗四集》卷三(乾隆三十七年,壬辰三)

(270)再题千尺雪

溪阁园门里， 游回必憩临。 一窗烘日影， 六律协泉音。
本性悦山水， 俗情忘古今。 两收名实好， 积素在崖阴。
——录自《清高宗御制诗四集》卷四(乾隆三十七年,壬辰四)

(271) 千 尺 雪

山庄西北门， 出入游山便。 问景消数刻， 适可言旋转。
涧水随我至， 墙闸泻滃渶。 故迹遗唐年， 晾甲巍石片。
溪堂俯澄流， 于焉憩清燕。 雪花与雪珠， 皑皑落当面。
为声清耳根， 为色净目观。 数典忆寒山， 春光应烂漫。

——录自《清高宗御制诗四集》卷二十（乾隆三十九年，甲午四）

(272) 题唐太宗晾甲石

盖苏文叛事亲征， 晾甲因传此石名。 创业守成殊理道， 拒人矜已失权衡。
魏征已仆坟园碣， 仁贵徒攻安市城。 粮尽师班深自悔， 慎终惟始训犹明。

——录自《清高宗御制诗四集》卷二十（乾隆三十九年，甲午四）

【注释】
①乾隆原注：太宗开创主也。天下既定，斯为守成之君，以海外叛蛮而事亲征，失轻重矣。

(273) 题唐寅《品茶图》

越瓯吴鼎净无尘， 煮茗观图乐趣真。 不必无端相较量， 较来少愧个中人。

——录自《清高宗御制诗四集》卷二十（乾隆三十九年，甲午四）

(274) 再题千尺雪

月朔礼祇园， 言旋入石门。 山游路娄尾， 静寄水探源①。
小阁凭流坐， 五言即景论。 底须忆南北， 四卷个中存②。

——录自《清高宗御制诗四集》卷二十（乾隆三十九年，甲午四）

【注释】
①乾隆原注：静寄山庄之水以此为源。
②乾隆原注：盘山千尺雪吴中景为之，西苑热河并皆仿。作余既亲写盘山卷而西苑、热河、吴中则命董邦达、钱维诚、张宗苍各为图卷，每处彙四卷分弆之。每临展一卷余三卷亦俱在目，无异置身其间也。

(275) 千 尺 雪

石墙门设盘之阿， 乱溪汇流桥下过。 游回入门有精舍， 观澜憩此供清哦。
飞泉落涧雪其色， 脱兔莫御难为波。 比拟寒山号千尺①， 无须缩地真同科。
因思名象总假藉， 泉乎雪乎曾知么？ 苟以太古计长短， 万倍千尺过犹多。

——录自《清高宗御制诗四集》卷八十八（乾隆四十七年，壬寅四）

【注释】
①乾隆原注：此间千尺雪仿吴中寒山景为之。

(276) 再题千尺雪

雪从天落千尺多， 瀑拟千尺雪已美。 乃知大言与小言， 炎炎詹詹殊若是。
虽然斯仅千尺乎， 山中源远数十里。 以论墙内及轩前， 名曰如是而已矣。
容容潇潇实壮观， 坐石临流契妙旨。 妙旨亦岂易契哉， 自哂拘墟尚如此。

——录自《清高宗御制诗四集》卷八十八（乾隆四十七年，壬寅四）

(277) 题唐寅《品茶图》

伯虎品茶事欲仙， 谒来逸韵仿依前。 中人茗碗安排就， 双手高擎俗已然。

——录自《清高宗御制诗四集》卷八十八（乾隆四十七年，壬寅四）

(278) 千尺雪

薄言游山返， 山园门却近。 下马入园门， 溪斋朴而隐。
贞观晾甲石， 诸泉汇流混。 激溅泻湍流， 盈科斋下引。
可以滴砚池， 摛藻纾心蕴。 可以烹竹炉， 啜香悦舌本。
漫云假藉雪， 泽同天一允。 莫訾千尺无， 其源百倍远。
昨春对寒山， 客秋抚塞苑。 曰同固不可， 曰异益堪哂。

——录自《清高宗御制诗五集》卷十四（乾隆五十年，乙巳四）

(279) 题唐寅《品茶图》

品茶自是幽人事， 我岂幽人亦品茶。 偶一为之寓兴耳， 灶边陆羽笑予差。

——录自《清高宗御制诗五集》卷十四（乾隆五十年，乙巳四）

(280) 再题千尺雪三首

千尺亦惟言约略， 远源讵啻仅斯焉。 游山回必经兹入， 诗绪纷投藉以湔。

一片贞观晾甲石， 当年遗迹至今称。 设如文子三思者， 岂致翻然忆魏徵？

激石翻波势颇奇， 就夷亦复汇为池。 观其动不若观静， 把笔悟知理在斯。

——录自《清高宗御制诗五集》卷十四（乾隆五十年，乙巳四）

(281) 游山毕入山庄千尺雪门

南门以出北门入， 出渐升山入降山。 梵宇精兰历数四， 摇剧峻挺冈复峦。
奇松诡石难具数(上声)， 韵以明瀑与暗泉。 是胥画格及诗料， 兴已适矣非空还。
或乘轻舆或策马， 策马时少乘舆安。 自顾弗如昔时矣， 然而遵养宜高年。
养身逸可心不可， 犹日孜孜勤民艰。

——录自《清高宗御制诗五集》卷三十（乾隆五十二年，丁未四）

(282)千尺雪三绝句

未倦春游卓午归， 于凡留恋宿知非。 适才携得渒湿者， 都作斋前雪浪飞。

声是云和六律调， 色为鲛泽万珠跳。 贞观设弗留斯迹， 谁识东征事涉骄？

隔岁闲凭窗碧纱， 竹炉铜铫伴清嘉。 适来摘句嫌多矣， 可以消之一盏茶。
——录自《清高宗御制诗五集》卷三十（乾隆五十二年，丁未四）

(283)题唐寅《品茶图》

千尺雪斋设竹炉， 壁悬伯虎《品茶图》。 羡其高致应输彼， 笑此清闲何有吾。
——录自《清高宗御制诗五集》卷三十（乾隆五十二年，丁未四）

(284)千尺雪得句

游山斯出复斯归， 几处招提憩翠微。 调御丈夫不动念， 古稀天子未忘机。
三间朴屋栖云磴， 百道飞泉落石矶。 翠跸明当驾言返， 雪涛何必意依依？
——录自《清高宗御制诗五集》卷三十（乾隆五十二年，丁未四）

(285)游山旋入千尺雪门

路近山庄略乘马， 亦缘非上乃下也。 上为难而下为易， 取易舍难何为者。
自惭老况有如斯， 人纵弗嗤我自嗤。 尚或颂称清健美， 退有后言舜戒之。
行行苑门近西北， 复易清舆降岁崿。 栖岁崿更临石涧， 有屋洒然堪憩息。
俯凭雪以千尺名， 数典寒山已久成。 寒山景概那复忆， 所忆吴民爱戴情。
——录自《清高宗御制诗五集》卷四十六（乾隆五十四年，己酉四）

(286)千尺雪三绝句

东北诸溪汇此归， 南流数里入沙稀。 于斯孤注依然壮， 雪色雪声辨是非。

溶溶平石作波流， 瀑沫潓然向下投。 蓄乃放之本可会， 由来诗思(去声)似兹不。

唐迹千年宛若斯， 凭轩啜茗一评之。 瀛藩奕世车书奉， 保泰殷殷念在兹。
——录自《清高宗御制诗五集》卷四十六（乾隆五十四年，己酉四）

(287)题唐寅《品茶图》

品茶事自属高闲， 真迹六如挂壁间。 茗碗竹炉陈妥贴， 品非闲者略赧颜。
——录自《清高宗御制诗五集》卷四十六（乾隆五十四年，己酉四）

(288) 再题千尺雪

北门出入每经过①， 临水朴斋憩便多。 携至泉声听未止②， 落来雪色看随拖。
碌砎激溜原成瀑， 拊拂平流亦作波。 斟酌刚柔归静悟， 于斯宁渠(去声)助清哦。

——录自《清高宗御制诗五集》卷四十六(乾隆五十四年,己酉四)

【注释】
①乾隆原注:近山庄西北门。
②乾隆原注:田盘东北,诸溪之水皆汇于千尺雪流入山庄,兹游山回至此,沿径泉声犹觉在耳,而斋前雪浪复与目谋矣。

(289) 游山回入千尺雪门有作

前年降下犹策马， 今年就平方舍舆①。 由来两岁光阴耳， 忽觉较前已弗如。
八旬耄与古稀异， 那复筋力为强予? 以养身论斯为可， 以养心论岂可欤?
心为敕政之本源， 涉息诸事丛胜诸。 下舆精舍聊憩坐， 身心内外体以徐。
身劳心安晦庵语， 高年于此或当殊②。 有闲(谓身)无逸(谓心)以图治， 倦勤待此乐只且。

——录自《清高宗御制诗五集》卷六十四(乾隆五十四年,辛亥四)

【注释】
①乾隆原注:前岁游山旋过东甘涧,遂乘马降山。今日降山,路近山庄。乃略乘马入千尺雪门。相隔两岁,而筋力又觉少逊于前。
②乾隆原注:朱子言力行工夫云,身劳而心安者为之。予六旬以前实觉如是,至今高年自当节劳遵养,不必以劳身为务,所谓蹶者趋者是气也,而反动其心若仍劳其身,焉能用心敕政而心转不适安矣。

(290) 千尺雪三绝句

中峰东涧诸流水， 汇此南流故势雄。 设计其源过千尺， 岂殊白雪落于空?

自予数典肖南邦， 四卷诗图四雪窗①。 若论色声惟一静， 何妨凭处任摐摐。

犹传晾甲文皇石， 归后魏徵起仆碑。 岂似瀛藩久向化， 陪臣来祝八旬厘。

——录自《清高宗御制诗五集》卷六十四(乾隆五十六年,辛亥四)

【注释】
①乾隆原注:此间千尺雪既仿吴中寒山景为之,西苑热河亦俱仿为。此间图卷乃予亲写,其西苑、热河、寒山三处则命董邦达、钱维诚、张宗苍分绘之。每处汇弆四图至一处展阅,余三处之景如在目前。

(291) 题唐寅《品茶图》

赵宧光事重提旧， 唐伯虎图又看新。 即景何妨吟七字， 却惭不是个中人。

——录自《清高宗御制诗五集》卷六十四(乾隆五十六年,辛亥四)

(292) 再题千尺雪

游归入石城，　溪斋必斯憩。　携来千涧声，　千尺实不啻。
汇一势更雄，　激石翻花坠。　是非雪而何，　盈目增冷意。
过此乃就下，　改观所必致。　因悟奇正间，　原鲜其恒势。
偶遇偶成吟，　视幻兴之寄。

——录自《清高宗御制诗五集》卷六十四（乾隆五十六年，辛亥四）

(293) 游山回，入千尺雪门小憩有作

静寄庄同避暑庄，　围庄胥以石为墙。　乘舆驻跸应如是，　广只十之三四强①。

降由西北向东南，　门却山庄西北探②。　是则原无一定向，　世间名象可因参。

入门山舍向南寻，　可坐憩焉幽且深。　临水三间竹炉在，　片时试茗足娱心。

一室中收四处图③，　咄哉求备自嗤吾。　四而一与一而四，《齐物》《南华》有是乎？

——录自《清高宗御制诗五集》卷七十九（乾隆五十八年，癸丑三）

【注释】
①乾隆原注：避暑山庄围墙周十六里有奇，此间周七里有奇，通计尚不及半。
②乾隆原注：山庄建于山之东南麓，千尺雪门则在山庄西北隅。
③乾隆原注：此间及西苑热河千尺雪既仿吴中寒山景为之，并亲写此间图四卷，其西苑、热河、寒山三图则命董邦达、钱维诚、张宗苍分绘之，每处互弆四图至一处，而余三处之景皆可展阅得之。

(294) 千尺雪咏唐文皇晾甲石

东涧流泉此汇宗，　濆瀹雄有飞虹势。　拒以巨石波激怒，　瀑柎南下益纵恣。
久传文皇晾甲石，　对境偶为歌其事。　当年违谏图成功，　功竟未能符初志。
归来晾甲留遗踪，　徒资千古人横议。　岂如渭桥示必克，　却能策骑伏颉利①。
此事吾亦近用之，　献馘犒军较唐备②。　和颉利事盖在前，　躬勤志定故功遂。
征高丽事乃在后，　或因贪得与心肆。　其致成败鉴分明，　长歌示意增虔惕。

——录自《清高宗御制诗五集》卷七十九（乾隆五十八年，癸丑三）

【注释】
①乾隆原注：亦文皇事。
②乾隆原注：唐太宗策颉利之言曰：示之必克其和，乃固深得御边之要，与昨年之征廓尔喀意正相同，其胜于唐者颉利不过讲和退兵，昨廓尔喀则悔罪乞降，遣使进贡又献牛羊酒果等物犒官兵，是其畏服之怀出于至诚可见。

(295)题唐寅《品茶图》用辛亥韵

满幅题词都作旧， 一炉烹茗又成新。 擎杯在手微生笑， 笑我却为著相(去声)人。

——录自《清高宗御制诗五集》卷七十九(乾隆五十八年，癸丑三)

(296)再题千尺雪

一游回必一经斯， 不厌频还不免诗。 那事推敲诚率略， 石泉却似首倾之。

激石飞流万状争， 轧轧其势泪潺声。 果然体物昌黎独， 物不得其平则鸣。

——录自《清高宗御制诗五集》卷八十(乾隆五十八年，癸丑四)

(297)千尺雪作歌

田盘千峰复万谷， 总以大谷分东西。 山庄居东谷之口， 东甘涧降无峰蹄。
迤逦庄园北门近， 谷水万派随来携。 石墙①擘峡飞雪落， 名以千尺旧所题。
千尺之喻虽假借， 计以所行百倍之。 晾甲②往事弗黩论， 试茶四卷重观斯③。
掷笔旋复命舆去， 未忘偫习还自嗤。

——录自《清高宗御制诗余集》卷十一(嘉庆二年，丁巳三)

【注释】
①乾隆原注：谓山庄园墙。
②乾隆原注：有石在涧滨，相传唐文皇东征晾甲于此，旧尝有诗题之。
③乾隆原注：此间千尺雪及西苑热河俱仿吴中寒山景为之。予亲写此处四图，其西苑热河寒山三处则命董邦达钱维诚张宗苍分绘之。每处汇弁各四，偶来憩此，则于竹炉试茶之候，一一展观。

(298)题唐寅《品茶图》

游山返跸入山门， 小憩溪堂俯水源①。 名迹余笺聊补空②， 再来搁笔合忘言。

——录自《清高宗御制诗余集》卷十一(嘉庆二年，丁巳三)

【注释】
①乾隆原注：是处倚岩架屋凭栏临泉，水声潺潺，跳珠喷玉，雅与品泉相称，故向有千尺雪齐设竹炉之句。
②乾隆原注：是帧向悬此间，每来题句书帧中，几满。余仅可续书，此作将来憩此无庸再题矣。

11. 西苑千尺雪(西苑淑清院，赏景、休憩、设竹炉，选录)

(299)瀛台即景杂赋

流杯亭是胜朝迹， 从未临流泛羽杯。 却拟吴中千尺雪， 三间茶舍倚松开。

——录自《清高宗御制诗二集》卷四十(乾隆十八年，癸酉三)

(300) 题瀛台千尺雪

雨后瀑声鼓舞石， 春深波影涌沉花。 竹炉茗碗浑堪试， 内苑吴山本一家。

——录自《清高宗御制诗二集》卷四十，(乾隆十八年．癸酉三)

(301) 千 尺 雪

借问真佳处， 端惟心畅时。 瀑声新雨壮， 夏日小年迟。
茗碗原堪瀹， 缥图偶慢披， 神游三即一①， 区别亦奚为？

——录自《清高宗御制诗二集》卷四十八(乾隆十九年，甲戌四)

【注释】
①乾隆原注：千尺雪仿于吴中，西苑、田盘、热河皆有之，各为之图，四图合贮一函，分藏其所。每至一处展图即得其三，故云。

(302) 题 千 尺 雪

假山皴石黛， 迸水喷冰花。 小拟吴中雪， 兼陈惠上茶。
画情饶是秀， 春物益惟嘉。 研净瓯香处， 心田沃道芽。

——录自《清高宗御制诗二集》卷五十四(乾隆二十年，乙亥一)

(303) 晓春瀛台即景杂咏

檐间雪是嵘山雪， 试问支硎更藉无？ 恰喜收来仙露洁， 竹炉茗碗试斯须。

——录自《清高宗御制诗二集》卷五十四(乾隆二十年，乙亥一)

(304) 千尺雪口号

声为响雪色寂雪， 茗碗竹炉称雅陪。 讶似寒山昨春况， 临溪只欠几枝梅。

——录自《清高宗御制诗三集》卷二十八(乾隆二十八年，癸未二)

(305) 千尺雪二首

三间精舍倚崚嶒， 每爱清幽辄憩凭。 假借南方千尺雪， 真如陈老一条冰。

到处方圆有竹炉， 品泉聊与试清娱。 匡床甫坐茶擎至， 陆羽多应未肯吾。

——录自《清高宗御制诗三集》卷三十一(乾隆二十八年，癸未五)

(306) 淑清院杂咏三首

御殿常朝礼易成， 西华路转趁凉行。 黻裳脱却生衣换， 真觉林泉淑且清。

壶中寻径得岩斋， 素尚萧然意与佳。 何必北窗待风至， 娱神亦可傲无怀。

翠木参天原祛暑， 白泉响雪解招凉。 竹炉火候今姑舍， 片刻聊将七字偿。

——录自《清高宗御制诗三集》卷四十（乾隆二十九年，甲申六）

(307) 千 尺 雪

积余雪色在山阴， 落下银涞雪有音。 指日寒山听雪阁， 异同此雪费推寻。

茗瓯竹鼎伴清嘉， 七字刚成趣亦赊。 彩胜银镫概无设， 室中宜朴不宜华。

年前三白布祥霙， 掩映轩楹倍觉清。 若问予心喜所托， 率因真泽匪虚名。

——录自《清高宗御制诗三集》卷四十三（乾隆三十年，乙酉一）

(308) 千 尺 雪

玉泉流出注长河， 迸石引来太液波①。 便是吴中果千尺， 较兹源远逊犹多。

飞流漱濈激岭岣， 小阁三间对水滨。 箧鼎茗瓯俱恰当， 笑终不是味闲人。

——录自《清高宗御制诗三集》卷九十三（乾隆三十六年，辛卯一）

【注释】
①地当液池之南瓮闸引池水由石罅出,跳珠悬瀑溯玉泉来脉,自长河分汇西苑,凡二十余里。

12. 热河千尺雪（热河避暑山庄,赏景、休憩、设竹炉,选录）

(309) 千尺雪歌叠旧作韵

凛秋无雪雪乃有， 宜在玉寒崇山山之后。 层阴积冰彼其常， 夫何近带山庄映轩牖。
奔崖饮涧喷琼花， 匋訇磕砉众响纷交加。 八音六律此繁会， 似过挚干缭缺方武阳襄家。
君不见绘事后于素， 又不见土鼓先云䪃。 我非子也在川上， 乃亦因心惬清悟。
淳漭潆潆潦且溇， 驾鹅麋鹿往复还。 试看一放势莫御， 其始涓消滴滴淳滀山之湾。
导流曲折阶前洒， 雪色雪声交上下。 去年种树初点缀， 今来翠干已盈把。
北何雁碛南何吴， 一家中外咫尺夫。 取名聊尔寄清赏， 岂知清赏原在神仙区。
便教溪侧安茗炉， 绿杯香雪书洗吾。 秋云在天水在湖， 兴于云水了不殊。

——录自《清高宗御制诗二集》卷三十六（乾隆十七年，壬申六）

(310) 千 尺 雪

飞泉落万山，　巨石当其垠。　汇池可半亩，　风过生涟沦。
白屋架池上，　视听皆绝尘。　名之千尺雪，　退心企隐人。
分卷复合藏，　在一三来宾①。　境佳泉必佳，　竹炉亦可陈。
俯清酌甘洌，　忘味乃契神。　披图谓彼三，　天一何疏亲。

——录自《清高宗御制诗二集》卷四十四（乾隆十八年．癸酉七）

【注释】

①乾隆原注：寒山、田盘、热河、西苑皆有千尺雪，各绘为四卷，合藏而分贮其所，每坐一处则三景皆在目中也。

(311) 千尺雪歌再叠旧韵

物无妍媸贵已有，　譬之鸡口与牛后。　赵家寒山虽鼻祖，　岂似奔川带我牖？
落叶雨如散天花，　八功德水无更加。　泺然净练挂千尺，　披图仿佛荆关家。
千林一色皆凝素，　雪耶声胡作《英濩》。　闻观寂复似无声，　妙觉都来归静悟。
时为渟注时潏湀，　对我迩年几往还。　如斯逝者曾不改，　依然沙渚萦云湾。
枕流静室潇而洒，　影漾蠡窗光上下。　清机飒景凑秋深，　兴来恰当吟篇把。
宗苍吴人还写吴，　盘山吾亦规摹夫。　春卿点笔绘西苑，　学士实则图斯区①。
四卷匣庋伴竹炉，　一览备悉事创吾。　风在林端月在湖，　取之无尽何同殊。

——录自《清高宗御制诗二集》卷四十四（乾隆十八年．癸酉七）

【注释】

①乾隆原注：去年游盘山，自为《千尺雪图》，而以寒山属宗苍，西苑属董邦达，热河则命钱维诚，各为一图，四卷合装分贮之。

(312) 千尺雪三首

引流叠石落飞泉，　千尺窗前雪色悬。　漫拟春明称转毂，　所欣结构借天然。

淙淙曲注结轻冰，　瓷碗筠炉此恰应。　怪底茶烟寒不起，　远山微削玉崚嶒。

弆藏四卷各传神①，　同异频参总静因。　分付寒山听雪阁，　临流搜句待明春②。

——录自《清高宗御制诗二集》卷五十九（乾隆二十年．乙亥六）

【注释】

①乾隆原注：山庄及西苑、田盘、寒山均有千尺雪，各写为图，合贮笥中，每至一处四岑皆备。
②将以明春南巡。

(313) 千 尺 雪

地真塞北无双地， 泉不江南第几泉。 太古林岚人鲜识， 付他秋月与春烟。

叠石疏流落涧鸣， 汇为汀沼瀑然清。 若从云外来源计， 千尺称犹太屈生。

一处图存四处踪①， 东西南北任相逢。 竹炉应付高闲者， 惭愧浮香越碗浓。

——录自《清高宗御制诗二集》卷八十一（乾隆二十三年，戊寅六）

【注释】

①乾隆原注：去年游盘山，自为《千尺雪图》，而以寒山属宗苍，西苑属董邦达，热河则命钱维诚，各为一图，四卷合装分贮之。

(314) 千 尺 雪

塞中沙水典千湾， 过雨浑流落下潺。 便使六霙真个对， 的应今日是嵝山。

筠炉瓷碗伴幽嘉， 绿水浮香便试茶。 虽是习劳黩武地， 奚妨清供学山家？

洁然铿尔复纯如， 千斛尘蠋水石居。 西苑盘山将惠麓， 异同同异漫分疏。

——录自《清高宗御制诗三集》卷十六（乾隆二十六年，辛巳八）

(315) 千 尺 雪

午炎火迫塞田黄， 都喜今年秋信长。 设使竭来千尺雪， 定知饱沃洗心凉。

顾渚烹泉成例事， 越瓯犀液早擎来。 尚茶不误斯为喜， 火候安知文武哉。

寒山鼻祖塞山同， 犹忆吴人体物工。 若以来源云外计， 便教倍万也难穷。

——录自《清高宗御制诗三集》卷四十一（乾隆二十九年，甲申七）

(316) 千 尺 雪

有尘难到云深处， 无雪不飞石罅间。 却讶未曾渡扬子， 当秋每此对寒山。

不嫌落瀑雪微绛， 乍喜遥源雨较优①。 四卷画图一合相， 便因结习阅从头。

坐来茗碗刚擎到， 熟火沸汤备早闲。 怜彼尚茶忙已甚， 肯教消受片时闲。

——录自《清高宗御制诗三集》卷五十九（乾隆三十一年，丙戌七）

【注释】

①乾隆原注：寒山经雨，涨水骤至，每缺沙而流色如绛雪。

(317)千　尺　雪

引流阻峡即为瀑，　源远挟沙色变黄。　称瑞不须夸绛雪，　可知此地乃其常。

淢汩其形湃濊声，　齐官匡阜合其名。　竹炉茗碗忘言坐，　形寂声清惬性情。

——录自《清高宗御制诗五集》卷四十一(乾隆五十三年,戊申七)

13. 青可轩(万寿山清漪园,赏景、休憩,设竹炉,选录)

(318)清　可　轩

金山屋包山，　焦山山包屋。　包屋未免俭，　包山未免俗。
昆明湖映带，　万寿山阴麓。　恰当建三楹，　石壁在其腹。
山包屋亦包，　丰啬适兼足。　颜曰清可轩，　可意饶清淑。
璆琳匪所宜，　鼎彝或堪蓄。　挂琴拟号陶，　安铫聊仿陆。
人尽返淳风，　岂非天下福？

——录自《清高宋御制诗二集》卷三十三(乾隆十七年,壬申三)

(319)清　可　轩

万物到秋清，　岩轩清最可。　石壁育仙茅，　山柤缀野果。
开窗有金飔，　晒宇净云朵。　匡床簟席凉，　适得片时坐。
步磴拾松枝，　便试竹炉火。

——录自《清高宗御制诗三集》卷十五(乾隆二十六年,辛巳七)

14. 枕碧楼(热河避暑山庄,赏景、休憩,设竹炉,选录)

(320)枕　碧　楼

老松横谷石溪斜，　纵入深山却是家。　岩阁有窗皆纳树，　竹炉无火不烹茶。
余多浓翠全因暖，　著几新红幻作霞。　应接万奇真莫暇，　分毫方寸那曾加。

——录自《清高宗御制诗三集》卷二十六(乾隆二十七年,壬午十)

15. 亩鉴室(万寿山清漪园,赏景、休憩,设竹炉,选录)

(321)亩　鉴　室

千年古井事新淘，　山半渟流学濮濠。　何必本来较高下，　炉峰还比瀑帘高。

——录自《清高宗御制诗二集》卷五十四(乾隆二十年,乙亥一)

16. 画禅室(圆明园,赏景、休憩、设竹炉,选录)

(322)圆明园画禅室对雪有作

积素山逾远，　寒侵夕益繁。　节真应大雪，　景恰媚名园。
鹤讶翔松顶，　蝗知避麦根。　竹炉新仿得①，　活火正温存。
——录自《清高宗御制诗二集》卷三十(乾隆十六年,辛未九)

【注释】
①乾隆原注：仿惠山制竹炉,收雪水烹之。

17. 其他(茗瀹处)

(323)雪 水 烹 茶

越瓯真漉雪，　惠鼎胜烹泉。　华液三焦润，　芳腴五蕴澜。
何殊炼水碧，　坐可证金仙。　陶谷独余笑，　事同人未然。
——录自《清高宗御制诗二集》卷九十(乾隆二十四年,己卯八)

(324)再题清晖阁四景(其二)

露 香 斋

过雨晴明露气瀼，　收来不用结丝囊。　竹炉瓷碗原清秘，　煮茗偏欣分外香。
——录自《清高宗御制诗三集》卷五十八(乾隆三十一年,丙戌六)

(325)舟 中 杂 兴(选一)

烹 茶

南方新到雨前茶，　画舫竹炉本一家。　恰似梁溪烟艇泛，　擎瓯得句定无差。
——录自《清高宗御制诗四集》卷三十六(乾隆四十一年,丙申四)

(三)无锡黄埠墩—北京凤凰墩

18. 黄埠墩

(326)黄 埠 墩

两水回环抱一洲，　不通车马只通舟。　到来俯视原无地，　攀陟遥吟恰有楼。
含雨湿云偏似重，　隔湖烟屿望如浮。　惠山翠色迎眉睫，　慢虑沾衣作胜游。
——录自《清高宗御制诗二集》卷二十四(乾隆十六年,辛未三)

(327) 黄　埠　墩

　　洲埠无陆路，　四面围清波。　　不知积贻谁，　空传天关罗。
　　却与伞墩近，　否则黄城讹。　　徒爱结构佳，　往来率一过。
　　舣舟趁晴明，　登阁聊延俄。　　梁溪溯远练，　慧山濯翠螺。
　　忽忆李青莲，　客中此豪哦。　　美酒郁金香，　玉碗朱颜酡。
　　沧桑几变更，　逸韵终不磨。

——录自《清高宗御制诗二集》卷六十八（乾隆二十二年，丁丑三）

(328) 黄　埠　墩

　　埠墩仿佛近黄城，　四面清波照槛明。　　到则维舟纵遥目，　坐须把笔畅吟情。
　　惠山西指九峰麓，　吴会南临一宿程。　　轻舫梁溪溯游进，　祇园那可负前盟？

——录自《清高宗御制诗三集》卷二十（乾隆二十七年，壬午四）

(329) 皇　甫　墩

　　向自惠山策骑回，　遥观波影涌蓬莱。　　县城竟过此权置，　川路非纤兹重（去声）来。
　　绿柳阴成啭莺舌，　青蒲丛密闯鱼腮。　　南巡往返程将半，　不觉时光暗里催。

——录自《清高宗御制诗五集》卷七（乾隆四十九年，甲辰七）

19. 凤凰墩

(330) 凤　凰　墩

　　渚墩学黄埠①，　上有凤凰楼。　　一镜中悬画，　四时长似秋。
　　山容空外秀，　波态席前浮。　　何事三山远，　还期佽羡游。

——录自《清高宗御制诗二集》卷三十五（乾隆十七年，壬申五）

【注释】
①乾隆原注：在锡山之阳，四面临水，此墩适相肖。

(331) 凤凰墩放舟自长河进宫之作

　　凤凰墩上凤凰楼，　已似停舟此放舟。　　四面波光动襟袖，　三山烟霭护壶洲。
　　满川绿芷漪纹细，　隔岸青蘋露气浮。　　便是不饥真大药，　底从期羡鼎中求。

——录自《清高宗御制诗二集》卷四十（乾隆十八年，癸酉三）

(332) 凤凰墩对雨

雨来西山西，　凉送北窗北。　佳矣妙烟容，　时哉识秋德。
珠玑有余光，　绮縠无定色。　既以利稼穑，　因之悦游陟。
湖心敞高楼，　娱睎停半刻。

——录自《清高宗御制诗二集》卷四十三（乾隆十八年，癸酉六）

(333) 凤凰墩放舟由长河进宫川路揽景杂咏

一篙春水漾文舟，　便泛长河达帝州。　山色溪光相罨画，　湖心小憩凤凰楼。

青蒲白芷欲浮波，　柳态花姿即渐多。　底识明湖不相让，　六桥一带远烟拖。

垂虹进水落银塘，　小拟洪湖石堰长。　恰有侍臣董事返，　秋灾细询廑维扬①。

几曲川途绿柳堤，　遥闻钟磬出招提。　今朝不必维舟访，　默识弹房有旧题。

——录自《清高宗御制诗二集》卷四十七（乾隆十九年，甲戌三）

【注释】
①乾隆原注：时总督策楞，董筑南河堤，工事竣复命，随侍舟次。

(334) 长河放舟进宫之作

三岁抡魁典具陈，　朝来清跸返枫宸。　长河廿里轻舟进，　蓄眼清和霁色新。

潋滟湍流涨影增，　天光烟态漾空澄。　凤凰墩畔鸣榔过，　妙绘分明落剡藤。

西山螺翠绿波涵，　聚散云容天蔚蓝。　汀芷堤杨风淡荡，　诗情端不让江南。

稻畦麦垄绿芊芊，　踏水车声别一川。　最喜迎眸皆润意，　洒珠丝又罩兰船。

——录自《清高宗御制诗二集》卷四十八（乾隆十九年，甲戌四）

(335) 凤凰墩

潆洄俯神池，　岧峣耸画楣。　将融楼雪重，　欲泮渚烟迟。
绘事窗中纳，　芸编座里披。　予心生慕处，《韶》乐九成时。

——录自《清高宗御制诗二集》卷五十四（乾隆二十年，乙亥一）

(336) 凤 凰 墩

杰阁水中央， 佳名号凤凰。 乐非虞帝致， 诗觉谪仙长。
拂席一时憩， 开窗四面凉。 如观子昂画①， 饶是益清香。

——录自《清高宗御制诗二集》卷五十九（乾隆二十年，乙亥六）

【注释】
①乾隆原注：《石渠宝笈》有赵子昂《荷亭消夏图》。

(337) 凤 凰 墩

泛舟不是梁溪路， 举目缘何皇甫临①？ 结习也知未宜著， 勿能忘者忆民心。

——录自《清高宗御制诗二集》卷七十三（乾隆二十二年，丁丑八）

【注释】
①乾隆原注：是处仿无锡皇甫墩为之。

(338) 凤 凰 墩

湖心耸层构， 来往驻桡宜。 楼阁肖皇甫①， 画图传虎儿。
春烟方淡荡， 新水正涟漪。 大似梁溪上， 维舟索句时。

——录自《清高宗御制诗二集》卷八十四（乾隆二十四年，己卯二）

【注释】
①乾隆原注：是处室宇乃规写无锡皇甫墩也。

(339) 长河泛舟至凤凰墩

视朝礼具御园回， 舟进长河一溯洄。 别墅①精蓝②姑舍是， 昆明亟待试吟裁。

湖墩至止可维舟， 今岁居然初度游。 倒影楼台依碧水， 宜人霁景报新秋。

——录自《清高宗御制诗三集》卷二十五（乾隆二十七年，壬午九）

【注释】
①乾隆原注：乐善园。
②乾隆原注：万寿寺。

(340) 凤 凰 墩

墩在水中央， 乘闲一系航。 楼台皆倒影， 花木有奇芳。
到必因风水， 骞如引凤凰。 忽疑游惠麓， 溪泛忆从梁。

——录自《清高宗御制诗三集》卷三十一（乾隆二十八年，癸未五）

(341) 凤　凰　墩

湖里凤墩迎，　游因舟便程。　经年才一到，　片刻又将行。
座似陪月置，　窗惟纳籁清。　徘徊拟自问，　构筑更何情？

——录自《清高宗御制诗三集》卷四十（乾隆二十九年，甲申六）

(342) 凤　凰　墩

高屿水中央，　楼头金凤凰。　徒因相(去声)风色①，　讵是诩佳祥？
望揽四邻画，　到停双棹航。　讶临赤霞表，　徐悟俯荷塘。

——录自《清高宗御制诗三集》卷五十一（乾隆三十年，乙酉九）

【注释】
①乾隆原注：金凤张翼，随风而转，可知风向。宫殿中多用之。

(343) 凤　凰　墩

非舫弗能至，　一年一再来。　似兹诚慢矣，　笑我何为哉。
岸树阴不到，　渚花香未开。　秣陵莫须忆，　太白早登台。

——录自《清高宗御制诗三集》卷五十七（乾隆三十一年，丙戌五）

(344) 凤　凰　墩

楼阁耸中央，　相(去声)风金凤凰。　漪澜倒虹彩，　楣桔上纳光。
涤虑在云水，　怡情有缥缈。　勤民缅神爵，　却异屡称祥。

——录自《清高宗御制诗三集》卷八十一（乾隆三十四年，己丑五）

(345) 广源闸易舟过万寿寺至昆明湖登陆回御园沿途即景杂咏（选一）

凤凰墩据水中央，　来往频过旰渺茫，　却似神洲耸瀛海，　那教容易舣烟航？

——录自《清高宗御制诗四集》卷五（乾隆三十七年，壬辰五）

(346) 凤　凰　墩

凤凰墩实肖黄埠①，　辛未成来卅年许。　然实未尝十度游，　似兹兴作何劳举。
偶因舟便一为登，　虚窗四面含澄瀛。　非缘昨岁缱游兴，　未能忘者吴民情。

——录自《清高宗御制诗四集》卷八十一（乾隆四十六年，辛丑五）

【注释】
①乾隆原注：读作甫，无锡城外黄埠墩，在锡山之阳，四面临水，辛未南巡回跸。因此处形势略似，遂肖黄埠墩之式。为之壬申题诗，有"渚墩学黄埠"之句，盖纪实也。

(347) 望凤凰墩未至寄题

凤凰墩据湖中间，　绣漪桥北舟路便。　过桥恰值有风作，　果然漪绣生波澜。
榜人拮据齐邪许，　视其意中颇畏难。　长堤咫尺命拢岸，　轻舆就陆如桥安。
楼墩遥望拟蓬阆，　长歌题寄同凭栏。　却忆金陵名偶合，　七言古律贻青莲。
浮云蔽日寓深意，　岂无似者吾惕然。

——录自《清高宗御制诗四集》卷八十九（乾隆四十七年，壬寅五）

(348) 舟过绣漪桥小游凤凰墩之作

阅武驾言返御园，　长河发棹溯琼源。　有墩遥见湖心耸，　非舫弗臻桥外骞。
便趁余闲游偶至，　忽惊几岁别高骞①。　促成七字仍解缆，　聊共旧题泐壁存。

——录自《清高宗御制诗四集》卷九十七（乾隆四十八年，癸卯五）

【注释】
①乾隆原注：去岁咏望凤凰墩未至，有楼墩遥望拟蓬阆之句。

(349) 凤凰墩口号

江南黄埠肖其形①，　湖舫流观弗舣停。　飞忆民情亲切见，　不关溪墅管弦听。

——录自《清高宗御制诗五集》卷九十五（乾隆六十年，乙卯三）

【注释】
①乾隆原注：无锡城西水中央有黄埠墩，每次南巡往还经过，爱其结构，因于兹肖其形为之。

（四）其他：惠山和无锡

20. 惠山

(350) 惠 山 寺①

寄畅园中眺翠螺，　入云抚树湿多罗。　了知到处佛无住，　信是名山僧占多。
暗窦明亭相掩映，　天花涧草自婆娑。　阇黎公案休拈旧，　十六春秋一刹那②。

——录自《清高宗御制诗二集》卷二十四（乾隆十六年，辛未三）

【注释】
①光绪《无锡金匮县志》诗题为：《登惠山寺作书竹炉第二卷》。
②乾隆原注：寺僧有雍正年间在圆明园内参禅者。

(351) 雨 中 游 锡 山

晴明无雨亦沾衣，　细雨何妨征盖飞。　横岭侧峰入葱蒨，　玉梅翠竹沐溦溦。
漫妩远岫藏青霭，　恰喜浓膏遍绿畿。　霁景太湖云入望，　九龙暂待翠华归。

——录自《清高宗御制诗二集》卷二十四（乾隆十六年，辛未三）

(352) 咏 惠 泉

石甃淙云乳， 何从问来脉？ 摩挲几千载， 涤荡含光泽。
澄澈不受尘， 岂杂溪毛碧？ 鸿渐真识味， 高风缅畴昔。

——录自《清高宗御制诗二集》卷二十六（乾隆十六年，辛未五）

(353) 舟行杂兴三十首（其十九）

碧山吟社亦多豪， 残碣犹存隐野蒿。 偶泛梁溪寻剩迹， 竹炉第二试茶槽。

——录自《清高宗御制诗二集·卷二十七》（乾隆十六年，辛未六）

(354) 题沈周《碧山吟社图》

招提卜筑背崚嶒， 灵窍中虚玉乳澄。 十老高风馀古木， 百年故迹付溪藤。
琳池听讲看鱼惯， 云径延宾记鹤能。 阿那松庵依左侧， 所欣我亦品泉曾。

——录自《清高宗御制诗二集》卷二十七（乾隆十六年，辛未六）

(355) 拟怀锡山药名离合二首①

锡山，曾游憩处也，今见日休此作，不觉神往。暗窦明亭之间，适获我心，一依彼体。

九龙②忆得春光淡， 竹径僧房有路通。 草色铺茵香蓊郁， 金轮顶礼法云中。

上方结构灵山半， 夏日何当坐听松。 香界现前心独远， 志依云水镇重重③。

——录自《清高宗御制诗二集》卷五十五（乾隆二十年，乙亥二）

【注释】
①光绪《无锡金匮县志》此诗题为《拟皮日休怀锡山药名离合体二首》。
②光绪《无锡金匮县志》为"九重"。
③乾隆原注：锡山有听松庵。

(356) 拟前题县名离合二首

惠泉名久擅东吴， 桥外烟光有若无。 极目拈毫得句秀， 水乡游兴几年孤。

一棹梁溪彻底清， 平明登岸访山行。 唐时逸少人如玉， 山寺依稀有渤名。

——录自《清高宗御制诗二集》卷五十五（乾隆二十年，乙亥二）

(357) 先贤周敦颐后嗣持小像求祠名，允其请，并题以句

锡麓祀先贤， 孙支世守斿。 开程朱道学， 继孔孟心传。
水碧山青处， 松蕤竹秀边。 千秋光霁在， 底复藉龙眠。

——录自《清高宗御制诗二集》卷六十八（乾隆二十二年，丁丑三）

(358) 惠 山 寺

九陇重寻惠山寺， 梁溪遐忆大同年。 可知色相非常住， 惟有林泉镇自然。
所喜青春方入画， 底劳白足试参禅。 听松庵静竹炉洁， 便与烹云池汲圆①。

——录自《清高宗御制诗二集》卷六十八（乾隆二十二年，丁丑三）

【注释】
①乾隆原注：府志惠山寺第二泉上有方圆二池，圆者最佳。

(359) 题 惠 泉 山 房

昔来游惠泉， 听松试竹炉。 八角石栏干， 明汲转辘轳。
茶香涤尘虑， 泉脉即此夫。 重临探灵源， 乃知别一区。
石梯拾级登， 高下置精庐。 潇洒绿琅玕， 峭蒨青芙蕖。
山茶及水仙， 放香妍且都。 西北有空洞， 洞前方塘虚。
淙淙出甘源， 苓芬石髓腴。 对之坐逾时， 笑我前遭徒。
境亦不可穷， 奇亦难悉胪。 名泉自千古， 岂藉膻芗吾？

——录自《清高宗御制诗二集》卷六十八（乾隆二十二年，丁丑三）

(360) 咏 惠 泉

冰洞不可测， 发源惠麓东。 精蓝据左侧， 德水扬宗风。
凿为方圆池， 虽二实相通。 方劣圆者甘， 其理殊难穷。
池上漪澜堂， 旧迹传坡翁。 境屯心则泰， 高风想像中。

——录自《清高宗御制诗二集》卷六十八（乾隆二十二年，丁丑三）

(361) 惠 泉 上 作

向予拊石栏， 遥企云中脉。 今来探乳穴， 牝湫注灵泽。
春绘万物昌， 月印千秋碧。 得源趣益佳， 摛藻聊补昔。

——录自《清高宗御制诗二集》卷六十八（乾隆二十二年，丁丑三）

(362) 游 锡 山

惠东特出一峰青， 有锡名山无锡宁①。 烟水平吞太湖秀， 林峦近接九龙灵。
春前老柏不争色， 风里幽兰解送馨。 萝径云扉故相识， 得教精舍小延停。

——录自《清高宗御制诗二集》卷六十八（乾隆二十二年，丁丑三）

【注释】
①乾隆原注：谚云：有锡争，无锡宁，因以名县。

(363) 惠山寺叠旧作韵

峰峰晴色濯新螺， 绀宇珠宫借巇罗。 希有秘珍永宝四， 率成佳话实堪多。
春泉石罅淙声细， 新竹风前弄影娑。 文字禅虽非本分， 要因净业悦陀那。

——录自《清高宗御制诗二集》卷七十一（乾隆二十二年，丁丑六）

(364) 题漪澜堂

一泓清照镜光新， 耐可含风漾细沦。 印满半轮千古月， 入龙凤影数竿筠。
题名乍尔怀苏轼， 肄业还应忆李绅。 笑我匆匆催骑去， 岂云潇洒个中人？

——录自《清高宗御制诗二集》卷七十一（乾隆二十二年，丁丑六）

(365) 若 冰 洞

我昔抚石甃， 已爱洌且沘。 今探若冰洞， 更识泉在此。
牝谷孕灵液， 乳穴淙神髓。 九夏其中寒， 而况三春尾。
不可以久立， 岩斋聊徙倚。 展书悟为学， 进步讵可止。
澄怀对有源， 静观怀无始。 斯固太古然， 何乃称陆子？

——录自《清高宗御制诗二集》卷七十一（乾隆二十二年，丁丑六）

(366) 惠山寺叠旧作韵

鹿苑处瞻佛髻螺， 装严七宝实骈罗。 若于本分云相应（去声）， 只是无言已觉多。
水去梁溪惟潺潺， 草生祇窟镇娑娑。 松庵偶试禅家茗， 漫拟周王咏有那。

——录自《清高宗御制诗三集》卷二十（乾隆二十七年，壬午四）

(367) 惠泉山房作

惠泉惠麓东， 冰洞喷乳窦。 江南称第二， 盛名实能副。
流为方圆池， 一例石栏甃。 圆甘而方劣， 此理殊难究。
对泉三间屋， 朴斵称（去声）雅构。 竹炉就近烹， 空诸六根囿。
想像肥遁人， 流枕而石漱。 乃宜此岩阿， 宁知外物诱（叶）。
亭台今颇多， 缀景如错绣。 信美乐不存， 去去庶绩懋。

——录自《清高宗御制诗三集》卷二十（乾隆二十七年，壬午四）

(368) 惠山寺叠前韵

每逢佳景喜题句， 率以镌崖纪岁年。 是日有为之法耳， 远哉无我只如然。
爱听春鸟闲弹梵， 懒与山僧坐讲禅。 一语何妨聊顾问， 即今悟处可曾圆[①]？

——录自《清高宗御制诗三集》卷二十三（乾隆二十七年，壬午七）

【注释】
①乾隆原注:寺中犹有雍正年间内廷行走僧。

(369)戏题惠泉方圆二池

一脉流来疏两池， 圆甘方劣志传奇。 人情圆喜方斯恶， 泉自淙淙自不知。
——录自《清高宗御制诗三集》卷二十三(乾隆二十七年,壬午七)

(370)题漪澜堂

四围清泚绕书堂， 檐柏光翻漾镜光。 乍可观澜知有术， 因之点笔遂成章。
春阴琼岛虽数典①， 冰洞松庵讵易方。 缅溯东坡题额意， 崇情泉石托偏长。
——录自《清高宗御制诗三集》卷二十三(乾隆二十七年,壬午七)

【注释】
①乾隆原注:琼岛春阴有堂,亦额是名。

(371)若 冰 洞

石甃方圆引侧注， 攀跻更上小云峦。 讨源直到真源处， 冰洞翻花万古寒。
——录自《清高宗御制诗三集》卷二十三(乾隆二十七年,壬午七)

(372)泛舟游惠山即景杂咏

川路遥看(平声)见惠山， 轻云淡日蔚屏颜。 遄飞吟兴于何是， 只在泉流峰峙间。

烟溪暂泊换轻舟， 两岸麦苗绿似油。 致我欣然诚在此， 宁徒留意为(去声)清游。

寄畅园中小憩迟， 茶红梅白咤春姿。 林泉别我三年矣， 似曰无他只待诗。

精蓝西转有禅庵， 啜茗听松①此最堪。 叠韵宁辞绮语过， 前三三复后三三。
——录自《清高宗御制诗三集》卷四十六(乾隆三十年,乙酉四)

【注释】
①乾隆原注:即庵名,设竹炉。每至必试茗。

(373)仇英《松阴观瀑图》

拥膝松阴谡籁佳， 独怜飞瀑澹人怀。 锡山秀色依然好， 那觅当年十笏斋?①
——录自《清高宗御制诗三集》卷四十六(乾隆三十年,乙酉四)

【注释】
①乾隆原注:见图中自识语。

(374)惠山寺再叠旧作韵

春气濛濛润岫螺， 花宫兼有古松罗。 青衣童子谁曾见， 白足僧人此处多。
画卷重教神晤会， 竹炉一为(去声)手摩挲。 底须今昔频量检， 七识田中幻末那。

——录自《清高宗御制诗三集》卷四十六(乾隆三十年,乙酉四)

(375)圆　池

圆池方之上， 堪舆含至理。 得气擅清轻， 应较下为美。

——录自《清高宗御制诗三集》卷四十六(乾隆三十年,乙酉四)

(376)方　池

方自圆流出， 非遥品乃低。 虽然甘不逮， 犹自胜梁溪。

——录自《清高宗御制诗三集》卷四十六(乾隆三十年,乙酉四)

(377)暗　窦

天一孕灵根， 是谓孚盈缶。 可以验化机， 率自无生有。

——录自《清高宗御制诗三集》卷四十六(乾隆三十年,乙酉四)

(378)明　亭

石亭才四柱， 台榭围周遭。 朴野固非匹， 阅时此或牢。

——录自《清高宗御制诗三集》卷四十六(乾隆三十年,乙酉四)

(379)倪瓒《林亭远岫》

吴地吴人画， 烟云互渺茫。 排空疑送雨， 讶在锡山傍。

——录自《清高宗御制诗三集》卷四十六(乾隆三十年,乙酉四)

(380)自惠山跋马过无锡县城,登轻舟至水营,即景杂咏

锡山云气自南浓， 促返恐防春雨逢。 跋马烟塍不三里， 蒙丝已是洒霡霂。

黔黎趋拥喜逾常， 所惜无端蹯麦秧①。 雨笠烟蓑都不借， 忍教呵禁警龙骧。

宁民自视庙堂谟， 岂系寻常锡有无？ 比户安和心实慰， 颂言那在谢蠲租。

城南荡桨下川邮， 烟意溟濛势乍稠。 前指水营犹十里， 倩谁风雨画归舟？

——录自《清高宗御制诗三集》卷四十六(乾隆三十年,乙酉四)

【注释】

①乾隆原注:万民趋随夹道,竟有践踏麦苗不顾者。

(381) 漪澜堂叠前韵

泉上呀庌宛有堂，　髯仙题额特辉光。　源头知在若冰洞，　波面看成大块章。
木榻横陈一泓映，　石栏周绕四围方。　未能久此耽清赏，　只有勤民廑念长。

——录自《清高宗御制诗三集》卷四十九（乾隆三十年，乙酉七）

(382) 若 冰 洞

灵泉本有源，　嵌洞自为广。　夏凉冬却温，　德水无增减。
伏脉复淙津，　水浐至习坎。　酾为方圆池，　净碧围朱槛。
前度与今番，　流阴信荏苒。　不迁者固存，　硁硁及澹澹。
草堂何处寻，　高风缅宋湛。

——录自《清高宗御制诗三集》卷四十九（乾隆三十年，乙酉七）

(383) 惠山寺四叠旧作韵

惠山依旧矗青螺，　层叠禅林护呋罗。　一片赤心忘今到，　几茎白发较前多。
慧枝演法高还下，　忍草当春婆复娑。　礼佛而非佞佛者，　留诗最是好檀那。

——录自《清高宗御制诗四集》卷六十九（乾隆四十五年，庚子五）

(384) 王绂山亭文会叠己卯旧作韵

纵横峰轴与云绅，　胜处盍朋六七人。　印证恰披行笥画，　重看己卯仲之春。

——录自《清高宗御制诗四集》卷六十九（乾隆四十五年，庚子五）

(385) 圆 池

圆池圆中规，　恰似月之满。　石洞在其上，　夏凉而冬暖。

——录自《清高宗御制诗四集》卷六十九（乾隆四十五年，庚子五）

(386) 方 池

方池方中矩，　本自圆酾出。　清冽遂不及，　恶居下流述。

——录自《清高宗御制诗四集》卷六十九（乾隆四十五年，庚子五）

(387) 暗 窦

暗窦山根微见渟，　流成渠洞渐溶溶。　金人铭早著其义，　杜渐防微莫懈恭。

——录自《清高宗御制诗四集》卷六十九（乾隆四十五年，庚子五）

(388)明　亭

明亭曾不设窗棂，　小立居然恰性灵。　无尽山泉仁知体，　日呈色色与形形。
　　　　　　　　　　　　　　　　——录自《清高宗御制诗四集》卷六十九（乾隆四十五年，庚子五）

(389)漪澜堂再叠前韵

玉局当年题此堂，　重来试阅镜中光。　过眸岁月真无住，　漪面波澜亦有章。
绕砌不妨任清浊，　随流那复计圆方？　促成七字言旋晬，　恐就瞻民候久长。
　　　　　　　　　　　　　　　　——录自《清高宗御制诗四集》卷七十二（乾隆四十五年，庚子八）

(390)若　冰　洞

流出为池方与圆，　溯源水洞得淙泉。　濯清因识具深义，　六一成之含地天。
　　　　　　　　　　　　　　　　——录自《清高宗御制诗四集》卷七十二（乾隆四十五年，庚子八）

(391)惠山寺五叠旧作韵

梁溪开舫见遥螺，　稍近丛云梵宇罗。　寄畅园寻幽径暂，　惠山寺入缭垣多。
禅林不碍狮音唱，　古梓依然凤尾娑。　五叠韵成诗六度，　止斯适可厌过那。
　　　　　　　　　　　　　　　　——录自《清高宗御制诗五集》卷四（乾隆四十九年，甲辰四）

(392)钱穀《惠山煮泉图》

腊月景和畅①，　同人试煮泉。　有僧亦有道（画中景如此），　汲方逊汲圆②。
此地诚远俗，　无尘便是仙。　当前一印证，似与共周旋。
　　　　　　　　　　　　　　　　——录自《清高宗御制诗五集》卷四（乾隆四十九年，甲辰四）

【注释】
①乾隆原注：穀自识，十二月九日因用王维语。
②乾隆原注：惠泉有方圆二池，圆者甘，方者不及，而穀所画正系圆池，题为《惠山煮泉图》，印证亦切。

(393)王绂山亭文会再叠己卯韵

亦有山林亦搢绅，　都为图写咏雩人。　不知个里盍簪者，　谁会当年点也春？
　　　　　　　　　　　　　　　　——录自《清高宗御制诗五集》卷四（乾隆四十九年，甲辰四）

(394)圆　池

圆池圆象天，　泉源清泠然。　岂必拘上下，《易》象称韦编。①
　　　　　　　　　　　　　　　　——录自《清高宗御制诗五集》卷四（乾隆四十九年，甲辰四）

【注释】
①乾隆原注:谓乾上坤下。

(395) 方　池

方池方象地，　折旋产玉粹。　九龙昔在兹，　乐饥俯洋泌。
——录自《清高宗御制诗五集》卷四(乾隆四十九年,甲辰四)

(396) 暗　窦

石罅出泉暗窦翻，　盈科流作梁溪源。　赴江海即涓涓者，　谨小慎微亦此存。
——录自《清高宗御制诗五集》卷四(乾隆四十九年,甲辰四)

(397) 明　亭

四柱明亭不设窗，　八方常纳景无双。　阇黎公案由来熟，　只说从他声色拟。
——录自《清高宗御制诗五集》卷四(乾隆四十九年,甲辰四)

(398) 戏题放生池三首

池漾清波号放生，　捕来求售亦人情。　设无放者应无捕，　匪曰爱之害亦诚。

渔翁张网岂怜鱼，　巨鬣细鳞都取诸。　有此放犹救其半，　责贤莫备亦思予①。

盘盛饼饵供投饲，　抛掷银鳞于吻来。　嗟尔昂头求食者，　就中谁是报恩腮?
——录自《清高宗御制诗五集》卷七(乾隆四十九年,甲辰七)

【注释】
①乾隆原注:后一章及前章意。

(399) 漪澜堂三叠前韵

山中喜有水围堂，　混漾楣栏上下光。　胜处恰宜孟王画①，　兴来还和老苏章。
绮纨那辨文和武②，　甘劣休论圆与方③。　七字促成壁间泐，　笑云付尔乐斯长。
——录自《清高宗御制诗五集》卷七(乾隆四十九年,甲辰七)

【注释】
①乾隆原注:庚子前巡,以王绂《竹炉图》既毁,因复检《石渠宝笈》所弆王绂《溪山渔隐图》赐藏山寺,是卷亦有吴宽跋语,与《竹炉图》笔墨绝肖,邮致名蓝,俾还旧观,亦为兹山增一段佳话也。
②乾隆原注:赵州柏林寺有吴道子画文水武水。
③乾隆原注:惠山有方圆二池,圆者甘而方者较劣。

(400) 若 冰 洞

牝洞从来具灵气，温冬凉夏不为奇①。题名此曰若冰者，应是来当暑月时。

——录自《清高宗御制诗五集》卷七（乾隆四十九年，甲辰七）

【注释】

① 乾隆原注：凡石洞中冬必温而夏反凉，大屋亦然，不足奇也。

21. 无锡

(401) 赐大学士嵇曾筠

海疆三载耀台星，沙涨金堤渎协灵。此日黄扉资赞化，昔年绛帐忆谈经。
旌扬浙水行来远，路指燕山望里青。料想微疴应早复，丹诚平格享退龄。

——录自《清高宗御制诗初集》卷一（乾隆三年，戊午）

(402) 题邹一桂《百花卷》

东风驰荡珠斗旋，女夷早识当司权。探春为使冒晓寒，垂垂雪节报韶年。东郊迎春春可怜，赭黄袍笏映日暄。是时红梅方灿然，暗香疏影笑逋仙。晓妆学杏斗芳鲜，九嶷萼绿环珮珊。不许舞蝶知因缘，湘妃波上犹跹跹。云仪雾从衣袂联，九龙为御不须鞭。一品九命瑞香团，味输龙沉与麝兰。万粒齐绽雪点残，诗人漫夸紫毬般。宝珠山茶出祇园，杨妃焦萼空喧传。滋兰九畹忆屈原，凌驾菉葹突蕙荃。东皇绶带垂翩翩，管领嫣红姹紫天。南阳诸葛卧龙蟠，只今遗种犹田田。玉李含桃相樛连，繁英碎瓣春星攒。色香不辨孰嫭妍，百花领袖文杏专。上林仙子名姓宣，亦有行人断魂牵。清明时节村舍边，双双金雀何飞翾。宛同社燕珠帘穿，紫棉垂丝笑詹嫣。欲绾青阳片刻延，荆花解令昆仲欢。不须更咏《棣华》篇，光风转处蕙丛芊。态比吴兰差娟嬛，野薇含笑美且卷。苎萝村里浣纱人（叶），蝴蝶惯抱花心眠。紫罗花凤低枝骈，海棠贴梗种尤难。元都观里春将阑，桃花人面啼阑干。雪梨映月小院偏，木笔点咏芳园闲。昭容紫袖俄双搴，流苏万结压井栏。蔷薇金朵垂篱垣，如来迦叶曾示禅。何来菟绕戒坛，比邱伏后都忘筌。谁将荷包名牡丹，满贮春和露未干。轻鲦出水波溅溅，弱干掩映梳烟鬟。银丝万缕疑珠贯（叶），瑶葩真是抵金钱。浴蚕初罢豆花繁，不与桃李争春官。绕蹊棠棣常偏反（叶），满囊金粟胜霜犂。双成上元纷骑鸾，石家步障金谷筵。紫丝十里围芳阡，沃丹九转驻朱颜。虞姬杜鹃愁满川，蕊珠宫里彩毬悬。兰膏微晕胭脂殷，名传西府堪吟攀。长春四季开斓斑，直将春秋纪八千。丛丛石竹疑湘斑，洛阳魏紫尤称尊。琼田瑶圃樊杜班，沉香乐游应并删。身傍小玉欺素蛮，木香郁李枝连蜷。玉堂佳客挥吟笺，缤纷翠羽来空山。亚盆栀子丽且娴，但闻薝蔔馀香捐。忘忧最爱北堂萱，豆篱花满凉蛮喧。金银引蔓飘温馨，蜀姬濯锦锦浪翻。石榴争似葵心丹，南中金丝五出圆。盈盈黄苞衬绿盘，千叶翠桃欹晚烟。连昌宫墙那能关，还疑洞口寻刘阮（叶）。玫瑰宜上美人钿，缠枝千结芳菲魂。佛国嘉种称旃檀，离垢顿悟倒刹竿。渭川遥接武陵源，观音幻柳何曾观？石菊凌霄剪碎纨，或绽砌旁施松颠。海桐濛濛清露溥，渌波初日舒芳莲。亭亭翠盖凌风轩，伏妃罗袜步银湾。郎名紫薇侍金銮，晚香未入嵇含编。岸莲紫鹤净粉铅，玉阶岸帻鸡人冠。露晨报曙琐窗前，清江红醉雁初还。牵牛七夕鹊桥填,秋葵凤仙簇薜砖。美人绿鬓映貂蝉,闻雷悟处同风旛。马兰珠兰争笑嗎,茉莉吐馥髻云漫。海棠秋染红霞痕,幽馨逸态难具论。淡竹不离僧伽肩,芒鞋挂处铁线缠。汉宫秋色赤焰燀,玉簪扦髻清芬喷。蓝菊翠梅各宛婵,桂花丹粟月窟根。木樨弄影临清湍,夜来香绽花须髻。桃蹊李径委榛菅,九秋佳色东篱存。当年陶令兴盘桓,金英落砌犹堪餐。嘉名万寿荐寿樽,月月红妆灿朝暾。芙蓉寒倚夕阳滩,江乡一幅图范宽。累累天竹缀琅玕,山茶艳质名玉环。香传真蜡薇露渐,月明林下殊清便。玉梅宜殿花王铨,更番风信非虚言,明年芳事从头看。

——录自《清高宗御制诗初集》卷十二(乾隆八年,癸亥一)

(403) 赐 顾 栋 高

老不中书尚著书①, 幡然鹤发被簪裾。 澹辞待诏来金马, 荣为通经到玉除。
讵曰宸严常穆若, 欲谘民隐便伤如。 题屏合仿王家例, 一语还淳足起予。

文章风雅数东吴, 谁似沈潜味道腴? 为慕谈经虚左席, 用宏锡类慰慈乌。
从教马鬣荣光贲, 要使蓬门义路趋。 不是沈香呼学士, 貂珰扶掖重醇儒。

——录自《清高宗御制诗二集》卷三十一(乾隆十七年,壬申一)

【注释】
① 乾隆原注:栋高雍正年间曾为中书。

(404) 赐副总河嵇璜

淮黄近多事, 简畀冀堪胜。 习矣吾知夙, 佥惟汝尚能。
母仪迎养便, 父训熟闻曾①。 伫俟成功奏, 忧心日所凭。

——录自《清高宗御制诗二集》卷六十八(乾隆二十二年,丁丑三)

【注释】
① 乾隆原注:嵇璜昔随父大学士曾筠南河任,习知河务,近年以母老请假侍奉,淮常一水迎养亦便。

(405) 赐苏州巡抚爱必达

青齐障宿保, 吴下节新移。 民隐乌菟达, 官方砥砺期。
允当知有要, 宁止贵无私。 此地灾伤后, 惠鲜莫漫迟。

——录自《清高宗御制诗二集》卷六十八(乾隆二十二年,丁丑三)

(406) 赐江苏学政李因培

学校程材地, 江苏大雅邦。《元龟》要清正,《藻鉴》辨淳厖。
莫负风檐昔, 为求琼树双。 菁莪勤乐育, 济济引鸿庞。

——录自《清高宗御制诗二集》卷六十八(乾隆二十二年,丁丑三)

(407)嵇璜梦麟自河南复命诗以识事

嵇璜及梦麟，　分任而同事。　麟也治上游，　泛滥防徐泗。
璜也疏下流，　五湖节宣备。　洪泽乃巨潴，　宜导不宜积。
导则顺势赴，　积则虞奔溃。　巡访亲所得，　因以示大意。
推行在悉心，　求妥毋厌细。　经年工已竣，　积潦率涸地。
下河去岁收，　淮麦今春艺。　蒇事胥归朝，　于行信劳勚。
功均在万民，　舆志传所自。　况今司水土，　冬官实卿贰①。
成竹具于心，　中(去声)要伫嘉议。　勖尔夙夜共，　佐我平成治。

——录自《清高宗御制诗二集》卷七十八(乾隆二十三年,戊寅四)

【注释】

①乾隆原注：时嵇璜为工部尚书、梦麟工部侍郎。

(408)赐邹一桂

怀乡念率老年萦，　弗许翻嫌不近情。　一晌陛辞双泪下，　原犹恋阙可怜生。

簪缨归里荣依旧，　花鸟怡情乐正赊。　吴下诗人应好在①，　白头相聚话烟霞。

——录自《清高宗御制诗二集》卷八十五(乾隆二十四年,己卯三)

【注释】

①乾隆原注：谓沈德潜。

(409)左都御史张泰开在内廷授诸皇子书,醇谨老成, 兹以八旬年老且病告归,特晋礼卿并加宫傅,诗以赐饯

年过悬车又一旬，　南旋嘉与锡恩纶。　飘萧白发三千丈，　启迪青宫二十春。
安得苏仙授枚橘，　真成疏傅理归轮。　梁溪水是还乡水，　愈疾应知速倍神。

——录自《清高宗御制诗三集》卷七十五(乾隆三十三年,戊子七)

(410)过无锡县

得句九龙骋畅观，　梁溪顺水下清澜。　徘徊因命暂维舫，　矍铄依然遂据鞍。
踵接肩摩真是庶，　衣丰食足为思难。　古稀天子犹乘马，　老幼就瞻益忭欢。

——录自《清高宗御制诗五集》卷四(乾隆四十九年,甲辰四)

(411)舟过无锡城

舟过无锡弗舣岸，　去时策马已观民。　兹来露冕坐阛阓，　夹岸跪觐无万人。
因思皆资衣食者，　自当物贵生计贫。　幸遇有收尚可活，　水旱那无饥溺频。
以是祈岁廑宵旰，　大吏并饬讳灾谆。　展义时迈政因此，　我岂山水徒游巡？

——录自《清高宗御制诗五集》卷七(乾隆四十九年,甲辰七)

(412) 大学士嵇璜每有致仕之意，作此什示之

愿老何须以老悲①，　古稀犹此日孜孜②。　旰宵未倦依然亶，　尔我同庚可不思③。
一去已怜一为甚④，　再随应识再非宜。　汉家灾异三公免，　君合臣纲我弗为⑤。

——录自《清高宗御制诗五集》卷十九（乾隆五十一年，丙午一）

【注释】

①乾隆原注：向作金刚寿者相诗有"几多愿老还悲老"云，此非恩恩竟谁之句。
②乾隆原注：余年七十有六，勤政习劳一切如昔，较之从前实有过之无不及也。
③乾隆原注：嵇璜亦辛卯年生，自云精力比前稍减，然应念与朕同庚，不当遽为归计也。
④乾隆原注：昨岁夏初，大学士蔡新以年近八旬予告还里。
⑤乾隆原注：汉朝每日食灾异，辄能免三公，诿过臣下最堪嗤鄙。今岁丙午，正月朔，适逢日食，此乃躔次度数相值可推算而得，朕亦惟益加修省以期感召。天和，岂肯于此时令大学士告归，如汉家策免三公之事乎？

(413) 文渊阁大学士嵇璜疾痊召见赐诗

迩日筹瀛发率宣，　重臣抡俊统军先。　采薪喜愈谈前席，　硕果权休称避贤。
同阁四中今独在，　悬车一去慢频连。　却云庆八旬乞返，　首肯同卿待戊年。

——录自光绪《无锡金匮县志》（乾隆五十三年，戊申）

(414) 赐文渊阁大学士嵇璜《素心堂有感》诗

素心含内外，　有志亦须陈。　书史已修己，　股肱用治民。
尊闻则何有，　作古已看频。　孰不高年愿，　高年鲜旧邻。

——录自光绪《无锡金匮县志》（乾隆五十三年，戊申）

(415) 大学士嵇璜重赴庚戌科恩荣宴诗以赐之

木天希遇两恩荣，　戌茂前庚逮后庚。　祖节昔同唐真杲①，　身阶今似汉韦平。
可知袭庆缘修德，　所喜力行不务名。　黄阁重逢锡褒什②，　丝纶盛事纪皇清。

——录自《清高宗御制诗五集》卷五十七（乾隆五十三年，庚戌七）

【注释】

①乾隆原注：康熙初年，闽藩耿精忠谋逆，时嵇璜之祖永仁在浙闽总督范承谟幕中，一同尽节平逆，后优加褒赠，拟之颜杲卿，真卿犹为过之，盖杲卿真卿食禄服官自当致命遂志，若嵇永仁仅为幕友，即全身远害亦为责备所不及，乃竟能矢志不移，从容就义，深堪嘉。悯其子曾筠及孙璜两世俱官至大学士，天之报施忠义洵为不爽。

②乾隆原注：进士传胪后例赐恩荣宴，从前大学士史贻直为康熙庚辰进士，至乾隆庚辰科尚在朝，因重赴恩荣宴，曾赐什以彰人瑞。今嵇璜系雍正庚戌进士，至今年庚戌科亦重赴是宴，实为缙绅希遇，依例赐诗以为纶扉佳话云。

(416) 大学士嵇璜八十寿辰诗以赐之

诞日原当六月初， 后移称庆实谦虚①。 还乡未可便从尔， 恋阙依然尚悯予。
赐马赐舆堪赞阁②， 日来日史未悬车。 同庚待我归政后， 南北应同林下居③。

——录自《清高宗御制诗五集》卷五十八（乾隆五十五年，庚戌八）

【注释】

①乾隆原注：大学士嵇璜年亦八十，实六月六日生。闻予为伊赐庆生辰，不敢先，子祈请移于万寿节后，嘉其悃诚，俯允所请。

②乾隆原注：嵇璜数年前曾祈予告，念其精神尚健且朝中大臣亦无年长逾予者，未经允准。今年又念嵇璜虽经赏马，仍恐难于乘骑，嗣后著已经赏马而艰于步履之大臣，加恩准令乘坐小椅，旁缚短杆用两人舁行入直以示体恤。

③乾隆原注：从前大学士来保、史贻直俱年过八十于其生辰各赐以诗。因其神明未衰，仍令如常供职，是以赐来保诗云："皤皤元老多黄发，自是明廷大吉徵。"赐史贻直诗云："声望老臣需赞治，名高漫挺即悬车。"嵇璜当即依此例。

④乾隆原注：予立愿于八十五岁归政，乙未林下戏题有"拟号个中者，还当二十年"之句，以今岁计之又只余五年。嵇璜与予同庚，可以待予归政后同遂林泉之乐也。

二、资料点评

乾隆仿效其祖父康熙六次南巡,巡视河工、关注水利、了解民情、考察吏治,欣赏江南秀丽景色。乾隆在《南巡记》中道:"我皇祖六度南巡,余藐躬敬以法之,兹六度之典幸成。"乾隆所经之处,皆订有详细计划和路线图:何地驻跸,何地临幸,早有规划。乾隆第一次南巡,御舟自无锡北营盘出发至北塘黄埠墩,再易小舟至惠山河塘,幸秦园,及至惠山寺、听松庵竹炉山房、二泉漪澜堂等地。由寄畅园认识了惠山,领略了惠山清新秀丽的自然景色、深厚独特的人文底蕴,在心中引起了强烈的共鸣,以后几次南巡皆多次幸临寄畅园和惠山,形成了乾隆的"惠山情结"。《乾隆南巡秘记》中有这样一段记载:

"闻上语督臣云:入江南境,扬州但繁华无真山水;金山佳矣,然犹戒心;惟惠山致为优雅。盖天子南巡,本以江南为山水奥区,故于兹山独蒙睿赏。若苏郡虎丘之繁富,吾邑似无能为役,而上意不以为然,并去其'第一名山'额,圣上之意,盖在此不在彼。"

苏州虎丘,向有"吴中第一名山之称",乾隆却不以为然,去其"第一名山"额,意应属惠山。从历史上看,惠山素有"江南第一山"之称。龚近贤先生曾有考证,龚先生据《梁溪诗钞》中载有乾隆时秦荣然(秦氏迎驾九老之一)有一首《恭和御制寄畅园诗元韵》:

三呼万岁拜前湾, 玉辇平看十亩闲。 花近御炉香细细, 泉供砚水雨潺潺。
让称泰伯初开地, 慧岂江南第一山? 得觐龙光瞻睿藻, 满身清露翠微间。

秦荣然在句后附有小注:赵子昂题额曰"江南第一山"。这说明"江南第一山"出自元画家赵子昂(孟頫)之手。秦荣然在这里明显是在赞颂乾隆帝"去虎丘'第一名山'额"之英明睿智,并以史实加以佐证。不论是古文人逸士或至高帝王,真所谓智者所见略同。黄惺吾的这段记载和秦荣然的和诗把乾隆帝的惠山情结表露无遗。我们将通过《清高宗御制诗集》中摘录出有关诗文,来作进一步的展开,诗文的引用只注明集名与卷次。

(一)乾隆的惠山情结概说

1. 乾隆南巡,六巡十一幸寄畅园和惠山

《清高宗御制诗集》是按编年排序的,例如乾隆第一次南巡在无锡留下的诗作在二集卷二十四(辛未三)内,而回銮时在无锡留下的诗作在二集卷二十六(辛未五)中,明显能分清往返所产生诗作的时间差,再可从诗作内容作进一步验证。南巡"往"的诗作我们称之南巡一(上)、南巡二(上)……南巡"返"的诗作我们称南巡一(下)、南巡二(下)……从诗作目录来看,乾隆南巡经过无锡的路线是:从常州到无锡到苏州往杭州,回銮时再经苏州到无锡回南京。

南巡一(上)。(二集卷二十四)

《寄畅园》:"近族九人年六百,耆英高会胜香山。"

《惠山听松庵用竹炉煎茶因和明人题者韵即书王绂画卷中》:"才酌中泠第一泉,惠山聊复事烹煎。"

乾隆南巡一(上)曾临幸寄畅园和惠山。

南巡一(下)。(二集,卷二十六)

《再题寄畅园》:"更许佳话传,遮留诗债偿。(秦孝然年九十乞诗,故书赐之)。"

《再题听松庵书张宗苍补图上》:"又溯梁溪问惠泉,春光到比客舟先。竹炉小试仍松下,龙井携来正雨前。"

其实,乾隆回銮时临幸寄畅园有二次:

《乾隆南巡秘记·御驾小舟》:"三月十九日午刻,御舟返自苏,驻邑之南营盘……二十日……上午抵惠山,复幸秦园,秦氏乞御书前赐诗勒石,上以为复乞诗也,又赋五言律一章,出,复至惠山寺漪澜堂泉上,又回秦园,御笔书五言诗赐秦氏。"

这样,乾隆第一次南巡,往返皆幸寄畅园和惠山。惠山前后二次。寄畅园前一次后二次,共三次。

南巡二(上)(二集,卷六十九)

《介如峰》:小序:"寄畅园中,一峰亭亭独立,旧名美人石,以其弗称,因易之,而系以诗。"

《惠泉上作》:"今来探乳穴,牝湫注灵泽。"

乾隆南巡二(上)曾临幸寄畅园和惠山。

南巡二(下)(二集,卷七十一)

《题漪澜堂》:"笑我匆匆催骑去。"

《寄畅园杂咏》:"清旷名园一再过","硕果今唯四好在,了知寿者相非圣"。

第二次南巡,乾隆往、返皆幸寄畅园和惠山。

南巡三(上)(三集,卷二十)

《寄畅园再叠旧韵》:"画舫权教舣玉湾,秦园寄畅暂偷闲。"

《听松庵竹炉煎茶再叠旧韵》:"三试惠山陆子泉。"

乾隆南巡三(上)曾到过寄畅园和惠山。

南巡三(下)(三集,卷二十三)

《雨中游惠山寄畅园》:"春雨雨人意,惠山山色佳。轻舟溯源进,别墅与清皆。"

《若冰洞》:"石瓮方圆引侧注,攀跻更上小云峦。讨源直到真源处,冰洞翻花万古寒。"

第三次南巡,乾隆往返皆幸寄畅园和惠山。

南巡四(上)(三集,卷四十六)

《泛舟游惠山即景杂咏》:"川路遥看见惠山","烟溪暂泊换轻舟","寄畅园中小憩迟","精蓝西转有禅庵"。

《寄畅园三叠旧韵》:"养疴旋里人何在,抚境憁然是此间。(园为秦氏别业,去秋尚书秦蕙田以病请假南还,寻即在途不起。回溯地是人非,为增感者久之。)"

乾隆南巡四(上)时曾到过寄畅园和惠山。

南巡四(下)(三集,卷四十九)

《游寄畅园叠旧作韵》:"书堂小憩传清跸,欲趁佳辰礼梵宫。"

《听松庵竹炉烹茶作》:"四巡来往皆曾到。"

乾隆第四次南巡,往返皆幸寄畅园和惠山。

南巡五(上)(四集,卷六十九)

《游寄畅园再叠丁丑旧作韵》:"江表初看山势鸿,埠墩西放一舟通。秦园萧寺相邻近,水阁云窗小憩中。"

《听松庵竹炉煎茶四叠旧作韵》:"十六春秋别惠泉,重来可不试烹煎。"

乾隆南巡五(上)时曾临幸寄畅园和惠山。

南巡五(下)(四集,卷七十二)

诗题:《以王绂〈溪山渔隐图〉赐惠山寺弆珍,以偿竹炉四图回禄之失,诗以志事》

诗题:《若冰洞》

从诗题看,乾隆曾到过惠山寺、二泉,是否到过寄畅园呢? 一般讲乾隆到惠山的路线是黄埠墩—寄畅园—惠山寺竹炉山房—二泉漪澜堂……既然到了惠山寺,必过寄畅园。因缺少诗文资料的旁证,就只能存疑了,结论是"待定"。

第五次南巡时,乾隆"往""返"皆幸惠山,而关于寄畅园,"往"时曾临幸,"返"时就不确定了。

南巡六(上)(五集,卷四)

《游寄畅园三叠旧作韵》："山色泉声清赏外，昔年今日默思中……促就诗休论巧拙，右厢去礼梵王宫。"

《过无锡县》："得句九龙骋畅观，梁溪顺水下清澜。徘徊因命暂维舫，矍铄依然递据鞍……古稀天子犹乘马，老幼就瞻益忭欢。"

乾隆南巡六(上)临幸了寄畅园和惠山，而且乘船而来，骑马而至南营盘。

南巡六(下)（五集，卷七）

乾隆第六次南巡回銮时，经无锡留下了以下几首诗：《舟过无锡城》《皇甫墩》《戏题放生池三首》《漪澜堂三叠前韵》《若冰洞》《题王绂〈溪山渔隐图〉叠庚子诗韵》。乍看起来，回銮时也曾临幸惠山，但从《舟过无锡城》中发现："舟过无锡弗舣岸，去时策马已观民。兹来露冕坐阛阓，夹岸跪觐无万人。"说明乾隆没有上岸，而是在船上经过。

乾隆第六次南巡"往"时临幸寄畅园和惠山，回銮时御舟未舣岸，仅是经过而已。

乾隆六次南巡，临幸惠山十一次，临幸寄畅园至少十一次。

2. 惠山寄畅园—北京惠山园

（1）寄畅园的古朴、自然、幽静、雅致

《寄畅园》（二集，卷二十四）："无多台榭乔柯古，不尽烟霞飞瀑潨。"

《再题寄畅园》（二集，卷二十六）："雨余山滴翠，春暮卉争芳。窣辟盘云迳，披松渡石梁。鸣湍空尘意，列岫澹烟光。"

《游寄畅园题句》（二集，卷六十八）："清泉白石自仙境，玉竹冰梅总化工。"

《寄畅园叠旧作韵》（二集，卷六十八）："双河舟溯慧溪湾，雅爱秦园林壑闲。月镜光涵窗潋潋，云绅声落洞潺潺。"

《寄畅园再叠旧韵》（三集，卷二十）："径从古树阴中度，泉向奇峰罅处潨。"

《雨中游惠山寄畅园》（三集，卷二十三）："春雨雨人意，惠山山色佳。轻舟溯源进，别墅与清皆。古木湿全体，时花香到荄。"

《寄畅园三叠旧韵》（三集，卷四十六）："流引惠泉水一湾，石桥过处敞轩闲。树遮洞以千年计，瀑出峡分数道潺。趣为永哉畅非俗，乐惟仁者寄于山。"

《游寄畅园叠旧作韵》（三集，卷四十九）："一桥横驾琉璃上，数宇回悬琬琰中。"

《游寄畅园三叠丁丑旧作韵》（五集，卷四）："那能此地目飞鸿，境古而幽与理通。山色泉声清赏外，昔年今日默思中。"

（2）寄畅园独特的人文价值

《寄畅园》（二集，卷二十四）："近族九人年六百，耆英高会胜香山。"

《再题寄畅园》（二集，卷二十六）："再许佳话传，遮留诗债偿。"

《寄畅园杂咏》（二集，卷七十一）："异世一家能守业，犹传凤谷昔行窝。"

《泛梁溪、游寄畅园，即目得句》（三集，卷二十）："爱他书史传家学，况有烟霞护圣文。"

《寄畅园三叠旧韵》（三集，卷四十六）："养疴旋里人何在，抚境愀然是此间。（园为秦氏别业，去秋尚书秦蕙田以病请假南还，寻即在途不起，回溯地是人非，为增感者久之。）"

（3）惠山园仿寄畅园

《题惠山园八景有序》（二集，卷四十五）：序"江南诸名墅，惟惠山秦园最古，我皇祖赐题曰寄畅。辛未春南巡，喜其幽致，图以归。肖其意于万寿山之东麓，名曰惠山园。一亭一径，足谐奇趣，得景凡八，各系以诗。"

《惠山园》(二集,卷六十):"山泉爱吴下,位置学秦家。"
《寄畅园叠旧作韵》(二集,卷六十八):"双河舟溯慧溪湾,雅爱秦园林壑闲……清幽已擅毗陵境,规写曾教万寿山。一沼一亭皆曲肖,古柯终觉胜其间。"
《惠山园即景》(二集,卷七十三):"偶称寄畅景,因涉惠山园。台榭皆曲肖,主宾且慢论。"
《惠山园》(二集,卷七十三):"园学秦家寄畅心。"
《惠山园》(二集,卷七十六):"位置都教学惠山,溪亭小憩片时闲。"
《题惠山园》(三集,卷二):"位置全规寄畅园,每因竭涉异同论。"
《惠山园》(三集,卷十):"园写秦家水竹居"。
《题惠山园》(三集,卷三十七):"台榭全将秦氏图(是处位置结构与惠山秦氏寄畅园大略相仿,因名)……也与九龙不迥殊。"
《题惠山园》(三集,卷六十二):"一区山左学江南,初岁清闲取便探。"
《惠山园》(三集,卷九十一):"山左小园别一区,亭台全拟惠山园。"
《惠山园》(三集,卷九十八):"寿山周览至山左,别有山园仿九龙。"
《游惠山园,因忆江南去岁被灾地》(四集,卷三十四):"园学惠山偶莅之,江南真者顿索思。"
《游寄畅园再叠丁丑旧作韵》(四集,卷六十九):"仿斯早已成八景,愧是卑称大禹宫"。
《惠山园》(四集,卷八十六):"园写秦家墅,规模肖宛然。只输少古树,一例蔚春烟。"
《题惠山园八景·载时堂》(五集,卷六十六):"堂仿秦园曰载时(寄畅园为秦氏别业,辛未南巡,回跸于万寿山之东麓,略仿其制位置结构,名之曰惠山园,载时堂乃园中八景之一。)"

(4)乾隆的惠山情结——惠山园
《晓春万寿山即景八首(其八)》(二集,卷四十五):"寄畅名园爱惠山,亭台位置异同间。屋临流水吟澄照,雅似九龙片刻闲。"
《再题惠山园二首》(二集,卷四十六):"烟雨锡山景,悠哉寄雅怀。"
《仲春万寿山杂咏六首(其五)》(二集,卷四十六):"此是惠山真面目,输他钟磬六时闲。"
《惠山园》(二集,卷五十四):"何当图画天然里,借得梁溪烟雨来。"
《题惠山园叠前韵》(二集,卷五十六):"九龙今日何神肖,为是光春雨后来。"
《惠山园》(二集,卷六十三):"塔影波间落,还疑印九龙。"
《墨妙轩》(二集,卷六十三):"远取东坡义,近规锡麓情"。
《惠山园》(二集,卷八十三):"遥想九龙畔,春云正蔚浓"。
《题惠山园》(三集,卷五十四):"略因繾遝想,却在九龙间。"
《惠山园》(三集,卷七十八):"景写惠山真不真,明亭暗窦尽宜春。今朝大似江南者,宿雾轻烟总绝尘。"
《惠山园》(三集,卷八十一):"小园学惠山,山固非九龙。结构既毕肖,惠山想像中。"
《惠山园》(三集,卷九十八):"寿山周览至山左,别有山园仿九龙……岂弗梁溪烟景似,不缘渥泽很艰逢。"
《惠山园》(四集,卷十八):"乘闲偶尔游一晌,缩地居然移九龙。"
《惠山园八景寻诗径》(五集,卷九十四):"万寿山园学惠山,九龙八景不劳攀。"

3. 惠山寺听松庵—玉泉山竹炉山房

惠山竹茶炉故事发生在原听松庵。听松庵在惠山桃花坞,惠山寺在白石坞,听松庵和惠山寺不在同一地点。明隆庆间,原听松庵毁于火,庵僧和所藏竹茶炉及《竹炉图》咏都移至惠山寺竹炉山房。有趣的是在乾隆诗中,把惠山寺的竹炉山房称作听松庵,又把玉泉山仿效的竹炉山房称作竹炉山房,这样,听松庵—惠山寺竹炉山房—玉泉山竹炉山房,数典不忘本,传承的意味是很明显的。

(1) 关于竹茶炉

《乾隆南巡秘记·题诗》：

"啜茗于竹炉山房时，案列古玩，皆不注视，惟于古竹茶炉，再三抚玩。既至苏，特命取观，选竹工如式制二，原炉仍发还山中，命寺僧谨守之"。

《仿惠山听松庵制竹茶炉成，诗以咏之》（二集，卷二十六）：

"腾声四百载，摩挲果精妙。陶土编细筠，规制偶仿效。水火坎离济，方圆乾坤肖。"

(2) 关于竹茶炉文化

乾隆的诗中关于竹茶炉，看重的是承载了几百年文化的积淀和传承。

《乾隆南巡秘记·题诗》：

"竹炉诗卷，山中故物也。上在扬州，即传旨取观，卷凡四轴。既临幸泉上，抵苏，始将原卷发还。上和明人韵七律二首，题第一轴。无锡惠山之作七律一首，题第二轴，皆有小序。沈德潜、汪由敦皆和。又七言古一首，题第三轴。至回銮时又取观，至扬州发还。又题第四轴七言一律，皆御笔。又补画于卷端，则盐院进工画者，张宗苍笔也。（前三轴本皆有画）寺僧为木匣，如人家谱命匣式，两旁盘以金龙，中篆御书二字，悬于堂上。"

《仿惠山听松庵制竹炉成，诗以咏之》（二集，卷二十六）："竹炉匪夏鼎，良工率能造。胡独称惠山，诗禅遗古调。"

《汲惠泉烹竹炉歌》（二集，卷二十四）："高僧竹炉增韵事，隐使装公惭后尘……名流传咏四百载，墨华硃彩犹鲜新。山僧藏弆奉世宝，视比衣物犹堪珍。"

《竹炉山房歌叠惠泉烹竹炉韵》（二集，卷四十一）："竹鼎小试烹玉乳，腾身四百年以陈。画图诗咏萃四卷，前呼后唱情弥敦。"

《题张宗苍补惠泉图叠旧作韵》（二集，卷七十一）："补图曾写惠山寺，辉映王吴合后先。"

《补写惠山寺听松庵竹炉图并成是什纪事》（四集，卷六十九）：

古寺竹炉四卷图， 惜哉重潢遇伦夫①。 祝融尤物炉诚有， 六甲神威护则无。
降谪权教宽吏议②， 施檀应得偿僧雏。 惠山佳话宁容阙， 首卷应先补写吾③。

【注释】

①乾隆原注：《竹炉图》四卷，一为王绂、一为履斋、一为吴珵，其一则失之，命张宗苍补图者。前人题跋颇多，余每次南巡，必赋咏叠韵，向贮惠山寺听松庵，昨寺僧收藏弗慎，致锦韀蔫旧，玉签损折，无锡县知县邱涟携至署中，欲重装，值署西民居失火，延烧四图，竟毁于火，实可惜也。

②乾隆原注：图既被毁，巡抚杨魁、布政司吴坛等自请交部议处，并参知县。因奏报情节未明，随令吴坛往无锡县署履勘失火情形，并查讯被焚属实，因尽宽其议处。然此事虽缘寺僧收弄不慎，该县重装究失于防护，只命罚银二百两给寺僧以偿之。

③乾隆原注：竹炉图原卷虽毁，而名流韵事未可阙如。因先补写首卷，命皇六子及弘旿、董诰分画二、三、四卷，并令补书前人题咏，仍付听松庵收弄流传，永山寺佳话云。

《以王绂〈溪山渔隐图〉赐惠山寺弄珍，以偿竹炉四图回禄之失，诗以志事》（四集，卷七十二）：

四图回禄虽分补①， 气韵终嫌似旧难。 爰命石渠出真迹， 俾藏僧舍作奇观。
幸兼跋语存原博②， 一例长图写孟端。 诗问惠山白足者， 可犹饮恨有司官。

【注释】

①乾隆原注:竹炉王绂等四图既毁,因为补写首卷,而命皇六子及都统弘旿、侍郎董诰分写二、三、四卷,虽诗画依前,而气韵非昔。乃复检石渠所弆王绂画卷邮寄赐之。

②乾隆原注:惠山王绂竹炉卷,有吴宽题跋,今《石渠宝笈》所弆《溪山渔隐图》亦有吴宽跋语,称其诗画并臻妙境,与《竹炉图》笔墨绝肖,款式依然,赐藏山寺,俾还旧观,庶为名蓝复增韵事。

(3)玉泉山仿制竹炉山房

《初春游玉泉山即景五首》其四(二集,卷三十一):"构筑精庐仿惠山,竹炉清伴片时闲。"

《进舟至静明园即景再作》(二集,卷三十三):"拟学惠山胜,肯让听松独。断手应不日,竹炉候茶熟。"

《竹炉山房》(二集,卷四十二):小序:"南巡过惠山听松庵,爱其高雅,辄于第一泉仿置之,二泉固当兄事。"

"惠泉仿雅制,特为构山房。调水无烦远,名泉即在旁。"

《听松庵竹炉煎茶叠旧作韵》(二集,卷六十八):"第一吾曾品玉泉,篁编鼎每就泉煎。到斯那得忘数典,于此何妨偶讨前。"

《汲惠泉烹竹炉歌叠旧作韵》(二集,卷六十八):"玉泉山房颇仿效,以彼近恒此彼权。乃今此主彼更客,有为如幻真谁存。"

《竹炉山房作》(二集,卷八十七):"竹鼎茅斋学惠山,浮香消得片时闲。"

《竹炉山房》(三集,卷六):"石壁前头碧水涯,筠炉制学老僧家。"

《竹炉山房作》(三集,卷二十):"竹炉是处有山房(自辛未到此,爱竹之雅,命吴工仿制,玉泉、盘山诸处率置之)……春风数典那能忘?"

《竹炉山房烹茶戏题》(三集,卷五十):"中泠第一无竹炉,惠山有炉泉第二。玉泉天下第一泉,山房喜有竹炉置。"

《竹炉山房》(四集,卷二十二):"近水山房号竹炉……听松何异事烹煎。"

《竹炉山房》(四集,卷二十三):"筠鼎瓷瓯火候便,听松何异事烹煎。(惠山寺听松庵为竹炉数典处。)"

《竹炉山房》(四集,卷六十一):"数典不忘惠山寺,重寻清兴指明春。"

《竹炉山房》(四集,卷七十九):"数典原称惠山寺,四图惜已付云烟。"

《竹炉山房》(五集,卷九十五):"竹炉学古年已久,事半犹欣功倍全。(山房数典惠山听松庵……旋踩后仿构精舍两楹于是泉之侧,并依式制竹炉贮之几间。)"

(4)乾隆的惠山情结——玉泉山竹炉山房

《惠山歌题张宗苍画》(二集,卷三十四):"来往惠山才两度,清兴足共千秋存……寄畅园、法云寺,由来不隔彼与此。"

《竹炉山房作》(二集,卷八十七):"竹鼎茅斋学惠山,浮香消得片时闲。岭云拖雨拂吟席,何异九龙荟蔚间?"

《竹炉山房》(三集,卷二十八):"松风泠泠恰入听,引我惠麓之遥情。"

《竹炉山房》(三集,卷六十三):"江南清致何差别,一晌驰情到惠山。"

《竹炉山房二首》(四集,卷九十六):"分明缩地惠山景,便可偷闲试茗杯。"

《竹炉山房》(五集,卷十三):"谡谡泠泠落玉岑,听松庵外老松音。分明一例惠山景,何事黎然昨与今?"

《竹炉山房二首》(五集,卷四十五),其二:"山房咫尺两间开,就近烹煎试茗杯。竹鼎松涛相应答,九龙缩地面前来。"

(5)乾隆的惠山情结——山房处处有竹炉

乾隆不但在玉泉山仿制了竹炉山房,还在京城及附近常去巡幸的茶舍和景点都安置了竹炉。茶舍如竹炉精舍、试泉悦性山房、味甘书屋、焙茶坞、春风啜茗台、盘山千尺雪,景点如西苑千尺雪、热河千尺雪、清可轩、枕碧楼、画禅室、露香斋等。

竹炉山房(玉泉山静明园)

《竹炉山房》(五集,卷四十七):"竹炉肖以卅年余,处处山房率置之。"

竹炉精舍(香山静宜园)

《竹炉精舍》(二集,卷五十九):"忽忆明春听松处,遐心早至梁溪湾。"

《竹炉精舍烹茶戏作》(三集,卷十三):"竹炉为爱僧房制,精舍寻常率置旃。"

《竹炉精舍》(三集,卷二十六):"到处竹炉仿惠山,武文火候酌斟间。九龙蕎遇应予笑,不是闲人强学闲。"

《竹炉精舍戏题》(三集,卷七十三):"到处山房有竹炉,无过烹瀹效清娱。"

《竹炉精舍烹茶》(四集,卷六十):"鼻祖由来仿惠山,清烹到处可消闲。"

《竹炉精舍》(五集,卷三十九):"因爱惠泉编竹炉,仿为佳处置之俱。(辛未南巡过惠山听松庵,爱竹炉之雅,命吴工仿制,因于此构精舍置之。)"

《竹炉精舍漫题》(五集,卷八十九):"陆羽炉旁兀然坐。"(乾隆原注:惠山听松庵竹炉,不过爱其雅洁,因命仿制于此间及盘山等处,构精舍置之。)

试泉悦性山房(香山碧云寺)

《试泉悦性山房》(二集,卷六十五):"瓷碗竹炉皆恰当,新题旧什各分明。"

《试泉悦性山房》(三集,卷十三):"为爱山房两度来……那更消烦借绿杯?"

味甘书屋(热河避暑山庄)

《味甘书屋》(三集,卷七十五):"寺后有隙地,可构房三间。竹炉置其中,乃复学惠山。"

《味甘书屋口号》(四集,卷八十三):"竹炉到处学江南,书屋因之号味甘。"

《味甘书屋戏题》(五集,卷十七):"乾隆原注:味甘书屋亦仿江南竹炉,每至则内侍先煮茗以俟……"

焙茶坞(西苑)

《焙茶坞》(二集,卷七十六):"石上泉依松下风,竹炉制与惠山同。"

《焙茶坞》(三集,卷五十四):"篾炉瓷铫伴清嘉,仿佛龙山引兴赊。"

《焙茶坞》(三集,卷八十五):"亦看竹鼎烹顾渚,早是南方精制来。"

春风啜茗台(万寿山清漪园)

《题春风啜茗台》(三集,卷八十三):"竹炉妥帖宜烹茗,收来荷露清而冷。"

《春风啜茗台二首》(四集,卷二十六):"屋弄竹炉肖惠山……忆到九龙问俗间。"

盘山千尺雪(盘山静寄山庄)

《唐寅品茶图》(三集,卷三):"千尺雪旁安竹炉,壁张伯虎《品茶图》。"

《唐寅品茶图仍叠前韵》(三集,卷二十九):"恰似去年惠泉上,听松得句也清嘉。"

《题唐寅品茶图》(三集,卷六十):"泉上山房有竹炉,品茶恰对品茶图。"

西苑千尺雪(西苑淑清院)

《千尺雪口号》(三集,卷二十八):"声为响雪色寂雪,茗碗竹炉称雅陪。"

热河千尺雪(热河避暑山庄)

《千尺雪》(五集,卷四十一):"竹炉茗碗忘言坐,形寂声清惬性情。"

清可轩(万寿山清漪园)

《清可轩》(三集,卷十五):"步磴拾松枝,便试竹炉火。"

枕碧楼(热河避暑山庄)

《枕碧楼》(三集,卷二十六):"岩阁有窗皆纳树,竹炉无火不烹茶。"
画禅室(圆明园)
《圆明园画禅室对雪有作》(二集,卷三十):"竹炉新仿得,活火正温存。"
露香斋(圆明园)
《露香斋》(三集,卷五十八):"竹炉瓷碗原清秘,煮茗偏欣分外香。"

4. 惠山黄埠墩——北京凤凰墩

(1) 黄埠墩独特的地理位置

《黄埠墩》(二集,卷二十四):"两水回环抱一洲,不通车马只通舟。到来俯视原无地,攀陟遥吟恰有楼。含雨湿云偏似重,隔湖烟屿望如浮。惠山翠色迎眉睫,慢虑沾衣作胜游。"

《黄埠墩》(二集,卷六十八):"洲埠无陆路,四面围清波……徒爱结构佳,往来率一过……舣舟趁晴明,登阁聊延俄。梁溪溯远练,慧山濯翠螺……"

《黄埠墩》(三集,卷二十):"惠山西指九峰麓,吴会南临一宿程。轻舫梁溪溯游进,祇园那可负前盟。"

《皇甫墩》(五集,卷七):"向自惠山策骑回,遥看波影涌蓬莱。县城竟过此权置,川路非纡兹重来。"

(2) 凤凰墩仿黄埠墩

《凤凰墩》(二集,卷三十五):"渚墩学黄埠,上有凤凰楼。"(乾隆原注:"在锡山之阳,四面临水,此墩适相肖。")

《凤凰墩》(二集,卷八十四):"湖心耸层构,来往驻桡宜。楼阁肖黄甫……"(乾隆原注:"是处室宇乃规写无锡皇甫墩也。")

《凤凰墩》(四集,卷八十一):"凤凰墩实肖黄埠,辛未成来卅年许。"(乾隆原注:"读作甫,无锡城外黄埠墩在锡山之阳,四面临水,辛未南巡回跸。因此处形势略似,遂肖黄埠墩之式。为之壬申题诗,有'渚墩学黄埠'之句,盖纪实也。")

《凤凰墩口号》(五集,卷九十五):"江南黄埠肖其形,湖舫流观弗舣停。"(乾隆原注:"无锡城西水中央有黄埠墩,每次南巡往还经过,爱其结构,因于兹肖其形为之。")

(3) 乾隆的惠山情结——北京凤凰墩

《凤凰墩》(二集,卷七十三):"泛舟不是梁溪路,举目缘何皇甫临。(是处仿无锡皇甫墩为之。)"

《凤凰墩》(三集,卷三十一):"忽疑游惠麓,溪泛忆从梁。"

《惠山园》(三集,卷三十一):"凤凰墩似皇埠墩,惠山园学秦家园。……几度南巡宁为此。"

编者按:这两首诗在《清高宗御制诗集》三集卷三十一,且是连续两首。很明显,某日,乾隆先到凤凰墩,再到惠山园。

《凤凰墩》(三集,卷五十七):"非舫弗能至,一年一再来。似兹诚慢矣,笑我何为哉。"

《惠山园》(三集,卷五十七):"近岸维舟日未午,小游聊趁片时闲。恰如墩适离皇甫,便是园今到惠山。松傍明亭常落落,泉淙暗窦自潺潺。引思那在秦家墅,只在民情亲切间。"

编者按:这两首都在三集卷五十七内,也是连续二首。表明乾隆先游凤凰墩,再到惠山园。惠山情结跃然纸上。

乾隆六次南巡至少十一次到过寄畅园,乾隆临幸惠山是以寄畅园为中心展开的,并延伸到惠山寺、竹炉山房,二泉漪澜堂、锡山、碧山吟社等地,而黄埠墩是进入惠山的大门。乾隆所以欣赏推崇惠山,除了景色的秀丽、古朴外,每个景点都包含了丰富的文化内涵和历史的积淀。这些景点和谐协调,像一串珍珠串在了一起。这奇奥之处,拨动了乾隆的心弦,这些景点组成了一条景观带,像一幅长卷展示在乾隆面前。

乾隆在京城复制了"惠山园""玉泉山竹炉山房""凤凰墩",形成了惠山九龙的缩影,乾隆可在繁忙治理政务之暇,抽空到此小憩,以慰他思念之情。按理说乾隆在北京复制了惠山主要景点,为什么还有挥之不去的惠山情呢?因为这些复制的景点,只能达到形似而非神似,它缺少了文化内涵和历史的积淀,缺少了几百年文脉的传承,缺少一股灵动之气。惠山文化是一方水土灌溉下发展起来的,带有浓重的惠山特色,是惠山灵气孕育的文化结晶,它给惠山景观带注入了生命。而皇家园林稀有人至,缺少文人逸士的唱和,寂静中多了些萧瑟,这与惠山的人杰地灵是不能比拟的。

《清高宗御制诗集》共五集,从乾隆元年到乾隆六十年,得诗四万二千余首。退位后的诗收录在余集中也有几千首。在《清高宗御制诗余集》卷二《惠山园八景》注①中有:"予向来吟咏,不为风云月露之辞。每有关政典之大者,必有诗纪事。即游艺拈毫,亦必于小中见大,订讹析义。"(《余集》卷二)吴十洲先生在《乾隆一日》中谈了对乾隆御制诗的看法:"他(乾隆)本人也把自己的诗看作是生平的历史纪录,说是'拈吟终日不涉景,七字聊当注起居'。(五集,卷六十四,《东甘涧》)《起居注》与诗句组成的"注起居"便成了今日研究乾隆其人的重要历史资料。"这是很有见地的。在选录乾隆诗时,笔者把有关惠山情的诗作尽可能地保留下来,其中有好多类似的、重复的内容,笔者不嫌其烦地选录是基于下述原因:乾隆不是普通的文人,他是君主、是帝王,政务繁重,但他又很敬业,从清晨四时起床一直到晚上八时才能休息,在这样忙碌的生活中还念念不忘惠山九龙,这是一种什么情结,若不是他的惠山情植根心中,挥之不去,早被抛向脑后了。这决不是应景之作,而是发自内心的声音,惠山九龙对于乾隆的魅力也就可想见了。

乾隆诗作中的惠山情,时间跨度也很长。关于凤凰墩的最后一首《凤凰墩口号》作于乾隆六十年(八十五岁),是他在位是最后一年。关于惠山园的最后两首《惠山园八景》诗是作于乾隆六十年和嘉庆元年(这时乾隆已是太上皇了)。关于最后两首《竹炉山房》的诗是作于嘉庆元年和嘉庆二年。总之乾隆自十六年辛未(1751)第一次南巡以来一直到他在位的最后一年,甚至退位后在嘉庆二年(1797)还始终挂念着寄畅园、竹炉山房、黄埠墩,这时他已是耄耋之年了,乾隆卒于嘉庆四年,享年89岁,而在嘉庆初还念念不忘惠山情。

从诗作数量上看,据不完全统计,寄畅园—惠山园有169首,听松庵—竹炉山房有114首,6处茶舍和其余景点中提及惠山、竹炉、烹茶的有226首,黄埠墩—凤凰墩31首,关于惠山和无锡的还有79首共619首。总计约有600多首左右,占御制诗总数的1.4%,这是相当可观了。

乾隆的惠山情结,在清朝历史上是一个独特的人文现象,帝王对一个府属县是这样的眷顾是很少见的。

(二)乾隆的惠山情结源于寄畅园

无锡县属常州府,这样一个小小的府属县,为什么能吸引乾隆帝的兴趣和关注,多次临幸呢?这还得从"寄畅园"说起,清代黄悒吾《乾隆南巡秘记》中道出了个中原因。在《寄畅园》一节中有:"(寄畅)园自雍正没官,乾隆复归秦氏,然倾废者十之八矣。今天子南巡,所开列临幸地,不曰无锡,不曰惠山,而曰秦园,则是园尤独注意处。"这说明在乾隆心目中,无论无锡或是惠山都未引起关注,而对寄畅园(秦园)却早情有独钟。

(三)乾隆对寄畅园特别关注的原因

乾隆的惠山情结源于寄畅园,乾隆南巡临幸惠山,是以寄畅园为中心展开的。乾隆为什么对寄畅园特别关注呢?

满人入主中原,要统治一个幅员辽阔、民族众多、历史悠久,有着五千多年优秀文化的地区,这对于一个文化相对落后的游牧民族来说是一个极大的挑战,元朝的灭亡就是前车之鉴。因而需要角色的转换,从入侵者变成广袤土地的主人,若不克服文化上的反差,政权就不能巩固。

清初统治者认识到这点,必须要学习汉文化,掌握汉文化,融入汉文化。必须要掌控广大的知识阶层。大棒和胡萝卜一起抓,一方面大兴文字狱,排除打击异己;一方面在学习掌握汉文化的基础上,表示出了尊重汉文化,认同汉文化,并用这种文化作为治国的指导思想。提倡儒学,尊师重教,以"孝"治天下。康熙十八年举办的"博学鸿词"就是一例,它安抚笼络了一大批的江南士人,清朝经过百年的治理,统治已巩固,进入乾隆朝,已形成大一统局面,康乾盛世进入了全盛时期。

寄畅园到了乾隆初已有了三百多年历史。风风雨雨,历经起伏,但一直在锡山秦氏手中,像接力棒一代一代地传了下来,从秦金到秦瀚、秦梁父子再到秦耀。当时的文人墨客除了欣赏园居"苍凉廓落,不以一亭一榭为奇"的以山水古木的天然取胜外,更多的是称颂百余年来易主不易姓的奇迹。王穉登在《寄畅园记》中感叹:"园之主虽三易矣,然不易秦也,秦不易则主不易耳。"清初王永积《锡山景物略》:"山川风月,本无常主,二百余年不更二姓,子孙世守,莫有秦园若者。"

清康熙年间,园主秦德藻、秦松龄父子,聘请叠石大师张南垣之侄张鉽改筑寄畅园,造园艺术有所突破,园益胜,成为江南名园,而寄畅园也就成了江南士人经常宴集唱咏之所,俨然是一处艺术沙龙,名声大噪,享誉海内。据笔者不完全统计,康熙年间文人雅士所留下的诗文,不少于250多篇。康熙九年的寄畅园月下拍曲,更是清初昆曲发展史上的一大盛事。作为江南著名望族的锡山秦氏又一次凸显它具有的丰富的人文底蕴和影响力。康熙南巡,六巡至少七幸寄畅园,对于处事低调的康熙来说,是很不寻常的举措。康熙第四次南巡回銮时,秦松龄因故被贬在家,康熙给还原品,并选秦松龄之子秦道然随驾进京,在九皇子允禟处教书,这种种都是笼络江南士人举措,反映了康熙对江南著名望族锡山秦氏的看重。

雍正间,秦道然卷入了宫廷皇位之争,被捕入狱十四年,寄畅园没官。

乾隆即位初,由于雍正时期尖锐的皇室内部矛盾,乾隆秉承祖训,更加重视以"孝"治天下,对于雍正帝的各种政策多有所改动,以示宽厚仁慈。正是在这种情势下,秦蕙田的陈情表打动了乾隆,秦道然释放,寄畅园发还。吸收这次教训,为了保住先祖遗业,秦氏家族采取了一个断然的措施,把寄畅园改建成双孝祠,祠产是不能充公的,这样寄畅园得以永保。因而在康熙到乾隆间对寄畅园几百年不易姓的赞颂一直是士林佳话,黄与坚、姜宸英、浦起龙等都有精辟论述。浦起龙《秦氏双孝祠记》中写道:"祠依园而立,园持祠以为守。"又:"物于宇宙,成毁变灭,能据而终有者渺矣,独忠孝之施,引而愈长,发而愈光……夫一游观之区传至三百年不易姓,江表未有,姓不易支,更未有,独秦氏有之,又重振起之。"

乾隆对皇祖康熙是很崇拜的,他仿效康熙南巡,走皇祖走过的路,考察河工,体验治国之道。康熙对寄畅园和秦氏家族的关注引起了他的注意,他登基后处理秦道然一案,更激发了他的兴趣。锡山秦氏家族所反映的家族精神,对先世遗业的呵护,对敬祖守业的执着和虔诚,培养出如秦蕙田这样具有一颗赤诚孝心的贤子孙。这是一个怎样的家族?寄畅园是一个怎样的园林,能成为江南士人常去宴集唱咏之地?因而在开列南巡临幸地时,"不曰无锡,不曰惠山,而曰秦园"。

乾隆南巡,实地欣赏了寄畅园,他被寄畅园高超的造园艺术所吸引,目其叠石引泉,古朴典雅,不失天然之趣,遂留下了好多诗篇,诗中对于寄畅园景色的描写,在御制诗中是不多见的,他有"拈吟终日不涉景"的原则,寄畅园是一个例外了。

乾隆南巡,对秦氏家族也赞赏有加,"爱他书史传家学",并赐秦瑞熙"孝友传家"额等。锡山秦氏深厚的文化底蕴和孝友的家风,使他发出了由衷的赞叹:"异世一家能守业,犹传风谷昔行窝。"

乾隆的这种赞叹绝不是偶然的。一方面他从寄畅园的历史中,看到一个园林的价值不仅在于它的建造艺术,更重要的是它的文化底蕴、接力传承永保。明朝的凤谷行窝和改名后的寄畅园,亭台榭阁,华丽之处不及惠山的黄王二园,更不如愚公谷,但著名文人的评论,却欣赏秦园的自然、古朴,"苍凉廓落不以一亭一榭为奇",易主不易姓、贤子孙的守业精神。随着历史大潮的滚滚向前,有些名园皆被"大潮"吞没,而秦园却在波峰浪尖上浮沉,传递仍在继续。到了康熙初,园被张鉽改筑后,园益胜,为东南之最,再经雍正间的变迁,乾隆初秦氏家族为保园而把寄畅园改成了双孝祠。这样无论在造园艺术上还是在接力传承方面都已达到了双绝的境界。另一方面,乾隆本身就面对了皇祖康熙创下的基业能否守住发扬的考验,他的文治武功,都是围绕这个主题展开的,乾隆三十九年《题唐太宗晾甲石》(四集,卷八十一):"创业守成殊理道,拒人矜已失权衡。"后附小注:"太宗开创主也,天下既定,斯为守成之君,以海外叛蛮而事亲征,失轻重矣。""祖先创业,子孙守成"这个理念,乾隆是时刻不忘的。乾隆关注寄畅园除了它在造园艺术上有独特之处外,主要是考察这一个特殊的园林,在几百年的历史浮沉中以孝行实现了祖先创业、子孙守成的愿景,它是在中国传统文化培育下出现"创业守成"的成功范例,且时间跨度之长,在历史上是极罕见的。乾隆在御制诗中作了总结:"爱他书史传家学,况有烟霞护圣文。""异世一家能守业,犹传风谷昔行窝。"正因为秦氏的孝行和一代一代的接力传承与他的治国理念的一致,才引起了他的极大关注。这也符合习总书记提出的"中国梦"的理念,这就是它的历史意义和现实意义,也是它的价值所在。

一个家族,若有贤子孙,则恪守祖训,恒保世守先业,这是孝道的延伸和发展。

一位君主,要治理好国家,要保卫疆域,实现国富民强,需要大忠、大孝,需要热爱民族,热爱国家的臣民。

从家庭到家族、到民族、到国家,要发展要富强,它所需要的基本精神是一致的。没有对父母的爱、家族的孝、对民族和国家的忠,也就谈不上国家民族的强盛,这就是乾隆寄畅情之主要原因。

附录一、乾隆南巡在无锡留下的诗篇索引

南巡一(上)
(二集卷二十四,乾隆十六年,辛未三)
(1)过常州府城
(2)黄埠墩(326)
(3)寄畅园(1)
(4)惠山寺(350)
(5)惠山听松庵用竹炉煎茶,因和明人题者韵,即书王绂画卷中(61)
(6)汲惠泉烹竹炉歌(62)
(7)雨中游锡山(351)
(8)驻跸姑苏

南巡一(下)
(二集卷二十六,乾隆十六年,辛未五)
(9)支硎山恭依皇祖诗韵
(10)董其昌《采菊望山图》,用陶潜诗韵,兼效其体
(11)再题寄畅园(2)
(12)咏惠泉(352)
(13)再题听松庵书张宗苍补图上(63)
(14)闻京师得雨志喜
(15)北固山

南巡二(上)
(二集卷六十八,乾隆二十二年,丁丑三)
(16)跋马过常州至舣舟亭进舟遂成是首
(17)麋城
(18)题钱维诚画《苏轼舣舟亭图》
(19)射
(20)黄埠墩(327)
(21)赐苏州巡抚爱必达(405)
(22)赐江苏学政李因培(406)
(23)先贤周惇颐后嗣持小像求祠名,允其请并题以句(357)
(24)游寄畅园题句(3)
(25)介如峰(4)
(26)寄畅园叠旧作韵(5)
(27)惠山寺(358)
(28)题惠泉山房(359)
(29)咏惠泉(360)
(30)听松庵竹炉煎茶叠旧作韵(65)
(31)惠泉上作(361)
(32)汲惠泉烹竹炉歌叠旧作韵(72)
(33)游锡山(362)
(34)驻跸苏州

南巡二下
(二集卷七十一,乾隆二十二年,丁丑六)
(35)苏州启跸作
(36)惠山寺叠旧作韵(363)
(37)题漪澜堂(364)
(38)若冰洞(365)
(39)题张宗苍补《惠泉图》叠旧作韵(67)
(40)寄畅园杂咏(6)
(41)复闻京师得雨志喜
(42)自无锡放舟过丹阳驻跸方渎桥之作
(43)驻跸金山

南巡三(上)
(三集卷二十,乾隆二十七年,壬午四)
(44)舣舟亭叠旧作韵
(45)沈德潜、钱陈群来接,走笔成什书之,各赐一通
(46)题宋人《耆英会图》
(47)黄埠墩(328)
(48)泛梁溪游寄畅园即目得句(7)
(49)寄畅园再叠旧韵(8)
(50)惠山寺叠旧作韵(366)
(51)惠泉山房作(367)
(52)听松庵竹炉煎茶再叠旧韵(69)
(53)竹炉山房作(70)
(54)题张宗苍补惠泉图再叠旧韵(71)
(55)汲惠泉烹竹炉歌再叠旧韵(72)
(56)驻跸苏州叠旧作韵

南巡三(下)
(三集卷二十三,乾隆二十七年,壬午七)
(57)苏州启跸作
(58)雨中游惠山寄畅园(9)

(59) 惠山寺叠前韵(368)
(60) 戏题惠泉方圆二池(369)
(61) 题漪澜堂(370)
(62) 若冰洞(371)
(63) 驻跸金山作

南巡四(上)
(三集卷四十六,乾隆三十年,乙酉四)
(64) 过舣舟亭不泊
(65) 寸麦尺水
(66) 沈德潜、钱陈群来接,因成是什,仍各书一通赐之
(67) 题王毂祥梅竹瓦雀
(68) 泛舟游惠山即景杂咏(372)
(69) 寄畅园三叠旧韵(10)
(70) 仇英《松阴观瀑图》(373)
(71) 惠山寺再叠旧作韵(374)
(72) 听松庵竹炉烹茶戏成(73)
(73) 圆池(375)
(74) 方池(376)
(75) 汲惠泉烹竹炉歌三叠旧作韵(74)
(76) 暗窦(377)
(77) 明亭(378)
(78) 听松庵竹炉煎茶三叠旧韵(75)
(79) 倪瓒林亭远岫(379)
(80) 题张宗苍补惠泉图三叠旧韵(76)
(81) 自惠山跋马过无锡县城,登轻舟至水营,即景杂咏(380)
(82) 题赵孟坚白描水仙
(83) 驻跸苏州再叠旧韵

南巡四(下)
(三集卷四十九,乾隆三十年,乙酉七)
(84) 苏州启跸作
(85) 游寄畅园叠旧作韵(11)
(86) 听松庵竹炉烹茶作(77)
(87) 漪澜堂叠前韵(381)
(88) 若冰洞(382)
(89) 舣舟亭再叠旧作韵
(90) 自丹徒跋马至象山渡江驻焦山

南巡五(上)
(四集卷六十九,乾隆四十五年,庚子五)
(91) 策马过镇江府
(92) 润州道中咏古
(93) 登城霞阁三叠旧作韵二首
(94) 黄河至清浦
(95) 游寄畅园再叠丁丑旧作韵(12)
(96) 惠山寺四叠旧作韵(383)
(97) 听松庵竹炉煎茶四叠旧作韵(79)
(98) 补写惠山寺听松庵《竹炉图》并成是什纪事(80)
(99) 听松庵竹炉烹茶戏成,效白居易体(81)
(100) 咏惠山竹炉(82)
(101) 惜张宗苍补《惠泉图》亦被毁因四叠旧韵(83)
(102) 汲惠泉烹竹炉歌四叠旧作韵(84)
(103) 王绂山亭文会叠己卯旧作韵(384)
(104) 圆池(385)
(105) 方池(386)
(106) 暗窦(387)
(107) 明亭(388)
(108) 直隶总督袁守侗奏报得雨,诗以志慰
(109) 读《论语》
(110) 至苏州策马入城

南巡五(下)
(四集卷七十二,乾隆四十五年庚子八)
(111) 题明人西山胜景书画合璧册
(112) 以王绂《溪山渔隐图》赐惠山寺弆珍,以偿竹炉四图回禄之失,诗以志事(85)
(113) 漪澜堂再叠前韵(389)
(114) 若冰洞(390)
(115) 赋得春日载阳
(116) 雨
(117) 剑井

南巡六(上)
(五集卷四,乾隆四十九年,甲辰四)
(118) 再题钱维诚《苏轼舣舟亭图》
(119) 游寄畅园三叠丁丑旧作韵(13)
(120) 惠山寺五叠旧作韵(391)

(121)咏惠山竹炉叠庚子诗韵(86)
(122)钱榖《惠山煮泉图》(392)
(123)汲惠泉烹竹炉歌五叠旧作韵(87)
(124)听松庵竹炉煎茶五叠旧作韵(88)
(125)题补写惠山寺听松庵《竹炉图》叠庚子诗韵(89)
(126)王绂山亭文会再叠己卯韵(393)
(127)圆池(394)
(128)方池(395)
(129)暗窦(396)
(130)明亭(397)
(131)过无锡县(410)
(132)项圣谟春艇看鸿
(133)至苏州策马入城据鞍得句

南巡六(下)
(五集卷七,乾隆四十九年,甲辰七)
(134)再题明人《西山胜景册》
(135)舟过无锡城(411)
(136)皇甫墩(329)
(137)戏题放生池三首(398)
(138)漪澜堂三叠前韵(399)
(139)若冰洞(400)
(140)题王绂《溪山渔隐图》叠庚子诗韵(90)
(141)题巴颜布哈古壑云松
(142)顺风
(143)题赵孟頫《兰亭修禊图》

注:诗题右边小括号内数字表示此诗在《清高宗御制诗文集》选录中的顺序

附录二、乾隆南巡秘记

黄惺吾遗著　　安慕林手钞

序

自明以来，邑人私家著述，其载邑中掌故足补志乘之缺者，有若《锡山别考》《西园杂记》《开化志》《梁溪杂事》《金匮杂志》《西神丛语》《锡山逸史》《挑灯集异》等，不下数十家，迄今大半散佚，存者无几。乾隆初，乡先辈黄先生名印，字惺吾，始博搜旧籍，兼采众说，并参以耳目所见闻，辑为《酌泉录》十二卷，未及刊行而殁。厥后其戚顾星五先生奎光，得其书，重加编排，更改卷目，并加以增删。易名《锡金识小录》，今之通行本是也。惟原书第十二卷，专载乾隆辛未初次南巡临幸无锡记事。全卷屏而不录，殆因其遇事秉笔直书无稍隐避，恐触世忌之故，否则早列入禁书目录中矣。第是卷虽未刊行，而乡里钞本流传，则有二种，一为华翰仙所录，于原书既多删节，且仅至御驾入城而止，于后此一月中县令竭诚献媚，征集水陆玩艺，百戏杂陈，备与姑苏虎丘争奇斗胜，于回銮时冀邀宸赏。此种一时无两，极盛难继之情形，概未录入，盖不全本也。一为罨画楼安慕林所手抄，安为邑望族，家富藏书，慕林尤勤于抄录。是卷自乾隆十四年秋，江督黄廷桂等奏请南巡得旨俞允之日始，至十六年三月回銮而止。计十八阅月中，锡邑筹备皇差，凡官民士庶，旦夕奔走彷徨，四境骚然，并及邻近各邑，靡不一一记载，首尾完具，详细无遗，其繁华绮丽，恐隋炀之幸江都，亦无以逾此。较之康熙时翠华南幸，事属创举，惟务崇简朴，故跸路所经，万民安堵，甚至御舟已入锡境，而邑令犹安坐堂皇，决事如故。其奢俭相去奚啻霄壤，世所艳称之《南巡盛典》一书。其雍容揄扬，润色宏业，此乃官样文章耳。若民间之咨嗟怨恨，无可呼吁之隐衷。惟此可以略觇一二。世有振奇好古之士，或亦于此有所稽考焉。

　　　　　　　　　　　　　　　　　　　　　　　　　　　　　　　　古稀老人补园

　　圣祖（康熙）六幸江浙，俱尝驻跸惠山。闻初南巡时，汤文正公斌为巡抚，务俭约，无纷华，御舟已入邑境，县令犹坐堂皇决事也。后渐加增饰，至乙酉丁亥，号称极盛，故老犹及见之，亦惟结彩为楼，悬灯映水，点染山色湖光而已。今天子于乾隆十六年，复修旧典，巡幸江南，銮舆所届，万姓聚观，锡予更蕃，亘古未有。然自（乾隆）十四年之冬，至十六之春，官民竭蹶将事，工作繁兴，百务俱废，下邑犹然，况于省会乎。今识所见闻，尚多遗漏，后有征邑中故实者，亦可有所考焉。

　　乾隆十四年秋，两江总督黄廷桂首疏请南巡，监院巡抚以下继之，又命各知府取乡绅耆老呈词，详院奏请，以明同心望幸之意。时邑绅皆列名，其亲至府具呈者，四人而已。

皇　亭

圣祖南巡时，邑建皇亭于泉亭上。及南巡命下，总督黄谕邑令，亦宜如旧建造。邑令王镐商诸各绅，议照田捐银，有成言矣。督臣忽出示严禁，直斥邑绅为无耻。由是止者累月，后费终无出，仍派各绅衿、亩出银一分（始议毁黄埠墩僧庐为之，舆论以为后不修葺，必致废为荒地），已乃改建于北塘，视旧加宏敞，缭以周垣，垣内有门，通放生池僧舍。

营　盘

圣祖南巡时，未有营盘之设。今皇上每出巡，必具营帐，故按站为营盘。邑有二，一在石塘湾之北，曰北营盘；一在望亭，曰南营盘。合二处约费民田六百余亩，高约三尺。挑筑俱用民夫，四围用大木桩无数，约入地四五尺，俱用大铁条钩连以固之。桩内置木板障土，土用山泥黄砂，每填土一层，用巨石系索，筑令坚实，其面用极细土合油灰筑之，光润可鉴。至十六年正月，大雨雪奇寒，及冻解，地有泞泥，复雨不止、时为期既迫,上官切责,县令几不欲生。后少霁,役民无算,运土运砖运草,晓夜填筑,始幸无事。营盘对河为照墙,长几二里,木边竹心,加芦席数重,绘龙凤杂彩。民田之当是役者,每亩费至一两有余,县官上报,费止五百,其实廿倍不止也。

正路副路

邑自五牧至望亭,运河官塘为正路,石塘之倾圮者修之,土塘之坍卸者筑之,圣祖南巡时仅此耳。今于修筑外,更辟而加广。又于官塘对岸,亦筑为塘。遇河港即架木为桥。有村庄竹木者,俱斩伐毁坏以通纤,自五牧到望亭皆然。南北塘近城滨河有屋者,沿屋钉木桩,架板为复道,朱木为栏,曲折可观,皆纤路也。又有副路,北自转水河经后圻,过白荡圩口,上接阳湖县,南自带钩桥,经谈渡孤渎桥,南行接长洲县。旧本无路,俱即民田填土筑之,阔与塘岸等,占田当以千计,遇水即为浮桥,此护从兵马所经行也。役夫皆出自轮年总甲,其费盖与营盘相上下。

竹篱茅舍

运河下塘,相去十五六里许,设竹篱茅舍,一屋三楹,覆以棕,或以茅,间以松柏叶,编竹为篱环之。右设水车盘,左为亭,缀以朱栏,移竹植其旁,不匝月,尽枯死。盖以御舟所经,点缀村庄佳景也,邑凡五处。

桥　梁

桥跨运河者为六洛桥,北门则莲蓉桥,东则熙春桥,南则跨塘桥、清宁桥。十五年秋,大雨,水涨八九尺,江督及监院造御舟,试行河道。自扬抵苏,过莲蓉桥,以为有碍,县令不敢言,即拆去桥面。至熙春桥亦碍,总甲集数十金与主船者,即抑而过之,得免。督臣题明毁桥之故,以为不利于粮艘云,后重建加高三尺,估费六百,实费至千余金,大半出□□□□。至冬,有御驾入城之信,凡经行之桥,俱去其层级为直道。南吊桥又易二块之石以砖,恐辇不可行也,然南吊桥及莲蓉桥。势极峭□□□□之,遇雨雪尤甚,驿马过□□□□有死者。至十六年正月,南吊桥横置小砂条,微作层级,莲蓉桥及城内大市桥,亦具改作。凡所过诸桥,俱加粉饰,无石栏者,俱以朱木为栏,沿塘诸小桥及浮桥皆然,惟南吊桥尤工致,桥北圹下有店面三间,官拆去。

城　垣

邑城水门蝶楼倾圮,已四十余年,及南巡旨下,始复建楼以壮外观。楼板仍缺,自外观之,则翼然巍焕矣。南北西三门子垣俱粉饰,界画周整,南门尤工丽。冬春之交多雨雪,彩绘者凡五六次。

街　道

自北塘入城,过大市桥,直出南城门,至南塘清宁桥以下,皆御驾入城所经地。旧街俱小黄石,督令尽去之,易以新砖,平如砥。居民店肆门垣,俱黑油涂泽如新。其有破碎及沿河无屋处,令筑墙掩之,施黝垩焉。盖惟恐敝坏之象,偶经睿览,知民间贫窭也(砌街照门面民办,约每间费银四五钱,后查核公费,俱开派官办云)。

惠 泉 山

始，上谕江南多名山古刹，止令扫除洁净，不得有所增加。而督抚以下诸大僚，至惠山者，岁无虚日，相度推督，务令华瞻，于是百工俱举，日役千夫。经一年有余，至圣驾将临，而工徒犹未息也。惠山寺不修已三十年，毁坏剥落者过半，邑令出千金，嘱邑富人邹文锦任之，及毕工，费至二千余。于是像设灿烂，金碧巍峨，宏壮钜丽，视昔有加矣。山门外为照墙，旧较二石幢少进，而当中位，行者由二旁。今移石幢外，如其基址而筑之，高大倍于旧，两旁无路，辟其中为大环洞，砖刻其上曰古华山门，其阴曰胜地名泉。规模宏壮，较旧为得体。惠山寺额，明陈秋林勉书，雍正间金坛蒋衡另书惠山寺以易之。今仍用旧额，而前惠字有损坏；另配入一字，殊不类。香花桥跨日月池，在山门内。金莲桥跨金莲池，在天王殿内。俱去其层级，用大石直上，桥柱石栏以黑漆涂之。前后甬道，俱易以新砖。沿池俱添设石栏，月台石栏去旧易新者过半。天王殿中有弥勒像，阴为韦驮下石座，今撤去，以御驾由中行也。一时寺内诸象，无不错彩镂金，陆离五色，而此二像，不知弃掷何所，尘蒙垢秽，不复问矣。大殿侧为弥陀殿，今曰竹炉山房，因古竹茶炉及明人竹炉卷贮此也。始督臣议拆去为路，通二泉后，以向导某言乃已，遂撤去弥陀像，于此设御座焉，修葺布置颇精雅。殿后大悲阁、文昌、真武等殿，俱加葺治，焕然改观。

二泉漪澜堂

堂临方池，后为二泉，圣祖御书碑刻在焉。上官令毁而更建，大不逾旧，而高过之。飞檐峭角，制如亭而加广；八方洞开，回廊周之，四面皆纱槅；上为花板，雕镂之精细，绘画之工巧，饰色之绚丽，邑人目中所未见也，御座设此。圣祖御书碑，则移于白云庵僻处焉。堂壁向多明人题诗石刻，今四壁尽撤，诸碑碣不知散落何所。堂下方池，四围石岸石栏，悉去旧易新，既毕工，以上官言，改作者数次，石栏花纹，俱为新样，池水从石龙口下注，向与池平。今池较旧加深，则龙口高出于池五六寸，下注之水，始汩汩有声，殊胜于昔。二泉亭俱加丹雘，彩绘如漪澜堂，左右俱叠石为假山，杂植花木数十本。右甃石为潭，引若冰洞水注之，俱用本山石，连接山麓，颇类，布置绝佳。下池左偏，又叠置湖石，势极玲珑，然一见知为假饰，不如其已也。池右偏居民为茶肆者数家，俱逐去。而筑红墙数丈于其址。泉上为旧皇亭，即云起楼故址也，岁久颓坏，葺治复旧观，堂前曲水，从若冰洞出者，亦引使复流。又于若冰洞左，辟池建一小亭，覆以棕，四围杂置佳石，植梅十数本其上，可至玉皇殿，亦新其门垣，此则御迹所必不至，而犹意或望见之也（自十五年秋，至十六年春暮，民间不得汲取泉水）。

锡 山

自京口而下，历金焦北固之胜，自会稽而上，经浙西苏郡诸名山，锡山疑不足当一睨者，而向导官极叹以为佳，必欲导上登此。登山之路，向在东岳庙右，因其纡曲，另改道自庙巷而上，甃石接庙巷，直至山巅。于黄公涧经行处，建小桥，以木为朱栏。山顶龙光塔，望湖亭，及道院，俱一时鼎新。山有真武殿，环以矮垣，如半月，可坐眺，向名小武当，今毁殿建屋三楹，华饰亚于漪澜。沿月垣叠石为假山，散植梅竹，经行之路，皆曲折以木栏绕之，几成一名胜地矣。山半有顾少参可遵墓，虽圮坏，而石羊马门垣故在，悉去之而夷其冢，其余民间之冢，又何论乎。

寄 畅 园

园自雍正初没官,乾隆初复归秦氏,然倾废者十之八矣。今天子南巡,所开列临幸地,不曰无锡,不曰惠山,而曰秦园,则是园尤独注意处,奉旨命督臣给银千两为修理费。秦氏富者,惟五辑名瑞熙,畏不敢受,勉强葺治,而未餍上官意,至形于弹章,秦氏遑遽,始竭力营治,亭台轩榭,悉复旧观,而华瞻有加矣。

河 塘

两塘石岸俱未损坏,当事者嫌不能整齐,督令拆去,易以新石甃治,平直如线,旧泊舟上下码头俱去之。街道俱易以新砖,河塘尽处石龙首注水者,饰以泥金青碧。岩壑夔龙坊上,有大照墙,撤去之,取空旷不碍御辇也。宝善桥外土塘,向止阔二尺,今辟至丈余。直抵黄埠墩,平坦光润,遍栽桃柳。有支河处,俱造浮梁,朱栏映水,行者便之。然所占民田,盖不少矣(塘岸街道,每民房一间,约费银三两,无居民者,官始为营治焉)。

黄 埠 墩

昔圣祖尝夜驻此,今于墩外周围筑土,加广五尺余,甃以青石,为外围廊,绕以朱栏,花纹极细巧。其内围廊亦设花栏,淡碧色,朱碧参差,映水极有致;佛殿楼阁,窗棂门扉,梁柱棁节,俱极雕镂工细,饰色雅淡,舟行过此,宛若画图。

放 生 池

圣祖尝赐额慈云,御书在内,不修者亦已数十年矣。南巡旨下,上官饬令修治,佛殿山门,水阁石径,俱相度缮治,工整华美,视昔加胜。又于池上依墙叠石为假山,临池遍栽名花佳木。池之南多隙地,累石为高阜,编竹篱环之。篱外通新皇亭,此昔之所无也。内临池一小室,布置尤精,设御座于此。凡诸名胜处,上所临幸地,皆籍以棕鞯,鞯上加红毯,阶除道路皆然。其无佛像处,设御榻御案,祔褥皆龙凤锦绮。惠山寺殿漪澜堂,大红毯依堂宽窄为之,不差分寸。秦园则亭台新榭,皆罗列古鼎尊彝,玉器珍玩,并溷厕俱饰锦绣奇香,又错落散置盆梅盆松等。磁缸注水,蓄大金鱼,以供清玩,漪澜堂旁放生池皆然。

大 差 局

诸工作营办集于武庙,榜其门曰大差局。自十五年春,百工俱集,至十六年三月回銮始罢。盖有备而不用,无用而不备者,所见满洲桌、火盆架、灯擎、马槽、竹篓之属、每项以千计,纤担纤绳以万计,余若厨灶所应用物,无不具备,虎子净桶,并帚亦备至数百,他可类推,不能悉记也。见有编稻草圆如蒲团,而小黄布为衣,加彩绘,约数百,不识所用。后悉以悬于泊舟处,防舟有触损也。追御舟已抵苏,见以红木为灯架,约数百,灯架约数千,木架悬方木灯,糊以火纱,竹架悬纸灯笼,以备回銮之用。

工匠之应役者,自木工、土工、石工、漆工、雕工而外,无得免者,但有多寡久暂不同耳。他如淘沙者,令去惠山浜瓦砾;满罗筛者,令以纱糊灯。更如营盘木桩地潭,则令掘鳝者为之,其无一幸免可知矣。各行铺则木行最多赔累,次则绸布店、麻皮行、芦席行、窑户。余如钉铁颜料诸应用物,俱取之于市,非不发价,胥吏扣跶,得半为幸矣。鸡鸭猪羊等物,则先一年发价,令各行铺养之,临期取用。麸料则取于面坊,稻草则派各图总甲,不能半价,又索香珠米,以备煮粥用,亦派于总甲。大抵官民工贾,无不坐累,惟吏胥多因此致富。

派　夫

纤夫之供御舟用者，俱系淮南府河兵，其随驾诸舟，则夫派于民，每图派四十余名、船五只，以听用。又有扛抬夫，每图派二十余人。县无牌票，但以口令督办，盖以上官明禁加派故也。每夫一名，发工食银二钱，民间雇募，则须二两以上。及回銮，则派夫较前加一倍。

捉　船

自十五年之春，已有捉船之令，乡舟入城，县役即拘住索贿，乃得脱，每向导官将至，则民船戒不敢往来，后黄船尖头船，皆押令赴淮听使候，小船则编发轮番值日。遇空日则听民间雇用，而价高五倍矣。

灯　彩

御驾将至，编地皆灯彩，黄埠墩、放生池、宝善桥、岩壑夔龙坊四处，则宜兴、荆溪、江阴、靖江四县令分任之。漪澜堂、锡山及两营盘，则本邑两令所办。旧皇亭则诸邑绅办。新皇亭则邑五大位所值也。惠山寺天王殿前，则派二贞节祠后裔。香花桥、金莲桥则派惠山各祠后裔。秦园则秦氏为之。由秦园至惠山寺街，又自惠山寺至庙巷口，又自庙巷口至锡山麓，街民照门面所出，自天王殿右观泉坊经华孝子祠至尊贤祠前，则华氏通族所办也。凡灯彩一处，多者费至千金，少者亦不下五六百。缘木料、布匹、彩绸皆用价买，不若民间作灯，不过三五日，可以赁借也。凡御驾所经行处，遇旧牌坊皆结彩以掩之，岩壑夔龙坊最细密绚烂，自顶至末，石无一隙露。次则贞节坊，又次则嵇氏祠坊。外如北郭之状元坊，城内寺后门之两沐貤恩坊，南城之龚氏二坊，驿前之首谏坊，南接官亭之探花坊，俱责令本家后裔承办，必无后裔始官办焉。

南北城门内外，皆设彩坊，官办。街市相去十余家，结彩坊一，民办。又有设于桥者，如北之莲蓉桥，南之跨塘桥是也。馀不及详。自北塘入城至南塘，户悬一紫灯，巨室则二。红纸书颂圣对联，粘于门，各设香案桌围，桌围以贡布圕团龙。亦有不画者，烛扦香炉，多以木为之，糊以铜锡箔。

御码头

设于惠山河塘者一，黄埠墩者四。北塘于放生池前，南塘于接官亭。以木为之，方如柜，长阔约八尺，朱涂之，无层级，旁为花栏，恰与御舟齐，可平步上下也。河塘码头之上，以木为棚，黄布为幔，半上覆，半下垂，如复壁，对岸亦隔以黄布。南码头因坊结彩，以红黄五色彩绸，纵横结为幔，对岸照墙如营盘而短。御舟泊处，上皆铺红毯，下藉以棕鞯。

兵　卫

防卫营兵，自他僻县拨至本邑，先居崇安寺洞虚宫。御舟将至数日前，则分拨沿塘上下，约二三丈列一兵。城内外正街，凡遇巷口守兵一，凡兵皆以竹三片屈其端为架，中悬一折叠红纱灯。始议净河净街，后上谕免，居民出入如故，惟舟自下而上者有禁。太湖独山门诸隘口，俱预屯兵防御。

龙 舟

费出诸典当,分三等,上者三十两,中二十,下十,纳银于官,而官办之。造龙舟九,而成者六。制与平时端午者小异,首尾以纸为之,加彩绘,中为木架,多缀五色彩为小毯,悬小晶灯、纱灯,或结彩如窗楞,缀以小镜。或为亭式,花草人物,点缀其中,以笙簧清吹易锣鼓。两旁执楫者,笼纱以蔽之,见舟而不见人也。龙首昂,尾短,腹阔,上平,反不如旧制之玲珑。至回銮时,首尾改从旧式,两旁笼纱俱去之,锣鼓与清吹相间,亦有用宝盖帅字旗者。

茶 棚

设于沿塘凡五处,每一处派监生二人,学宫门斗值之。官设茶炭,以供护从人员也。

接 驾

三品以上者当出省,邑无大员在籍者,请缙绅出邑境,迎于横林。贡监诸生,随教官迎于洛社。诸耆老则迎于北营盘。辛未二月十九日,御舟至无锡,驻跸北营盘。皇太后皇后诸妃嫔舟,后十余里,盖御舟所过,绅衿耆老乡民皆跪接,接后便须回避。官塘地狭,相去十余里,为回避也。上每出舱望,微雨则张盖,故缘道跪接者,皆得望见颜色焉。御舟前后,有独木船四,每船二人执桨左右之,迅疾如飞,皆熊罴貔虎之士也。随驾之舟,前后相衔,百有余里。去御舟远者,需索食物,虐使民夫,人不能堪。其近者皆贵近大臣,恭谨守法,民夫受累亦差少。

营盘中设帐房,外以黄布周之,号幔城。又架竹悬网,网系铃,周于城外,又外则兵驻焉。御舟及后妃诸舟,夜亦设幔城如营盘,闻上实宿于舟,但披阅章奏,则在营盘内耳。

御 舟

二十日早晨,御舟至北塘,微雨,上易小舟至惠山。舟颇类金陵凉蓬,舱如亭,四空无障,旁执楫者八人,后妃嫔船则窗牖俱备。舟驻河塘,上乘四人肩舆,无帷幔。先幸秦园。随驾大臣及督臣前导,秦氏于园门跪接者二十四人,内九十者一,八十外者二,七十外者三,六十外者四。上进园,惟随驾大臣从,余皆门外候。上在园进膳(尚食监自备),御制七律一章,令随驾汪由敦持稿至园门,命秦氏诸人和,无应者,复持进。命传无锡知县王镐进见,问:此汝承办否,应是。上称好,赐点心,谢恩出。上复乘肩舆至惠山寺,寺僧跪接,即前导至佛殿,上行一跪三拜礼。出至殿右竹炉庵少坐,内监先于竹炉烹茶候。上饮茶二瓯。寺僧赐封袋者三人。复乘肩舆至二泉,于漪澜堂少坐,观泉毕,上至旧皇亭,遂命往锡山。锡山新甃石路数日,知府命覆以泥,雨湿泥滑,随驾人有失足者,上顾而笑。既上,于望湖亭小武当俱少坐。游览毕,下回河塘登舟。

后 妃

皇太后、皇后诸妃嫔,俱乘四人暖轿,轿共八。前女骑四,皆雨帽,雄伟胜男子。亦先至秦园,次至惠山寺佛殿,拜毕,皇太后置三白绢帕于佛案。遂至泉上。因天雨,未上锡山,遂回河塘登舟。御舟返北塘,黄埠墩、放生池俱游览。遂乘马由北塘入城,无仪卫,惟从百余骑,上雨衣雨帽皆黄色。四骑夹上行,衣饰相类,但上骑居中,马缰勒手用黄耳。居民皆跪接,肃无人声。至南接官亭登舟。是日舟驻南营盘,二十一日抵苏。

前数日，惠山及城内外，禁止行人，店肆俱惊惶闭户。至有挈家避居于乡间者。及驾至，喜万姓聚观。县令于惠山，急叩各店，速令开张，城内外男妇，俱拥马首跪迎。上顾有喜色，多有赏赐银牌者。（老人银牌有养老字，幼则无之。）

华希闵

举人华希闵，始辞疾，不偕邑绅境外接驾。泊上由惠山至二泉，经华孝子祠，希闵于祠门外跪接。上见补服顶帽，且年老，问何人，答：举人候选知县臣某。上问年几何。答八十岁。上大笑曰："八十尚候选耶，与汝即选去。"诸从官亦笑，驾过回赐对袋。及御舟抵南营盘，华即随往谢恩不及，随至苏，于灵岩得见驾发，赐彩缎一。上自浙返苏，华又献所刻事类赋等书，上复赐貂统彩缎各二，恩赐知县升衔；一时以为异数。

赐秦氏接驾者彩缎二十八匹。七十以上四人，人二匹，馀各一，自苏发县，秦氏结彩亭迎归，而秦五辑名瑞熙者，又绘王母山水二轴，往苏上献。回銮复幸秦园，继有貂统彩缎之赐焉。

上巡苏郡，见繁华过甚，传谕各州县，宜敦俭尚朴，无过奢靡。而督臣则饬两县令备百戏以候回銮矣。于是平时所禁治驱逐者，悉招来会集，凡民间游戏诸具，咸令毕陈，官又以意增益之，极水陆之娱，兼昼夜之胜，今略具其概，以见一时之盛云。

杂耍

走索、跳白猴、弄缸、钻梯、耍流星锤、花鼓、唱秧歌、以上皆非本邑人、乃招集于外县而无佳者，后不果用。

轮车（本名云车）　此平时赛会所有、更制新衣装束、共十二座。

龙灯　马灯、毬灯、伞灯、八仙灯，此元宵及神会中所用，悉加彩绘，精巧倍常，令集于南营盘。

纸鸢　联竹箆成天子万年字，又为万寿无疆字，糊以青黄红绿纸，于御舟过处放之。

龙船（见前）　夜龙船式如前，但旗章之属，悉以彩绸为灯，凡二。

台杠船　台杠，赛会有之，施于船则出令君新意，以窑船去其上截，朱木为架，张五色幔，中以童子之韶秀者扮杂剧故事，加楼阁车马，假由花果之属，承以圆座如磨，令可旋转，笙簧箫鼓居其尾，凡四。

秋千船　亦以窑船为之，竖两木，高四五尺，结彩亭于其顶，中设机为旋木，旁出四架，架置童子一，中木旋转，则上者下，下者上。舟凡二，一以童子为男装，将巾，五色短衣、红裤、皂靴。一以童子为宫女装。男装者能翻筋斗倒竖，女装者但摇曳取致而已，亦出令君新意。

灯船戏台

灯船　以小黄舡为之，有大有小，于舡顶结彩悬灯，歌吹者居其中，或设香案悬匾额对联，凡七。北塘者最盛。

戏台　始奉旨禁灯棚及戏台，后因苏郡演剧之盛，故于回銮时复设于北塘，费出一徽人汪姓者，汪系监生，公正号盐商某之族也。上驾经北塘，其人顶帽公服，于门跪接，上偶赐以对袋，其人大喜过望，竟具简谒县令，令即时回谒，言受恩如此，宜有以报，遂以北塘戏令独办。其人不敢辞，然家本无所有，竭力挪借，始克为之，约费五百金，南塘下田桥亦有戏台。

十番　竹篱茅舍之在南营盘者，悬灯结彩，集能音律者于其中，打十番锣鼓，八音齐作，声彻御舟，其费杨若元任之。

海屋添筹 于岩壑夔龙坊侧，以木为浮桥，高出于屋，直接秦园内之见山阁旁。以纸为假山，及花卉仙鹿仙鹤之属。结彩为小亭，选优童扮王母八仙于其上，谓为海屋添筹云。由秦氏受赐缎匹者作此，以云报也。

御驾小舟

三月十九日午刻，御舟返自苏，驻邑之南营盘。上于营盘较射，凡龙船、灯船，及诸灯皆集。苏郡灯船亦随至，凡十有二，奇丽夺目，邑灯船皆惭沮退避。二十日，御舟至南塘，未入城。上不御大舟，驾小艇，两旁执楫者二十四人，行甚迅疾，龙船灯船俱从，沿塘观者如堵墙，多不及跪。上午抵惠山，复幸秦园，秦氏乞御书前赐诗勒石，上以为复乞诗也，又赋五言律一章。出，复至惠山寺漪澜堂泉上，又回秦园，御笔书五言诗赐秦氏。时轮车、台杠、秋千、龙船咸集，俱蒙赏赐有差，男妇老者多赐银牌，寺塘泾及北塘、趾皆满，民船亦填塞。上悦之，不禁也。皇太后舟停北塘，未至惠山，但上黄埠墩登楼一观览耳。御舟回北塘，启行，龙舟灯船俱令返。是日兼程进，过北营盘，直至武进县奔牛镇，始驻跸焉。

题　诗

《竹炉诗卷》，山中故物也。上在扬州，即传旨取观，卷凡四轴。既临幸泉上，抵苏，始将原卷发还。上和明人韵七律二首，题第一轴。无锡惠山之作七律一首，题第二轴，皆有小序。沈德潜、汪由敦皆和。又七言古一首，题第三轴。至回銮时又取观，至扬州发还。又题第四轴七言一律，皆御笔。又补画于卷端，则盐院进工画者，张宗苍笔也。（前三轴本皆有画）寺僧为木匣，如人家诰命匣式，两旁盘以金龙，中篆御书二字，悬于堂上。啜茗于竹炉山房时，案列古玩，皆不注视，惟于古竹茶炉，再三抚玩。既至苏，特命取观，选竹工如式制二，原炉仍发还山中，命寺僧谨守之。

闻上语督臣云，入江南境，扬州但繁华，无真山水；金山佳矣，然犹戒心，惟惠山致为优雅。盖天子南巡，本以江南为山水奥区，故于兹山独蒙睿赏；若苏郡虎丘之繁富，吾邑似无能为役，而上意不以为然，并去其第一名山额。圣上之意，盖在此不在彼，乃欲事饰声歌锦（蠡按：疑有脱漏）绣绮以求当上心，不亦误乎！

献　诗

圣祖时，有以献诗得入南书房致贵者。及上有南巡旨，邑之喜为诗及工书法能画者，咸萌梯荣邀宠意，督臣黄禁沿途妄献，先命知府试之。邑与试者数十人，取者诗赋三人（王、侯、蔡）。书法三人（华、陈、吕），画二人（杜、吴）。内惟三家小腴，余皆贫士，以为功名可庆契，致咸典产挪借，办衣装，制卷轴，储资斧，出境远迎，欲自通无路，又不敢擅离，水行路宿，抵苏，始得偕众上献。上命学臣汇试之，合各郡士取二十七人，以待上面试。吾邑八人皆被斥。其在紫阳书院献诗者，邑又有二人（潘、叶），亦不取，及回銮过锡，和御制诗篇于惠山跪献者，多不可计。上微览，命还之。

邑有优人何姓者，俗呼为何老生，技故平平耳，于维扬演剧，上览以为佳，赏以银，并有金顶之赐，一时亦以为异数云。

附：顾奎光迎驾纪事诗（原二十首，今录十六首）

闻在仁皇世，朝廷法网疏。县官多逸乐，间井亦充余。牛酒夸供张，筐筥费国储。百年恩逾厚，悉索愧当初。

慈云对黄埠,五彩照波明。谁觉机丝苦,真疑结绮成。楼台歌得地,培□偶知名。屡奉宸游过,弹丸沐宠荣。

春风吹五两,未觉水程遥。绿树临官道,朱栏护野桥。通津劳役戍,行牒尽供徭。犹喜闻明诏,经过戒驿骚。

百亩平如镜,中田帐幄张。囊沙填浅渚,束版障回塘。沾湿愁零雨,奋除自肃霜。直须蒸土筑。勿吝费糇粮。

江南卑湿地,厥土本塗泥。徒费鞭笞急,空教版筑齐。怩勷骇郡县,督责及蒸黎。谁敢陈明主,崇阶愧尔跻。

杂组连钩锁,临流结彩亭。幔成环满月,燎火爇明星。宿卫周庐静,皇居帐殿扃。吴人惯舟楫,陆宿未曾经。

每爱桑麻好,疑过村落中。覆亭松叶绿,映水桂栏红。稍减萧疏趣,翻缘点染工。谁教雕太璞,设色绘《豳风》。

向夕传呼急,旗兵夹路隅。雷鸣过万骑,鱼贯挽千夫。不觉从官贵,惟怜我仆痛。近闻仪卫减,并撤大鸿胪。

小舟双桨疾,左右绕勾陈,锦缆轻移水,霓旌不动尘。三呼声毁地,一笑物皆春。共识天颜喜,何须问近臣？

圣世真宽大,官司实过防。每因诸父老,请问及耕桑。粟帛频加赍,羔羊欲跻堂。深仁无以报,歌舞祝时康。

弭棹芙蓉水,言过泰伯城。纵观方夹道,览辔故徐行。云日辉都会,湖山拥旆旌。苍然皤发老,拜赐更屏营。

漪澜堂一闶,谁敢汲名泉？树杪浮金碧,楼头奏管弦。旗亭多系马,寺港少停船。醉尉频呵问,踌躇立道边。

香案晨先设,氍毹晚未收。春灯高映水,风幔半遮楼。鱼夺群胥饱,捐输大户愁。正应宣德意,何事有谜求？

名园推寄畅,圣祖昔登临。亭榭有衰盛,溪山阅古今。岩居留睿藻,野趣洽宸襟。九老荷光宠,三朝主德深。

江右繁华盛,三吴佳丽多。冬春工不息,朝暮令如何。圣主崇敦朴,群僚费揣摩。行宫恐岑寂,百部召笙歌。

朝苎求宁切,观风亦为民。大官皆练事,百役望平均。锡类蒙恩遍,蠲除布德新。谁能陈疾苦,恺切达枫宸。

南巡时,邑中和御制诗篇,多以千计,纵有佳作,要不过导谀之词,惟星五纪事诗,颂而不侈,讽而不讪,得古诗人遗意,与予所记,旨归略同,且有可补前记所未备者,故附录于此。

跋乾隆南巡秘记

秦毓鎏

甲戌夏,江南大旱。川流皆涸,舟楫不通,田土龟裂,莳秧失时。四民蹙额相告,谓数十年来未有之灾象。各地祷雨者纷起。会班禅喇嘛抵都,徇众请,作密宗法事祷雨。不数时,油然兴云,沛然下雨。民大欢颂,而新学家有嗤为迷信者。予方以中暑抱疾。一日,吴君观蠡过访,袖出小册子为赠,曰："此乾隆南巡秘记,按日刊锡报附张,以索者多,将付剞劂,印单行本,子盍为我跋之?"予唯唯。受而读之,至"上至惠山寺拜佛,皇太后皇后诸嫔妃亦至寺,拜毕,皇太后置三白绢帕于佛案"。余因之重有感焉,所谓白绢帕,即哈达也。献哈达,为西藏喇嘛敬礼,清帝后皈依喇嘛,故行斯礼。满洲又号曼殊,皆文殊一音之转,五台山为文殊化宇,故与满清特有缘。满清崛起关东,信崇佛教,尤尊重喇嘛,始祖入关,登极后,屡令喇嘛启建护国佑民道场。至康熙二十三年以后,天下承平,国家富裕,辄往五台山礼佛。或二三年一次,或每年一次,于各寺院,或题匾额,或赐诗文,或特加修葺,颁赏珍物,不可胜数,至高宗乾隆之世亦然。仁宗嘉庆初,一至五台,以后遂不复至,国运亦日衰。吾又闻乾隆朝,班禅喇嘛至京,帝以国祚为问,班禅曰,国祚视佛法为兴衰,佛法衰,则不可为矣。帝问佛法衰将奈何?班禅曰:"佛法衰时,吾当复来。"此次班禅入京,适应前言,吁亦异矣。

　　清之兴亡与佛法之盛衰,其关系如此,理有固然,无足怪者。盖专制之世,治乱之源,系乎君德。为人主者,苟能信崇佛教,则必明因果。崇道德,勤政爱民,上行下效,而国无不治矣。不然者,凭其专制之威,一切无所顾忌,恣睢暴戾,草芥人民,欲其不亡也得乎。谚云:胡人无百年之天下,而满清入主中原,历年二百有六十,昏暴之君,不数数觏者,未始非信佛之明效大验也。余尝游故宫,清廷崇佛遗迹,随处可见。又尝参预雍和宫宗喀巴铜像开光典礼。喇嘛启示珍箧,中藏清高宗所用杵铃等物,此非修持有素者,不能用也。满清帝皇既称得喇嘛之助,故视密宗为秘宝,据为私有,严禁汉人修学,故三百年来密宗绝迹于中国,匪特人民茫然不知,即居士僧伽亦误以密宗为外道,宜乎著者之不识哈达也。著者为明锡谷四谏之一黄斗南先生后裔,伉直有祖风,记南巡事,据事直书,不稍避忌,向无刊本。清季黄少谷刻《锡金识小录》,特删此卷。今吴君为之付梓行世,庶不没著者苦心,亦以见当时四境骚然百姓怨嗟之真相,用意良厚。补园老人既序简端,复属余为跋,自惭不文,率书所感。时民国二十三年八月,距乾隆初次南巡时一百八十有三年(南巡为乾隆十六年辛未,西历1751年)。立秋旬馀,酷热未减,骄阳肆虐,亢旱依然,挥汗书此,正叹来日之大难也。

——摘自《锡报》1934年7月9日

听松庵的前世和今生

乾隆六次南巡十一次临幸惠山,回京后在玉泉山仿制了竹炉山房。并留下了有关听松庵、竹炉山房、《竹炉图咏》和竹炉烹茶的诗作约 300 首。惠山的听松庵、竹炉山房它有着怎样的历史和人文价值呢?《听松庵的前世和今生》以大量的历史资料并加以适当点评向人们介绍这方面的内容。

一、听松庵的前世
(一)洪武七年,僧性海创建听松庵

1. 绣岭亭

绣岭亭在惠山寺左,桃花坞下。岭本名照山,意者为昔人之墓,宋光禄滕中元建。以花木繁盛若锦绣然,故名。

绣 岭 亭
刘 遬

绝境隔嚣纷, 烟霞张彩绘。 远目入无中, 高情驰物外。
春田发英华, 秋林横紫翠。 何时杖履游, 利名聊委锐。

——录自邵宝《惠山记》

绣 岭 亭
姚 咨

青阳开早律, 绣岭媚芳辰。 辩字八三界, 听经消六尘。
堂虚僧出定, 阶圮草迷春。 不尽山川感, 长歌一怆神。

——录自邵宝《惠山记》

2. 听松庵

听松庵在惠山寺左,桃花坞下。洪武七年,僧普真(性海)即绣岭亭旧址植松万株,风声清远,创建庵名"听松"。内有三轩:凝云轩、澹泊轩、指南轩。听松庵、澹泊轩两匾六字为明初僧宗泐隶,入门为松关,也为僧宗泐隶,詹中书希原书。

听 松 庵
韩友直

坐断西神九脊龙, 一庵花竹隐仙踪。 碧山学士水苍佩, 玉女明星云母春。
沤苎池香鱼弄藻, 翻经院静鹤盘松。 只应同饭胡麻了, 更上瑶台第几重?

——录自谈修《惠山古今考》卷七

真上人澹泊轩
王 谌

住世那知利与名， 蒲团草座寄馀生。 山衣夜补灯前衲， 野菜晨烹竹下铛。
一钵随缘居废寺， 千家乞食到荒城。 有时啜茗跏趺坐， 第二泉头对月明。

——录自谈修《惠山古今考》卷八

真上人澹泊轩
僧宗泐

澹泊轩中澹泊人， 萧然一室甘清贫。 寒到惟披百衲被， 饥来但煮三合陈。
继薪续床自可卧， 熟炙待宾良不真。 细爵梅花和新句， 屋头月出如冰轮。

——录自谈修《惠山古今考》卷十

寄题听松庵
僧道衍

俗士嗜繁管， 哲人尚焦桐。 开心虽不二， 所闻谅难同。
嗟哉彼上人， 堂堂性海翁。 宿习了如幻， 耳根具圆通。
顿忘世喧啾， 唯听泉上松。 筑庐倚云岩， 绕屋蟠虬龙。
森森挺髯戟， 日夕来清风。 苍阴翳崇丘， 翠涛撼长空。
天音实希世， 非商亦非宫。 声来本无始， 声去宁有终。
禅翁已深悟， 焉能动乎中？ 我也山泽臞， 年老耳叵聪。
何由拨尘绿， 竟岁长相从。 蒲团共深夜， 寂听开心聋。
今我客千里， 缅想孰有穷。 诗成聊一笑， 奚用托冥鸿。

——录自谈修《惠山古今考》卷十

宿听松庵
朱昇

长林回合护岩扉， 绝顶高窗在翠微。 客为晚凉闲坐久， 翻嫌松露湿人衣。

——录自谈修《惠山古今考》卷八

过听松庵有感
陆志

万壑闲云满径苔， 松门刚对翠屏开。 翻经座冷猿长啸， 施食庭空鸟不来。
尘鬟中书留画壁， 雨荒丞相读书台。 石泉澄澈僧留茗， 两腋清风一快哉。

——录自康熙《无锡县志》

听 松 精 舍
潘韫辉

十亩清松树， 闲居手自栽。 涧风连夜起， 山雨送秋来。
搅碎一窗梦， 洗清双耳埃。 道人虽爱静， 闻此亦悠哉。

——录自谈修《惠山古今考》卷八

听 松 庵
韩 奕

清秋古院桂花香， 莲漏匀分昼夜长。 坐断佛禅经里说， 笑看人在梦中忙。
涧泉入户堪分饮， 松粉充庖不聚粱。 五载重来嗟顿老， 满身尘土尚迷方。

——录自谈修《惠山古今考》卷八

过听松庵二首
顾 协

偶得读书暇， 来寻野衲家。 涧鸣风乍起， 山暝日初斜。
到树惊啼鸟， 推窗见落霞。 同游郑高士， 坐石共分茶。

偶来林下扣松关， 分得禅僧半日闲。 孤兴忽生流水外， 高情聊寄白云间。
炊烟晚映高低树， 落日晴分远近山。 今夜西岩有明月， 更留清话不知还。

——录自谈修《惠山古今考》卷八

过 听 松 庵
僧道璿

一径无尘到， 松关倚石开。 寒禽啼翠筱， 野鹿卧苍苔。
云影床头落， 泉声涧底回。 此中堪驻锡， 何事更浮杯？

——录自谈修《惠山古今考》卷十

憩惠山听松阁雨
徐 问

山雨正冥冥， 山僧开翠屏。 水拖千涧白， 云约半峰青。
石髓分茶鼎， 尘心静佛经。 松风坐来定， 馀韵绕檐楹。

——录自谈修《惠山古今考》卷九

宿听松庵时贞伯先别
沈 周

风满松庵西日脯， 卧游喜借旧团蒲。 舍人水墨苍苔壁， 学士文章紫竹炉。
抱被真来伴泉石， 题诗聊欲寄江湖。 李膺独去仙舟远， 月下邮程梦此无。

——录自谈修《惠山古今考》卷九

听 松 庵
姚 咨

青阳开早律， 绣岭媚芳辰。 辩宇入三界， 听经消六尘。
堂虚僧出定， 阶纪草迷春。 不尽山川感， 长歌一怆神。

——录自谈修《惠山古今考》卷九

过僧明志听松旧房用许鄞州韵题赠
秦 柄

蜡屐闲移过隐恋， 鸟声蝉韵入松寒。 禅床许借山僧卧， 斋果时从地主餐。①
双树隔溪颜自翠， 片花飞径色逾丹。 敲蒸多厌逢迎苦， 独掩岩扉煮月团。

——录自谈修《惠山古今考》卷十

【注释】
① 作者原注：听松地已归有力者

（二）洪武十四年，僧普真修复惠山寺

据弘治《重修无锡县志》："元末寺毁，国朝洪武十四年，僧普真始图兴复。"关于普真修复惠山寺，史料上缺乏记载，笔者搜录了几首诗，疑似与此有关。

惠山留赠真长老
马 治

殿门高拱碧崔巍， 惭愧名僧此日来。 辛苦欲兴泉上寺， 萧条为扫劫残灰。
九龙云气诸天绕， 万象潭心一镜开。 酾酌便同甘露酒， 下方思见古风回。

——录自光绪《无锡金匮县志》卷三十三

【编者按】 弘治志有："元末寺毁，国朝洪武十四年僧普真始图兴复。"

重游惠山寺
聂大年

汲得春泉不满瓢， 老僧相引说前朝。 残碑久许游人榻， 古殿新遭劫火烧。
白塔荒坟寒食饭， 青山流水夕阳桥。 空馀陆羽祠前月， 永夜松房照寂寥。

——录自光绪《无锡金匮县志》卷三十三

【编者按】 "古殿新遭劫火烧"讲的应是元末之事，故有普真兴复之说。

送僧住惠山寺
僧鲁山

路僻尘嚣远，　寻幽客自来。　水清池见底，　碑久字生苔。
猿鸟啼深树，　烟霞护古台。　野花泽似我，　只向静中开。

——录自谈修《惠山古今考》卷十

真上人再往惠山寺因寄
顾　协

一从持钵上天台，　履迹层层长绿苔。　为爱青山青不老，　白云飞去又飞来。

——录自谈修《惠山古今考》卷八

与郑山人宿惠山方丈
顾　协

一宿泉头寺，　烟霞趣亦深。　推窗惊鹤梦，　移榻近松阴。
不是社中友，　宁知尘外心。　何时更相约，　来听颖师琴。

——录自谈修《惠山古今考》卷八

同顾允迪宿听松庵
郑　松

来借禅房宿，　松泉喜共闻。　山空鸣地籁，　衣冷湿岚氛。
客梦一窗月，　僧分半屋云。　逍遥尘外境，　那识事纷纭？

——录自谈修《惠山古今考》卷八

访真上人
王　绂

行尽青山路几层，　白云深处访高僧。　归来月上江城晚，　又看元宵市上灯。

——录自谈修《惠山古今考》卷八

听松庵
王　绂

高僧本无住，　犹涉世度还。　且炼形如鹤，　休教影出山。
双松临讲席，　一水隔禅关。　我欲来相问，　惭无半日闲。

——录自谈修《惠山古今考》卷八

【编者按】　此诗《景物略》的诗题是《送真上人还山》，下一首是僧广益和诗。

听 松 庵
曹恕（和）

莲社今重结， 秋风锡影还。 引泉通绿沼， 移树凿青山。
鹤外云依屋， 花边客扣关。 一瓶兼一钵， 殊喜是高闲。

——录自王永积《锡山景物略》

送真上人还惠山
僧广益（和）

故人迎候久， 料亦恨迟还。 建业吟边雨， 梁溪梦里山。
室空龙卧泽， 松暝虎巡关。 尘网惭偏见， 禅心去作闲。

——录自谈修《惠山古今考》卷十

退隐听松庵次王达善韵
僧普真

泉上归来已一年， 万松阴里屋三椽。 坐残白日浑无事， 买断清风不费钱。
猿堕山崖寻果树， 鹤穿林迳避茶烟。 王猷识我平生意， 时寄新诗一两篇。

——录自谈修《惠山古今考》卷十

【编者按】 "泉上归来已一年"，惠山寺已修复，应是洪武十四年后了。

(三) 洪武二十八年，僧普真创制竹茶炉

1. 庐山景画壁

洪武二十七年底—洪武二十八年初，王绂以病目寓听松庵秋涛轩，目愈，图庐山景于秋涛轩之左壁，黄少保淮赋长歌题右壁，绂又画观音大像，书金刚诸经，人称三绝。松关下，又画三人行乐像，三人者，僧性海、王绂、潘克诚也。

谈修《惠山古今考·园亭僧房峰坞考》选录

听松庵有庐山景画壁，王中书孟端所图，黄少保淮题诗其上。有力者屡欲移之，而壁用竹土，竟莫能动。成化庚子毁于火。三士图亦王中书画，中书与性海及潘克诚松庵行乐之像，曰三士者，中书自谓儒士，性海开士，克诚医士。图凡三，人藏其一，今各失去。王中书又画观音像，及书金刚诸经共一卷，详见其自为跋。

王永积《锡山景物略·听松庵》选录

(听松)庵之胜迹最多：绣岭亭故址一也；双古松，二也；石床，三也；松风阁，四也；王中秘孟端画壁，五也；竹茶炉，六也；千金累址亭，七也……后又有秋涛轩，王中秘病目借寓静摄，目愈，

图庐山景于轩之左壁,王(黄)少保淮赋长歌,题右壁,又画观音大像,书金刚诸经,人称三绝。松关下,又画三人行乐像,三人者,僧性海与王中秘、潘克诚也。

叙庐山景画
邵 宝

予八九岁时,从诸伯叔父谒墓听松庵,辄访王中书所寓别室,见所谓庐山画壁者,习闻艰羡之言而未见其妙。比弱冠,领乡荐,始知赏识而壁毁于火矣。会试东归,有莫能再见之恨。越二十年,提学江西,往来庐山下,追忆画壁如在梦中,益重畴昔之感。又十年,以户侍请告归,卧病冉泾。客以是图见贻,予披玩之,画壁宛然,不忍释手。乌乎!中书之笔不可复见矣,得见是图亦可矣。抑是图作者不知何人,意其在中书之前乎?中书画品妙一时,见而爱之,且欲求胜焉。兴致所到,经营摸拟,有不能已者耳,不然何其峰峦林麓,亭台人物,洪纤曲折无一不似也。昔之人作事,必有所本观乎,小可以知其大矣。予于是重有感焉,遂志于下方,或曰此盛子昭氏笔也。

——录自《容春堂续集》卷九

书王友石所书《金刚经》后

经乃先高伯祖伯完装成,今岁久脱落,为重装而归诸僧云
邵 宝

盖闻唐室诸兰亭,惟僧藏者最妙。苏家四菩萨以父爱也尤珍。慨人逝而物存,谅天同而人比古今。共赏巨细,同归片纸,千金既重中书之心画,百年一日,兼勤先世之手装,敢则必修爱而莫助。制我箧笥,护彼缃函。尚冀事附传灯,永作兹山之镇,义缘挂剑,聊资他日之谈。谨跋。

——录自《容春堂续集》卷八

连日在听松冗未有诗,雨中补之
邵 宝

谁将第一扁西神,	竹径新开及晚春。	劫火不烧无屋地,	海鸥如避有机人。
池边水脉通时活,	阁上松声听后真。	闻道观音经卷在,	欲从老衲话来因。

——录自《容春堂后集》卷十二

【注释】
①作者自注:经为王中舍笔,先高祖伯完公有名在卷尾。

再用前韵(一首)
邵 宝

休将冥漠问山神,	绣岭花开别样春。	竹少千竿分两径,	松高百尺抱三人。
茶炉欲试新泉在,	画壁曾看老衲真。	内翰中书前辈行,	闲来衰劣愧相因。

——录自《容春堂后集》卷十二

又用前韵专咏松风
邵 宝

高阁松风似有神， 骤如秋雨细如春。 病馀每爱同游客， 静里偏宜独听人。
已向陶庐夸地远， 更于庄籁认天真。 眼前一片虚空界， 童子何知问起因。

——录自《容春堂后集》卷十二

王中书为祖上人写《翻经图》，松庵僧请题志感
邵 宝

谁识翻经祖上人， 中书画里已成真。 当时客有先公在， 不见风仪独怆神。

——录自《容春堂续集》卷五

跋：先公谓吾高伯祖履旋、高祖履素二府君也，与祖上人为方外交。中书作画其时哉，其时哉后百卅年，嘉靖改元二月七日识。

【编者按】 祖上人疑为性海弟子韶石禅师，韶石名怀祖，也称祖上人。此事约发生于永乐初。

翻 经 图

国初，詹中书希原书《翻经图》在听松庵，王中书绂画。邵文庄公有题《翻经图》诗云"谁识翻经祖上人，中书画里已成真"句。

——录自谈修《惠山古今考·补遗》

2. 竹茶炉

洪武二十八年乙亥，一日孟端与性海偕潘克诚在听松庵，适湖州竹工至，遂以古制命为之，编竹为炉，规制精密，高不盈尺。上圆下方，类道家乾坤壶。筑土为质，密叩之作金石声，而其中坎焉以虚，镕铜为栅，横绝上下，制古而雅。后性海走书东吴邀王达撰记，因而有王达的《竹炉记》《竹炉清咏序》，王绂的《竹茶炉图》，王绂、王达相继赋诗，诸名人题咏甚富，名作如林，传为美谈。

3. 竹茶炉原咏卷（诗和文）

竹 炉 记
王 达

性海禅师卓锡于惠山之阳，山之泉甘美闻天下，日汲泉试茗以自怡。有竹工进曰：师嗜茗饮，请以竹为茗具可乎，实炉云。炉形不可状，圆方下上，法乾坤之覆载也。周实以土，火炎弗毁，烂虹光之贯穴也。织纹外饰，苍然玉润，铺湘云而蓊淇水也。视其中，空无所有。冶铁如栅者，横其半。勺清泠于器，拾堕樵而烹之，松风细鸣，俨与竹君晤语，信奇玩也。禅师走书东吴，介予友石庵师以记请。夫物之难齐甚矣，尊罍以酒，鼎鼐以烹，此盖适于国家之用。尤可贵者，若剧鼎以石，制炉以竹，亦奚足称艳于诗人之口哉。虽然尊罍鼎鼐，世移物古，见者有感慨无穷之悲。竹炉石鼎，品高质素，玩者有清绝无穷之趣，贵贱弗论也。且竹无地无之，凌霜傲雪，延漫于

荒蹊空谷之间，不幸伐而为筦箕筐筥之属，过者弗睨也。今工制为炉焉，汲泉试茗，为高人逸士之供，置之几格，播诸诗咏，比贵重于尊罍鼎鬵，无足怪矣。初禅师未学也，材岂异于人，人及修持刻励，道隆德峻，迥出尘表，为江左禅林之选，亦竹炉之谓也。是为记。岁乙亥秋仲既望日。

竹 茶 炉
芝山老樵朱逢吉谨题

织翠环炉代瓦陶， 香烹山茗或溪毛。 鹃啼湘浦听春雨， 龙起鼎湖翻夜涛。
文武火然心转劲， 炎凉时异节还高。 松根有客联诗就， 扫叶归烧莫惮劳。

跋：仆以省耕过惠山访韶石禅师于松轩，师出此卷求题，遂口占五十六字，识者勿诮嫫母乃所幸云。

竹 茶 炉
牧云子德瑀

谁把筼筜细翦裁， 织成茶具亦幽哉。 火然初讶溪烟合， 汤沸忽疑湘雨来。
料得虚心宁恋土， 从教劲节久存灰。 宾筵托此供清玩， 不羡豪门白玉罍。

竹炉清咏序
王 达

夫物不自贵因人而贵，名不自彰因志而彰。远公栽莲此细事也，而莲社之名遂传于永代，讵非远公之道足以动后世苍生之念耶。支遁好鹤细玩也，而鹤舟之名遂著于无穷，讵非支遁之德足以歆后世黎献之心耶。使远公为常人，则种莲而已，尔何能动于人哉。使支遁为庸士，则好鹤而已，尔何能感于人哉。然则物不自贵因人而贵，名不自彰因志而彰，信矣。性海禅师结庐二泉之上，清净自怡，澹泊自艾，栽凌秋之涧，竹制煮雪之茶炉，远追桑苎之风，近葺香山之社。因事显理，必欲续慧命以传镫。托物寓真，无非引群贤而入道。清风一榻，扫开万劫之尘埃。紫笋三瓯，涤尽平生之肺腑。论其事业，诚不让于远公。勘彼规模，实无惭于支遁。名于永世，其势灼然道播，诸方此心广矣。不然何诸公入咏而成章，获一时趋风而向德。故为短引，式弁群言。

里友耐轩王达合十

竹 茶 炉
谢 常

竹炉绝胜煮茶铛， 新翦淇园玉一茎。 团凤乍警风籁起， 夔龙应喜浪花生。
润分翠色和烟织， 香掬金芽贮火烹。 留向禅房清作供， 梅梢吟转月三更。

竹 茶 炉
释坦庵 守道

不教周鼎与齐名， 别翦湘筠细织成。 冶氏讵能知款识， 山人端要事煎烹。
白灰拨火虹光见， 青玉镌纹翠浪萦。 寒夜傥逢佳客至， 定应联句压弥明。

竹 茶 炉
王芾（绂）

僧馆高闲事事幽， 竹编茶具瀹清流。 气蒸阳羡三春雨， 声带湘江两岸秋。
玉臼夜敲苍雪冷， 翠瓯晴引碧云稠。 禅翁托此重开社， 若个知心是赵州。

竹 茶 炉
萍闇广益

老衲耽清事， 裁筠制茗炉。 凤团千古洁， 兔魄一轮孤。
春涧分苔色， 秋涛落座隅。 烹煎成雅会， 历历写成图。

竹 茶 炉
姑苏陆质

湘竹编成胜冶成， 紫芝诗里见佳名。 炭明尚讶筛金影， 汤沸还疑戛玉声。
涧底屡烹尘可敌， 径中一啜思俱清。 吴兴紫笋今为伴， 好约松梅结素盟。

竹 茶 炉
释至宝

迥疑宝鼎饰琅玕， 陆羽知时定喜看。 净碧旧经灵凤宿， 初红方试火龙蟠。
客来汤沸云蒸湿， 灰拨窗明雪压寒。 几碗中宵闲独坐， 自无愁结有平安。

竹 茶 炉
锦树山人钱仲益

霜筠织就煮茶炉， 便觉清风起座隅。 涛汹秋声翻雪乳， 烟蒸春雨涤云腴。
瓶笙尚作龙吟细， 汗简犹疑鸟迹殊。 拟□不须参玉版， 愿分一滴洗尘污。

竹 茶 炉
顾协

翦得三湘影数竿， 制成茶具事清欢。 笙竽韵发铜瓶古， 鸾凤声沉石鼎寒。
雪煮夜窗临竹几， 泉分春院对蒲团。 感师几度相留处， 香逐清风拂鼻端。

竹 茶 炉
梁用行

织具时闻紫笋馨， 此君只合置禅扃。 心灰未死还瞻绿， 劫火方然异杀青。
烟引翠阴秋绕榻， 水喧清籁夜翻瓶。 上人好就平安日， 遍刻《茶经》当勒铭。

右次蒙庵先生韵

竹茶炉（三首）
陶 振

竹炉新置小窗西，　煮雪烹茶也自宜。　渭水波涛翻涌处，　湘江风雨到来时。
留连木叶山中火，　勾引梅花席上诗。　烧杀岁寒心不改，　通身清汗下淋漓。

惠山亭上老僧伽，　斫竹编炉意自嘉。　淇雨沸残烧落叶，　湘烟吹起卷飞花。
山人借煮云茗药，　学士求烹雪水茶。　闻道万松禅榻畔，　清风长日动袈裟。

翦裁苍雪出淇园，　菌蠢龙头制作偏。　紫笋香浮阳羡雨，　玉笙声沸惠山泉。
肯藏太乙烧丹火，　不落天随钓雪船。　只好岩花苔石上，　煮茶供给赵州禅。

跋： 余读茶炉诗，有怀锡山诸老制作，令人歆美，不觉清兴飞动，因滴梅梢露，磨龙香剂，蘸紫霜毫，写诗三首寄呈听松轩主叟一笑，且求诸公教正云。浔阳陶振醉里书于雪滩梅竹边之西小轩。时洪武岁丁丑二月廿有四日也。

竹 茶 炉
怡 庵

刳竹为炉制作坚，　金芽雪乳任烹煎。　沸汤白雨翻淇水，　笼火青琅聚楚烟。
吟际每留诗客会，　定余顿悟衲僧禅。　山房得尔供清啜，　不负岩头第二泉。

竹 茶 炉
云间钱骥

鼎制新烦织翠筠，　冶金陶埴未须论。　湘纹蹙浪汤初沸，　翠节凝烟火倍温。
篆隶无文铭岁月，　圆方有象表乾坤。　一瓯茶罢归禅定，　风在松梢月在轩。

竹 茶 炉
中吴如律

湘竹编炉石作铛，　禅房待客不胜清。　细斟玉液和云煮，　新撷金芽带露烹。
白雪浮花瓯面润，　清风拂座腋边生。　他年同试惠山水，　飞锡丹霞访赤诚。

竹 茶 炉
卞孟符

火箸蟠屈化龙材，　煮茗禅房日几回。　凤髓沦醒淇绿梦，　乌薪然作汗青醅。
不随冷暖移贞操，　已报平安度劫灰。　一夜秋声闻沸鼎，　清风还是此君来。

竹 茶 炉
沈 中

截玉编炉置茗铛，　试泉长向石边烹。　烧烟未信湘云起，　煮雪俄看楚水生。
凤髓凝香疑晓色，　蟹汤沸响似秋声。　何由林下然松火，　一啜先令肺腑清。

效罄赋竹炉诗
莫士安

一炉周绕护琅玕，　圆上方中量自宽。　水火相煎僧事少，　枪旗无扰睡魔安。
暖红炙汗枯霜节，　沸白浇花逗月团。　留共梅窗清啜罢，　雪楼谁道酒杯寒？

跋：右竹茶炉诗为惠山住持祖公韶石禅师赋，祖乃前惠山真公性海之高足弟子也。真往以空学有声丛林间，当时缁衣之众仰尚其德，遂合词进升虎邱。闻其讲道雨花台上，庶几有聚石点头气象，不胜多利益方便焉。今既化去，祖亦践席惠山，复能振起宗风，远近响慕，而徒侣云集第二泉，幸不落寞。方将导源扬流，湔汙润朽，成其深远于不已矣。竹茶炉为真公旧物，诗卷尤真所爱。宜韶石之不忘其师，需其有述，盖善继其志者然耳。吁！弟子之于师，物非所爱也，以师之所爱在此。因物以致其爱，则不可舍物而他求也。予是以既赋之诗并书识其后。永乐七年岁次己丑月正元日。吴兴莫士安识。

竹 茶 炉
韩 奕

绿玉裁成偃月形，　偏宜煮雪向岩扃。　虚心未许如灰冷，　古色争看似汗青。
偶免樵柯供土锉，　尚疑清籁和陶瓶。　达人曾拟同天地，　上有秋虫为篆铭。

竹 茶 炉
耐轩王达

制作精深亦可观，　日供高士试龙团。　轻分琪雨苔犹绿，　细蒻湘云粉未乾。
紫笋满瓯吟骨健，　清风一榻鬓丝寒。　啜来坐尽梅花月，　正是凌秋第几竿。

竹 茶 炉
西园邦庚老

第二之泉泉上亭，　道人茶具竹炉成。　龟蒙散迹尚从事，　鸿渐作经宜著名。
火升龙气若丹鼎，　瓶合凤声如玉笙。　西园老客动高兴，　急裹月团来会盟。

竹 茶 炉
龚 泰

少年离垢住名山， 派衍真公伯仲间。 泉与竹炉增胜概， 裹茶来试扣松关。

竹 茶 炉
吴 潜

□□遥渡大江东， 白业精□□苦空。 万壑烟霞今有□， □□□力阐宗风。

题 跋
邵 宝

此卷久脱落，正德丁丑春，予以庵僧重装之。时助赀者泰伯邹氏，督工从事者初泉杨正甫也。收卷僧名惠登，而能讽咏之者曰圆金、曰方益，越明年戊寅三月十日，二泉山人宝书于容春精舍。

（以上皆录自《竹炉图咏·亨集》）

补遗：

游惠山柬韶石师
尤 稷

背郭山无十里赊， 上方楼阁琐烟霞。 径连野色迷芳草， 泉带寒香泛落花。
斋钵暂收云外菌， 竹炉聊试雨前茶。 道人知我耽诗癖， 共倚长松到日斜。

——录自谈修《惠山古今考·卷八》

惠山煮茶
王 绂

寒斋夜不眠， 瀹茗坐炉边。 伏火煨山栗， 敲冰汲涧泉。
互铛翻白雪， 竹牖出青烟。 一啜风生腋， 俄惊骨已仙。

——录自邵宝《惠山集》

竹 茶 炉
王 问

爱尔斑笋炉， 圆方肖天地。 爱奏水火功， 龙团错真味。
净洗雪色瓮， 言倾鱼眼沸。 窗下三啜余， 泠然独不寐。

——录自《仲山诗选》卷三

图 1　王问的《煮茶图》　嘉靖三十七年(1558)

——录自陆廷灿《续茶经》

图 2　王问(仲山)竹炉煮茶图(拓片)(夏泉生摄)

王问竹炉煮茶图题诗及题跋

茶　歌

华山前、玉川子,先春芽、龙窦水。
石鼎竹炉松火红,蝌眼汤成味初美。
君不见,真扬动时气满盈,万簇枪旗海云里。
纤手摘来清露溥,黄金垒畔香尘起。
宣州阳阮何足奇,中顶雷鸣无乃是。
琉璃窗下三啜余,顿觉清寒沁人齿。
数片中涵万斛冰,焦吻枯肠一时洗。
雅州老僧病未已,指点一翁柱下李。
品题未竟身已仙,走入青诚暮山紫。
只今留题石上名,雾锁云封几千祀。

——由王伟丰提供

跋一

吾邑九龙山人王孟端,与僧人鉴圆制竹茶炉,绘成长卷,孟端原题,有"气蒸阳羡三春雨,声带湘江两岸秋"之句。后多名人题咏,至今为林泉增色。仲山此图,无乃继孟端遗韵欤。仲山父子为前明嘉靖间名进士,宦成后退居五里湖之宝界山,归太仆为之记,谓仲山之居,不减华子冈欹湖之胜,而出处无憾,乃更胜之,其推重如此。先君子题仲山祠诗云:"大书泼墨开盈丈,小幅轻钩写入神。"今观此卷,高情逸致,与笔墨烟云之妙,俱可想见。因加装潢,令千载后知孟端竹茶炉卷外,更有此奇。

乾隆辛酉春正月后学邹士随识

跋二

明洪武初,慧山听松庵僧性海(即鉴圆),编竹为炉,瀹茗试泉,颇多逸致。时王孟端舍人为之绘图赋诗,名迹益彰。至成化间,岁久炉亡,盛侍郎冰壑,其犹子舜臣,更制一炉,可谓风雅好事矣。清康熙中,盛氏之炉又坏,图且旋佚,顾梁汾典籍仿其制为之。并于饮水词人许,索归九龙山人原图,复弆庵中。乾隆之季,图毁于火,炉亦失所在。此山中故实,犹可考见者。仲山佥事是图,实继孟端氏而作,所写人物,允堪方驾龙眠,矧书法诗情,直入晋唐人之室,讵非三绝才耶!此卷旧为邹晴川中书所藏,后归窦氏小绿天盒,今得汀鹭胡先生钩摹,张韧之女士雕镌,美具难并,诚为艺林胜事,合与景范吾儿永宝藏之。

丙子春日曹铨次庵甫识时年七十

——录自吴观蠡,4月11日《锡报·古图新镌》

4. 秋声小阁

秋声小阁在听松庵,建造年代已不可考,因竹茶炉和竹炉图咏卷都存贮在秋声小阁,故推测可能建造于洪武二十八年以后,现存诗一首:

同王驾部游惠山题秋声小阁
郑　坤

辋川居士共襟期，　小阁登攀欲暮时。　山色可淹今日酒，　秋声还忆去年诗。
闲云竹扫无留影，　老树藤缠不剩枝。　景物渐随人事谢，　隔窗幽鸟未曾知。

——录自谈修《惠山古今考》卷九

（四）成化十二年，秦夔复竹茶炉

永乐初，僧性海住持虎邱，炉遂留为潘克诚别。成化间，潘之孙某又以赠孟贤，独诸公翰墨，尚存听松庵，昔落落与松云萝月为伍也。孟贤殁之三年，成化丙申（十二年）冬，秦中斋夔自武昌报政还，一日偕金陵郁景章先生宿庵中，庵之主僧戒宏为真公嗣孙，出示学士诸公竹炉所咏，因颂王舍人所作"气蒸阳羡三春雨，声带湘江两岸秋"之句，叹其绝佳，且惜其空言无征，欲复之。后夔代戒宏草疏，俾戒宏编访之，已而果得于城中古族，炉尚无恙，而茗碗已失去。收炉者为故诗人杨孟贤，复而归之者其兄杨孟敬也。竹炉既复，夔为之记，侍奉修敬公秦旭（夔之父）作诗首倡之，一时属和者遍诸名士。李东阳题"竹炉新咏"，吴珵并作画。"复竹炉为明成化丙申、丁酉间事，诸公唱酬拈'传'字为韵。刘宏之序序于锡，陆简之记记于京，而邵文庄之序遗事则为事后追维之作。迨己亥春，吴文定宽过锡游观竹炉赋诗纪事，始拈'全'字为韵。"（秦毓钧《秦氏献徵录·中斋公复听松庵竹炉颠末》）

听松庵访求竹茶炉疏
秦　夔

伏以织竹为炉，自是山房旧物；烧松煮雪，久为衲子珍藏。移来消洒数竿秋，制就玲珑一团玉。不镕不琢，非石非金。解煮山中第二泉，惯烹天上小团月。可爱清奇手段，相传澹泊家风。冰雪清姿，岂受缁尘点污；岁寒贞节，何妨劫火焚烧？已分党将军之摈弃，曾遭苏内翰之赏怜。萝屋无人，伴我同行木上座；兰闺专宠，笑他无语竹夫人。铛鸣尤带鹧鸪声，汗滴尚疑湘女泪。正拟生涯永托，岂堪尘障未除？提携竟落于豪门，消灭略同于幻泡。闲我山中风月，添渠席上诗情。大士悲哀，诸天烦恼。恭惟某人赀雄，今代善种前生。煮凤烹麟，自有千金翠釜；栉风沐雨，何消一个筠炉？恐羞帐底金缕衣，难侣筵中碧玉碗。伏冀早发慈悲，惠然肯赐。岂但空门有幸，实为我佛增光。报忱愧乏乎璃瑶，忏礼冀资于冥福。恭陈短语，俯听慈宣谨疏。

与高惟清复竹茶炉
秦　旭

方外曾参玉版禅，　草玄亭上住多年。　山房有意亲灵彻，　金屋何心伴丽娟。
诗卷画图新趣味，　熏炉茗碗旧因缘。　湘筠骨格依然好，　留与真公弟子传。

跋：听松庵竹茶炉真公手制也，沦落人间已五十年余，寻访不可得。适儿夔自湖湘归，假榻庵中，因睹诸乡老所咏，慨然有收复之念。乃述疏语俾公徒孙宏上人，访求于城中好事之家，乃得于秋林杨公。所封泥编竹宛然若新发硎者，上人欢喜以手加额曰：不图今日复睹先师之手泽也，山中风月从此不孤矣。夔忘其固陋，僭作《复茶炉记》，并诗社中诸公不鄙倚歌和之，余亦勉次一律，装潢成卷，亦一胜事也。上人当置之山房,汲泉煮茗荐之祠下,以慰真公在天之灵,俾知后人能光复旧物云。修敬秦旭识。

【编者按】 诗题录于《惠山记》

复竹茶炉诗卷序
刘弘超远

物之成败得失莫不有时,若听松庵茶炉亦其一验。洪武间,性海真上人道行为时辈推重,尝编竹为炉,体制甚精,仅围尺地许。天地动静,阴阳橐龠之妙,历历可观。侍读学士王公达善、少卿朱公逢吉、中书王公孟端,文字与上人往来其间。至则汲惠泉烹春茗,累夕后返山,亦因此增重,人才嘉会之一初如此。既而上人物故,诸公亦凋谢,竹炉遂为好事者得,茶烟寂莫于残霞之顷,至此极矣。成化丙申冬,秦公廷韶以武昌守如京师,道经故里,公邱壑之趣洒洒不与俗吏俱。一日偕金陵郁景章先生宿庵中,庵之主僧戒宏出学士诸公竹炉所咏,太守诵之掀髯叹曰:山中壮观莫此若也,物去卷留,岂衣钵之遗意乎? 乃呼笔墨为疏,以求之,太守公天下之心亦于此可见。未几杨孟敬慨然出之,不少滞,其亦贤矣。老眼摩挲,矍然感叹,带春藓之斑,含湘雨之润,犹昨日也。非元气呵护克尔哉。太守为文记其实,复作近体率诸公和而成卷。山之光辉于是增焉,人才嘉会之一初又如此。虽然,竹炉一微物耳,出处若关乎大节,盖不盛于他人而独盛于学士。庚吟之秋,不复于曩时而必复于太守归游之日,太守之缘殆与之凤契而神明有以相之欤。古所谓身之前后不能无疑,他日尚当携诗老宿庵中,汲泉瀹茗,听松雨而吟白雪,不谓残霞之顷寂莫无人也,人才嘉会之一初,又当在于斯。诗若干首。

成化丙申腊月既望奉议大夫致仕刘弘超远序

竹石老人书

忆自山中别老禅， 松关寂莫已多年。 寒警春雨怀鸿渐， 梦落秋风泣丽娟。
忽逐檐头归旧隐， 旋烹鱼眼叙新缘。 玉堂学士遗编在， 赢得时人一样传。

弘又和

复 竹 茶 炉
高 直

竹炉还复听松禅， 老眼摩挲认往年。 润带茶烟香细细， 冷含罗雨翠娟娟。
已醒万劫尘中梦， 重结三生石上缘。 五马使君题品后， 一灯相伴永流传。

又

忆随苏晋学逃禅， 往事伤心莫问年。 到处凝尘甘落莫， 几番烹雪伴婵娟。
黄金用世徒高价， 清物还山续旧缘。 不有武昌秦太守， 香名埋没竟谁传?

陈 泽 和 诗

煮茶留客喜谈禅， 编竹为炉记昔年。 一去人间成杳杳， 重来尘外净娟娟。
文园司马曾消渴， 雪水陶公拟结缘。 淮海先生为题咏， 价增十倍永流传。

张 泰 和 诗

复向山中伴老禅， 沉沦莫问几何年。 湘筠拂拭仍无恙， 赵璧归来尚自娟。
风月已清今夕梦， 林泉应结再生缘。 画图诗卷长为侣， 留作空门百世传。

成 性 和 诗

湘竹炉头细问禅， 出山何事更何年？ 渴心几度生尘梦， 旧态常时守净娟。
刺史能留存物意， 老僧还结煮茶缘。 题诗再读中书笔， 千古清风一样传。

雪庵厉升和诗

一团清气许从禅， 流落风尘几十年。 阳羡不烹春杳杳， 湘江有梦冷娟娟。
玉堂内翰曾为伴， 白发高僧又结缘。 莫怪老夫多致嘱， 要将衣钵永同传。

竹 茶 炉
新安吴野道人罗南斗

乘舟无事检黄庭， 写罢乌丝思不群。 取汲惠山龙窟水， 山僧齐喝药师经。

跋：嘉靖辛酉初秋，舟次锡山，身体违和，命取第二泉煮阳羡虎邱茶，并观竹炉。不胜神思复常，非好而乐，不与言也。

陆 勉 和 诗

竹炉元供定中禅， 久落红尘复此年。 雪乳漫烹香细细， 湘纹重拂翠娟娟。
远公衣钵还为侣， 老守文章最有缘。 犹爱风流王内翰， 旧题佳句至今传。

陈 宾 集 古

浮生已付祖师禅，（张宛邱） 一堕西岩又隔年。（许浑）
几叠翠微深杳杳，（张伯雨） 半钩凉月夜娟娟。（王中）
久知世路皆虚幻，（张乔） 终了无生一大缘。（苏东坡）
寄语山灵勤守护，（朱晦庵） 清风留与后人传。（吴全节）

陈宾和诗(二首)

谢却湘灵伴老禅， 山房栖迹已多年。 烹茶只合依鸿渐， 薰麝何堪附李娟。
流落似知前日误， 重来如结再生缘。 世间万物谁无主， 献璧怀金莫浪传。

煮茗曾参玉版禅， 迢迢相失几经年。 客来寒夜愁岑寂， 风度疏林忆净娟。
白璧本非秦氏物， 青毡只结晋人缘。 从今莫著华阴土， 留伴茶经世世传。

倪 祄 和 诗

清风只合近孤禅， 华屋徒留五十年。 竹格总如前度好， 瓷瓯那得旧时娟。
鬓丝吟榻全真趣， 松火清流断俗缘。 物理往还虽不定， 芳名须借后人传。

听松庵复竹茶炉记
秦 夔

炉以竹为之，崇俭素也，于山房为宜。合炉之具，其数有六，为瓶之似弥明石鼎者一，为茗碗者四，皆陶器也。方而为茶格者一，截斑竹管为之，乃洪武间惠山听松庵真公旧物。炉之制圆上而方下，织竹为郭，筑土为质。土甚坚密，爪之铿然作金石声。而其中歉焉以虚，类谦有德者。镕铁为栅，横截上下，以节宣气候，制度绝巧，相传以为真公手迹，余独疑此非良工师不能为。乡先达中书舍人王公尝有诗咏之，学士耐轩王公复作引弁其首，以是炉之名益传于人人。永乐中真公示寂，炉亦沦落人间，独诸公翰墨粲然尚存，落落与松云萝月为伍。成化丙申冬，余归自鄂渚，暇日假宿庵中，真公嗣孙曰戒宏者出以示余，因诵王舍人所作"气蒸阳羡三春雨，声带湘江两岸秋"之句，叹其佳绝。且惜其空言无征，图欲复之。乃因释氏教述疏语一通，俾戒宏使遍仿焉，已而果得于城中右族。炉尚无恙，特茗碗失去不存。或疑炉细物也，复不复不足为世轻重，殊不知物不自显必因人而后显，使炉不经诸名品题，虽复之累百何补，况诸公之作亦将借是以传，炉可泯，诸公之言可纵之使泯乎？炉之亡不知其的于何年，姑记其概，收炉者故诗人杨孟贤，复而归之者其仲孟敬云。是岁嘉平月望日邑人秦夔识。

复 竹 茶 炉

烹茶只合伴枯禅， 误落人间五十年。 华屋梦醒尘冉冉， 湘江魂冷月娟娟。
归来白璧元无玷， 老去青山最有缘。 从此远公须爱惜， 愿同衣钵永相传。

【注释】
①作者自注：竹茶炉沦落已五十余年，真公徒僧宏上人访求得之秋林杨公家，仍携归山。

夔又题

序竹茶炉遗事
邵 宝

洪武壬午春,友石公以病目寓慧山之听松庵。目愈图庐山于秋涛轩壁,其友潘克诚氏往观之,于是有竹工自湖州至,主庵僧性海与二子者以古制命为茶炉。友石有诗咏之,一时诸名公继作成卷。永乐初性海之虎邱,留以为克诚别,盖在潘氏者六十余年。成化间杨谟孟贤见而爱之,抚玩不已。潘之孙某者慨然曰:此岂珍于昌黎之画,而吾独不能归好者哉。乃以畀孟贤。孟贤卒之三年,中斋秦公以知府报政还武昌,遂为僧撰疏语,白诸孟贤之兄孟敬,取而归焉。吾闻诸吾母姨之夫东耕翁云。正德戊寅三月望后四日,二泉山人宝书于容春精舍。

——录自《竹炉图咏·利集》

东耕处士杨公墓志铭(选录)
邵 宝

东耕杨公吾从母之夫也,杨于锡为望族……公卒于正德戊辰二月十一日,距其生宣德甲寅十月二十三日,为寿七十有五。

——录自《容春堂别集·卷七》

【编者按】 邵宝序中谈及之事,都发生在洪武壬午春以后,即今之建文壬午春以后,洪武壬午,即今之建文壬午,1402年。其中关于性海制竹茶炉及唱和诗的时间,明显有误,今举两例:一是王达的《竹炉记》的时间是在乙亥秋,即洪武二十八年,1395年,早于洪武壬午1402年;而陶振的三首《竹茶炉》,在跋中写得也很清楚,为洪武丁丑,即洪武三十年,1397年,也早于洪武壬午1402年。而此序是邵宝听母姨之夫东耕翁转述,难免有错。笔者的理解是,制竹茶炉应在洪武二十八年。邵宝的序除时间有错外,其余事情的经过、顺序都很清楚,若没有新的发现,王绂病目寓听松庵,目愈画庐山景画壁,应发生于制竹茶炉之前,约在洪武二十七年末到洪武二十八年初之间。见附录一《谜之一》。

秦金和诗

竹炉欢喜复归禅,　一别山房五十年。　声绕羊肠还簌簌,　梦回湘月共娟娟。
松堂宿火无尘劫,　石槛清泉有净缘。　莫怪真公招不返,　已将诗卷万人传。

跋： 予欲见此卷寤寐非一日矣,顷过松庵,月西上人出示请题,遂次韵如右,前辈风致或可想像也。嘉靖庚寅夏四月既望,凤山秦金书。

王其勤和诗

碧社相邻寺里禅,　手编溪竹已多年。　坚贞未可随狂絮,　凭据□□爱丽娟。
衣钵偶然无地著,　杯茗从此更相缘。　焚修且说生公法,　莫道寒炉未解传。

——以上皆录自《竹炉图咏·利集》

复竹茶炉记

陆 简

出锡城西里许,惠山稍折北,庵曰听松。洪武初,诗僧真性海尝织竹为炉,高不盈尺,圆上方下,类今学仙家流称乾坤之象者,规制绝精巧可玩。邑先达耐轩王学士诸名家,率赋诗赏之。真公没,炉沦落于城中右族,亦已两易主。成化丙申冬,武昌太守秦廷韶闲得归过庵中,诵诸先达诗,叹曰:物各有主,兹炉固惠泉之物也,而他人何有?慨然许为物色归之。复为诗,饬其徒俾世守焉。和者自京师诸名硕下,得数十家。竹炉之名不独传一方,而遂以闻天下,炉之所遇亦奇矣哉。夫惠泉之名由陆鸿渐一言而著后世,置炉之意实欲匹泉之为用也。废弃之余,孰谓遇如武昌者,得以衍其名哉。鸿渐嗜茶,饰及炉鼎,至范铜为之,当不如竹之不凡。但竹力朽弱,难久存。存者若倪元镇茶具,今尚为苏万寿寺僧所收存矣,而寂寂尔无所称。视竹炉之遇不遇何居?然炉居惠泉之上是所处得其地也。前遇耐轩,后遇武昌,所遇得其人也。岐阳之石鼓,孔壁之遗经,假所处与遇非耶,后之存者几希,物固有然者矣,而况于人之所以图其存者乎?吾固于炉有感矣。武昌学行政事,皦皦重当世,而博雅好古,乃其余云。成化丁酉岁春闰二月晦,翰林侍讲平原陆简记。

和复竹茶炉诗(十首)

陆 简

渭川风骨瘦于禅, 爨下相逢厄闰年。 仙客未须防变幻, 酪奴长许伴婵娟。
已看石鼎成奇遇, 欲负诗瓢结此缘。 寂寞天随湖海上, 钓槎安得并流传。

碧山曾与助谈禅, 两腋清风日似年。 茶瀹团龙品奇绝, 烟笼归鹤影便娟。
敢将直道医庸俗, 已分灰心断劫缘。 独谢昌黎文字好, 画图千载事犹传。

解脱因参玉版禅, 不随丹灶学长年。 社无香火收陶令, 市有风尘涴李娟。
鉴赏已非前度客, 归来真是后生缘。 谁将陆羽遗经续, 胜事于今更可传。

灵机随处可栖禅, 寒暑惊心又百年。 帘约涛声春汹涌, 鼎涵山色暮联娟。
行逢恶客人何毁, 舍向名泉事有缘。 珍重山门留滞客, 高风消得后来传。

虚心曾侍觉林禅, 花下清谈愧少年。 不愿为罂兼二美, 且须乘月号三娟。
僧疑山庙由来圣, 人予樵青未了缘。 绝似柯亭衰飒久, 余生犹附蔡邕传。

长身今破野狐禅, 卫武知非向耄年。 鹤返令威成倏忽, 镜还元颖尚清娟。
夜堂一碗浇孤闷, 晓殿残灯照宿缘。 窗外月明梅正发, 小山诗句却堪传。

魂堕空山一味禅, 狂游谁复永熙年。 松间夜听风声细, 笼里春焙月影娟。
梦断红尘归旧隐, 泪消青骨悔前缘。 □□欲就庵中宿, 尤恐蓬莱是浪传。

高标林下澹宜禅，	改物谁曾与卜年？	鼎俎呈身无少贬，	琅玕披腹有余娟。
乾坤象出仙家巧，	水火交成幻境缘。	从此平安日须报，	范金何必独能传？

苍颜非俗亦非禅，	投老空山忆往年。	叶扫夕阳三径远，	瓢分秋月一痕娟。
鼙婴自信名难假，	蕉鹿谁知梦可缘？	偃蹇平生余万卷，	枯肠迟待涤来传。

湘水云深作浪禅，	独醒今是乞骸年。	庵中腊在苍髯短，	云外泉流玉乳娟。
结愿宁无旧香火，	相煎真有恶因缘。	君侯分得寒灰芋，	功业何时与世传？

跋：简三辱武昌复竹炉之作，亦尝三用韵酬答之，凡得十首，外诸家和者又数十首，武昌汇次成卷，畀简一言记颠末。简既僭述所闻于武昌者为记之，遂以鄙言附于后，然此不过一时戏于押韵而已，观者无以诗求之也，简又识。

新安程敏政和诗

此君忘却赵州禅，	半世来归似隔年。	泉上故人应绝倒，	眼中奇节尚连娟。
不妨遣日分僧供，	有幸逢辰离俗缘。	活火自今知未灭，	联诗留伴一灯传。

物故谁参性海禅，	摩挲故物数归年。	久争水火疑苍朽，	乍脱风尘喜净娟。
老宿渐忘新世味，	美人重结旧经缘。	鄂州太守真能事，	好比苏公玉带传。

不随莲社爱逃禅，	对客煎茶记往年。	岁晚松风犹瑟瑟，	夜寒梅月故娟娟。
弓亡已分归无定，	剑合由来宿有缘。	入手未应怜去住，	汉家汾鼎亦谁传？

海虞李杰和诗

松窗瀹茗助谈禅，	犹记山僧手制年。	甘作楚囚嗟汨没，	谁期汉使赎婵娟。
归踪不染浮尘污，	净社重寻隔世缘。	郜鼎鲁弓今孰在，	漫凭笔札为流传。

三山许天锡和诗

秋涛万壑坐依禅，	笑指茶炉说往年。	去日烟泉长寂寞，	归来人月共婵娟。
山灵自合持僧宝，	仙具那能混世缘？	千载真公遗事在，	却因文字与流传。

张 弼 和 诗

此君元自爱逃禅，	禅榻相依几许年。	甘瀹清泉供呗梵，	误投尘俗伴婵娟。
倪迂仙具更新主，	秦观高情续旧缘。	对此不须增感慨，	楚珩赵璧是谁传？

跋：是日席上所和稿在公署，记不能全，相像足成必有异同，尚祈订正，东海居士张弼。

泰和李穆和诗

杀青编后日参禅，　煮茗供僧度岁年。　流落未应成寂灭，　吹嘘无奈混婵娟。
喜逢天上重游客，　为结山中未了缘。　名重玉堂诸史笔，　从今都下亦相传。

桃溪谢铎和诗

无心到处只安禅，　何物频劳问百年。　得失未能忘楚越，　画图终是惜婵娟。
从来湘女江边恨，　暂结真僧石上缘。　周鼎商盘千载上，　只今沦落与谁传？

吴江汝讷和诗

梵王宫里伴枯禅，　阅历从来几百年。　渭曲带烟春不散，　曹溪贮水月同娟。
谁家拾得浑无恙，　故主重归夙有缘。　珍重贤侯题品后，　名称千古为渠传？

东曹隐者邵珪和诗（十首）

几欲题书问老禅，　失来应是问牛年。　绝怜吴楚成抛掷，　试汲湘江瀹净娟。
郢下忽来新制作，　空门未了旧因缘。　性公应有苏公带，　千载清风合并传。

向来怀土竟离禅，　一住人间七十年。　茗碗诗瓢情脉脉，　松风水月梦娟娟。
风尘顽洞谁曾识，　湖海归来信有缘。　珍重武昌秦太守，　大篇珠玉为渠传？

东华梦醒又依禅，　感慨凭谁质往年。　白社旧游俱寂寞，　黄陵春恨泣婵娟。
蓬莱想像知何处，　檀越分明悟夙缘。　弓在楚人何得失，　却劳诗句万人传。

超凡又赴觉林禅，　喜及张滂罢税年。　睡起清风生两腋，　坐看明月动联娟。
草堂从此增颜色，　华屋他生少分缘。　闻道建溪春信早，　月团三百倩谁传？

此君只合对臞禅，　沦没重经甲子年。　沧海夜涛醒独梦，　秋风林屋伴三娟。
渴思已慰清羸疾，　超脱全消俗世缘。　若遣弥明当日见，　未应石鼎得诗传。

白发跏趺默照禅，　不知流落是何年。　穷阴有复占应验，　清节难污介且娟。
自负乾坤遗小像，　却于泉石着深缘。　湖州紫笋潭州铁，　我欲因风次第传。

不用频参五味禅，　僧家清供亦穷年。　玉泉云乳驰芳约，　白社秋莲愧静娟。
朴素且坚将利用，　去来无定是随缘。　风霜标格元无恙，　欲起湖州老可传。

忆从参侍小乘禅，　梦远湖湘又百年。　黄叶燃秋声飒爽，　翠涛飞雪舞回娟。
文章搜索三千卷，　水火煎磨十二缘。　莫诧相如还赵璧，　山中清事更堪传。

山中雅制只宜禅，　飘泊何知厄九年？　江汉有怀纾偃蹇，　风尘无地着便娟。
渊明净社今持戒，　陆羽遗经旧托缘。　阴默定劳神物护，　商彝周鼎未能传。

厌随流俗再归禅，　不见青松化石年。　千劫寒灰成幻化，　三湘遗族尚连娟。
苏兰薪桂林间约，　风壑云泉物外缘。　为语曹溪诸弟子，　珍藏好伴法灯传。

松陵吴珵和诗

此君曾了大乘禅，　流落人间已百年。　槲柮烟销春寂寂，　木犀香冷月娟娟。
老僧元会三生意，　太守终酬万劫缘。　尺璧归来真旧物，　相如高谊至今传。

萧　显　和　诗

曾向林泉伴老禅，　听松瀹茗自年年。　远公身后成沦落，　陶榖情高爱净娟。
暂尝未厌豪客兴，　重来还结惠山缘。　品题况是诸名笔，　留得清声与世传。

华亭后学钱福和诗

听松磨松烟，看竹煮竹炉。虽违植物性，巧与造化俱。韩称浮屠多技能，此炉水火登上乘。舍人鉴赏太守复，传讹乃为他人凭。忆我游，不记遭醉酕，恐受茶炉嘲。今朝清风得一吸，愿向辘轳供晓汲。缅前贤，欲废煎。

秦夔又和诗及跋

多情常自爱逃禅，　尘劫今逢解脱年。　价重玉堂并粉署，　生憎华屋共婵娟。
休论一物原无定，　自信三生却有缘。　从此诸天漫诃护，　千秋留伴佛灯传。

真性由来不离禅，　空门归去又经年。　常怀楚水兼湘月，　厌伴吴姬与赵娟。
物外风尘无旧梦，　山中泉石有新缘。　春来光照瀛洲笔，　得似弥明石鼎传。
生平只供文字禅，　归来松屋度余年。　贞姿宁受俗尘污，　旧态尚含湘水娟。
舒州短杓本非侣，　温石小铛知有缘。　况复仙郎歌白雪，　高风留与士林传。

尘容脱却喜归禅，　况复诸公为表年。　白雪数篇词衮衮，　麦光三尺净娟娟。
烹茶陶榖应同调，　解带苏公傥结缘。　陆羽泉头惠山下，　清风千古漫流传。

跋：竹炉之复，余既为诗，具诸别卷。顷来京师，偶与考功郎中乡友陈公诵之，辱不鄙首赐和章。既而朝之缙绅，若翰林侍讲同郡陆公、新安程公、夏官副郎、华亭张公辈闻之皆相继赐和，旬日间凡得诗余四十首，亦富矣哉。何物竹炉遭此奇遇，余以诸公之意不可虚辱，汇次成卷，既求侍讲陆公雄文记之，不揣复用韵勉制四律，一以贺此炉之遭，一以答诸公勤恳之意。南归有日，并付听松主僧收藏，用传为山中它日故事云。时成化丁酉岁春二月吉邑人秦夔书于金台寓馆。

——以上皆录自《竹炉图咏·贞集》

补遗：

惠山寺竹茶炉失而复得玩赏和诸公韵

杭　淮

初闻制作本真禅（作炉僧名真），　一落尘寰五十年。　吴土岿然存古朴，　湘纹犹自带婵娟。岂应世上无珠玉，　自是山中有宿缘。　细瀹龙团伴枯寂，　二泉应得并流传。

——录自谈修《惠山古今考》卷九

李东阳和诗

夜窗灯火共幽禅，　回首风尘几岁年。　合浦故应还灼烁，　湖州空解惜婵娟。浮生对境俱成幻，　微物从来亦有缘。　赖是郡侯清德在，　他时秀句必同传。

——录自王永积《锡山景物略》

吴宽和诗

与客来尝第二泉，　山僧休怪急相煎。　结庵正在松风里，　裹茗还从谷雨前。玉碗酒香挥且去，　石床苔厚醒犹眠。　席间重对筠炉火，　古杓争看瓦争全。

——录自邵宝《惠山记》

附：秦毓钧《秦氏献徵录》丙集,《中斋公复听松庵竹炉颠末》中案语

（1）听松庵竹炉制自性海上人,二王图咏脍炙人口,性海殁后,竹炉亦亡。成化间,中斋公代性海徒孙宏上人草疏复之,以贮秋声小阁,并为之记,侍修敬公作诗首唱,一时属和者偏诸名士,汇录如左。

（2）复炉为成化丙申、丁酉间事,诸公唱酬拈"传"字为韵。刘宏之序序于锡,陆简之记记于京,而邵文庄之序遗事,则为事后追维之作,迨己亥春。吴文定宽过锡游山观竹炉赋诗记事始拈"全"字为韵。其后盛冰蘗之任舜臣仿而制之,吴文定因取前诗次韵赏之。海内名流赓和殆遍,《景物略》于此似欠分析爰考而正之。

（3）惠山《竹炉图咏》为吾乡一大故实,成化间中斋公草疏复之,亦吾家一故实。曩睹王氏《锡山景物略》、邹氏听松庵竹炉始末,汇萃成篇,顷复得刘氏《慧山竹炉图》咏校定本,其中关于中斋公复炉时事列为利、贞二册。

（五）山僧真恩首仿竹茶炉

《惠山古今考》卷一的《园亭僧房峰坞考》中有以下一段话："此炉（秦夔所复之炉）岁久渐损山僧真恩,以山间紫竹之细者,仿其制而为之,亦称精巧,与旧炉并存于秋声小阁。"这段话没有引起太多人的注意,其实,僧真恩仿制的竹茶炉时间可能比盛舜臣新制的竹茶炉还早。

（六）成化十四年,秦夔建松风阁

成化十四年秋—成化十五年初,秦夔在听松庵建松风阁。正德十二年后,邵宝曾以李文正公东阳像悬于阁中,旬月一谒,故阁中题咏甚多。

松 风 阁 记
秦 夔

凡屋于山必重檐峻楹，高跨冥漠，迥凌清虚。庶可以纳遐景，招远风，此势所宜然，否则卑鄙弗称。去惠山之西一里许，有庵曰听松。据九龙之腹，山谷靓深，人迹罕至。洪武间高僧真性海居之，凡朝之缙绅与夫幽人韵士来游锡山，未尝不筋于斯，息于斯，歌咏于斯。然蓬屋瓮牖，背山而庐，可以栖霞卧云，难语夫高明爽垲，嬉游者或病焉。戊戌秋，余尝假宿于庵，庵之后有冈翼然，间与主僧宏上人登焉。方凝神莽苍间，俄有风西来，孤响泠泠，若龙吟谷中。顾问左右安所得此乎，上人戚然曰：此松风也，冈之西旧有松万株，每风起岩谷间，辄汹汹作秋涛出峡声，吾祖真公闻而乐之，尝欲阁于斯，未几示寂，而松亦旋翦为薪。今独馀三数株在，为指示之，皆苍髯垂胡，若元夫巨儒拱揖岩畔。余因自计登兹冈者多矣，皆莫克闻此。而适使余闻之，岂真公在天之灵，将托余以赞斯阁之成哉，况重檐峻楹于山之道宜然。乃为相度形势，经理财用，凡我同志咸乐补助而经营干蛊，上人实任其劳，不数月厥功告成。危栏支空，广溜成荫，易卑为高，去奥即明，高霞低映，远山来朝，而松风亦时时作金石奏，清泠激扬，可以蠲卑涤烦，所谓纳遐景招远风者尽在是矣，余间登而乐之，嘉上人之克追先志。且自庆异时宦游而归，将往来于兹，烹泉听松，以终吾老也。遂书以识，俾后之登斯阁者有所考焉。

——录自《锡山秦氏文钞》卷一

松风阁睡起书事三首
秦 旭

茶香已觉竹风起，　帘卷忽惊山雨来。　便欲壁间留醉墨，　他年谁为拂尘埃。

进退从容颇自安，　不劳灵辙话休官。　长明灯下颐如雪，　便作空花抱影看。

暑气何曾减一分，　松风阁上借南薰。　人留白社成良遇，　诗到黄初有异闻。

——录自万历《无锡县志》

【编者按】　第二首个别字按弘治志，弘治志仅收录了第二首，现今流传的只有一、三两首。

松 风 阁
徐 问

山雨正冥冥，　山僧开翠屏。　水拖千涧白，　云纳半峰青。
石髓分茶鼎，　尘心静佛经。　松风坐来定，　馀韵绕檐楹。

——录自王永积《锡山景物略》

松风阁夜宿
邵 宝

不宿山中已二年，　老僧还话二年前。　戏移片石真奇迹，　笑却千金是隐缘。
半夜未眠泉远滴，　四山无籁月孤悬。　明朝更与王山长，　点易台端望海天。

——录自《容春堂续集》卷三

重登松风阁
邵 宝

天风满榻坐参禅，　上有松声下有泉。　高阁我来三纪外，　老僧谁起百年前。
茶炉夜湿昙花雨，　画壁春消劫火烟。　最是陇冈犹未表，　北山回首思悠然。

——录自《容春堂前集》卷六

徐用中寓松风阁诗以为问
邵 宝

舞雩何处问高坛，　松阁春风晚带寒。　病起不须操几杖，　诗成刚在凭阑干。
榻缘徐孺初教下，　炉为王郎试索看。　我欲坐君听古调，　隔墙还有玉千竿。

——录自《容春堂后集》卷十一

听松诗
邵 宝

听松复听松，　松声在高阁。　阁成四十年，　听者今如昨。
风来春涛生，　风去秋涛落。　当其无风时，　萧然亦微作。
聪者听于斯，　冥心对寥廓。

——录自《容春堂后集》卷九

【编者按】 松风阁建于成化十四年(1478)，四十年后为1517，即正德十二年。

松风阁赠方昆山，用顾与成韵
邵 宝

石鼎诗成向我歌，　听松楼外竹为窝。　风烟逸望三江远，　湖海清谈一夜多。
云近不知山是否，　雨深还问月如何。　相逢莫讶辞官蚤，　鬓发萧萧短更皤。

——录自《容春堂前集》卷七

二十日与诸生私祀忠定祠，退馂松风阁
邵 宝

山中景物雨中楼，　争道风雩是此游。　竹径有香深处净，　松坛无影上方幽。
茗留宿润春初撷，　苓待新晴夜欲收。　何处美人同我兴，　便题书札向渠投。

——录自《容春堂续集》卷三

松风阁次韵
邵 宝

出郭初闻县阁钟，　西林东日破朦胧。　我于寺主元无约，　诗与禅家各有宗。
三伏炎蒸须谢客，　四朝衰懒合明农。　相逢若问来何早，　欲向风前听古松。

——录自《容春堂续集》卷三

与徐秋官用中登松风阁，先一年约登未果，至是乃遂
邵　宝

七里青山两载心，　秋官为我一登临。　病馀幽思泉兼石，　别后佳音玉更金。
夜雨不嫌苔径湿，　春寒偏爱竹房深。　松风阁上君曾坐，　试问何如听颖琴？

——录自《容春堂续集》卷四

松风阁坐，圆金、方益二僧和莫东川诗来呈，用韵赏之

每怪侏僬语杂华，　静中禅却自成家。　石庵故有诗题竹，　雪老曾闻榜说茶。
三日天能留阁雨，　一杯吾亦对山花。　只应便放中秋棹，　黄阜墩边倚月沙。

——录自《容春堂后集》卷十二

松风阁追次前人韵
邵　宝

秦中斋

一木还将古殿支，　真公五叶又逢师。　闲云锡远心初定，　净水瓶深手自持。
南涧浚泉寻石窦，　西林望月倚松枝。　旧庵更有新楼阁，　淮海先生为作碑。

莫东川

倚天松不受风摇，　白鹤回翔似有招。　何处客来忘此阁，　故人诗在忆同朝。
采苓每带云双屐，　供石时添水一瓢。　莫道山中无语者，　老僧送罢又逢樵。

石畔青梧正有华，　白云深处问僧家。　壁莨梦远犹疑画，　炉竹盟寒不为茶。
绣岭峰回松起籁，　黄梅时尽雨如花。　流泉东入蓉湖去，　遥听滩声走碧沙。

——录自《容春堂后集》卷十二

记先师文正公小像
邵　宝

　　此吾师西涯先生李文正公小像也。先生薨后，某寓书求诸崔尚宝世兴得之。某昔侍先生，尝窃观于架上乱书中，盖先生为学士时所画，于今三十余年矣。乌乎！先生不可作矣！得斯像而时展焉，亦足以慰我岑郁无涯之思耳。听松庵某世墓所在，旬月必一至，择静室悬焉，谒墓退则谒于斯，勤且弗亵之道也。丁丑秋七月朔。

——录自《容春堂后集》卷一

听 松 偶 成

以涯翁小像悬松风阁,旬月一谒之,丁丑十月廿八日

邵　宝

秋深水国候来鸿，　一夜悲凉见朔风。　行遍冉泾无语者，　听松阁上哭涯翁。

——录自《容春堂后集》卷十一

【编者按】 邵宝修建松风阁是在正德十五年,丁丑为正德十二年,松风阁还未重修。

李文正公小像赞

先是正德丙子冬,某得先师文正公先生小像于吾友崔世兴,轴而悬诸松风之阁,以便时省。戊寅世兴复寄大像至,轴而藏诸。庚辰春小像为人窃去,乃临诸大像,敬赞数语,属僧园金悬奉如故。乌呼！公之德天下之所同慕也,彼窃者独无此心哉,而况他人乎。尚相与守之,勿为风雨虫鼠之所伤也。

邵　宝

以神童始，　以元老终。　师保两朝，　进退从容。
纡纷纳污，　辩几信谊。　力赞化原，　民受其赐。
学无标榜，　而有典刑。　四海之内，　济济门生。
欧未秉钧，　韩不入相。　惟公文章，　千载下上。

——录自《容春堂续集》卷八

甲申元夕之日,惠山金益二僧以余久不到山中也访冉径草堂,诗以答之用唐人韵

邵　宝

上方稀听击鱼声，　僧入城中递刺名。　老去有心非石转，　春来何事不山行。
北枝梅似南枝白，　今雨泉如旧雨清。　为问竹炉无恙否，　好煎佳茗待先生。

——录自《竹炉图咏·利集》

跋:二泉在松风阁为月西书正月廿四日也。

（七）成化十六年,庐山景画壁毁于火

《惠山记·庐山景画壁》:"成化庚子,火而毁之。"成化庚子即成化十六年(1480)。关于这段史实,缺乏翔实记载,大多语意含糊。庐山景画壁是画在听松庵秋涛轩壁上,究属是秋涛轩失火或是整座听松庵失火呢？《康熙志》称:"唯竹炉卷犹存。"竹炉卷自弘治二十八年后的《竹炉图咏卷》和成化十二年后秦夔《复竹炉唱咏》已装成二轴,并原竹茶炉,贮秋声小阁,这说明秋声小阁并未毁。松风阁建于成化十四年底,是在画壁毁之前。在正德十二年邵宝诗《听松偶成》小序中有:"以涯翁小像悬松风阁,旬月一谒之。丁丑十月二十八日。"正德十二年,松风阁尚在,说明松风阁在成化十六年,未被火毁。后来县志把画壁毁于火,说成是听松庵毁,秦夔建松风阁,说成修复听松庵:"庵火于成化中,邑人武昌守秦夔重建,增置松风阁。"(《乾隆志·听松庵》)不但把秦夔建松风阁的时间和画壁毁于火的时间,顺序上有所颠倒,且把秦夔建松风阁说成了重建听松庵,增置松风阁,殊不知秦夔建松风阁时,画壁尚未遭回禄,这段史实有秦夔《松

风阁》记为证。

邵宝《惠山记》中有一篇关于听松庵失火之传说,现附在下面:

"听松佛堂,左右有二经厨,畜蜜蜂其中,从门罅中出入。一日,僧法霖坐云深轩中,见蜂忽群飞去,盖申时也。是夜子时,庵毁于火。蜂,微物也。古人谓,其与蚁皆有君臣之义,蚁能先潦而避,则蜂先火而去,亦其性也。然则庵之毁,固有数哉。"(《西园杂记》)

(八)成化十九年,盛舜臣新制竹茶炉

成化十九年癸卯,盛冰壑容之侄舜臣雅慕竹茶炉,仿制为二,一携至京师呈冰壑,一赠吴文定公宽,吴宽用己亥复竹茶炉诗"全"字韵赋诗二首以赏之,公辇下名公钜卿题咏甚夥,后亦付之听松庵僧收藏,于是仿炉诸篇与制炉、复炉诸作合而为一焉。岁久,炉坏庵亦废,卷遂沦失。

吴宽序和诗

己亥之春,予过无锡,游惠山入听松庵,观竹炉酌第二泉煮茶,尝赋诗纪其事。今刑部侍郎盛公,无锡人也,谓炉出于王舍人孟端,制古而雅,乃仿而为之,且自铭其上。其侄虞字舜臣者,性尤好古,来省其伯父,不远数千里携以与俱予获观焉,因取前诗次韵赏之。

| 听松庵里试名泉, | 旧物曾将活火煎。 | 载读铭文何更古, | 偶观规制宛如前。 |
| 细筠信尔呈工巧, | 暗浪从渠搅醉眠。 | 绝胜田家盛酒具, | 百年长共子孙全。 |

附 录 前 诗

| 与客来尝第二泉, | 山僧休怪急相煎。 | 结庵正在松风里, | 裹茗还从谷雨前。 |
| 玉碗酒香挥且去, | 石床苔厚醒犹眠。 | 席间重对筠炉火, | 古杓争看更瓦全。 |

舜臣以余尝爱赏既归江南特制其一见赠规制益精辄复次韵为谢

| 晓汲荒园冷潇泉, | 入厨不付爨奴煎。 | 重编细竹形如许, | 小试新茶味莫前。 |
| 制出秋亭(舜臣号)承雅意, | 诗联寒榻罢高眠。 | 更闻瓦杓兼精妙, | 乞与斋居欲两全。 |

长洲吴宽录

新安程敏政和诗二首(并序)

惠山听松庵有王舍人孟端竹茶炉,既亡而复得,秦太守廷韶尝求余诗。后余过惠山,庵僧因出此炉吟尝竟日,盖十年余矣,观吴同寅原博及盛舜臣倡和卷,慨然与怀,辄继声其后得二章云。

| 新茶曾试惠山泉, | 拂拭筠炉手自煎。 | 拟置水符千里外, | 忽惊诗案十年前。 |
| 野僧暂挽孤帆住, | 词客遥分半榻眠。 | 回首旧游如昨日, | 山中清乐羡君全。 |

| 细结湘云煮石泉, | 虚心宁复畏相煎。 | 巧形自出今人上, | 清供曾当古佛前。 |
| 可配瓦盆笃玉注, | 绝胜金鼎护砂眠。 | 长安诗社如相续, | 得似轩辕句浑全。 |

盛颙和诗三首(并序)

吾乡王友石先生诗画珍于朝野,尝居惠山听松庵,与僧真性海制竹炉煮茶倡诗,传诵迄今。吾侄虞奇其制而仿为之,请予铭其上。成化癸卯来省京邸,出炉煮茗,清我尘思。适吴鲍庵先生见而赋诗示及余,遂续貂三首,虞亦续之,并书以纪胜云。

唐相何劳递惠泉,	携来随处可茶煎。	三湘漫卷瓷瓶里,	一窍初分太极前。
吟苦诗瓢和月饮,	梦醒书榻带云眠。	何当再读卢仙赋,	千古清风道味全。
一片龙团一勺泉,	石分新火趁炉煎。	绿云擘破先春后,	玉杵敲残午夜前。
仙液尝来欲飞越,	寒涛听处不成眠。	这回唤醒闲风月,	可卜归田乐事全。
我爱乡山入品泉,	持归禅榻和云煎。	湘皋卷雪来窗外,	蒙顶惊雷落槛前。
浇破诗愁初得句,	洗清尘思竟忘眠。	人间肉食纷如雨,	争识吾家此味全。

冰壑道人颙

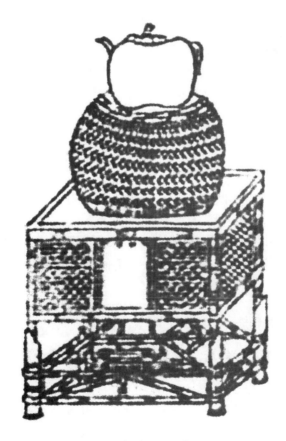

图3　盛舜臣　竹茶炉
（顾元庆　苦节君像）

——录自廖宝秀(台北)《乾隆茶舍与竹茶炉》

【编者按】 明代竹茶炉也称"苦节君",竹子中空直而有节,弯而不折,寓逆境中仍能节操自守。

附

竹 茶 炉 铭

肖形天地， 匪冶匪陶。 心存活火， 声带湘涛。
一滴甘露， 涤我诗肠。 清风两腋， 洞然八荒。

钱唐倪岳和诗

宿火长留瓮有泉， 不妨寒夜客来煎。 名佳合附《茶经》后， 制古元居竹谱前。
司马酒炉须却避， 玉川吟榻称幽眠。 金炉宝鼎多销歇， 眼底怜渠独久全。

余姚谢迁和诗

茗碗清风竹下泉， 汲泉仍付竹炉煎。 夜瓶春瓮轻烟里， 嶰谷荆溪旧榻前。
谷雨未干湘女泣， 火珠深拥犨龙眠。 卢仝故业王猷宅， 凭仗山人为保全。

陈湖陈璠和诗二首（并序）

　　竹为清物，取而为炉，炉惟汲惠泉煮茗，所谓太清而不俗也。况昉自王舍人清士置之听松庵处之，又得至清之地。舜臣仿其制为二，一献其诸父冰壑翁，一以奉鲍庵先生海月庵中。此见舜臣志趣不凡，又能处，是物得地。而鲍庵题之又题，诸名公和之又和，洋洋乎使士林喜闻而乐观之，其名遂显，岂止听松庵而已哉？盖将变士风去豪奢，就清素，使知名教中自有乐事，又岂但竹炉视之而已哉？敬题卷尾，归舜臣藏之，并录次韵二首于后。

惠山人爱惠山泉， 截竹为炉瀹茗煎。 老阮高怀仍李后， 阿咸巧思在王前。
秋风亭上心偏苦， 海月庵中喜不眠。 我亦颇知滋味者， 舫斋须此趣方全。

几年林下煮名泉， 携向词垣试一煎。 古朴肯容铜鼎并， 雅宜应置笔床前。
席间有物供吟料， 桥上无人复醉眠①。 顿使士林传盛事， 儒家风味此中全。

【注释】
①作者自注：海月庵前有醉眠桥。

题秋亭篆史新制《竹炉诗卷》后，并奉怀其世父冰壑都宪先生及雪溪居士，用鲍庵韵
陆　简

秋怀亭上澹于泉， 不受尘凡劫火煎。 家学想从良冶后， 幻身疑出永师前①。
寒冰绝壑真难仰， 白雪深溪任醉眠。 莫羡蓬莱是仙处， 一家清节几人全②。

弘治庚戌春二月既望，郡人坞东陆简廉伯书于都城寓邸之物华轩。

【注释】
①作者自注：炉出国初惠山诗僧真性海所制，王舍人辈赋咏之耳，今或以为舍人手物，盖误也。
②作者自注：都宪谢事归，有司题其里曰：全节坊。

竹炉新咏引

钱 福

　　无锡盛舜臣氏奇而好古,慕其乡闻人倪云林所为画,辄效之。攻其《秋亭图》一幅,遂以自标,则其他可知也。用是予游锡,独与之契最深。见其所制竹茶炉而爱之,因谂曰:是必有如端友斋为学士大夫所奇赏者。舜臣并呈是卷,皆极一时有声于诗家者所作也。大要奇古为诗家共癖。炉为火床,昔之煮茶者,尝以竹称而不得其遗规。若舜臣者,亦慕其乡闻人王中舍所制,效之而攻其技者也。中舍以诗画名一时,而舜臣继之兴,则夫诸诗家之作岂为无从也哉。嵇锻阮屐曷攸取义而彼适之,而世传之,存乎其人焉耳。矧锡以泉显,缘茶得第。近古佳士,惟茶是珍。而竹之取重于世宜,无古今贤否之间者也。夫人珍是物,与味必重,其所藉而饰之者。则夫舜臣之制,是以暨诸诗家之作,又岂为无从也哉?予奇而好古,与诸诗家共癖,而又不能诗也。尝其炉所煮,读诸作不能无慨于衷,乃为之引。若诗之所自起倡于吾院长匏庵吴吏侍公,而和于其伯父冰蘗都宪公,次第可考,无俟予言。而舜臣所以见重于大方家者,亦不为无从也。弘治丁巳岁长至日,翰林修撰华亭钱福试焦叶研。

——以上皆录自《竹炉图咏·元集》

补遗

杨守址和诗

| 渭川苍翠隔云泉, | 谁取编排事茗煎? | 凤阁舍人工创始, | 秋台公子巧模前。 |
| 火红松叶汤初沸, | 月白梅花客未眠。 | 饮罢雪香三弄笛, | 闲中清趣得天全。 |

——录自邵涵初《惠山记续编》

王文恪鏊和诗

| 烧竹书斋煮玉泉, | 同根谁使也相煎。 | 匡床简易聊堪并, | 石鼎彭亨莫漫前。 |
| 月落湘妃犹自泣, | 日高卢老且浓眠。 | 惟君肯慰诗人渴, | 不学相如与壁全。 |

——录自邵涵初《惠山记续编》

屠滽和诗

| 生平端不近贪泉, | 只取清冷旋旋煎。 | 陆氏铜炉应在右, | 韩公石鼎敢居前。 |
| 满瓯花露消春困, | 两耳松风起昼眠。 | 宦辙难全隐居事, | 君家子姓独能全。 |

——录自王永积《锡山景物略》

与客谈竹茶炉二首

邵 宝

| 松下煎茶试古炉, | 涛声隐隐起风湖。 | 老僧妙思禅机外, | 烧尽山泉竹未枯。 |

| 彭泽无弦浪抚琴, | 琅琊山水醉翁心。 | 漫将炉火论茶味, | 云隐松庵午梦深。 |

——录自《容春堂前集》卷八

咏竹茶炉次匏翁
邵 宝

雨过春山满汲泉，旧炉僧在好烹煎。缁尘性绝甄陶外，烈火心降汗竹前。
白雪翻时群蟹沫，碧云蒸处一龙眠。调元固有商家鼎，不出山林道与全。

——录自《容春堂别集》卷四

盛舜臣新制竹茶炉和韵
李东阳

石罅曾分袅袅泉，裹茶添火试同煎。形模岂必随人后，鉴赏何因置我前。
秋共林僧烧叶坐，夜留山客听松眠。王家旧物今虽在，竹缺砂奔恐未全。

——录自《竹炉图咏补辑》

来月楼试竹茶炉和韵
王表（邦正）

楼在空中月在濠，茗炉小试欲生涛。火兼文武功非易，香泻漪澜品亦高。
六碗通灵容我共，一尊低唱任渠豪。乘风便为苍生念，何日颠崖命可逃？

——录自《竹炉图咏补辑》

仿王舍人制竹炉成漫题二绝
华应家（心白）

竹炉佳制遗僧舍，千古高闲老孟端。此日渭川无胜具，幽人漫自炼泥团。

窗上梅花影自横，枝头倦雀寂无声。飕飕蟹眼如催句，扬出茶烟伴白云。

——录自《竹炉图咏补辑》

王永积和诗

名炉偏喜近山泉，拾得枯枝手自煎。澹泊家风烟火外，玲珑巧制坎离前。
水流古涧偕龙卧，松老闲房伴鹤眠。垂髫还山颜愈好，由来神物本天全。

半生知契托枯禅，误落风尘不记年。合浦珠还功郡守，汉宫春老惜霜娟。
丹留活火看真鼎，雪点洪钧悟夙缘。胜事已随时代谢，风流犹藉昔贤传。

——录自王永积《锡山景物略》

(九)正德四年,《唐六如竹炉图祝枝山草书合璧卷》问世

祝允明题诗(有序)

奉教竹茶炉诗捧诵之余,如闻《韶》《濩》,令人敬爱之。不暇生不揣疏陋,踵韵四首,瓦击雷鸣,不胜惶汗伏惟政教。

| 仙掌分来自玉泉, | 呼童试向竹炉煎。 | 苍虬蟠绕笔床外, | 彩凤和鸣诗榻前。 |
| 冰壑著铭深得趣, | 鲍庵索句久忘眠。 | 几回欲付丹青画, | 又恐丹青画不全。 |

| 尝遍江南七品泉, | 北游复汲玉河煎。 | 潇湘夜雨来窗外, | 嶰谷秋云起座前。 |
| 翰苑曾消司马渴, | 书斋每破老韶眠。 | 卢仝素识茶中趣, | 此题多应识未全。 |

| 露芽数朵和甘泉, | 雅称筠炉漫火煎。 | 老阮清风能启后, | 阿咸高节有光前。 |
| 案头汤沸人忘倦, | 帘外烟微鹤傍眠。 | 不是良工心独巧, | 每经烈焰岂能全? |

| 平生端不近贪泉, | 只取清泠旋旋煎。 | 陆氏铜炉应在右, | 韩公石鼎敢争前。 |
| 满瓯花露消春困, | 两耳松风惊昼眠。 | 宦辙难全隐居事, | 君家子姓独能全。 |

——录自庞元济《虚斋名画录》卷四

(十)正德五年始,邵宝在听松庵的活动

1. 正德五年

邵宝于正德四年十二月以总督漕运致仕,正德五年三月抵家,七月建尚德书院于听松庵,落成十贤堂,八月订定《惠山记》,九月祠宋丞相李忠定公祠于尚德书院。是年,邵宝移听松石床于双古松下,建松坛、浚逊名泉。

(1)尚德书院

尚德书院是邵宝于正德五年所建,在听松庵之左,听松庵竹园内,前面为宋丞相李忠定公纲祠,后面为绣岭草堂。祠前筑松坛,坛有双古松,邵宝移置听松石床于双古松下,坛前有逊名泉,正德五年浚。

①李忠定公祠:在邵氏尚德书院中,正德五年建。

尚德书院祠李忠定公记
邵 宝

慧于锡为名山,山之重在泉,而幽邃如听松庵者次之。庵左有茂林修竹,尤为一山之胜。弘治间,购于僧而得焉。时方考宋丞相李忠定公居锡之故,而恨其未之祠也。遂为堂于竹间,以为公祠。登而四顾,左右前后,无非竹者。乃颜其门,曰尚德书院,若谓:竹有君子之道,凡观物者尚之云尔。然岂徒以物为哉,思古之君子而不可见,将诵诗读书,以论其世,盖狂斐之志如此。粤稽三代以来,君子之在锡者,至德如泰伯尚矣,儒学则祀龟山诸贤。公自其祖,由邵武来居,生长宦学于斯,至以梁溪自号,则固诸贤之俦也。况尝庐墓兹山,义起之礼,顾可后举哉。吾堂之

作,拟诸祭菜,则事合;称诸乡先生,则名正;肖诸家庙旧本,则像真。岁时陟降,如与君子周旋。交樊厥修,以阶圣贤之域,亦自尚吾志而已矣。公之学,吾未知其所从受,观其父母葬铭,皆出龟山,当亦与闻程氏之道者。故其建明经画,大抵笃君臣,明夷夏,达经权,审进退,以身任重而不自失。其忠义激烈,千载而下,犹能使人兴起。史称其有诸葛武侯之心,而朱子序其奏议,以天生弭乱许之。即是而观,谓非古之君子其不然哉。昔朱子以匡庐卧庵之名,取诸潭石,遂缘其义,为画武侯于堂,后人称其有异世之感。今予以竹兴思,于卧龙庵之说,窃自附焉。

——录自《容春堂前集》卷十一

②绣岭草堂:在尚德书院内,李忠定公祠后。

与顾氏昆季饮海天亭,复至绣岭草堂
邵 宝

日日溪边舣钓槎, 偶将尊酒会诗家。 草亭坐处聊题竹, 松阁登时复煮茶。
杜老幽居常阒寂, 谢卿群从总清华。 班荆莫问西峰日, 明发云山各一涯。

——录自《容春堂续集》卷三

王郡公命善权僧访予山中,因遣僧圆金驰谢
邵 宝

郡守题书走客僧, 惠山方丈路登登。 东坡兴远公真是, 彭泽风高我未能。
皂盖来时随一鹤, 青松阴处驻双藤。 此情久待成图画, 独倚西楼望不胜。

——录自《容春堂续集》卷三

郡守王公遣善权僧访予山中,予作诗遣僧圆金驰谢,投诗后圆金来报,车从临我绣岭草堂,欲追候之,已无及矣,赋此以谢不敏
邵 宝

竹炉久矣待公来, 应胜宾筵赋有菜。 肯信昼回松阁梦, 却闻客到草堂开。
一时诗已留僧刻, 三子情如为我陪。 分付山灵知岁月, 兰亭今日正流杯。

——录自《容春堂续集》卷三

【注释】
《容春堂续集》卷三有注:"三子谓吕太仆及顾氏二参议。"

题绣岭草堂
顾可久

司徒焚鱼归故山, 山中高结元都坛。 前冈时转笙鹤度, 叠嶂会有龙蛇蟠。
绣林娟娟长瑶草, 阴洞拂拂飞霞丹。 座上春风不可束, 振衣飘洒青云端。

——录自邵宝《惠山记》

涵初按: 洞阳先生以正德九年成进士,正先文庄公致仕山居时,故与顾氏昆季互有题赠。

（2）听松石床的变迁

听松石床最早见之于文的是唐皮日休的《题惠山寺》，内有"松子声声打石床"句，后又见之于元王仁辅的《无锡县志》。石床来自何处、何时而来已无从考了，现能知道的最早应出现在惠山寺大殿前，在唐朝就有。石床长数尺，宽厚半之，上平，可偃仰，旁刻"听松"二篆字，传是唐李阳冰所篆。皆苍润有古色，上有宋人题词，据传是米南宫笔迹。

题 惠 山 寺
皮日休

千叶莲花旧有香，　半山金刹照方塘。　殿前日暮高风气，　松子声声打石床。

——录自咸淳《毗陵志》

石床旁有古松二，不知何年所植。据传，唐宝历二年，敕造竞渡牛尾舟，将代松为之，是夕，松忽哀鸣，遂奏免。石床旁有双温树，唐李丞相绅未遇时读书于此，尝手植双温树于惠山寺，有诗记之。

别 双 温 树
李 绅
余往年于惠山寺手植，今葱翠蔽日。此树过江多死，有橘之状

翠条盈尺怜孤秀，　移植书窗待月轩。　轻剪绿丝春叶暗，　密扶纤干夏阴繁。
故人手植空怀想，　温室心知不敢言。　为尔拂云今得地，　莫随陵台改深根。

——录自王仁辅《无锡县志》

长生桧在惠山寺佛殿后，宋天圣中苏内相绅宰县树手植，后人立石记之，今亡。

长 生 桧
苏 绅
在惠山大殿之东，长十余丈

几年飞锡倦寻芳，　云衲斓斑掩竹房。　一榻夜禅蒲坐稳，　满盂春供药苗香。
汲泉岩畔惊猿饮，　栽苇池边引鹭翔。　像室雾昏灯焰小，　石楼风度磬声长。
攀萝别岭冲寒霭，　扫叶前林趁晓霜。　大抵僧居遗俗虑，　此中身世更清凉。

——录自咸淳《毗陵志》

赵令松在惠山寺前，宋元符间，洛阳赵伾为邑令时手植。
还有凤桧也在佛殿前，不知何时所植，今亡。
天顺中县丞邵性把听松石床从惠山寺前移置到听松庵东墙下。

【编者按】　关于听松石床移置听松庵的时间，地方志有两种说法：《重修弘治县志·慧山禅寺》："国朝成化七年移置听松庵。"康熙《无锡县志·惠山禅寺》、弘治《重修无锡县志·惠山禅寺》有"或云天顺中

县丞邵性移"。笔者查阅了光绪《无锡金匮县志·职官》:"在天顺四年—天顺六年,由余姚人邵性任县丞。"笔者采用了康熙《无锡县志》的观点。

正德五年,邵宝又移置听松庵墙东听松石床于双古松下。

听 松 石
僧太初

一曲松风奏明月， 无弦琴里韵尤清。 茅山听得青牛化， 千古愁云石上生。

——录自谈修《惠山古今考》卷十

石 床 行
邵 宝

石床,古在慧山寺佛殿前。成化初,邵县丞性移置听松庵。予以隔墙有二老松,又移置其下。

慧山石床古有之， 声声松子金风时。 皮休题诗李冰篆， 千秋并作山中奇。
山庵之名本缘此， 石也移来应偶尔。 游人玩侮等寻常， 识者其怜非所止。
墙西松树几百春， 大围三人小二人。 此松此石雅相友， 乾坤无心物有神。
二泉山人爱观物， 谓物皆然胡独不。 立破颓垣遗往参， 却笑他年两湮郁。
君不见,赤松子、黄石公,姓名久落荒唐中。 酒酣击节发清啸,春深绣岭回天风。

——录自《容春堂续集》卷一

洗 石 二 首
邵 宝

汲水洗石床， 上有唐时字。 不用太分明， 恐损莓苔翠。

石上听松声， 松花石不老。 移石就新松， 新松数人抱。

——录自《容春堂续集》卷二

石床右有双古松,大者围二人,小者围一人有半。

惠 山 杂 歌(其一)
邵 宝

听松庵里双古松， 松下石床苍藓封。 洗却藓痕看古刻， 志书传是米南宫。

——录自《容春堂续集》卷一

双　松　图
邵　宝

托根共山谷，　贞德元不孤。　天声自相和，　泠然觉迷涂。
烟云日往来，　映此古貌癯。　尚友千载人，　贤哉二大夫。

——录自《容春堂后集》卷九

见　松　子
邵　宝

手种双松树，　直我庭前楹。　一年松花开，　三年松子生。
松子初辞花，　青青复青青。　日看日渐长，　匀圆自天生。
一粒成一树，　森然遍郊坰。

——录自《容春堂后集》卷九

雨中和答浦文玉
邵　宝

五月江寒昼阁清，　雨中草色唤愁生。　系舟未问水深浅，　策杖还看云重轻。
客去不知谈未尽，　诗来刚及梦初醒。　百年吾道今如此，　何处沧浪共濯缨？

——录自《容春堂后集》卷十二

雨中次文玉
邵　宝

庭下双松相对清，　东风吹花松子生。　四檐飞雨葛衣薄，　一径带云藜杖轻。
课诗未足销多暇，　戒酒非关爱独醒。　何处沧洲堪一眺，　已知吾道负冠缨。

——录自《容春堂后集》卷十二

冬日偶过听松南院

丈室东移去，　南房自一家。　树留不尽叶，　菊有欲残花。
日昃壶添酒，　烟消灶熟茶。　闲行甘淡味，　休向俗人夸。

——录自《容春堂续集》卷二

【编者按】　听松南院疑即双松房。（惠山十四所僧房之第十三所）

归途再用前韵

谈余方外士，　乘兴到禅家。　云尽长依竹，　山寒不见花。
客留新卷墨，　僧试旧炉茶。　世味吾痴在，　无官处处夸。

——录自《容春堂续集》卷二

题 双 松
王 问

寂寞衡门栖， 双松自相倚。 郁郁苍翠姿， 岁暮白谷里。
山人拾紫芝， 云卧常晏起。 有时白鹤归， 月光澹如水。

——录自邵宝《惠山记》

(3) 松坛

在尚德书院,明正德五年,邵宝筑松坛,移石床,浚逊名泉。

松 坛 铭
邵 宝

贤哉二大夫,昔闻其语,今乃见之。古色苍然,挺乎俨而。我坛于斯,参其离立。山空无人,仰不可及。

——录自《容春堂前集》卷九

松坛午坐与送茶诸僧
邵 宝

竹里风来生昼凉， 况逢时节近端阳。 也知城外尘能少， 却道山中日更长。
云壑飞泉频倚杖， 松坛磐石漫焚香。 老僧供茗浑忘味， 好向嵩峰问溥光。

——录自《容春堂续集》卷二

(4) 松苓泉

在听松庵左、盛都宪冰壑别墅中。上有大松,泉出松根,凿池引之,盛都宪名之,王文恪公鏊有记。逊名泉,在尚德书院前,正德五年浚。

松 苓 泉
莫 止

松根引细泉， 扫叶喜频煎。 佳茗瓷瓶贮， 光斋绣佛前。

——录自邵宝《惠山记》

松苓泉,用新制竹茶炉诸贤咏韵
施 闰

松苓久已属云泉， 今日携炉试一煎。 法尽遗经三卷内， 兴追石鼎百年前。
略寻阳羡春方好， 吟苦秋亭夜不眠。 一任豪华都扫去， 清风高致自天全。

——录自邵宝《惠山记》

【编者按】 听松石床,自惠山寺移置听松庵东墙,邵宝再从听松庵东墙移置双古松下,建松坛,浚逊名泉,终于可以安顿几年了。后听松石床随听松庵之毁又回至惠山寺,这是后话。

2. 正德十一年

邵宝建二泉书院于惠山寺左,移听松庵尚德书院中李忠定公纲祠于二泉书院,为二泉书院十五景之一。后御史徐公盈在二泉书院李忠定公祠后建讲堂五楹,直到康熙五年,李氏另建忠定公祠于惠山寺前,日月池旁,李裔移忠定像于新祠,即现今的李忠定公祠。是年,邵宝买田二十亩,为惠山寺僧守院工食,兼供夏月施茶。邵宝殁后,田为僧售出,天启三年,邑侯刘五纬重葺二泉书院时把茶田追还。

3. 正德十三年

惠山茶会图序
蔡 羽

渡江而润,金焦甘露胜。由润入句容,三茅山胜。由句容至毗陵,白氏园胜。由毗陵至无锡,惠麓胜。余三之金陵,它径是傍,程迫事胁,或不得一造,造或不得遍观,观或不得与朋友共,而私踟蹰焉,由是怏怏。尝与衡山文徵明,中山汤子重,太原王履约、王履吉谋行,而诸君名有曲守,义不敢舍己业以越人境。正德丙子秋,长洲博士古闽郑先生掌教武进,居于毗陵。明年丁丑夏,吾师大学士太保勤公致仕,居于润。又明年戊寅春,子重以父病将祷于茅山,履约兄弟以煮茶法欲定水品于惠,其二月初九,遇得往润之日,与诸友相见于虎丘,又辞以事,乃独与箭泾潘和甫挟舟去,子重亦与其徒汤子朋同载,前后行三宿达润。余即拜太保公于其第,获登甘露寺,由多景楼故址以观江海,居二日而退舟。甲申宿丹徒,己酉宿毗陵。丙戌晨,饭于舟中,起拜学谕公于官舍。时子重之舟至自茅山,徵明、履约、履吉至自苏,先已馆郑公。郑公以吾七人宴,获周览于白氏之园。丁亥,暴风雨。戊子为二月十九,清明日,少雨,求无锡未逮惠山,十里无忽需,日午造泉所。乃举王氏鼎,立二泉亭下,七人者,环亭坐。注泉于鼎,三沸而三啜之,识水品之高,抑古人之趣,各陶陶然不能去矣。顾视畴昔何如哉。然世之熟视吾辈则不能无疑,以为无情于山水泉石,非知吾者也。以为有情于山水泉石,非知吾者也。诸君子稷器也,为大朝和九鼎而未偶,始适意于泉石,以陆羽为归,将以差时之车红粉、奔权幸、角镏铁者耳。矧诸君屋漏则养德,群居则讲艺清志,虑开聪明则涤之以茗。游于丘,息于池,用全吾神而高起于物,兹岂陆子所能至哉,固鲁点之趣也。会成诗赋,冠以序。正德十三年戊寅二月清明日林屋山人蔡羽撰。

图4 文徵明 《惠山茶会图》

——录自《无锡园林志》

图5　丁云鹏《煮茶图》局部

——录自廖宝秀《乾隆茶舍与竹茶炉》

4. 正德十五年

冬十一月,邵宝重修松风阁,建千金累址亭。

修松风阁记
邵　宝

某初卜太夫人寿藏于绣岭之下,其兆当听松庵松风阁左。人谓阁也右胜非宜,盍徙诸某不可?既而徙其兆于上,当阁之后。人谓阁也前塞,盍徙诸某又不可?越数日,说者不已。乃择日斋戒,以《周易》筮之。遇萃之渐,史曰吉兆,其宜矣,阁亦无容徙矣。于是尽谢诸说者,而定议焉。或曰:"僧之阁,故方伯秦公所建也,徙而弗废,何不可之有?"某曰:"阁吾有不欲徙者四,卜兆将以安吾亲,亲安,则福生,吾其可毁人以自成哉;且筮得吉占,不从何为?矧庵之先,僧交于吾高祖,以下凡五世矣,某何忍涣而弃之。方伯公,吾婿汶之祖也。若吾徙其所建,虽勿废,亦乌乎可?"于是说者皆止。然念阁不修且坏,坏则其势必至于毁。吾虽不欲其能遂诸。于是告于姻友之有行义者数人,胥助工力,易其栋梁之挠腐者,榱桷之朽折者,盖其瓦若甓之圮败者。中为虚楗,而徙其佛像,以从秦公之旧。又为髹涂采绘,侈彼旧规,作我新观。始事于正德庚辰冬十一月,明年辛巳二月告成。庵之长僧宗烨曰:"昔秦公之建斯阁也,有记焉,实刻在壁。今兹之修,其功不减于作,而记乃无述,敢以为请。"某曰:"烨而弗闻乎,维我邵氏,胜国时,世墓在张山。国初,我五世祖考妣,始葬于而听松,而庵僧以怀德故实,与熏莯之事,有守道焉。今也不他之卜,而眷眷于是,岂惟壤土之择,亦惟世德,是思是继。而是地也,蜿蜒一脉,上由绣岭而来,左右二间,夹冈下行,汇而为池。池之西北,有泉出焉。淙淙金石声,冬夏不息。双松并峙门右,皆数百年物。其左,配以石床,有唐人篆刻者,人为之称。阁之有亡,盖不与焉。惟有先祖容春府君以来,积德数百年,而始至于某。某虽不敏,敢不仰承遗泽,以图似续。阁之修,其犹吾祖之志也夫。"烨曰:"此公之德也,此固邵氏之祉也。吾先僧有知,实闻公言,记其能外于斯,敢以刻请。"某曰:"诺。"遂刻之。

——录自《容春堂续集》卷十

松风阁和韵诗

赴大宗伯二泉公松风阁避暑之招
潘 绪

耳畔敲残百八钟， 出城方见日曈昽。 空门迓我逢开士， 吟社论心契秩宗。
万姓恩颁天上诏， 三时功积垄头农。 新泉试茗风生腋， 点易台前且看松。

——录自邵宝《惠山记》

松风阁次潘玉林韵
邵 宝

出郭初闻县阁钟， 西林东日破朦胧。 我于寺主元无约， 诗与禅家各有宗。
三伏炎蒸须谢客， 四朝衰懒合明农。 相蓬若问来何早， 欲向风前听古松。

——录自《容春堂续集》卷三

晓登松风阁，次二泉先生、潘玉林翁二公之原韵（三首）
莫 止

虫羽薨薨误远钟， 曙分林色渐葱茏。 家居却喜名山近， 望重宜为一代宗。
雷动四郊休戍卒， 雨来三伏慰田农。 遥知虚阁登高处， 满耳风涛万壑松。

梦回犹忆景阳钟， 双阙连云淡月茏。 万国衣冠承锡福， 合流江汉看朝宗。
修文治内终怀远， 搜粟名官本重农。 独立凭高漫观物， 岁寒奇节在霜松。

慧山寺里未鸣钟， 云露瀼瀼草树茏。 持钵不逢卢行者， 垫巾争慕郭林宗。
渺茫天地谁非客， 辛苦犁锄独悯农。 饱挹清风高阁上， 笑看西日下长松。

——录自邵宝《惠山记》

听松阁拟陶
叶茂才

道胜无喧寂， 心远境自超。 况闻松风清， 如奏《咸》与《韶》。
泉声和松韵， 山色增松标。 云来弄松影， 月出娇松梢。
应接不能暇， 此景谁能描？ 我本渊明徒， 未肯轻折腰。
半载滁阳牧， 脱屣辟清朝。 愿为山泽臞， 避地依僧寮。
鸿磬乐衍衍， 蠖屈亦嚣嚣。 嚣嚣非远俗， 在俗心逍遥。
尘襟日以浣， 静理日以饶。 岁寒与君盟， 因之访松乔。
谁为后来者， 相与涧山樵。

——转录自徐志钧《梁溪诗存》

五世守僧庐碑
邵 宝

永乐初,我高伯祖伯完暨我高祖叔安二府君,卜葬我五世祖试知州府君配马宜人于惠山听松庵之北原也。庵僧普真及其徒怀祖实以地归之。既葬,遂属之守高祖而下昭穆叙,葬至于今,凡四世百三十馀年矣,乃今卜我先姒太淑人之兆于庵益迩,僧宗烨惠灯惠文归地且守如先世故事。惟昔以士今以大夫,式廓益增,岁事益殷,乃以赙布之余买田十亩归之。申劝勤事三人者,于性海为七传继之者圆金、方益,圆觉其徒也。田为直白金三十两,契皆有副。与僧自今至于世世,我后人无敢言取,僧亦无敢言鬻,其胥顾兹碑。

——录自《容春堂续集》卷九

千金累趾亭记
邵 宝

亭何以名累趾也?志得地之难也。言千金何?先五世祖时,游僧寓一箧,去十馀年不返。人谓僧死矣,乃手其箧,箧重,则戒勿启,而遗之听松庵僧。又戒僧有亡勿以告。未几,僧大建佛宇,盖有物云。于是乎归我先茔之地,僧世守之,至于今。予提学赴江西时,上官有胁人致赂为其家地者,云有千金焉。予闻而避之山中,静坐竟日。遂议卜今地。人谓是日也予且行迫矣。非是,则地议不成,人将图之。盖前后六世,相距百三十馀年,是以喻诸累趾也。虽然避千金而后地,虽谓地之价千金可也,况前人弃利于不知之地,又何千金之足论哉?予于是有感矣。亭匾四字,宋蔡君谟书,莫子如山集而摹之。

——录自《容春堂续集》卷十一

归地还金的传说

邑长者叔安邵公,贫而介,未有子,行将他徙,始以僧物付听松庵。时则内孕业已临褥,薄暮众见游僧复至,虑其索前物也,竟趋视之,则游僧不见,后房已报举子矣。相距百三十余年,地复归文庄公,还金之报若此,前定之数又若此。

——《锡山景物略》转录自《勾吴见闻录》

《锡山景物略·听松庵》选录

自邵文庄公建千金累址亭,遂草庵基之半,葬太夫人过氏,后即改为谕茔。

5. 正德十六年
八月营太淑人过氏寿藏于松风阁后,建庐五楹为守墓僧居,置田十亩为守墓僧工食。听松庵僧圆金、方益、圆觉为太淑人守墓。

6. 嘉靖二年
十月一日葬太淑人。

7. 嘉靖六年

二月二十四日邵宝卒。

邵宝殁后,赘婿秦汶、嗣子煦奉宝肖像于二泉书院之超然堂。

(十一)隆庆年间,听松庵毁于火

听松庵自洪武七年僧性海创建以来到隆庆年间(1347)被火毁,共约两百二十多年时间,经历了多少风风雨雨,承载了多少高人雅士的唱咏,文脉始终连绵不绝。听松庵的建筑、竹茶炉的结构可以被毁,这是自然的常态,但文脉的传承体现了一种文化的延续,文脉不断,文化继续发扬。听松庵毁了,听松庵的前世就此结束,但听松庵所呈现出来的精神将得到寄托和传承,听松庵必将再生。

二、听松庵的今生

（一）竹炉山房——听松庵的重生

隆庆间，听松庵毁于火，成一片瓦砾，幸竹茶炉及诗卷尚存。此时秦汶已卒，由汶子榛把竹茶炉和《竹炉诗卷》移置在二泉书院之二泉讲堂，原守墓僧已是圆金、方益、圆觉之后裔，也皆迁于二泉书院。后秦榛又物故，由秦榛长子秦秋出资修葺讲堂，安排僧文悫管业，但没有多久，二泉讲堂被有力者拆去，移建一生祠于黄埠渡。《惠山记续编·君子堂》讲得较详细："二泉书院有讲堂五楹……万历中有张姓阴阳官者，为开府立生祠，竟将此堂拆去。"竹茶炉和竹炉诗卷又流落于外，"而诗卷俱质于有力者之家，名公词翰半为其窃去，无全璧矣"。竹茶炉和诗卷是听松庵的精神所在，听松庵被火焚，形虽消但神尚存，至此听松庵几至神形俱灭了。竹茶炉和残存的诗卷，使听松庵仅留下了丝丝一息，幸有秦秋这样的贤子孙和县大夫丰时李公，竹炉和残余诗卷得存于惠山寺，使之有了喘息和栖身之所。

二泉讲堂被毁是万历中事，光绪《无锡金匮县志·职官》记载了在万历间，无锡李姓县令有二人，一是李复阳，他于万历十一年—万历十六年任无锡令。名宦有传：李复阳，丰城人。二是李逢盛，祁阳人，于万历十七年任无锡令。秦秋所讲的丰时李公，应为李复阳无疑了。

万历十一年—万历十六年间，县令丰城李公把竹茶炉和残存的竹炉诗卷藏庋于惠山寺大雄殿右的禅堂，改名弥陀殿，听松庵寺僧移居至惠山寺的护云关、竹炉房、地藏殿。

万历二十三年，惠山寺火，邹迪光重修弥陀殿，改名为竹炉山房。习惯上，竹炉山房也称听松房、弥陀房、听松庵。

竹茶炉和残余的《竹炉诗卷》由于嗣僧典守不谨，旋皆失去。

《竹炉诗卷》散失不全、书院讲堂保守无策志感
秦 秋

成化丙申，高祖方伯中斋公撰疏，募复竹炉藏之松风阁，命僧戒洪守之。后松风阁废，戒宏裔徒迁居二泉书院讲堂，仍守竹炉及《竹炉诗卷》。守僧殁，讲堂垂废，予葺而新之，付僧文悫管业，亦冀存先业耳。奈讲堂之废终不可回。然余更惜与炉与卷也，白于县大夫丰时李公，炉得存于慧山寺，而诗卷俱质于有力者之家，名公词翰半为其窃去，无全璧矣。嗟乎！高祖能复旧迹于久失之后，余不能存讲堂于未失之前，有愧于前人多矣。

竹炉疏复吾家事，　倡和诗文在简编。　独惜松风徒有阁，　更怜讲学已无椽。
华山自古无常主，　火殿重新岂世缘？　感慨去来皆幻影，　惭予多负后人传。

——录自邵涵初《惠山记续编·君子堂》

邵文庄公惠山讲堂废址
谈 清
讲堂公有遗笔，今移建一生祠于黄阜渡

宗伯谈经处，　亡弓事可伤。　老僧藏有箧，　旧燕绕无梁。
绛帐空寒雨，　鳣堂遍夕阳。　客来寻故业，　渡口问甘棠。

——录自邵涵初《惠山记续编·君子堂》

(二)竹炉新咏——竹茶炉和诗卷的延续

1. 听松石床的回归

康熙十年,僧超杲修复惠山寺时,又把听松石床从听松庵遗址,复移置于惠山寺大雄殿前。殿前有古银杏一棵,数百年物也。

《惠山记续编·花木》

寺中大雄殿前银杏,数百年物也。殿下石台数十级,根在台下。阴覆台上。有一枝向西北行者,横亘屈曲,下垂可五六丈……

咏寺中古银杏(有序)
秦 琳

殿墀银杏,大数围,未尝结实。惟寄生一枝,子独累累。

大雄殿下绿苔滋, 银杏浓阴覆石墀。 笑指树头新结子, 青青多在寄生枝。

——录自邵涵初《惠山记续编》

2. 竹炉新咏

康熙初,吴兴祚为无锡令,把惠山寺残存《竹炉诗卷》装潢成二卷,但王绂赠性海画及李正阳篆"竹炉新咏"四字已失去。舜臣制旧炉已坏,唯有一图尚在。

康熙二十三年,顾贞观按旧制制成二竹炉,炉成,赋近体一章,闻者竞赓原韵。顾贞观携一炉到京师,拟乞题于辇下文章之士。有以此卷鬻于京师者,为纳兰容若购得。顾贞观与容若善,乞以归,容若作《题竹炉新咏卷》并为顾贞观书"新咏堂"三字。王绂画、李文正公书依然合,前人诗文及题跋并附其后,图已有四(嘉庆《无锡金匮县志·竹炉》)。另一炉并归惠山寺,贮至弥陀殿。

《纳兰性德行年录·康熙二十三年条》摘录

康熙第一次南巡,纳兰性德以一等侍卫扈驾随行。赵秀亭等编著《纳兰性德行年录》康熙二十三年条中,谈到南巡的一些情况:"十月,南巡至扬州,时张玉书适奔丧至扬,性德问慰之,揖别于江干。十月,吴兆骞病卒于京师。十一月初,南巡至江宁,性德会曹寅。在江宁,得汉槎凶问。南巡中,性德得明人《竹炉新咏卷》,为惠山听松故物。回京以此卷归梁汾,作《题竹炉新咏卷》诗,并为梁汾书'新咏堂'三字。冬,秦松龄因顺天乡试事下狱,徐乾学力救之,得放归。"

重制竹炉告成志喜
顾贞观

竹炉清韵忽依然, 位置仍宜水石边。 书讯有僧来谷雨, 鬓丝如鹤伴茶烟。
家山梦去忘为客, 故国诗成感纪年。 冷暖此君须自觉, 无劳更试醒心泉。

复竹茶炉和顾梁汾
秦保寅

高闲清制尚依然，　试茗萧斋一榻前。　秋水涧深朝听雨，　落花风过午生烟。
缥囊珍重三千首，　僧院销沉二百年。　不是彦先能好事，　几回遗韵委流泉。

和顾梁汾竹炉新咏原韵
纳兰成德

炉成卷得事天然，　乞与幽居置坐边。　恰映芙蓉亭下月，　重披斑竹岭头烟。
画如董巨真高士，　诗在成宏极盛年。　相约过君同展看，　淡交终始似山泉。

前　题
梁佩兰

见说山居思渺然，　帘栊清影竹炉边。　一春茶事添香雪，　满地松风上绿烟。
长似茂陵忘客病，　绝无寒食禁新年。　庵中更有高僧约，　放鹤归来听夜泉。

顾梁汾舍人自制竹炉携至都下，客争赋之，余既用原韵为诗二首
吴　雯

竹炉活火夜犹然，　梦绕吴淞水石边。　塞上风尘逢旧制，　江南榆柳忆新烟。
山移明月空猿鹤，　洞改桃花几岁年。　认取庐山真面目，　天涯随处谷廉泉。
高馆闲过华烛然，　涛声小沸菊花前。　空怜紫塞冰霜候，　可有蓝田暖玉烟。
红雪征歌违此日，　青樽赌茗订他年。　藤萝休蔓王官谷，　待酌莺浆顶上泉。

——以上录自《辟疆园集录·竹炉图咏补辑》

梁清标次韵（和纳兰性德）

竹灶茶香事偶然，　长留胜迹大江边。　画图巧合延津日，　谷雨重开海月烟。
展卷诗篇追往哲，　临风茗碗愧衰年。　茆斋活火看新制，　梦绕梁溪第二泉。

故人茶具韵脩然，　投赠蕉林薜荔边。　秋水瓶中飞暮雨，　素涛声里引晴烟。
苦吟落拓江南客，　重话交游蓟北年。　雅器偏宜松径赏，　提携早晚向林泉。

——录自乾隆《无锡县志》卷十四

竹炉新咏记
顾贞观

　　慧山竹茶炉者,明初听松庵僧性海所制,王舍人孟端诸公,各为诗文图赞以记之。岁久,炉亡。至成化间,秦太守廷韶购得,复还僧舍。李文正、邵文庄诸公,题咏尤众,而炉已渐坏。盛侍郎冰壑,命犹子舜臣仿佛为之。前唱后和,遂成大轴。迩年,吴中丞伯成初令吾邑,见之,为加装

潢。凡二卷,独王舍人赠性海画,及李文正篆"竹炉新咏"四字失去,览者以为遗憾。于时,舜臣所为炉亦坏,其旧者乃不复存,惟一图在耳。甲子秋,余即先端文公山祠,构积书岩于芙蓉亭遗址之侧,为堂三楹,累石疏泉,颇得幽居之乐。因忆山中故事,遂仿旧制作两炉。炉成,赋近体一章。邑人闻者,竞赓原韵。会余入京师,携其一以行,拨乞题于辇下文章之士。一日,坐成侍卫容若通志堂,出书画共赏,得一卷,则王李风流,依然合璧,而吴文定、谢文肃诸公赠冰蘖先生诗、记附焉。余因乞此卷归置岩居,即颜其堂曰"新咏",容若欣然许为余书之。夫一炉耳,其遗迹之离合显晦,盖有不偶然者,亟愿得同时赋咏,以记其异,且余亦何幸,步前哲之后尘,为九峰二泉增此胜事哉。更百年后,此炉此卷,存与否,莫可定。或未必无好事如余者耳。康熙乙丑春分后二日梁溪顾贞观书于燕台旅次。

——录自《辟疆园集录·竹炉图咏补辑》

竹炉联句(有序)
朱彝尊

锡山听松庵僧人性海,制竹火炉,王舍人过而爱之,为作山水横幅,并题以诗。岁久炉坏,盛太守因而更制,流传都下,群公多为吟咏。图既失,诗犹散见于西涯、篁墩诸老集中。梁汾典籍,仿其遗式制炉。恒叹息旧图不可复得。及来京师,忽见之容若侍卫所,容若遂以赠焉。未几,容若逝矣。丙寅之秋,梁汾携炉及卷,过余海波寺寓,适西溟、青士、恺似三子亦至。坐青藤下,烧炉试武夷茶,相与联句,成四十韵。明年,梁汾将归,用书于册,以示好事之君子。

西神峰连延,龙角汃泉喷(恺似)。桑苎次水经,第较中泠逊(西溟)。山僧寡营役,谷饮遂夙愿(竹垞)。趺跌长松根,风来耳垂髩(青士)。都篮选茶具,一一细莎顿(梁汾)。舍彼陶冶工,截竹等辫鬈(恺)。附以红泥团,其修仅扶寸(西)。坎上离于中,下乃利用巽(竹)。微飙飕飕入,活火焰焰青(青)。初聆桧雨喧,渐见鱼眼睔(梁)。紫笋舒萌尖,乍点汤色嫩(恺)。王郎穿竹过,爱接支许论(西)。解带磐石间,素瓷迭相劝(竹)。欣然惬所遇,伸纸随染渲(青)。濛濛岩亭瀑,历历水田畈(梁)。短短茅覆屋,茸茸荻抽薍(恺)。桥欹乃有路,门辟或无楗(西)。林壑虽未深,埃垲颇已远(竹)。流传盛新咏,群雅足彝宪(青)。或为篆籀隶,若盂鬲敦甗(梁)。或为真行草,若繇靖羲献(恺)。穆如清风作,举一可当万(西)。呜呼百年来,精庐窟貛貒(竹)。曩时所珍物,零落委荆蔓(青)。吾家塘侧,想兹恒缱绻(梁)。形模授巧匠,高下仿遗援(恺)。所惜七尺图,虑为尘土垫(西)。开箧逢故人,辍赠得右券(竹)。羊脂镂躞玉,兽锦束腰綮(青)。譬诸延平津,剑合始无恨(梁)。俄惊邻笛悲,永叹鼙舟遁(恺)。萧条黄公垆,歌哭与俗溷(西)。是物睹者希,五都绝市贩(竹)。今年吴船来,载自潞沙堰(青)。徙置青藤阴,旅话破幽闷(梁)。质比莲芍轻,形嗤石鼎钝(恺)。小勺分宫时,头纲试瓯建(西)。忽忆秋水生,乘此风力健(竹)。逝将挂席归,耦耕师下潠(青)。毋令石床空,兼使夜鹤怨(梁)。

——录自《辟疆园集录·竹炉图咏补辑》

3. 宋荦《竹炉图咏》卷的诞生

康熙三十一年,江苏巡抚宋荦途经无锡至二泉取竹炉煮茗,"念高僧往哲之风流,从寺僧收拾断纸残墨,并求梁汾所藏王李遗迹装池为四卷付寺僧永宝之。计文十三篇,诗九十二首,名贤高逸见卷中者六十有七人"。这是《竹炉图咏》的最初版本,宋荦题跋落款时间为"丁丑六月七日",即至康熙三十六年,此书方成。后庵僧典守不谨,遗失第四图(见雍正四年王澍题跋)。

宋荦题跋

　　明洪武朝高僧性海，住惠山之听松庵。尝命工编竹为茶炉，体制精雅。王学士达善、朱少卿逢吉、王舍人孟端各有诗文纪其事，而舍人复为之图，洵佳话也。永乐中，性海示寂，炉亦沦失。其徒韶石复以道行继师席，藏弆诸公翰墨惟谨。成化中，邑人秦太守廷韶，撰访炉疏付韶石弟子戒宏，于城中杨氏求得之，仍贮庵内，一时以诗文赞美者甚夥。邑人盛舜臣复仿制二炉，携至京师。一献其伯冰蘖侍郎，一奉吴匏庵宗伯，题咏益富，卷轴比牛腰矣。国初有窃舍人图及李文正篆书题字鬻辇下者，旋为邑人顾舍人梁汾购得，曾出以示余。康熙壬申秋，余移节吴阊，道经泉上，取竹炉煮茗。慨然念高僧往哲之风流，从寺僧收拾断纸残墨，并求梁汾所藏王李遗迹，装池为四卷，付寺僧永宝之。计文十三篇，诗九十二首，名贤高逸见卷中者六十有七人。粗官如余，得附姓名以不朽亦何幸也。丁丑六月七日沧浪寓公商邱宋荦题。

——录自《竹炉图咏·元集》

范承勋题跋

　　忆甲戌小春，有事于吴淞道，经梁溪，登九龙，眺震泽，已而坐寄畅园。耳墙外松风与泉声互答，泠然结天际想。今年至毗陵晤漫堂中丞舟次，承出此卷见示，于毒热中顿觉心地眼境清凉无碍。夫竹炉特一微物耳，经诸前辈品题，便成佳事。数百年后复有漫堂中丞为之纂集藏弆，遂为山中最胜因缘。而余既曾亲履其地，又获展是卷，恍置身湖山图画中，觉水石烟云犹缭绕左右也。时康熙丁丑初秋，沈阳范承勋眉山氏题于金陵使署之清暇堂。

——录自《竹炉图咏·亨集》

刻竹茶炉诗卷题辞记
李继善

　　龙山处吴地之中，下有二泉，盖天下名胜之区也。明初僧性海卓锡听松庵，制竹茶炉，王舍人绘为图，名贤争相题咏。厥后诗渐散轶，炉亦遗亡。一时访炉有疏，仿制有人，唱和篇倍盛于昔。莫□□连古迹不忍其泯没无传也，岁月滋久，□□□□零落，或流入好古之家。幸遇大中丞宋公，抚□江南，于政事之暇，旁□□□，□□旧观，郑重装潢分为四卷，因同制府范公各题其后，文章翰墨与前贤互□□□□，不自秘惜，仍归山寺，令善访性海后人，□□□□，付其收贮，责之世守，从此数百年之遗迹又□□，钜公之拂拭益增光采，永镇名山矣。谨刊□□□□二公之名作补入邑乘以垂不朽。善宰是邦虽不能□，恭逢胜举，用敢记其事于末云。（右文四首刻既成始得之，恨见之晚，因为补入。）

——录自康熙《无锡县志》

【注】

李继善，康熙三十六年—康熙四十二年为无锡令。

附：

听 松 庵
王士禛

碧山夜来雨， 孤松霭苍天。 石上流白云， 松问拂瑶瑟。

——录自康熙《无锡县志》

王 澍 题 跋

往在京师，同年缪文子太史屡为余言，听松庵竹炉图咏卷为锡山胜观，以未得见为恨。今年四月，余请假南还，获观于汪氏旧雨书堂，为卷有四，图画三①，名贤六十有七，文十三，诗九十有二，讽咏周环如不欲尽于时。同观者同里蒋湘帆衡，丹阳汤南箴、缪仁和、汤良耘学基、旧雨主人歙汪青渠潭。青渠云：闻尚有唐六如画卷暨文、祝诸先正题咏在吴门收藏家，他日当细意访得之，归还听松庵，亦一段胜事也。雍正四年四月廿有四日良常王澍书后。

【注】
①四图已失其一，第四图之失，在宋荦装池四卷以后。（《锡金考乘·竹炉》）

蒋 衡 题 跋

竹炉佳制因九龙山人诗画而传，又得名人唱和遂以不朽。丙午夏，同吾乡先生王虚舟畅观于山中时，余有拙存堂临古帖廿八卷，阙元明人书意，欲携孟端诗临入帖内，及开卷又错意，兴亦阑，志此情怀俟他日卜邻山中，当更藉以娱老也，函潭老布衣蒋衡。雍正五年三月十日同虚舟、湘帆、云川、青渠、观于链石阁太仓问红渔老辰。

乔 崇 修 观 题

是岁六月四日，钱塘缄庵陈学士恂、唐渭师兆熊、汪青渠潭、金坛王虚舟澍、蒋拙存衡、山僧松泉，同观于雨秋轩，松泉磨墨，青渠披卷，虚舟执笔。雍正五年八月廿又四日宝应乔崇修观。

——以上三题跋录自《竹炉图咏·贞集》

汉阳张坦麟和诗（附跋）

为爱清流访惠泉， 听松庵里竹炉煎。 无多澄水源从远， 且喜名僧制自前。
陆羽当年留胜赏， 卢仝此日解高眠。 画图重见延津合， 应有山灵守护全。

跋：雍正戊申中秋后十有二日，舟次晋陵，登惠山之东峰憩听松兰若。见所制竹炉极奇古，把玩移时，住僧复出王舍人画图相示，前辈名贤题咏甚夥。余不揣固陋聊步韵以志美云耳。

——录自《竹炉图咏·元集》

4. 雍正年间，竹茶炉的失和复

雍正十年冬，听松庵僧灵源上人（号松泉，斗门人）探亲时发现竹炉在同村张姓之家，"询所由来，乃其人从祖始为庵僧，后返初服，遂携竹炉及茶具去"。今茶具已失，竹炉尚无恙，遂乞而归。并请王虚舟为之记，王虚舟转请秦道然撰记。此时秦道然仍被圈禁，但可和外界接触，尝与友人讨论性名之学。灵源并求请杜云川为竹炉复归山寺广为征诗云。

惠山听松庵再复竹炉记
秦道然

竹炉者山中煮泉之器耳，乃编竹筑土而成。非有怪异瑰丽可爱重也，而工画者图之，能诗者赋之，既失矣，必求复之，斯亦奇矣。及再失而再复也，距其始制时已四百年，而完好如故，则益奇矣。当明洪武初，性海真禅师始制此炉，邑中之与师善者有王舍人绂、王学士达善、朱少卿逢吉竞为书、文、图画以张之。一时风雅之士争传，竹炉之名盛有篇章，联成卷轴矣。永乐间禅师没，而炉亦亡。至成化丙申，先方伯中斋先生吟赏卷中诗词，而惜炉之不存也。乃作疏引募之，果得于邑中巨室。是时先隐君贞靖先生方主碧山吟社，乃偕社中诸老共为歌诗，流传京师。遂有文恪王公、文定吴公及先太保端敏公与一时名卿巨人交相唱和，篇章益富。长沙李文正公题其卷曰："竹炉新咏。"于是竹炉之名几与第二泉并驰海内，至明末而炉复失，莫有访求之者。康熙丁丑，商丘宋太宰莘抚吴，取竹炉诗卷偏观之，芟其芜杂，存其人与诗文之足传者，装成四轴，俾山僧世守之。而终惜炉之不可复得为山中缺事。雍正壬子冬，有松泉上人者，真公之后，遇此炉于农家，知为山中故物，询所由来，乃其人从祖始为庵僧，后返初服，遂携竹炉及茶具去。今茶具已失，而炉尚无恙，上人遂乞之而归。走告王吏部虚舟，求其作记书石以垂不朽。虚舟以此炉之初复也，中斋先生倡为疏引，贞靖先生倡为诗文，使竹炉之名大振。则竹炉之存亡虽山中之故实，亦秦氏之佳话也，作记当属某。上人以虚舟意来告，余瞿然而谢曰：某不敏，其人其文何足附诸名贤后，为竹炉重请辞。上人曰：昔人有言，诵前人之清芬，公能无意乎？余无以答，乃敬诵先隐君句曰："湘筠骨格依然好，留与真公弟子传。"又诵先方伯句曰："从此远公须爱惜，愿同衣钵永相传。"以此应上人之请可乎？上人合十而谢曰谨受教。

——录自《辟疆园集录·竹炉图咏补辑》

【注释】

①道然，字雏生，号南沙，康熙己丑进士，授编修、充日讲起居注官。丁酉江西乡试副考官，改礼科给事中，掌登闻院事。雍正初缝藩邸事，在狱十四年。以子蕙田通籍后陈情得释，寿九十。著有《泉南山人诗文集》《明儒语要》《困知私记》，邑志儒林有传。

再复竹炉诗
秦道然

四百年前老衲子，编竹为炉煮泉水。吟诗作画尽名流，点缀林泉助清美。斯人云亡炉亦失，翰墨凄凉久藏庋。吾宗方伯中斋公，爱赏诗篇吟不已。叹息炉亡作募文，果得珠还合浦里。是时碧山盛吟社，公吾祖贞靖执牛耳。十老清词追古人，好事流传到京邸。胜国方当全盛日，廊庙公卿富文采。区区竹炉何重轻，短句长篇叶宫徵。倡者吴门王与吴，重以长沙文正李。从兹卷轴比牛腰，细物几几并簠簋。世事推迁不可常，炉再亡来百年矣。山僧松泉好文翰，方袍不异冠巾士。密访穷搜亦有年,一旦得之真失喜。奉持珍重告吾侪,愿将翰墨继前轨。先人清芬吾可诵,腕弱才疏吾知耻。诗有城南杜少陵,书有寓公王内史。合并二妙勒贞珉,炉共山泉同不毁。

——录自《辟疆园集录·竹炉图咏补辑》

惠山听松庵当明洪武间高僧性海手制竹茶炉,王舍人孟端绘图且为赋诗,名流相继续和,几遍海内,而炉之存没不常,顷灵源上人于斗门张氏访得之识竹斓斒,土色如漆,丐云川先生广为征诗,余虽未识灵源,然知其工诗善画,窃喜性公宗风未坠也,因贻以长句

王会芬

晓光溟溟小雨悭,落花委砌红斑斑。虚堂坐见时节驶,矫首一望空云山。山中清净古佛子,六时趺坐忘嗔喜。身是真公几叶孙,鹤翎脱苞无泥滓。忆昔真公杖锡来,赤霄鸾凤纷装回。一茎弱草插崖厂,千龛古佛离莓苔。非惟道器莹天表,兼复锤炉觑天巧。活火炉中雪浪翻,空山叶落禅宫晓。词翰当年谁擅场,舍人画好诗亦好。尔时游戏聊复尔,颇怪诸君镇相斶。筼筜摧折剡藤悲,混沌画眉殊草草。灵师卓绝道门秀,法海澄澜自缭绕。山堂旧物今始归,色神腴未枯槁。半楼居士文章伯,还许灵源参讲席。欣然为赋竹炉诗,老势欲飞岩窦坼。见说精蓝雨花处,岭猿溪鸟同香积。纱厨夜诵拨炉红,斑管朝哦蒻春碧。我生胡为倦烦促,尘坌无由吐肝膈。为忆灵师文字禅,梦里晴岚青欲滴。何当携屐果幽期,瀺瀺山泉入翠微。枕簟瓜茶相对好,更从杜老赋新诗。

——录自《辟疆园集录·竹炉图咏补辑》

【编者按】 据《梁溪诗钞》,灵源,号松泉,斗门人,惠山上弥陀住持。故秦道然记、诗和王会汾诗讲的应是同一件事。时间系雍正十年冬。

再复竹炉为山僧松泉赋(并序)
姚梦熊

正月七日过听松庵,松泉喜谓余曰:明洪武间,吾祖性海公手制竹炉,王舍人孟端绘图并首倡为诗,和之者皆一时名人胜流,岁久炉亡。成化中,秦武昌中斋苦心访求,得之城中杨氏,有复竹炉记。嗣复沦落人间,迄今三百年。虽有前盛冰蘗侍郎,后有宋漫堂中丞并仿为之,顾典籍梁汾亦重制一炉,终以不得故物为憾。今灵源又于斗门张氏访得之,按武昌记中规制,无爽毫发,神采逼人,知为故物无疑,因乞余诗以志喜。余惟性公高风远韵,仿佛远公其手泽,所存灵爽实式凭焉。不有传人,故隐而不出。松泉以性公裔孙,幼善属文,既从余学诗有年,诗格清峭,比方临摹竹炉诗卷孟端以下诸名迹,王吏部虚舟亟赏之。信乎! 真公一脉相传。于是乎在兹炉之再复也,良非偶然,为赋一诗以传诸好事者。

织竹为郭土为质, 竹包斓斒土如漆。 洪武年间旧遗物, 埋没多年为谁出。
诗僧性海手亲制, 茗碗风流故超轶。 湘江秋带阳羡春, 舍人首倡诗第一。
武昌收复在成弘, 馆阁名贤争品骘。 呜呼! 炉之为物甚微细, 佛子留传等衣钵。
不有传人便失传, 人寂山空去飘忽。 一瓯花乳淡浮沉, 半榻茶烟冷销歇。
此炉今日复来归, 端为灵源擅词笔。 我来相访共摩挲, 故物依然非仿佛。
华阳二老同吟赏, 泼墨淋漓沁诗骨。 擘笺谁作四士图, 选句还偕九峰逸。
孟春之月月初七, 雪尽林梢见新月。 夜深吹火沸茶声, 小阁松风听萧瑟。

——录自《梁溪诗钞》卷三十八

【编者按】 松泉上人自斗门携归之竹茶炉,认为是性海旧物,误也。性海原创之竹茶炉,成化年间已毁,此炉应是山僧真恩所制竹炉,详见附录一《谜之二》。

听 松 庵
姚梦熊

庵在桃花坞，　松深一迳迂。　夜涛浮石阁，　秋影入僧厨。
过客看图画，　诗人访竹炉。　百年凋落尽，　山月冷烟芜。

——录自《梁溪诗钞》卷三十八

早秋同云川、洞泉过竹炉山房分韵得清字
释妙复

凉飙入庭树，　林卧气已清。　幽人怀白云，　轻衣缘涧行。
香台绝壁下，　萝房敞虚明。　重披古图卷，　宛复见高情。
怡悦在一时，　安知千载明。　欣兹茗瓯洁，　满园松泉声。

——录自嘉庆《无锡县志》

缪曰藻题跋

竹炉图咏余耳其名熟矣，曩在京师虽为虚舟先生言之，实未见也。今年秋九月，至锡山过听松庵，索观此卷，未如所请，遂怅然而归。连日苦寒拥被，僵卧岑寂特甚，忽有山僧叩门，出示此卷。饱玩竟日，宿愿顿偿，聊志数语以庆吾遭。乾隆庚申冬至后十日缪曰藻。

——录自《竹炉图咏·贞集》

竹 炉 新 咏
高 斌

一棹清流入慧山，　纵观性海赵州禅。　竹炉新咏传诗画，　四卷常存第二泉。

——录自《竹炉图咏·贞集》

【编者按】　原诗后有落款"乾隆丁卯九月廿七日高斌题。"

裘曰修歌

清溪曲抱烟中寺，　秋雨轩开见题字。　竹炉制自僧真公，　四百年来重遗器。
琅玕色染湘波深，　翡翠香流云叶腻。　火候常教文武调，　象形直使阴阳备。
上人郑重夸向侬，　卷如束笋披重重。　诗篇画笔一一工，　就中七十馀钜公。
九龙山人作图始，　螭蟠小印尤猩红。　淋漓帧首蝌斗篆，　乃是相国西涯翁。
狮子林与清閟阁，　此地词人矜述作。　其间彝鼎闻最多，　一瞥云烟难似昨。
恒河沙数只刹那，　人间小劫嗟如何。　禅房清供长在眼，　岂有神物劳护呵？
我来对此重太息，　片时不惜千摩挲。　惠山泉水流清泚，　绠汲寒香烦佛子。
鱼眼蟹眼勿细论，　谡谡风生到吾耳。　不须真汞烧丹砂，　不须大药煎黄芽。
松毛拾得缓腾焰，　瀹瓯自点山中茶。

——录自《竹炉图咏·亨集》

跋：使舟过惠山，石泉上人出竹炉见示，为作歌书于卷尾。时乾隆十有五年秋九月之廿又七日，漫士裘曰修。

陶 镛 诗

黄埠墩前偶泊舟， 泉尝第二快兹游。 竹炉况有高僧迹， 今古才人八卷收。

乾隆十五年十月杪为石泉上人书于湖，陶镛
——录自《竹炉图咏·亨集》

过惠山寺憩听松庵同蒙泉爱棠作
吴 烺

到门先觉桂香浓， 树杪微风送晚钟。 三度时巡留睿藻， 千秋让德仰姬宗。
人寻小径穿苍藓， 僧煮寒泉泛紫茸。 坐久忽闻涛韵细， 夕阳楼外几株松。

——转录自徐志钧《梁溪诗存》

（三）乾隆南巡——竹炉文化的新高潮

1. 乾隆初，竹炉和竹炉诗卷俱存，唯缺第四图（见王澍题跋）

乾隆南巡，把竹茶炉文化推向了新的高潮。

乾隆十六年辛未，第一次南巡，乾隆对于竹炉和竹炉图咏就表现出了不同寻常的关注。黄惺吾《乾隆南巡秘记·题诗》一节中讲得很详细："竹炉诗卷，山中故物也。上在扬州，即传旨取观，卷凡四轴。既临幸泉上，抵苏，始将原卷发还。上和明人韵七律二首，题第一轴。无锡惠山之作，七律一首，题第二轴，皆有小序，沈德潜、汪由敦皆和。又七言古一首，题第三轴。至回銮时又取观，至扬州发还，又题第四轴七言一律，皆御笔。又补画于卷端，则盐院进工画者，张宗苍也（前三轴本皆有画）。"又："茗于竹炉山房时，案列古玩，皆不注视，惟于古竹茶炉，再三抚玩，既至苏，特命取观，选竹工如式制二，原炉仍发还山中，命寺僧谨守之。"

2. 乾隆南巡《竹炉图咏》的补、毁、复

乾隆每次南巡都至听松庵竹炉山房，赋诗、叠韵、题词，并赐"竹炉山房"匾额。

乾隆二十七年壬午，乾隆三巡幸惠山，知州摄无锡县事吴钺奉御题元、亨、利、贞把宋荦《竹炉图咏》列为四册，首录天章，以冠篇首。其古今名贤依原卷款式以次相附。吴钺的版本和宋荦相较，多了冠以卷首的乾隆题诗、张宗苍所补的第四图，各卷分别以元、亨、利、贞命之。乾隆诗只录到壬午。这是竹炉图咏的第二个版本——吴钺版本。

乾隆四十四年，吴钺版的《竹炉图咏》多有破损，无锡知县邱涟携至署中重装，值署西民居失火，《竹炉图咏》竟毁于火。

乾隆四十五年庚子，第五次南巡，得知竹炉诗卷被焚，遂御笔亲仿王绂画笔意，补写首图，题曰："顿还归观"，命皇六子永瑢、都统弘旿、侍郎董诰分画二、三、四图，依原式样照刊，不标第集，每轴首缩摹御题四字："生面重开""味回寄兴""清风再挹"，并令补书明人题咏。又出内府所奉藏王绂《溪山渔隐图》卷，赐藏山寺，俾还旧观。

乾隆四十七年壬寅，邱涟把焚后补图刻出，这是《竹炉图咏》的第三个版本，称之为《竹炉图咏·补集》，即邱刻第一版，壬寅在庚子（五巡）后甲辰（六巡）前，这一版本仅收进了乾隆的五巡诗。

乾隆四十九年甲辰春，第六次南巡再幸惠山，在邱刻《竹炉图咏补集》中补刻六巡御制诗一首，放在《竹炉图咏补集》卷首。此诗在《清高宗御制诗集》中的诗题为《听松庵竹炉煎茶五叠旧作韵》，在《竹炉图咏补集》中无诗题,诗后有一落款:"甲辰暮春五叠旧作韵,仍书卷中,御笔。"成为邱刻的第二版,即《竹炉图咏补集》的第二版,应是《竹炉图咏》的第四个版本了,这个版本具体付梓的时间没有文献记载,但不外在乾隆四十九年或后续几年了。

3. 乾隆南巡竹炉诗

(1)《竹炉图咏·前集》乾隆诗

介 如 峰

寄畅园中,一峰亭亭独立,旧名美人石,以其弗称,因易之,而系以诗。

一峰卓立殊昂藏,	恰有古桧森其旁。	视之颇具丈夫气,	谁与号以巾帼行。
设云妙喻方子美,	徒观更匪修竹倚。	亭亭戍削则不无,	姗姗阁易非所拟。
率与易名曰介如,	长言不足因成图。	正言辨物得揭揽,	惠麓梁溪永静娱。

——录自《清高宗御制诗二集》卷六十八(乾隆二十二年,丁丑三)

【编者按】《竹炉图咏·前集》,所录此诗后有一跋:"寄畅园中,一峰介然独立,旧名美人石,以其弗称,因易之曰:介如峰,而系以诗且为之图,即书于其上,丁丑二月御笔。"

图6 乾隆帝第二次南巡幸寄畅园将美人石改为介如峰的御书和画

——录自《无锡园林志》

惠泉山房作

惠泉惠麓东，　冰洞喷乳窦。　江南称第二，　盛名实能副。
流为方圆池，　一例石栏凳。　圆甘而方劣，　此理殊难究。
对泉三间屋，　朴斲称(去声)雅构。　竹炉就近烹，　空诸六根囿。
想像肥遁人，　流枕而石漱。　乃宜此岩阿，　宁知外物诱(叶)。
亭台今颇多，　缀景如错绣。　信美乐不存，　去去庶绩懋。

——录自《清高宗御制诗三集》卷二十（乾隆二十七年，壬午四）

【编者按】　(1)《竹炉图咏·前集》此诗后有乾隆落款："壬午仲春月中浣御题。"
(2)《竹炉图咏·前集》此诗诗题为："第二泉。"

戏题惠泉方圆二池

一脉流来疏两池，　圆甘方劣志传奇。　人情圆喜方斯恶，　泉自淙淙自不知。

——录自《清高宗御制诗三集》卷二十三（乾隆二十七年，壬午七）

【编者按】　(1)《竹炉图咏·前集》此诗诗题为："二泉亭。"
(2)《竹炉图咏·前集》此诗后有落款："壬午仲春戏题御笔。"

题漪澜堂

四围清泚绕书堂，　檐桷光翻漾镜光。　乍可观澜知有术，　因之点笔遂成章。
春阴琼岛虽数典①，　冰洞松庵讵易方。　缅溯东坡题额意，　崇情泉石托偏长。

——录自《清高宗御制诗三集》卷二十三（乾隆二十七年，壬午七）

【注释】
①乾隆原注：琼岛春阴有堂，亦额是名。
【编者按】　(1)《竹炉图咏·前集》诗题为："漪澜堂。"
(2)《竹炉图咏·前集》此诗后有落款："壬午春日御题。"

若冰洞

石甃方圆引侧注，　攀跻更上小云峦。　讨源直到真源处，　冰洞翻花万古寒。

——录自《清高宗御制诗三集》卷二十三（乾隆二十七年，壬午七）

【编者按】　《竹炉图咏·前集》诗后落款为："壬午春日御题。"

和诗恭和御制第二泉原韵

山泉何自来， 涓滴伏岩窦。 众水逊香冽， 中泠此其副。
万斛浛井井， 汲绠罄石甃。 水旱无盈亏， 瀹沦孰探究。
翼翼漪澜堂， 老坡小结构。 旧贯聊尔仍， 岚光悉可囿。
西南有冰洞， 喷瀑自激漱。 步武稍崇冈， 崖径若劝诱。
山灵解观光， 云霞媚绮绣。 峩峩石壁立， 莫罄功德懋。

知州借补无锡县知县臣吴钺
——录自《竹炉图咏·前集》

【编者按】 此诗作于壬午，乾隆二十七年。

寄畅园再叠旧韵

画舫权教舣玉湾， 秦园寄畅暂偷闲。 径从古树阴中度， 泉向奇峰罅处潺。
随喜禅心依佛寺， 已看芳意动春山。 过墙便是青莲宇， 可得敲吟忘此间。

——录自《清高宗御制诗三集》卷二十（乾隆二十七年，壬午四）

【编者按】 （1）《竹炉图咏·前集》此诗诗题为："寄畅园。"
（2）《竹炉图咏·前集》诗后落款："壬午仲春寄畅园再叠旧韵御笔。"

泛梁溪，游寄畅园，即目得句

溪泛梁鸿破晓氛， 秦园迹胜久名闻。 爱他书史传家学， 况有烟霞护圣文①。
潇洒聊寻三径曲， 就瞻那禁万民纷？ 问予寄畅缘何事， 情以为田此所勤。

——录自《清高宗御制诗三集》卷二十（乾隆二十七年，壬午四）

【注释】
①乾隆原注：园中恭奉皇祖赐诗及额联。

【编者按】 （1）《竹炉图咏·前集》诗题为："泛梁溪游寄畅园。"
（2）《竹炉图咏·前集》诗后落款："壬午仲春泛梁溪游寄畅园即自得句御笔。"

雨中游惠山寄畅园

春雨雨人意， 惠山山色佳。 轻舟溯源进， 别墅与清偕。
古木湿全体， 时花香到荄。 问予安寄畅， 观麦实欣怀。

——录自《清高宗御制诗三集》卷二十三（乾隆二十七年，壬午七）

【编者按】《竹炉图咏·前集》诗后落款："雨中游惠山寄畅园，壬午暮春中浣御笔。"

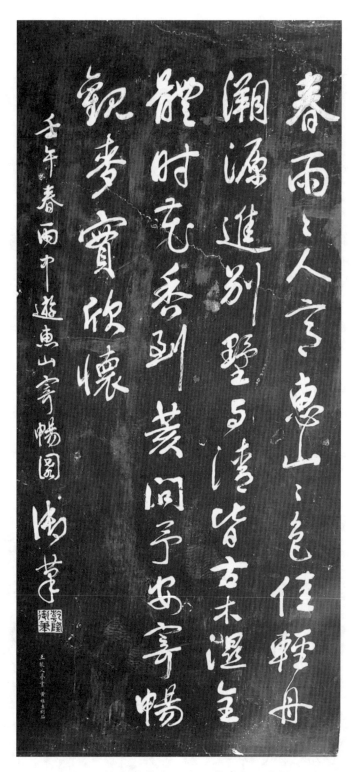

图7　乾隆帝第三次南巡幸寄畅园御笔

（2）乾隆听松庵竹炉煎茶，用卷中明人原韵、叠韵及和诗

惠山听松庵用竹炉煎茶，因和明人题者韵，即书王绂画卷中①

才酌中冷第一泉， 惠山聊复事烹煎。 品题顿置休惭昔， 歌咏膻芗亦赖前。
开士幽居如虎跑②， 舍人文笔拟龙眠。 装池更喜商邱荦， 法宝僧庵慎弄全。

回回山下出名泉， 火候筠炉文武煎。 成佛漫嗤灵运后， 题诗多过玉川前。
试携学士来明汲③， 高谢山僧守晏眠。 我愿灵源常勿幕， 饮教病渴尽安全。

——录自《清高宗御制诗二集》卷二十四（乾隆十六年，辛未三）

【注释】

①《竹炉图咏·元集》此诗后有一跋："惠山泉名重天下，而听松竹炉为明初高僧性海所制，一时名流传咏甚盛。中间失去，好事者仿为之，已而复得。其仿其复胥见诸题咏，联为横卷者四。我朝巡抚宋荦为之装池，识以官印，俾寺僧世藏之，自是而竹炉与第二泉并千古矣。乾隆辛未春二月南巡，过锡山，念惠泉为东南名胜，皇祖圣祖仁皇帝数临其地，有'品泉'二字赐额。爰命舟瞻仰。坐山房煨炉酌泉，啜茗小憩，并用前人原韵成二律，题王绂画卷，仍归寺僧永垂世宝而纪其缘起如此。"又：光绪《无锡金匮县志》此跋作为诗题。

②乾隆原注：音鸲。

③乾隆原注：是日命汪由敦扈游。

【编者按】 此诗收录在《竹炉图咏·元集》

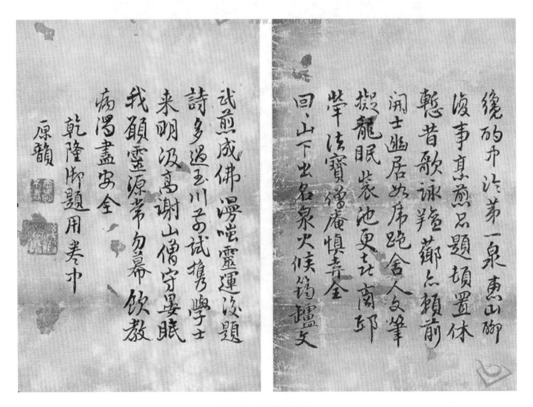

图 8　乾隆御题

听松庵竹炉煎茶叠旧作韵

布惠行时拟漏泉，	未苏元气我心煎。	老扶幼挈虽如昔，	室饱家温究逊前。
长吏勚哉其善体，	山僧饶尔镇高眠。	闲庵小试筠炉火，	消渴安能泽被全。

第一吾曾品玉泉，	篋编鼎每就泉煎。	到斯那得忘数典，	于此何妨偶讨前。
从谂茶存谁解吃，	宗苍图补竟长眠。	了知一切有为法，	泡影空花若久全。

——录自《清高宗御制诗二集》卷六十八（乾隆二十二年，丁丑三）

【编者按】 此诗收录在《竹炉图咏·元集》，诗后落款："丁丑南巡叠前韵再题御笔。"

听松庵竹炉煎茶再叠旧韵

三试惠山陆子泉，	吾知味以未曾煎。	不妨煮鼎欣因暇，	那便吟诗罢和前。
丽日和风方荡漾，	轻荑嫩草已芊眠。	吴中春色真佳矣，	可得吴民温饱全。

依然冰洞下流泉，	谁解三篇如法煎？	炉篆袅飞祇树杪，	瓶笙响答磬房前。
范阳见说风生腋，	彭泽那关醉欲眠。	我自心殷饥溺者，	让他清福享教全。

——录自《清高宗御制诗三集》卷二十（乾隆二十七年，壬午四）

【编者按】 《竹炉图咏·元集》诗后落款："壬午仲春南巡再叠旧韵题卷中御笔。"

又按：附和诗：

汪由敦和诗

为仰奎章重品泉，	汲泉来就竹炉煎。	轻涛正发龙团细，	活火曾听蟹眼前。
瘦竹净依苔磴合，	古梅横压石根眠。	不教更让中泠水，	风雅中含至未全。

兹山空腹乳流泉，	瓦铫筠炉试一煎。	雅制尚传洪武日，	上供不数政和前。
松成鳞甲如龙扰，	花藉坡陀任鹤眠。	圣迹长垂宸藻继，	千秋胜赏一时全。

——录自《竹炉图咏·元集》

【编者按】 此诗作于乾隆十六年，辛未。

邹一桂和诗

半生契阔惠林泉，	犹记山斋手自煎。	数片清风生腋下，	一旗春雨斗花前。
最怜月色闻宵曲，	不用碁声醒昼眠。	四百年来旧图画，	锦囊什袭尚完全。

竹里琴声听石泉，	石泉宜称竹炉煎。	清诗旧赏名吴下，	活火新烹到御前。
铛响若来山雨骤，	烟霏欲共白云眠。	何须采药动丹灶，	体制乾坤识性前。

——录自《竹炉图咏·元集》

【编者按】 此诗作于乾隆十六年，辛未。

沈德潜和诗

陆羽曾评第二泉， 竹炉旧取雪茅煎。 画图自得南宗正， 诗律分参北宋前。
煮月归瓶常共饮， 听松入梦不成眠。 一从睿藻亲题后， 元气包含四序全。

名山驻跸试名泉， 活水相宜活火煎。 珍惜器存开士旧， 纷披卷置圣人前。
浮浮云透青帘入， 谡谡涛惊白鹤眠。 天语欲苏天下渴， 一言道味自天全。

——录自《竹炉图咏·元集》

【编者按】 此诗作于乾隆十六年,辛未。

知州借补无锡县知县臣吴钺,敬观御题《竹炉图咏》恭和

法乳涓涓逗石泉， 泉边清供取茶煎。 香通御气鸾旂外， 味在吴中虎阜前。
古德竹炉存十笏， 春熙人柳恰三眠。 乘时行令留题处， 惠被苍生乐利全。

——录自《竹炉图咏·元集》

【编者按】 此诗作于乾隆二十七年,壬午。

金匮县知县臣韩锡胙,敬观御题竹炉图咏恭和

恺泽同春涌法泉， 时巡重汲石泉煎。 久依江眠名天下， 正摘茶星在雨前。
霞谟好山红烂熳， 风披偃草绿芊眠。 竹炉补画留馀事， 亦使祇林本行前。

——录自《竹炉图咏·元集》

【编者按】 此诗作于乾隆二十七年,壬午。

听松庵竹炉煎茶三叠旧韵

若为石洞若为泉， 早已知津岂待煎。 静对山川原自古， 何披图画乃称前。
无逾一晌烟云过， 那得恒斯风月眠。 禅德忽然来跽讯， 是云提半抑提全。

谡谡松涛活活泉， 笑予多事篾炉煎。 半升铛内都包尽， 四个匣中莫并前[①]。
茶把僧参还当偈， 烟怜鹤避不成眠。 可教缓棹言归矣， 今度赓吟兴又全。

——录自《清高宗御制诗三集》卷四十六(乾隆三十年,乙酉四)

【注释】
①乾隆原注:寺僧弆藏四匣,皆明人诗画,其第四失去图,曾命张宗苍补为之,已见旧作中。

【编者按】 此诗收在《竹炉图咏·补集》。

题惠山听松庵《竹炉图》叠前韵

三载春风别惠泉， 竹炉付与苾刍煎。 却缘字迹欲更(平声)旧①， 又见画图宛到前。
舒卷恰同身重(去声)历， 摩挲不是梦中眠。 因之为忆民情挚， 富教惭言两义全。

第一于斯有玉泉， 仿来筠鼎亦烹煎。 常时正尔调称别， 今日输他真在前。
庵底想应僧入定， 松阴好是鹤安眠。 重题仍付南舟去， 胠箧还教善保全。

——录自《清高宗御制诗三集》卷七十二（乾隆三十三年，戊子四）

【注释】

①乾隆原注：近检旧时所书，间有未能惬意者，传旨各处以乾隆廿年前字迹汇进，分别或仍或易。今江苏抚臣明德缴到各种是卷预焉，寄畅吟情宛然若即，因叠韵题此，以溯昔游。

【编者按】 乾隆和明人听松庵诗叠韵诗，大都作在南巡时，且标有叠韵排序，此诗作于乾隆三十三年，非南巡时作，《竹炉图咏》未收录。

听松庵竹炉煎茶四叠旧作韵

十六春秋别惠泉， 重来可不试烹煎。 闲情本拟泯一切， 结习无端忆已前。
覆院仍看松半偃， 隔墙还见柳三眠。 浇书恰喜供软饱， 胜酒何妨也得全。

出窦从来本体泉， 谓多事矣瀹和煎。 底须僧偈频提旧， 惟爱民情越恳前。
解阜关予宵与旰， 凿耕由彼食而眠。 偷闲寻胜饶何者， 四叠还赓八韵全。

——录自《清高宗御制诗四集》卷六十九（乾隆四十五年，庚子五）

【编者按】 此诗收在《竹炉图咏·补集》，诗后有跋："仿九龙山人笔意补写听松庵竹炉第一图并书近咏，其自辛未以后诗，则命梁国治补书附于卷中。庚子暮春望后御笔并识。"

听松庵竹炉煎茶五叠旧作韵

何处名山弗有泉， 惠山传以竹炉煎。 四图本拟迹贻后， 一火顿令业净前①。
分卷补教集狐腋②， 抚笺奚足貌鸥眠。 笑他潇洒幽闲事， 可称(去声)若而人写全。

方泉云不及圆泉③， 遂汲圆泉活火煎。 六度吟应绝笔后④， 一时想到见图前。
试看弄筒新更旧， 岂异交芦起与眠？ 虽是片时驻清跸， 却欣册韵重赓全⑤。

——录自《清高宗御制诗五集》卷四（乾隆四十九年，甲辰四）

【注释】

①乾隆原注：惠山听松庵旧藏《竹炉图》四卷，一为王绂，一为履斋，一为吴理，其一则早失之，命张宗苍补图者。前人题跋既富，余每次南巡必赋咏叠韵，本拟流传久远，为艺林韵事。庚子南巡，前无锡县知县邱健携至署中重装不戒，邻火竟致被毁，凡物有成必坏，岂调御示净业乎？

②乾隆原注：卷虽被毁，而名蓝佳话未可阙如，幸寺中刻本尚存，因御笔补写第一图，而命皇六子及都统弘旿、侍郎董诰补其三，其名人题跋仍书每卷后，留之山寺，俾余韵如存云。

③乾隆原注：惠泉圆池在方池上，泉味亦方逊于圆，故壬午惠泉山房诗有"圆甘而方劣"之句。

④乾隆原注:自辛未至今甲辰,竹炉六次题句,适符皇祖南巡六度所为,适可而止,不复拟再巡矣。
⑤乾隆原注:是题七律二首一韵,凡五叠旧作,恰成四十韵。

【编者按】《竹炉图咏·补集》此诗后落款:"甲辰暮春五叠旧作韵仍书卷中御笔。"

(3)乾隆惠山寺诗叠韵(一)

惠 山 寺①

寄畅园中眺翠螺,　入云抚树湿多罗。　了知到处佛无住,　信是名山僧占多。
暗窦明亭相掩映,　天花涧草自婆娑。　阇黎公案休拈旧,　十六春秋一刹那②。

——录自《清高宗御制诗二集》卷二十四(乾隆十六年,辛未三)

【注释】
①光绪《无锡金匮县志》诗题为:"登惠山寺作书竹炉第二卷"。
②乾隆原注:寺僧有雍正年间在圆明园内参禅者。

【编者按】《竹炉图咏·亨集》诗后跋:"春日登惠山寺作。寺僧有雍正十三年在觉生寺参禅者,因并纪之书竹炉第二卷中,留兹山佳话。乾隆辛未春二月御题。"

惠山寺叠旧作韵

峰峰晴色濯新螺,　绀宇珠宫借巚罗。　希有秘珍永宝四,　率成佳话实堪多。
春泉石罅淙声细,　新竹风前弄影娑。　文字禅虽非本分,　要因净业悦陀那。

——录自《清高宗御制诗二集》卷七十一(乾隆二十二年,丁丑六)

【编者按】《竹炉图咏·亨集》此诗后落款:"丁丑重登惠山寺叠前韵并书。"

惠山寺叠旧作韵

鹿苑处瞻佛髻螺,　装严七宝实骈罗。　若于本分云相应(去声),　只是无言已觉多。
水去梁溪惟潏潏,　草生祇窟镇娑娑。　松庵偶试禅家茗,　漫拟周王咏有那。

——录自《清高宗御制诗三集》卷二十(乾隆二十七年,壬午四)

【编者按】《竹炉图咏·亨集》此诗后跋:"壬午仲春,惠山寺叠旧韵,卷中无可续题处,因书引首前,御笔。"

又按:附和诗:

惠山寺臣僧成莹,恭和御题登惠山寺作元韵并序

乾隆十六年春,皇上巡幸三吴,偶憩惠泉,臣僧成莹跪迎圣驾,天语垂询臣僧宗门支派,臣僧回奏。雍正十三年,曾奉世宗宪皇帝恩旨,与名觉生寺参禅,瞻仰佛天,敷扬义谛。皇上霁颜嘉叹,御题登惠山寺诗亲纪,臣僧参禅旧事于《竹炉图卷》,臣僧枯朽之质,何能窥测传灯,乃荷睿藻留连,光垂草木,臣僧何幸获此隆遇,敬依御韵勉和两章用志庆忭之忱云尔。

冰洞连蜷结石螺， 六时课诵但波罗。 欣逢问俗鸾旗至， 重忆传衣鹫岭多。
七宝光中瞻日月， 四天下际舞婆娑。 品泉瀹茗留高咏， 宝树图成拔汗那。

净域当年振法螺， 大千稳住烁迦罗。 一辞北极天光远， 但爱南中佛寺多。
翠辇卿云歌缦缦， 紫衣春昼影娑娑。 拈花莫印如来偈， 愧学声闻等跋那。

——录自《竹炉图咏·前集》

【编者按】 此诗作于乾隆二十七年，壬午。

汪由敦和诗

一径沿缘上碧螺， 湿云弥谷布兜罗。 恰乘雨势新泉壮， 善助山容老树多。
长史楼台成寂静， 耆英林壑乐婆娑。 亭前历历宸游处， 长仰天光颂有那。

——录自《竹炉图咏·亨集》

【编者按】 此诗作于乾隆十六年，辛未。

沈德潜和诗

垒入斋堂九叠螺， 此间曾雨曼陀罗。 已知净域与尘远， 况是名泉供客多。
茶具挈瓶常保守， 诗篇束笋漫摩娑。 楚弓楚得传佳话， 四百年华等刹那。

——录自《竹炉图咏·亨集》

【编者按】 此诗作于乾隆十六年，辛未。

知州借补无锡县知县臣吴钺，敬观御题春日登惠山寺作恭和

选胜何须振法螺， 花香一似雨陀罗。 相传佛寺南中遍， 聊试名泉吴地多。
月镜风琴凭点缀， 藤鸠竹马共婆娑。 九重未举时巡典， 秋获春耕我则那。

——录自《竹炉图咏·亨集》

【编者按】 此诗作于乾隆十六年，辛未。

惠山寺再叠旧作韵

春气濛濛润岫螺， 花宫兼有古松罗。 青衣童子谁曾见， 白足僧人此处多。
画卷重教神晤会， 竹炉一为(去声)手摩娑。 底须今昔频量检， 七识田中幻末那。

——录自《清高宗御制诗三集》卷四十六（乾隆三十年，乙酉四）

【编者按】 此诗收录在《竹炉图咏·补集》。

惠山寺四叠旧作韵

惠山依旧矗青螺， 层叠禅林护呿罗。 一片赤心忘今到， 几茎白发较前多。
慧枝演法高还下， 忍草当春婆复娑。 礼佛而非佞佛者， 留诗最是好檀那。

——录自《清高宗御制诗四集》卷六十九（乾隆四十五年，庚子五）

【编者按】 此诗收录在《竹炉图咏·补集》。

惠山寺五叠旧作韵

梁溪开舫见遥螺， 稍近丛云梵宇罗。 寄畅园寻幽径暂， 惠山寺入缭垣多。
禅林不碍狮音唱， 古栝依然凤尾娑。 五叠韵成诗六度， 止斯适可厌过那。

——录自《清高宗御制诗五集》卷四（乾隆四十九年，甲辰四）

【编者按】 此诗《竹炉图咏》未录。

(4) 乾隆惠山寺诗叠韵(二)

惠 山 寺

九陇重寻惠山寺， 梁溪遐忆大同年。 可知色相非常住， 惟有林泉镇自然。
所喜青春方入画， 底劳白足试参禅。 听松庵静竹炉洁， 便与烹云池汲圆[①]。

——录自《清高宗御制诗二集》卷六十八（乾隆二十二年，丁丑三）

【注释】
①乾隆原注：府志惠山寺第二泉上有方圆二池，圆者最佳。

【编者按】 此诗收录在《竹炉图咏·补集》。

惠山寺叠前韵

每逢佳景喜题句， 率以镌崖纪岁年。 是日有为之法耳， 远哉无我只如然。
爱听春鸟闲弹梵， 懒与山僧坐讲禅。 一语何妨聊顾问， 即今悟处可曾圆[①]？

——录自《清高宗御制诗三集》卷二十三（乾隆二十七年，壬午七）

【注释】
①乾隆原注：寺中犹有雍正年间内廷行走僧。

【编者按】 此诗收录在《竹炉图咏·补集》。

(5) 乾隆汲惠泉烹竹炉歌叠韵及和诗

汲惠泉烹竹炉歌[①]

惠山氿泉天下闻， 陆羽品后伯仲分。 中泠江眼固应让， 其余有洌谁能群？
高僧竹炉增韵事， 隐使裴公惭后尘。 庄严金碧礼月相， 三间茗室清而文。
梅花天竺间红白， 濛濛沐雨含奇芬。 平方木几一无有， 恰见竹炉妥帖陈。
篾编密致拟周筐， 体制古朴规虞敦(叶)。 玉乳寒溲早汲绠， 明松干烈旋传薪。
武火已过文火继， 蟹眼初泛鱼眼纷。 卢仝七碗漫习习， 赵州三瓯休云云。
政和入贡劳致远， 卫公置递嫌逞权(叶)。 巡跸偶然作清供，《听松庵图》真迹存。
名流传咏四百载， 墨华朱彩犹鲜新。 山僧藏弆奉世宝， 视比衣钵犹堪珍。
视比衣钵犹堪珍， 后进君子先野人。

——录自《清高宗御制诗二集》卷二十四（乾隆十六年，辛未三）

【注释】

①光绪《无锡金匮县志》此诗标题为"辛未二月二十日登惠山至听松庵汲惠泉烹竹炉,因成长歌书竹炉第三卷,援笔洒然有风生两腋之致。"

【编者按】 《竹炉图咏·利集》此诗后有类似于注释①的跋(略),但无诗题。

汲惠泉烹竹炉歌叠旧作韵

法云①初地悦声闻， 有学无学谁为分？ 调御丈夫独出类， 天上天下莫与群。
天龙现泉供澡浴， 净洗万劫空根尘。 苓香石髓镇福地， 离垢入净传经文。
我与如来宛相识， 瓣香顶礼旃檀芬。 相好岂有今昔异， 俯仰亦不称迹陈。
苾刍却惯举公案， 未忘者个情犹敦。 听松轩分明熟路， 松枝落地堪为薪。
竹鼎燃火戒过烈， 净物受寂不受纷。 须臾顾渚沸可瀹， 乃悟速不如迟云。
玉泉山房颇仿效， 以彼近恒此还权(叶)。 乃今此主彼更客， 有为如幻真谁存？
入画九龙山亘古， 当春第二泉淙新。 漪澜旧堂悬睿藻， 千秋圣迹传奇珍。
千秋圣迹传奇珍， 继述勖哉予一人。

——录自《清高宗御制诗二集》卷六十八(乾隆二十二年,丁丑三)

【注释】

①乾隆原注:惠山寺名。

【编者按】 此诗在《竹炉图咏·利集》中,无诗题,但诗后有跋语:"丁丑南巡重至惠泉叠旧作韵并书卷中御笔。"

汲惠泉烹竹炉歌再叠旧作韵

有耳谁能免厌闻， 要当于闻清浊分。 泉之响在闻清矣， 惠泉之清更莫群。
萦河络石所弗免， 色尘虽泯余空尘。 古德创为淘洗法， 土炉护竹坚而文。
松枝取携那费力， 燃火弗炊烟生芬。 庵外老松莞尔笑， 谁为新者谁为陈。
如此好山不试茗， 更当何处佳期敦。 名流诗画卷在案， 山僧宝弆拟传薪。
圆池溶溶用不竭， 瓶罂罍耻徒议纷。 火候既臻众响奏， 听泉有耳休更云。
闻中入流忘所寂， 大士方便信巧权(叶)。 绿杯小啜便当去， 壁间旧作居然存。
长歌险韵一再叠， 春花春鸟从头新。 观民课吏吾正务， 禅房静赏宁宜珍。
禅房静赏宁宜珍， 溪旁待久迎銮人。

——录自《清高宗御制诗三集》卷二十(乾隆二十七年,壬午四)

【编者按】 此诗在《竹炉图咏·利集》中无诗题,但诗后有跋语:"壬午仲春南巡,复坐山房,再叠长歌韵。图中素地无余,就引首旧纸书之御笔。"

附和诗

恭和御制长歌元韵奉命即书卷末,汪有敦和诗

从来一见胜百闻， 胜趣岂以今古分？ 山泉得名溯鸿渐， 甲乙虽判皆空群。
坡翁过此数留咏， 肺腑冰玉绝点尘。 后来性公敦雅尚， 制炉以竹参质文。

泉味香冽诗味永，沁人齿颊馀清芬。　炉传以人亦以地，此诗此画非空陈。
裁筠范土易易耳，曷以重若珠槃敦。　煨炉想见啜茗致，瓶笙不藉松枝薪。
坐令好事强标置，烟云满眼尤纷纷。　山灵呵护四百载，得失聚散何足云？
延津剑合识官印，保守欲藉开府权。　宁知清眸此临驻，披图汲泉喜炉存。
就炉煮泉发高唱，泉流飞涌诗境新。　濡毫一一写横卷，至宝岂独山房珍？
至宝岂独山房珍，幸哉附名卷中人。

臣汪由敦
——录自《竹炉图咏·利集》

【编者按】 此诗作于乾隆二十七年，壬午。

沈德潜和诗

中泠名泉夙饱闻，江心探取波流分①。　不如慧山人共汲，虎邱②以下难同群。
其性甘美复激澈，千秋不著一点尘。　煮茶风炉编以竹，高僧手制传清文。
九龙山人作画卷，笔墨长带幽兰芬。　后人题咏遍辞客，戢戢卷轴纵横陈。
生徒珍拟三代物，鼎鬺尊卣罍盘敦(叶)。　煮之法用文武火，不须山客樵蒸薪。
初疑松风泻谡谡，旋见鱼眼堆纷纷。　耽茶诗人句清冽，王濛水厄何复云？
我皇省方适经此，泽敷庶物持化权(叶)。　缁流烹泉作清供，茶具诗画依然存。
天章挥洒丽日月，终古常见光弥新。　百千年后传韵事，小物直与图球珍。
小物直与图球珍，后来谁是赓歌人？

——录自《竹炉图咏·利集》

【注释】
①原注：泉在江心月夜起，沫以铜瓶沉下汲之，然已杂入江水几分矣。
②原注：第三泉。

【编者按】 此诗作于乾隆二十七年，壬午。

□□□和诗

九龙名山昔所闻，两峰崒嵂龙角分。　有庵枕松著老衲，幅巾高士曾招群。
编篾为炉供茶具，后来好事随芳尘。　下方上圆水火济，辫蕚坚致密有文。
太常典籍各更制，驮载都下传孤芬。　记兹颠末汇长卷，题诗往往皆宿陈。
彝尊朱氏更嗜古，方之盂鬲及虡敦。　冽泉汲取受升许，松枝小折炊作薪。
不知人世有轩冕，肯令俗物来纠纷。　篁墩西涯有同癖，集中散见皆称云。
时平巡幸博咨访，阐幽揽胜握大权。　焦山之鼎甘露石，掎摭长爱古意存。
即今活火茶正熟，贡芽一试头纲新。　歌成竹韵戛寒玉，山僧奉之奕世珍。
复展横卷重拂拭，孟端许作烹茶人。

——录自《竹炉图咏·利集》

【编者按】 此诗后落款："右乾隆十六年奉敕恭和。"

钱陈群和诗

竹炉古式辇下闻,	新旧异制中微分。	密编细擘肌理凑,	往往超出都篮群。
珠还合浦有宿分,	香泉一洗京华尘。	当年兰若曾小憩,	题载天笔光奎文。
重来复访寻韵事,	取炉烹茗传馀芬。	微生蟹眼候火候,	长廊松径纡勾陈。
睿情眷旧寄高致,	即此已钦古处敦。	轶足老骥伏峻坂,	清材孤桐炊劳薪。
乾坤淑气半幽寄,	肉眼不识徒纷纷。	风流显晦有时命,	安知不异古所云。
扶轮大雅示激劝,	轻重随手方称权。	从来名刹多严器,	孰者散去孰者存?
此炉幸遇今日赏,	泉流山翠同鲜新。	石鼓有时春作白,	灵物拥护为国珍。
歌成点头有馀羡,	羡彼当年展卷题诗人。(谓王绂吴宽诸人)		

——录自《竹炉图咏·利集》

【编者按】 此诗后落款:"右乾隆二十二年奉敕恭和,臣钱陈群敬书时,乾隆二十三年八月之吉。"

知州借补无锡县知县臣吴钺,惠山敬观御题竹炉卷长歌恭和

乳泉地脉谁听闻,	瀹然双井方圆分。	圆者不食方用汲,	盈尺之区涣其群。
初疑眼界均色界,	徐从舌根辨舌尘。	瓶罂往来日万斛,	不增不减波罗文。
幽人题次中泠后,	以之瀹茗尤清芬。	茗政古多好事侣,	编筠作鼎非因陈。
上圆下方老衲创,	三瓯七碗闲情敦。	南能衣钵归泯灭,	此物宁足同传薪。
失弓得弓定神护,	左图右诗观者纷。	四百馀年若有待,	欲问其故谁能云。
鸾旂省方行庆惠,	频周间井施化权。	泉亭小憩阅清供,	茶炉画卷依然存。
挥洒天章再三叠,	河声岳色回回新。	霞气烛天光映日,	名山至宝悬球珍。
名山至宝悬球珍,	韵事何幸此邦人。		

——录自《竹炉图咏·利集》

【编者按】 作于乾隆二十七年,壬午。

韩锡胙和诗,听松庵敬观御题竹炉卷长歌恭和

锡山惠泉世所闻,	评衡涧谷幽人分。	江南客樯频来去,	但见青山青莫群。
补官金匮锡分邑,	爽气日送明窗尘。	秋水一方隐梵宇,	霞光两度辉天文。
趋循胜地瞻圣藻,	慈云法雨昙花芬。	山僧捧出金玉匣,	异宝直在几案陈。
就中竹炉茶具朴,	古德禅供聊自敦。	名流歌咏纪梗概,	画成三轴如传薪。
清跸流连石泉静,	谓此颇可除烦纷。	爱命画士补其一,	如天之有四时云。
天下佳泉聚吴会,	中泠虎阜斯中权。	湛恩润物名乃称,	茶经枯槁乌足存。
銮辂三临岁在午,	卿云复旦歌弥新。	敬宣德意语人士,	光华宁独名山珍。
光华宁独名山珍,	一游一豫无饥人。		

——录自《竹炉图咏·利集》

【编者按】 此诗作于乾隆二十七年,壬午。

汲惠泉烹竹炉歌三叠旧作韵

一韵屡叠有前闻，　其中亦颇伯仲分。　试问谁应称巨擘，　要数(上声)玉局迥出群。
聚星孤山特杰作，　手把造化超凡尘。　往来无锡此必至①，　何缺押险长篇文。
游山望湖才数首，　字字妥帖余清芬。　我来四度歌四度，　弗自算量翻案陈。
漪澜堂中小团月②，　恍如耆老来相敦。　蒇编古鼎依旧在，　拾松枝岂烦樵薪？
至期自熟宁用巫，　中涓伺候忙已纷。　乃悟高闲非我事，　山僧后言那免云。
忽忽一啜命返辔，　回顾曰此偷闲权(叶)。　夹岸苍赤数无万，　各各都厪予心存。
安得人足家遍给，　风俗还古礼乐新。　名山得让阇黎占，　法宝何碍招提珍。
法宝何碍招提珍，　千秋聊付好事人。

——录自《清高宗御制诗三集》卷四十六（乾隆三十年，乙酉四）

【注释】

①乾隆原注：见东坡诗序中。
②乾隆原注：隐括苏诗意。

【编者按】 此诗《竹炉图咏·补集》中收录。

汲惠泉烹竹炉歌四叠旧作韵

屡叠旧韵众所闻，　可因难易作辍分。　即今竹炉凡五咏，　然何曾契诗之群。
黄墩远望境如画，　梁溪溯泛川绝尘。　精蓝虽演梵其梵，　惠山实具文而文。
禅枝护径益古貌，　慧草绕砌饶净芬。　炽然人固有来在，　泊如佛岂论新陈？
西厢听松庵夙悉，　默无语乃情如敦。　竹炉不任受烈火，　干枝细擘为精薪。
陆羽秘诀纵未学，　要当以静不以纷。　惠泉咫尺可用汲，　驰符调水讵足云。
漪澜堂近聚星远，　歌体却效聚星权(叶)。　抚笺得句便言返，　胜处讵宜恋意存。
溪路烟堤俱识旧，　老瞻幻仰如怀新。　人情为田吾所笃，　林林者固怀中珍。
林林者固怀中珍，　诃避慢巫缇骑人。

——录自《清高宗御制诗四集》卷六十九（乾隆四十五年，庚子五）

【编者按】 此诗《竹炉图咏·补集》中收录。

汲惠泉烹竹炉歌五叠旧作韵

陆羽品泉今古闻，　山下出者次第分。　金山第一此第二，　未知玉泉迥出群①。
以是推之当历逊，　辞仲为叔居后尘②。　虽然我更有转语，　名象甲乙胥空文。
潏潏者自淙石罅，　岂识人间口颊芬。　在惠惟宜言此惠，　筠炉茗椀况具陈。
地幽春静更值暇，　听松速客意殊敦。　亦弗借缾瓶为汲，　亦弗拾松枝作薪。
中人只要差事备，　烹煎端正忙纷纷。　坐则茶盘擎已至，　宁容火候评云云。
把碗辗然鄙且惧，　似此俗辈可假权(叶)。　更惜四卷称名迹，　已付回禄无一存③。
韵事不可令没灭，　分仿合弄为重新④。　百年以后新会旧，　禅和子孙应世珍。
禅和子孙应世珍，　是语当有笑者人。

——录自《清高宗御制诗五集》卷四（乾隆四十九年，甲辰四）

【注释】

①乾隆原注:尝制银斗较量诸泉,扬子金山泉斗重一两三厘,惠山泉重一两四厘,玉泉则斗重一两,最为质轻味甘。陆羽品泉以扬子为第一,惠山为第二,固尝惜其未至燕京,若至燕京,则定以玉泉为第一矣。详见向所为《玉泉山天下第一泉记》。

②乾隆原注:玉泉为天下第一,则金山当为第二,惠山为第三矣。

③乾隆原注:听松庵旧藏《竹炉图》四卷,一为王绂,一为履斋,一为吴理,其一则早失之,命张宗苍补写者。庚子年为无锡县知县邱涟携至署中重装,致毁于火,名人墨妙不能久远流传,诚可惜也。

④乾隆原注:四卷虽已被毁,而韵事究未可阙,因御笔仿补首卷,命皇六子及弘旿、董诰分仿二三四卷,仍付听松庵住持收藏,俾余韵流传,精蓝永宝云。

【编者按】 此诗《竹炉图咏》中未收录。

(6)乾隆题张宗苍补图叠韵及和诗

再题听松庵书张宗苍补图上①

| 又溯梁溪问惠泉, | 春光到比客舟先。 | 竹炉小试仍松下, | 龙井携来正雨前。 |
| 此日真成四美具, | 当年慢说八禅诠。 | 补图直继诸贤躅, | 便道同堂岂不然。 |

——录自《清高宗御制诗二集》卷二十六(乾隆十六年,辛未五)

【注释】

①光绪《无锡金匮县志》此诗标题为:"题竹炉第四卷张宗苍补图上。"

【编者按】 此诗收在《竹炉图咏·贞集》中,为一巡回銮时作。

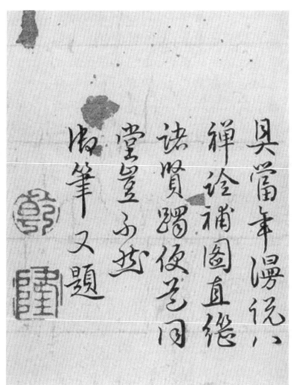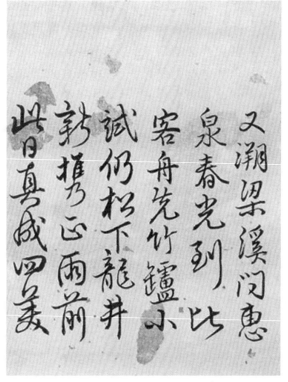

图9 乾隆御题

题张宗苍补《惠泉图》叠旧作韵

补图曾写惠山泉，　　辉映王吴合后先。　　孰谓斯人亦长逝，　　空嗟绝艺此当前。
花香鸟语春如绘，　　流水行云静里诠。　　洗涤尘根泯能所，　　偷闲题句亦欣然。

——录自《清高宗御制诗二集》卷七十一（乾隆二十二年，丁丑六）

【编者按】 此诗收在《竹炉图咏·贞集》中。

题张宗苍补《惠泉图》再叠旧韵

夙契清机在惠泉，　　寺僧作疏熟闻先。　　竹炉且喜还山久，　　画卷重看补阙前。
绿竹红梅犹假色，　　行云流水是真诠。　　呼之欲出宗苍俨，　　对此怡然漫惘然。

——录自《清高宗御制诗三集》卷二十（乾隆二十七年，壬午四）

【编者按】 此诗收在《竹炉图咏·贞集》中。

附和诗

李因培歌，惠山听松庵敬观御题《竹炉图》四卷恭述

九龙蜿蜒震泽浒，　　腹满湖波噀云乳。　　品茶始自桑苎翁，　　挈瓶日觊飞泉缕。
寺僧达者号曰真，　　山人孟端共游处。　　汲绠亲煎仿李生，　　砖炉石铫嫌齿龃。
山中创意新硎发，　　手剖苍筤工织组。　　厥形麂眼类编篱，　　四角篝龙相支拄。
就中实泥通火道，　　上圆入规下应矩。　　铁栅风穿兽炭明，　　铜铛烟罨鲸涛鼓。
不须药白俪绳床，　　况有墨妙辉廊庑。　　后来接踵张吴辈，　　松胶泼汁同媚妩。
其间离合有因缘，　　披图按记差可睹。　　合浦还珠秦武昌，　　山门留带宋宣抚。
佳咏能生两腋风，　　长帧未被六丁取。　　当时老衲亦偶然，　　韵事词人竞称许。
析为四卷仅存三，　　其一无处落榛莽。　　兹物何心达九阍，　　岛瘦郊寒未足数。
去年凤舸泊梁溪，　　瀹泉为截圆玉煮。　　就炉候汤鱼蟹分，　　展卷题字龙鸾舞。
天花乱落入丈室，　　石灵拗呵等峋嵝。　　爰命宗苍补作图，　　娟妙果继前人武。
淋漓宸翰照溪光，　　重同琬琰珍千古。　　小臣水厄颇不廉，　　梦结铜官与顾渚。
南来乍酌中泠甘，　　蓬窗日检君谟谱。　　遵涂晓访听松庵，　　扪炉读句过亭午。
名家空复七十余，　　御笔永为坛坫主。　　从兹不用更作疏，　　竹炉还山帝判与。
安能重起唐六如，　　也应咋舌自惭沮。　　哦诗舌本殊清凉，　　夕阳哑轧归柔橹。

——录自《竹炉图咏·贞集》

【编者按】 此诗后落款："乾隆壬申岁四月臣李因培。"

王 镐 诗

君不见李相手栽两温树，浓阴消落归何处。又不见云林清閟富彝鼎，灭没俄随烟草冷。岂如听松之庵竹茶炉，历四百载全形模。谁欤巧剪湘筠裹，上规下方安置妥。兑口仰顿清泠泉，离腹虚藏文武火。都篮茶具乃有斯，惜不令桑苎见之。一时名流盛篇咏，宝玩岂啻连城姿。况邀睿赏摩挲久，宸藻留题事非偶。为语山僧谨护持，莫轻饮客缸面酒。

——录自《竹炉图咏·贞集》

【编者按】 此诗后落款："乾隆壬申六月臣王镐。"

吴钺和诗，敬观御题命张宗苍补图作恭和

性海曾栖陆羽泉， 略同江眼住焦先。 茶炉编竹自方外， 法宝传衣归佛前。
山迓六飞逢藻鉴， 画完四美静言诠。 儒臣但解天章俾， 若领真机更豁然。

——录自《竹炉图咏·贞集》

竹炉图咏·原跋
吴 钺

竹炉图诗前人序之详矣。圣天子三幸惠泉，挥洒宸翰，霞烂云飞。钺用廓填法摹勒上石，装潢两册，恭陈于竹炉山房，曾邀御鉴，至画卷为山僧世宝。汲古家无从摩挲，钺省耕憩山寺，与山僧成莹商榷，拟寿诸石而需费不赀，谨奉御题元、亨、利、贞四卷，列为四册，付之梨枣。首录天章，以冠篇首。其古今名贤，依原卷款识以次相附，智水仁山开卷如晤，而惠山尽在目前矣。临画者秦文锦，书简者吴心荣，校字者钱绍成。各具精心，例得附名。知州摄无锡县事全椒吴钺恭跋，时乾隆壬午闰五之吉。

——录自《竹炉图咏》

竹炉山房某上人茶话
沈德潜

瀹茗灵泉畔， 炉烟竹外凝。 羡君出世客， 留我在家僧。
荈熟松涛泻， 池平练影澄。 卷中瞻睿藻， 回忆六龙乘[①]。
境深岚岭合， 空翠若为凝。 座列青衫客[②]， 禅参白足僧。
品泉陆鸿渐， 示法佛图澄。 茶罢寻山去， 蓝舆亦可乘。

——录自《归愚诗钞余集》卷四

【注释】
①原注：辛未、丁丑皇上两次题竹炉画卷。
②原注：谓王生周龄、顾生景岳。

陪钱尚书香树先生过听松庵重阅御题竹炉卷
沈德潜

杖履从哲匠， 来过听松庵。 庵藏竹炉卷， 佳话传东南。
老僧奉卷出， 重绵加縢缄。 开缄次展阅， 气静心安恬。
画笔富林莽， 诗篇互趁趡。 于今四百载， 前后歌瞿昙。
天章题卷首， 万象俱包含。 众作竞斗焰， 共许光炎炎。
日月一照临， 爝火同归熸。 众作起堆阜， 自谓形巉岩。
五岳拔云表， 下视皆勾尖。 銮舆两经过， 茶具赋再三。
从驾司寇公①， 赓和庄以严。 贱子亦载赓， 小言空詹詹。②
收卷归老僧， 遇俗毋轻拈。 天子今省方， 顾恤于民嵒。
六龙驻九龙③， 题句应重添。 煮泉邀睿赏， 续卷增花龛。
老我他时来， 泉石将幽探。 请以上岳声， 韶韺和韶咸。

——录自《归愚诗钞余集》卷五

【注释】
①原注：香树先生。
②原注：卷中有两人之诗。
③惠山本名九龙。

【编者按】 从诗中内容分析，两首皆作于乾隆二巡后，到三巡之时。
又：《清高宗御制诗三集》卷三有乾隆壬午三巡无锡诗：《沈德潜、钱陈群来接，走笔成什书之各赐一通》。所以此两首都作于乾隆第三次南巡经无锡时，即壬午，乾隆二十七年。

题张宗苍补《惠泉图》三叠旧韵

依旧淙淙山下泉， 诸馀都置展图先。 谁知补者宜居后， 忽讶观斯乃缅前。
真是要惟以韵胜①， 由来不可著言诠。 谩訾屡举苏髯体， 此日拈吟属偶然。

——录自《清高宗御制诗三集》卷四十六（乾隆三十年,乙酉四）

【注释】
①乾隆原注：昔与宗苍论画法，每称当以气韵为要。

【编者按】 此诗收在《竹炉图咏·补集》中。

惜张宗苍补《惠泉图》亦被毁，因四叠旧韵

宗苍曾写惠山泉， 五咏徒教四叠先。 弗泥(去声)准绳继其后， 真教气韵匹乎前。
同遭回禄诚奇事， 直示无常是正诠。 不忍名蓝绝佳话， 补之复补合应然①。

——录自《清高宗御制诗四集》卷六十九（乾隆四十五年,庚子五）

【注释】
①乾隆原注：张宗苍《惠泉图》本以补阙，兹来四图既毁，不可使名蓝佳话竟尔歇绝，因御笔补写第一图，而命皇六子永瑢及都统弘旿、侍郎董诰等补其三，俾仍存余韵，亦重结一番翰墨缘也。

【编者按】 此诗收在《竹炉图咏·补集》中。

附：乾隆题张宗苍《惠山图》诗二首

惠山歌题张宗苍画

惠山之泉人所闻， 惠山之山我亦欣。 来往惠山才两度， 清兴足共千秋存。
往往林峦入静观（去声）， 笔不能写徒云云。 宗苍画伯亦吴人， 经营惨淡其传真。
朝来九龙在吾目， 烟舟舣待梁溪曲。 白足僧人若可呼， 我独何为在书屋。
春云如滴山如洗， 品泉往事征茧纸。 寄畅园、法云寺， 由来不隔彼与此。

——录自《清高宗御制诗二集》卷三十四（乾隆十七年，壬申四）

题张宗苍《惠山图》

每值南巡春仲月， 轻舟先必溯梁溪。 无端一展石渠卷， 陡忆群瞻跸路徯。
过去江乡已渺渺， 看来春霭尚凄凄。 宗苍那往惠山在， 一例如同古画题。

——录自《清高宗御制诗五集·卷四十五》（乾隆五十四年，己酉三）

【编者按】 乾隆的《御制诗集》中，有两首是题于张宗苍《惠山图》（图10）上，画中左半幅是以惠山寺为中心把惠山主要景点浓缩在一起，右半幅用写意手法描绘了寄畅园。

第一首《惠山歌题张宗苍画》作于乾隆十七年，是在第一次南巡后。乾隆十九年，在《题惠山园八景》小序中，乾隆认为："江南诸名胜，惟惠山秦园最古……辛未南巡，喜其幽致，图以归，肖其意于万寿山东麓，名曰惠山园……"笔者猜测此图可能是"图以归"中"图"之一幅。另乾隆回銮时命张宗苍补画了《竹炉图咏》第四图。此诗中有"宗苍画伯亦吴人，经营惨淡其传真"表达了乾隆对宗苍的器重。因而此画应作于乾隆十六年，回銮幸惠山时作。"寄畅园、法云寺，由来不隔彼与此。"图画出了乾隆心意，诗表达了乾隆心声。

第二首《题张宗苍惠山图》作于乾隆四十五年，乾隆已是七十八岁耄耋之年。追溯往事，睹物思人，张宗苍是在乾隆第一次南巡过苏州时随驾的，一直到乾隆二十年告老归，卒于乾隆二十一年，实际在宫中只待了五六年，但在乾隆心中却留下了深刻的印象。现宗苍不在惠山在，往事历历在目，这诗仿佛是题在一幅古画之上，不胜感慨，反映了乾隆挥之不去的情缘。

图10 张宗苍《惠山图》

(7) 其他叠韵诗及和诗

以王绂《溪山渔隐图》赐惠山寺弆珍以偿竹炉四图回禄之失,诗以志事

四图回禄虽分补①, 气韵终嫌似旧难。 爰命石渠出真迹, 俾藏僧舍作奇观。
幸兼跋语存原博②, 一例长图写孟端。 试问惠山白足者, 可犹饮恨有司官。

——录自《清高宗御制诗四集》卷七十二(乾隆四十五年,庚子八)

【注释】

①乾隆原注:竹炉王绂等四图既毁,因为补写首卷而命皇六子及都统弘旿、侍郎董诰分写二、三、四卷,虽诗画依前,而气韵非昔。乃复检《石渠》所弆王绂画卷,邮寄赐之。

②乾隆原注:惠山王绂竹炉卷,有吴宽题跋,今《石渠宝笈》所弆王绂《溪山渔隐图》亦有吴宽跋语,称其诗画并臻妙境,与竹炉图笔墨绝肖,款识依然,赐藏山寺,俾还旧观,庶为名蓝复增韵事。

【编者按】《竹炉图咏·补集》此诗诗题为《御题王绂溪山渔隐图》,诗后有跋:"以王绂《溪山渔隐图》卷赐惠山寺弆珍以偿竹炉四图回禄之失,诗以志事,即书卷中。庚子暮春中浣御笔。"

嵇璜和诗

新图旧迹虽相似, 肖不经心处更难。 天上重颁渔隐卷, 山中却胜竹炉观。
闲来晒网依岩足, 宛尔鸣榔出树端。 郑重僧徒好持护, 莫将韵事语粗官。

——录自《竹炉图咏·补集》

梁国治和诗

顾厨迹已云烟过, 赐卷披应伯仲难。 捧出御题宣命和, 邮从天上得传观。
更欣跋语仍图里, 未有纤尘到笔端。 渔隐高情竹炉似, 山人何必定非官。

——录自《竹炉图咏·补集》

彭启丰和诗

一味烟霞千古嬗, 流传卷轴到今难。 镜花水月原无住, 山色溪声得静观。
续见九龙开秘笈, 染来三素妙毫端。 不缘神圣工陶铸, 守椟还应责旷官。

——录自《竹炉图咏·补集》

董诰和诗

仙毫超过九龙妙, 蹇步惭追八骏难。 《宝笈》重颁欣合撰, 香台同弆焕殊观。
绿蓑青笠俨溪上, 活火清泉忆卷端。 乾闼护持传韵事, 千秋报拂听苍官。

——录自《竹炉图咏·补集》

彭元瑞和诗

《宝笈》分来辉法藏, 失其具美竟并难。 大都物有成亏故, 如是佛无人我观。
蟹眼微风想空际, 鱼鳞活水泼毫端。 赐教八部天龙守, 不惧贲浑火缴官。

——录自《竹炉图咏·补集》

题王绂《溪山渔隐图》叠庚子诗韵

分补四图偿旧失①，犹思愿海满僧难。《石渠》特出山人迹，古寺留供过客观②。
王画吴书都弗阙，亡凡存楚那穷端。笑他微有不足处，御笔经题恐属官③。

——录自《清高宗御制诗五集》卷七（乾隆四十九年，甲辰七）

【注释】
①乾隆原注：竹炉四图既毁，因补写首卷而命皇六子及弘旿董诰分写二三四卷，以补其阙。
②乾隆原注：既补四图，复检《石渠》所弆王绂《溪山渔隐图》，后有吴宽跋者，留赐僧寺，以供过客传观，为精蓝复增韵事云。
③乾隆原注：《竹炉图》四卷向存僧寺，为僧人污损，地方官重装致毁。因补写四图并御题此卷补存寺中，然恐有司鉴前此之失，必为时加检看，则属官物，寺僧仍不得由己与众传观以得布施，或未能满其所愿，因题是图并戏及之。

【编者按】 此诗《竹炉图咏》未录。

补写惠山寺听松庵《竹炉图》并成是什纪事

古寺竹炉四卷图，惜哉重潢遇伧夫①。祝融尤物妒诚有，六甲神威护则无。
降谪权教宽吏议②，施檀应得偿（去声）僧帷。惠山佳话宁容阙，首卷应先补写吾。③

——录自《清高宗御制诗四集》卷六十九（乾隆四十五年，庚子五）

【注释】
①乾隆原注：《竹炉图》四卷，一为王绂，一为履斋，一为吴珵，其一则早失之，命张宗苍补图者。前人题跋颇多，余每次南巡，必赋咏、叠韵，向贮惠山寺听松庵，昨寺僧收藏弗慎，致锦蹲蓠旧，玉笈损折，无锡县知县邱涟携至署中，欲重装，值署西民居失火，延烧四图，竟毁于火，实可惜也。
②乾隆原注：图既被毁，巡抚杨魁、布政司吴坛等自请交部议处，并参知县，因奏报情节未明，随令吴坛往无锡县署履勘失火情形，并查讯被焚属实，因尽宽其议处。然此事虽缘寺僧收弆不慎，该县重装究亦失于防护，只命罚银二百两给寺僧以偿之。
③乾隆原注：《竹炉图》原卷虽毁，而名流韵事未可阙如。因先补写首卷，命皇六子及弘旿、董诰分画二三四卷，并令补书前人题咏，仍付听松庵收弆流传，永为山寺佳话云。

【编者按】 此诗收录在《竹炉图咏·补集》。

永 瑢 和 诗

作绘烟云补昔图，休嫌旧卷付壬夫。画禅山院参空色，茶吹松寮听有无。
留赐翰香辉鹫宇，分编筼翠剧鸾雏。秋清上塞恭摹绘，遗妙前贤已导吾。

——录自《竹炉图咏·补集》

【编者按】 作于乾隆四十五年。

弘 旿 和 诗

茶话诗禅藉画图，林泉清况属潜夫。久蒙睿赏真诠定，肯使名岩雅照无？
三卷补摹徒学步，五衣传贮好将雏①。更看渔隐梁溪月，尺幅新吾印故吾。

——录自《竹炉图咏·补集》

【注释】

①原注：上既以御题王绂《溪山渔隐图》卷赐寺僧，复亲洒仙毫补写竹炉第一卷，而以二、三、四图命皇六子及臣等补作，同弆惠山，以偿名迹，伏惟宸翰辉腾，永为龙象呵护。已远胜九龙倍万，而山僧珍藏法宝，当与衣钵同传，从此名山佳话又何啻向时倍万。臣自愧技疏笔尔，幸得附缀于后，实梁溪荣幸，惭悚之至云。

【编者按】 作于乾隆四十五年。

董诰和诗

都篮惊喜补成图， 寒具重休设野夫。 试茗芳辰欣以昔， 听松韵事可能无。
常依榆夹教龙护， 一任茶烟避鹤雏。 美具漫云难恰并， 缀容尘墨愧纷吾。

——录自《竹炉图咏·补集》

【编者按】 作于乾隆四十五年。

观新颁《竹炉图》恭和御制原韵（二首）

顾敬徇

薜萝深处启瑶图， 一日传观遍万夫。 泉石分明真态见， 烟霞变幻墨痕无。
竹房日丽挥龙翰， 松径云深护鹤雏。 胜迹任教人共赏， 不须呵禁列金吾。

胸怀邱壑写新图， 未许椎人笑士夫。 稚兴欲超桑苎上， 风流得似辋川无？
彤庭落纸双花管， 青琐衔书五色雏。 绝胜泥金摹紫岳， 何劳封禅问夷吾？

——录自《辟疆园集录·竹炉图咏补辑》

题补写惠山寺听松庵《竹炉图》叠庚子诗韵

何事郁攸毁旧图， 补装四卷宛成夫。 披观似示空即色， 细体未忘有若无。
王氏弗输龙有九①， 米家终逊虎之雏②。 僧房佳话聊酬矣， 斯永存乎讵信吾。

——录自《清高宗御制诗五集》卷四（乾隆四十九年，甲辰四）

【注释】
①乾隆原注：九龙山人，王绂别号。
②乾隆原注：虎儿，米友仁小字。

【编者按】 此诗《竹炉图咏》未录。

咏惠山竹炉

硕果居然棐几陈， 岂无余憾忆前宾？ 偶因竹鼎参生灭， 便拾松枝续火薪。
为(去声)尔四图饶舌幻， 输伊一概泯心真。 知然而复拈吟者， 应是未忘者个人。

——录自《清高宗御制诗四集》卷六十九（乾隆四十五年，庚子五）

【编者按】 此诗收录在《竹炉图咏·补集》。

咏惠山竹炉叠庚子诗韵

物理由来新代陈, 炉图竟倒主和宾①。 久哉忘彼烟作烬, 时也对兹火以薪。
清供岂因适口腹, 幽寻聊尔悦心神。 小徘徊可命归舫, 墙外待多瞻就人。

——录自《清高宗御制诗五集》卷四(乾隆四十九年,甲辰四)

【注释】
①乾隆原注:纸坚于竹器理也,兹竹炉竟在而纸图乃毁,是主宾相倒矣。

【编者按】 此诗《竹炉图咏》未收录。

(8)其他

题沈贞竹炉山房

阶下回回漱惠泉, 竹炉小叩赵州禅。 个中我亦曾清憩, 为缅流风三百年。

——录自《清高宗御制诗三集》卷七(乾隆二十五年,庚辰七)

【编者按】 此诗《竹炉图咏》未录。

图11 沈贞《竹炉山房图》 秦绍楹提供

【编者按】 关于沈贞《竹炉山房图》:

(1)沈贞题词:"成化辛卯初夏,余游毗陵,过竹炉山房,得普照师□酌竹林深处,谈话间出素纸索画,余时薄醉,挑灯戏作此图以供清赏。"

①成化辛卯是成化七年,竹炉已失,尚未复,图中煮茶炉不是竹茶炉。

②邹迪光在万历二十三年把惠山寺弥陀殿改名"竹炉山房",其出典处,似源于此。

(2)沈周《宿听松庵对贞伯先别》诗(《惠山古今考》卷九),沈贞是沈周的伯父,沈周到听松庵时,沈贞已先别,若诗中反映的时间即沈贞作《竹炉山房图》的时间,则可断定沈周此诗也作于成化七年辛卯。诗中"舍人水墨苍苔壁,学士文章紫竹炉"句,是沈周在回忆普真、王绂、王达等制作竹炉、茗瀹、唱和的盛况。

(3)乾隆《题沈贞竹炉山房》,此诗作于乾隆二十五年,应在一巡、二巡以后,这两次南巡,乾隆都曾驻跸惠山寺竹炉山房,诗中"个中我亦曾清憩"的竹炉山房,可不是听松庵之竹炉山房了。

竹炉山房作

竹炉是处有山房①, 茗碗偏欣滋味长。 梅韵松蕤重(去声)清晤, 春风数典那能忘?

——录自《清高宗御制诗三集》卷二十(乾隆二十七年,壬午四)

【注释】

①乾隆原注:自辛未到此,爱竹炉之雅,命吴工仿制,玉泉、盘山诸处率置之。

【编者按】 此诗收录在《竹炉图咏·补集》中,此诗是三巡时在惠山听松庵作,乾隆自一巡回銮后,在北京玉泉山仿制了竹炉山房,并在各茶舍和有关景点也设置了竹炉,故有"竹炉是处有山房""春风数典那能忘"的感慨。乾隆的竹炉山房诗,大多写的是北京玉泉山仿制的竹炉山房。这首竹炉山房诗写的是惠山寺的竹炉山房,惠山寺的竹炉山房乾隆一般称之为听松庵,像这样称呼是很少见的。

图12 清乾隆御笔惠山竹炉山房图(拓片)

听松庵竹炉烹茶戏成

初来犹忆翰臣偕①，　火候曾传文武皆。　习熟中涓经手惯，　可怜竹鼎也听(平声)差。

——录自《清高宗御制诗三集》卷四十六（乾隆三十年，乙酉四）

【注释】
①乾隆原注：辛未南巡，初至听松庵访竹炉旧迹，曾命汪由敦扈游。

【编者按】　此诗收录在《竹炉图咏·补集》

听松庵竹炉烹茶作

香台右转僻蹊循，　知有茶庵幽绝尘。　松籁已欣清满耳，　竹炉何碍润沾唇？
四巡来往皆曾到，　几卷图书各有神。　只恐诸人或致诮，　吾原不是个中人。

——录自《清高宗御制诗三集》卷四十九（乾隆三十年，乙酉七）

【编者按】　此诗收录在《竹炉图咏·补集》。

听松庵竹炉烹茶戏成，效白居易体

竹炉烹苦茗，　本是山僧事。　性海为清供，　不涉人间世。
侵寻成画图，　展转传文字。　滥觞一至此，　大乖其本意。
豪夺与复还，　益觉其辞费。　我自辛未年，　制匣因精奔(叶)。
为之补图全①，　为之赓吟继。　兹阅十六载，　复诣精蓝地。
听松庵好在，　竹炉亦妥置。　独惜四图毁，　斯则因俗吏②。
熟境率难忘，　可不茶一试。　我既不解烹，　僧亦难近厕。
旋顾左右间，　尚茶惟内侍。　茗碗捧以献，　原来早预备。
谁论文武候，　那识鱼蟹沸？　是谓当官差，　非所论逸致。
屈哉庵与炉，　孰谓逢此辈？　鞭然亦自笑，　松下排衙类。

——录自《清高宗御制诗四集》卷六十九（乾隆四十五年，庚子五）

【注释】
①乾隆原注：本四图缺一，曾命张宗苍补之。
②乾隆原注：听松庵所藏《竹炉图》四卷，上年十二月内，为无锡县知县邱涟携至县署重装，致毁于火，俗吏所为，煞风景事，实可惜耳。

【编者按】　此诗收录在《竹炉图咏·补集》。

咏惠泉

石甃淙云乳，　何从问来脉。　摩挲几千载，　涤荡含光泽。
澄澈不受尘，　岂杂溪毛碧？　鸿渐真识味，　高风缅畴昔。

——录自《清高宗御制诗二集》卷二十六（乾隆十六年，辛未五）

【编者按】　此诗录在《竹炉图咏·补集》。

题惠泉山房

昔来游惠泉，　听松试竹炉。　八角石栏干，　明汲转辘轳。
茶香涤尘虑，　泉脉即此夫。　重临探灵源，　乃知别一区。
石梯拾级登，　高下置精庐。　潇洒绿琅玕，　峭蒨青芙蕖。
山茶及水仙，　放香妍且都。　西北有空洞，　洞前方塘虚。
淙淙出甘源，　苓芬石髓腴。　对之坐逾时，　笑我前遭徒。
境亦不可穷，　奇亦难悉胪。　名泉自千古，　岂藉膻芗吾？

——录自《清高宗御制诗二集》卷六十八（乾隆二十二年，丁丑三）

【编者按】　此诗录在《竹炉图咏·补集》。

咏惠泉

冰洞不可测，　发源惠麓东。　精蓝据左侧，　德水扬宗风。
凿为方圆池，　虽二实相通。　方劣圆者甘，　其理殊难穷。
池上漪澜堂，　旧迹传坡翁。　境屯心则泰，　高风想像中。

——录自《清高宗御制诗二集》卷六十八（乾隆二十二年，丁丑三）

【编者按】　此诗在《竹炉图咏·补集》中，也曾录下。

惠泉上作

向予拊石栏，　遥企云中脉。　今来探乳穴，　牝湫注灵泽。
春绘万物昌，　月印千秋碧。　得源趣益佳，　摘藻聊补昔。

——录自《清高宗御制诗二集》卷六十八（乾隆二十二年，丁丑三）

【编者按】　此诗录在《竹炉图咏·补集》。

泛舟游惠山即景杂咏

川路遥看(平声)见惠山，　轻云淡日蔚屏颜。　遄飞吟兴于何是，　只在泉流峰峙间。

烟溪暂泊换轻舟，　两岸麦苗绿似油。　致我欣然诚在此，　宁徒留意为(去声)清游。

寄畅园中小憩迟，　茶红梅白罨春姿。　林泉别我三年矣，　似曰无他只待诗。

精蓝西转有禅庵，　啜茗听松①此最堪。　叠韵宁辞绮语过，　前三三复后三三。

——录自《清高宗御制诗三集》卷四十六（乾隆三十年，乙酉四）

【注释】
①乾隆原注：即庵名，设竹炉。每至必试茗。

【编者按】　此诗《竹炉图咏》未录。

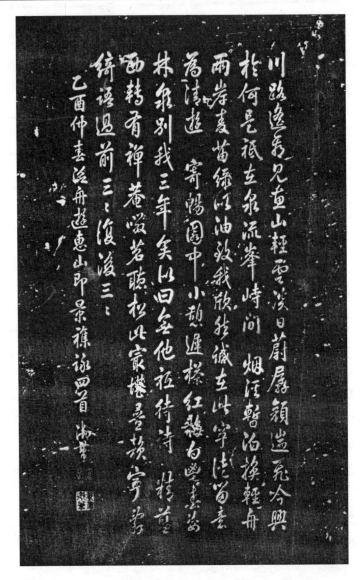

图 13　乾隆御题(拓片)

(9)《竹炉图咏》之画卷

元集：九龙山人王绂为真性海上人制(图 14)

亨集：履斋写(图 15)

利集：成化丁酉冬吴珵写(图 16)

贞集：张宗苍恭画(图 17)

顿还旧观：乾隆画(图 18)

生面重开：永瑢奉敕补图(图 19)

味回寄兴：弘旿奉敕敬绘(图 20)

清风再挹：董诰奉敕敬绘(图 21)

王绂《溪山渔隐图》(图 22)

王绂题诗，吴宽跋

图 14 元集：九龙山人王绂为真性海上人制

图 15　亭 集：履斋书写

图 16 利集:成化丁酉冬吴珵写

248　康熙乾隆的惠山情结

图 17　页集：张宗苍恭画

听松庵的前世和今生　249

图 18　顿还旧观

图 19　生面重开

听松庵的前世和今生　251

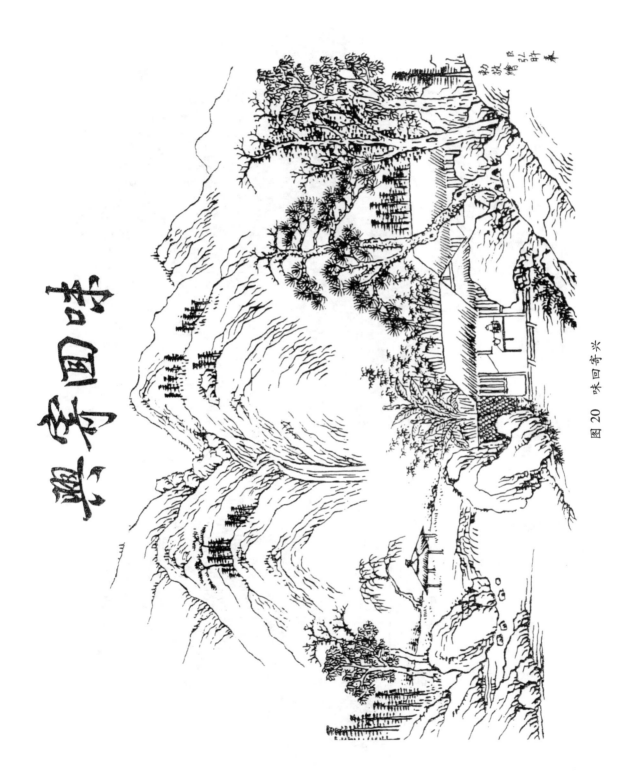

图20　咏回寄兴

图 21 清风再挹

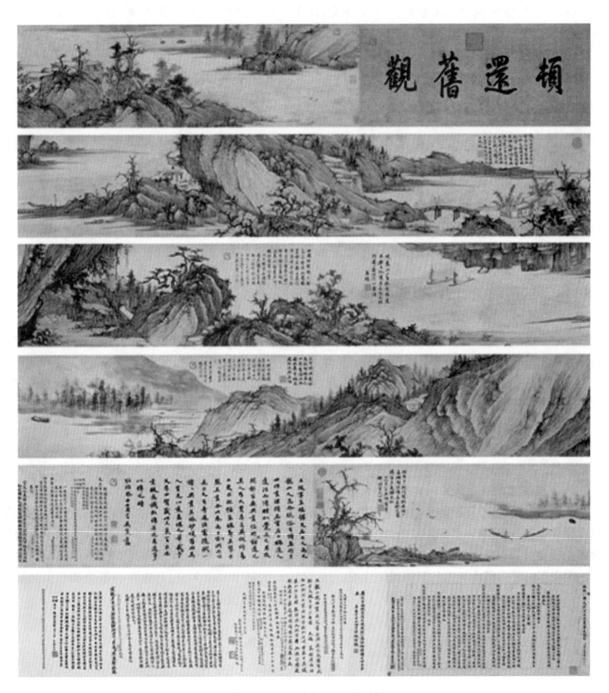

图 22　王绂《溪山渔隐图》

《溪山渔隐图》中王绂诗

忆昔与君皆少年， 山窗曾为写苍烟。 而今相见头俱白， 看画题诗一怆然。

跋： 向仆寓京师，为仲渊写此幅，今几廿年矣，白首无成，盛年难再，抚卷长慨，复题小诗于上云。永乐壬寅秋七月下浣九龙山人王绂记。

峡里江山多绝奇， 推篷不厌去帆迟。 重来恐忘经行处， 一处经行一处诗。

孟　端

生平野性爱林泉， 别却林泉已十年。 肯信而今图画里， 有林泉处即欣然。

潮浪日日到门前， 供具时时喜研鲜。 记得寻君秋色里， 怜家都是捕鱼船。

跋： 十二月一日孟端写寄仲渊宗兄一笑。

——录自《竹炉图咏·补集》

《溪山渔隐图》吴宽跋

王绂，字孟端，号友石生，又为九龙山人，高介绝俗，有诗集行于世。作画深得石室居士梅道人遗法，而精标似觉过之。月夜闻怜笛，乘兴画幅竹，过访遗之。其人乃大贾，喜甚。具绒绮各二，更求配幅。孟端却其币，手裂其画。今此卷为王仲渊所作，长二丈，有奇遇。隙处随赋一诗，诗与画并臻妙境，苟非其人，岂足以发孟端之笔哉。予友李世贤藏此久矣，一日出示索跋，为识数语并述其遗事以归之。时弘治癸丑七月二日吴宽书。

——录自《竹炉图咏·补集》

4. 乾隆玉泉山竹炉山房和其他茶舍的竹炉诗

乾隆六次南巡，十一次临幸惠山寺竹炉山房，回京后留下了大量关于竹炉烹茶啜茗的诗篇，这些诗作可以分成以下三类：第一类是玉泉山竹炉山房，它是仿惠山听松庵竹炉山房建造的，诗中常流露出惠山是数典处以及对惠山九龙的依恋之情。第二类是茶舍，在已收录的诗作中，所有茶舍都用竹炉烹茶。乾隆第一次南巡时曾带回由吴工仿制的两只竹茶炉，后又陆续仿制了二十多只，分置在各茶舍和常去的景点中，所以第三类是有关景点，这些景点以赏景、休憩为主，但需茗饮时也用到竹炉。

(1) 玉泉山竹炉山房（玉泉山静明园，仿惠山竹炉山房建造）

仿惠山听松庵制竹炉成，诗以咏之

竹炉匪夏鼎，	良工率能造。	胡独称惠山，	诗禅遗古调。
腾声四百载，	摩挲果精妙。	陶土编细筊，	规制偶仿效。
水火坎离济，	方圆乾坤肖。	讵慕齐其名，	聊亦从吾好。
松风水月下，	拟一安茶铫。	独苦无多闲，	隐被山僧笑。

——录自《清高宗御制诗二集》卷二十六（乾隆十六年，辛未五）

玉泉山天下第一泉记

水之德在养人，其味贵甘，其质贵轻。然三者正相资，质轻者味必甘，饮之而蠲疴益寿，故辨水者恒于其质之轻重分泉之高下焉。尝制银斗较之，京师玉泉之水斗重一两，塞上伊逊之水亦斗重一两，济南珍珠泉斗重一两二厘，扬子金山泉斗重一两三厘，则较玉泉重二厘或三厘矣。至惠山、虎跑则各重玉泉四厘，平山重六厘，清凉山、白沙、虎丘及西山之碧云寺各重玉泉一分，是皆巡跸所至命内侍精量而得者。然则无更轻于玉泉之水者乎？曰有。为何泉？曰非泉乃雪水也。常收积素而烹之，较玉泉斗轻三厘。雪水不可恒得，则凡出山下而有冽者，诚无过京师之玉泉。昔陆羽、刘伯刍之论，或以庐山谷帘为第一，或以扬子为第一，惠山为第二，虽南人享帚之论也，然以轻重较之，惠山固应让扬子。具见古人非臆说，而惜其不但未至塞上伊逊，并且未至燕京，若至此，则定以玉泉为天下第一矣。近岁疏西海为昆明湖，万寿山一带率有名泉，溯源会极，则玉泉实灵脉之发皇，德水之枢纽，且质轻而味甘。庐山虽未到，信有过于扬子之金山者，故定名为天下第一泉。命将作崇焕神祠，以资惠济，而为记以勒石。夫玉泉固趵突山根，荡漾而成一湖者，诗人乃比之飞瀑之垂虹，即予向日题燕山八景，亦何尝不随声云云。足见公论在世间，诬辞亦在世间，藉甚既成，雌黄难易，泉之于人有德而无怨，犹不能免讥议焉，则挟德怨以应天下者，可以知惧，抑亦可以不必惧矣。

——录自《清高宗御制文初集》卷五

玉泉山竹炉山房记

古之人冬日则饮汤，夏日则饮水，无所谓茗饮也。茗饮其权舆于汉，而盛于李唐之季乎。然物必有其本，不揣其本而齐其末，未为善鉴也。茗饮之本，其必资于水乎。不于水之甲乙定茗之高下，虽摘焙点烹精其制，雨前雷后辨其时，北苑、荆溪、龙井、天目别其地，踵事增华议论滋繁，解渴悦性之道逝其远矣。若惠山之竹炉茶舍，可谓知茗饮之本焉。其地盖始于明僧性海，就惠泉制竹炉以供煎瀹，茶舍之名因以是传。前岁偶至其地，对功德注冰雪，高僧出尘之概仿佛于行云流水间也。归而品玉泉，则较惠山为尤佳。因构精舍二间于泉之侧，屏攒峰之嶫，俯回溪之潆漾，天风拂林，众乐迭奏，浏苙卉歙，若丝者，若竹者，若宫商角徵羽者，与涟漪绮縠相上下观难为状，听复不穷。而仿惠山之竹炉，适陈砥几，蟹眼鱼眼之间，亦泠泠飒飒，作声不止，无事习静之人，乐此经年，不出可也，而余岂其人哉！时而偶来藉以涤虑澄神，亦不可少也。夫精舍竹炉皆可仿，而惠泉则不可仿，今不必仿，而且有非惠泉之所能仿者焉。是不既握茗饮之本，而我竹炉山房作庸可少乎！

——录自《清高宗御制文初集》卷五

初春游玉泉山即景五首（其四）

构筑精庐仿惠山， 竹炉清伴片时闲。 名泉有德无分别， 岂较寻常伯仲间①？

——录自《清高宗御制诗二集》卷三十一（乾隆十七年，壬申一）

【注释】

①乾隆原注：去年品泉，以玉泉为第一，惠山为第二，故戏及之。

咏 竹 炉

惠山传雅制， 㟏谷饬良材。 古拟蟠夔鼎， 华羞翠羽罍。
试煎泉味永， 静对道诠该。 消渴宜摘藻， 何人司马才？

——录自《清高宗御制诗二集》卷三十八（乾隆十八年，癸酉一）

竹 炉 山 房

谡谡山房松下风， 拾松煮茗竹炉红。 水符底藉循环调， 火候还应文武通。
欲拟灶旁陶陆羽， 未须诗里学卢仝。 品泉僧舍为清供， 前岁春光想像中。

——录自《清高宗御制诗二集》卷四十（乾隆十八年，癸酉三）

竹炉山房歌叠惠泉烹竹炉韵

山下出泉易所闻， 八功德品梵帙分。 同归殊途何思虑， 辞多应始躁者群。
知然乃复辨甲乙， 笑予未足称绝尘。 前年揽景法云寺， 无暇翻彼贝叶文。
右廊展转入茶室， 古梅对我吹幽芬。 竹鼎小试烹玉乳， 腾声四百年以陈。
画图诗咏萃四卷， 前呼后唱情弥敦。 仿制筠炉忽已得， 底须较量传火薪。
灵泉第一况在迩， 无劳水递驰纷纷。 山房两间取素朴， 土阶茅茨匪所云。
弥月望雨未游历， 雨足散闷一览权（叶）。 缏汲聊尔事煮瀹， 惠山清供宛意存。
品题昔已略于近， 点缀今乃增其新。 增兮略兮胥远道， 促旋清跸延席珍。
促旋清跸延席珍， 我岂高闲啜茗人？

——录自《清高宗御制诗二集》卷四十一（乾隆十八年，癸酉四）

竹 炉 山 房

南巡过惠山听松庵，爱其高雅，辄于第一泉仿置之，二泉固当兄事

惠泉仿雅制， 特为构山房。 调（去声）水无烦远， 名泉即在旁。
一时仍漫画，① 五字旋成章。 瓶罂何须虑， 松鸣真是凉。

——录自《清高宗御制诗二集》卷四十二（乾隆十八年，癸酉五）

【注释】

①乾隆原注：今春过山房试茗，曾手写为图，题诗置壁。

竹 炉 山 房

隔岁山房此一过， 试泉偶尔乐天和。 悦心得句恒于是， 夏鼎商彝较则那。
树鸟鸣春声渐畅， 砌苔向日绿偏多。 灵源不冻轻舟系， 檐际漪光镜里波。

——录自《清高宗御制诗二集》卷四十六（乾隆十九年，甲戌二）

竹炉山房试茶

春炉煮春水， 春茗满春瓯。 却笑相如渴， 宁同陆羽流。
湖光檐上下， 山色镜沉浮。 一晌思灵隐， 冷泉亭上头。

——录自《清高宗御制诗二集》卷五十四（乾隆二十年，乙亥一）

竹 炉 山 房

泉上筑山房， 山泉引兴长。 竹炉宜火候， 瓷碗发茶香。
习静宁耽逸， 敕几敢道忙。 小停促归去， 无暇我之常。

——录自《清高宗御制诗二集》卷六十（乾隆二十一年，丙子一）

竹 炉 山 房 作

竹鼎茅斋学惠山， 浮香消得片时闲。 岭云拖雨拂吟席， 何异九龙荟蔚间。

——录自《清高宗御制诗二集》卷八十七（乾隆二十四年，己卯五）

竹炉山房烹茶作

第一泉边汲乳玉， 两间房下煮炉筠。 偶然消得片时暇， 那是春风啜茗人？

——录自《清高宗御制诗三集》卷二（乾隆二十五年，庚辰二）

竹 炉 山 房

石壁前头碧水涯， 筠炉制学老僧家。 清游兴尽欲归去， 且吃山房一碗茶。

——录自《清高宗御制诗三集》卷六（乾隆二十五年，庚辰六）

竹炉山房品茶

春泉近汲， 山房小试， 炉妥瓯香。 火候犹须， 文武邦权， 宁外弛张。

——录自《清高宗御制诗三集》卷十（乾隆二十六年，辛巳二）

暮春玉泉山揽景

叶吐复花开， 春光已酓哉。 岂非绝胜处， 却是不常来。
暗窦明亭侧， 竹炉茗碗陪。 吾宁事高逸， 偶此浣诗裁。

——录自《清高宗御制诗三集》卷十二（乾隆二十六年，辛巳四）

竹炉山房试茶二绝句

临水山房松竹娟， 竹炉茗碗护清便。 偷闲来试新龙井， 就近偏欣第一泉。

品遍江南几品泉， 只堪继武鲜齐肩。 愁霖廿日刚逢霁， 借此无惊一与湍。

——录自《清高宗御制诗三集》卷二十四（乾隆二十七年，壬午八）

竹 炉 山 房

山房临水山为屏， 水光潋滟翻檐楹。 松风泠泠恰入听， 引我惠麓之遥情。
竹炉茶铫案头在， 烹茶早就伺无怠。 献勤亦莫怪区区， 文武火候诚难待。

——录自《清高宗御制诗三集》卷二十八（乾隆二十八年，癸未二）

竹炉山房烹茶作

山房临水滢， 曲尽山水情。 黛色落波澜， 练纹翻檐楹。
茗碗与竹炉， 妥帖陈纵横。 调泉谢符檄， 就近贮瓶罂。
用汲虽等闲， 惕然思王明。

——录自《清高宗御制诗三集》卷三十（乾隆二十八年，癸未四）

竹 炉 山 房

何必椎轮忆惠山， 欣兹享帚片时闲。 若非制斗评轻重[1]， 能不失之伯仲间。

——录自《清高宗御制诗三集》卷三十六（乾隆二十九年，甲申二）

【注释】

[1]乾隆原注：向制银斗评较诸泉，惟玉泉与伊逊，皆斗重一两，馀自赢二三厘至一分不等，语具第一泉记。

竹炉山房烹茶作

饮食寻常总玉泉[1]， 却因泉近事烹煎。 宁非著相斯多矣， 难解循名曰偶然。
火候武文信难辨， 茶差供奉笑他便。 睪思陆羽卢仝辈， 免俗真应让尔贤。

——录自《清高宗御制诗三集》卷四十（乾隆二十九年，甲申六）

【注释】

[1]乾隆原注：大官饮膳之需，例向玉泉取水。

竹炉山房烹茶戏题

中泠第一无竹炉，惠山有炉泉第二。 玉泉天下第一泉， 山房喜有竹炉置。
瓶罍汲取更近便， 茗碗清风可弗试。 四壁图书阅古人， 大都规写烹茶事。
忽然失笑境地殊， 我于其间岂容厕？

——录自《清高宗御制诗三集》卷五十（乾隆三十年，乙酉八）

竹炉山房试茶作

近泉不用水符提， 篚鼎燃松火候稽。 两架闲斋如十笏①， 一泓碧沼即梁溪。

春泉喷绿鸭头新， 瓶汲壶烹忙侍臣。 灶侧依然供陆羽， 笑应不是品茶人。

——录自《清高宗御制诗三集》卷五十四（乾隆三十一年，丙戌二）

【注释】
①乾隆原注：十笏斋为惠山佳处，仇英曾有图。

竹炉山房

水裔山房安篚炉， 东坡不借远驰符。 中涓巧伺浑经惯， 那待寻常火候乎？

亦有松风鸣户外， 更延云巇入窗间。 江南清致何差别， 一晌驰情到惠山。

——录自《清高宗御制诗三集》卷六十三（乾隆三十二年，丁亥三）

竹炉山房

每到玉泉所必临， 为他山水萃清音。 最佳处欲略延坐， 火候茶香细酌斟。

——录自《清高宗御制诗三集》卷六十五（乾隆三十二年，丁亥五）

竹炉山房作

水裔山房特近泉， 竹炉妥贴汲烹便。 玉川七碗太狂逸， 小试一瓯已洒然。

夏冬汤水总需斯①， 就近瀹煎特觉宜。 小坐诸人亦云憩， 得教步辇向前移。

——录自《清高宗御制诗三集》卷七十二（乾隆三十三年，戊子四）

【注释】
①乾隆原注：大官日用饮善例汲此泉。

竹炉山房

每至山房必煮茶， 筠炉瓷碗称清嘉。 春云偏凑濛濛润， 比似九龙定不差。

日日烹煎原玉泉①， 竹炉就近特清鲜。听松庵②忽生遐忆， 别我春风又五年。

——录自《清高宗御制诗三集》卷七十九（乾隆三十四年，己丑三）

【注释】
①乾隆原注：尚膳尚茶所需水，日取诸玉泉，内管领司其事。
②乾隆原注：惠山茗室名。

竹 炉 山 房

趵突春来壮石泉， 宜壶越碗洁陈前。 《鹤林玉露》有佳话， 便拾松枝竹鼎燃。

日饮原为玉泉水， 泉傍煎饮觉尤佳。 因之悟得人情耳， 厌故喜新似此皆。

——录自《清高宗御制诗三集》卷八十七（乾隆三十五年，庚寅三）

竹 炉 山 房

泉称第一冠寰区， 取水无须调水符。 小坐山房试清供， 那更狂句效其卢？
已饥已溺圣人思， 余事惟茶姑置之。 设使相如类消渴， 育材时亦念乎斯。

——录自《清高宗御制诗四集》卷五（乾隆三十七年，壬辰五）

竹 炉 山 房

试品春泉倍觉清， 那宜姑舍是而行？ 新收雪水亦携至， 银斗无烦较重轻①。

松籁落从檐际流， 听来不异惠山游。 奔成四卷多称古， 鼻祖翻忘皮日休②。

——录自《清高宗御制诗四集》卷十一（乾隆三十八年，癸巳三）

【注释】

①乾隆原注：尝制银斗，较水轻重。惟玉泉水最轻，斗重一两，伊逊水亦然。其余名泉比之，有加重二三厘至一分者，独雪水较玉泉斗轻三厘。雪水不恒得，凡山下所出之泉，诚无过玉泉者。详见《玉泉山天下第一泉记》。

②乾隆原注：惠山听松庵，因有明僧性海竹炉，王绂为图，后之题咏者积为四卷，竟若庵因是僧而著。不知唐皮日休即有惠山听松庵诗，是庵之名在性海前五百余年，而数典者顾未之及，何耶？

竹炉山房戏题二绝句

舍舟埼岸步坳窊， 两架山房清且嘉。 早是中涓擎碗至， 南方进到雨前茶。

莫笑殷勤差事熟， 吃茶得句旋（去声）前行。 设教火候待文武， 亦误游山四刻程。

——录自《清高宗御制诗四集》卷十九（乾隆三十九年，甲午三）

竹 炉 山 房

近水山房号竹炉， 每来试茗作清娱。 取之无尽用不竭， 第一泉为第一湖。
筠鼎瓷瓯火候便， 听松何异事烹煎①。 江南民物安恬否， 未免临风一缱然。

——录自《清高宗御制诗四集》卷二十三（乾隆三十九年，甲午七）

【注释】

①乾隆原注：惠山寺听松庵为竹炉数典处。

竹 炉 山 房

混混灵泉春水生， 山房坐俯有余清。 中人茗碗早擎候， 那肯徐徐文火烹？

犀液越瓯都洒然， 宁惟陆羽始称仙。 济南趵突将品水[①]， 早觉输兹第一泉[②]。

——录自《清高宗御制诗四集》卷三十四（乾隆四十一年，丙申二）

【注释】
①乾隆原注：巡幸山东，例汲济南趵突泉水运供茶膳之用，时因告成阙里，三月初即可至山东境。
②乾隆原注：向以银斗衡量泉品，趵突泉较玉泉每斗重二厘，详见昔所制《玉泉山天下第一泉记》。

竹 炉 山 房

竹炉茗碗自如如， 便汲清泉一试诸。 四壁前题历巡咏， 阙吟已是两年余。

贡来芽是雨前新， 亦有灶边陆羽陈。 数典不忘惠山寺， 重寻清兴指明春。

——录自《清高宗御制诗四集》卷六十一（乾隆四十四年，己亥七）

竹 炉 山 房

数典原称惠山寺， 四图惜已付云烟。[①]虽云补作还旧观（去声）， 那似本无精舍全。

前年烹茗于此际，[②] 去岁行春在彼时。 彼此消弹指顷耳， 三而一也得吟斯。

——录自《清高宗御制诗四集》卷七十九（乾隆四十六年，辛丑三）

【注释】
①乾隆原注：惠山寺旧藏王绂等四图，昨春惜毁于火，因各补其卷仍付寺僧藏弆，详见南巡诗。
②乾隆原注：己亥于此烹茶，有"重寻清兴指明春"之句。庚子春南巡至惠山，四图虽毁，而竹炉尚在。复一烹试。今又来此，瞬息间已三年矣。

竹炉山房戏题二首

山房原在碧溪旁， 就近当烹第一泉。 内侍待忙文武候， 早擎茗碗立于前。

观色察言若辈惯， 那容片刻学高闲？ 传称絜矩该诸理， 惧在斯乎政所关。

——录自《清高宗御制诗四集》卷八十七（乾隆四十七年，壬寅三）

竹炉山房二首

隔岁山房始偶来， 山桃傍雪认为梅。 分明缩地惠山景， 便可偷闲试茗杯。

庚子南巡三阅秋， 听松庵致忆如流。 设因调水品高下， 第一泉还胜一等。

——录自《清高宗御制诗四集》卷九十六（乾隆四十八年，癸卯四）

竹炉山房

饮食原兹日用泉①， 山房就近试烹煎。 越瓯擎觉殊常矣， 笑识人情重目前。

谡谡泠泠落玉岑， 听松庵外②老松音。 分明一例惠山景， 何事黎然昨与今③。

——录自《清高宗御制诗五集·卷十三》（乾隆五十年，乙巳三）

【注释】
①乾隆原注：茶膳房向俱用玉泉山水。内管领司其事，偶临此，必就近烹试，弥觉甘冽。
②乾隆原注：玉泉竹炉煎茶，本数典于惠山听松庵，因爱其精雅，命吴工仿造置此，并即以名山房。
③乾隆原注：去岁于惠山亦烹竹炉试茶，曾有咏。

竹炉山房

山房咫尺玉泉边， 汲水烹茶近且便。 涤虑沃神随处可， 惠山奚必忆前年。

武文火候久需时， 内侍情忙那待斯？ 早是一瓯擎坐侧， 体之熟矣笑听之。

——录自《清高宗御制诗五集》卷二十三（乾隆五十一年，丙午五）

竹炉山房二首

汲泉就近竹炉烘， 写兴宁论拙与工。 新旧咏吟书壁遍， 选峰泐句用无穷①。

松风习习静无繁， 相答瓶笙亦不喧。 未肯昌黎文集展， 恐防读至去陈言。

——录自《清高宗御制诗五集》卷二十九（乾隆五十二年，丁未三）

【注释】
①乾隆原注：历年题句揭山房楣楹间者已遍，自今有作，当于山房外选石泐之，绰有余地矣。

竹炉山房二首

楣檐题偏浑无罅， 不竭用之泐壁阿①。 宁可戊申关纪岁， 躁人难免笑辞多。

泉称第一玉波新， 就近竹炉妥贴陈。 恰值雨前初贡到， 瓷杯遂试惠山春。

——录自《清高宗御制诗五集》卷三十七（乾隆五十三年，戊申三）

【注释】
①乾隆原注：向日山房题咏俱揭之楣间，年久已遍，无隙可容。因于山房外石壁间摹泐，嗣后可以用之不竭矣。

竹炉山房二首

趵突千秋山脚披， 垂虹明季误名之①。 泉称第一冠天下， 灵佑皇都万载资②。

山房咫尺两间开， 就近烹煎试茗杯。 竹鼎松涛相应答， 九龙缩地面前来。

——录自《清高宗御制诗五集》卷四十五（乾隆五十四年，己酉三）

【注释】
①乾隆原注:玉泉从山根仰出,实与济南趵突无异,并非瀑泉,旧称玉泉垂虹者,误也。
②乾隆原注:玉泉灵源浚发畿甸,众流皆从此濙注,予因定为天下第一泉。

竹 炉 山 房

竹炉肖以卅年余①, 处处山房率置诸。 惠寺上人应自笑, 笑因何事创于予。

最高处实乏山泉, 司事携泉备茗煎。 好恶(皆去声)因思可不慎, 窥其欲者众皆然。

空山摩诘为予㲀, 七字诗中取意神。 未此读书曾闭户, 种松亦作老龙鳞。

——录自《清高宗御制诗五集》卷四十七(乾隆五十四年,己酉五)

【注释】
①乾隆原注:自辛未命仿制,逮今三十八年矣。

竹 炉 山 房

山裔水之涯, 玉泉近不遐。 竹炉安妥贴, 芸籍伴清嘉。
那可无言去, 初非有意加。 雨前适贡至①, 便以试新芽。

——录自《清高宗御制诗五集》卷五十三(乾隆五十五年,庚戌三)

【注释】
①乾隆原注:浙江例贡雨前茶,是日适至。

竹 炉 山 房

第一泉清试新茗①, 自然澄虑复兴思。 岂非日日饮食用②, 喜近吾犹未免斯。

古泉那借春新旧③, 万载皇都利众生④。一举杯间廑永念, 随时可以悟持盈。

——录自《清高宗御制诗五集》卷六十三(乾隆五十六年,辛亥三)

【注释】
①乾隆原注:浙中雨前茶适贡至。
②乾隆原注:每日茶膳房俱用玉泉山水,偶来就近烹啜,尤觉甘冽异常。
③乾隆原注:诗人率谓春水初生,然灵泉万古岂有新旧哉。
④乾隆原注:玉泉灵源浚发畿甸,众流皆从此濙注,惠济群生,永资利赖。

竹 炉 山 房 作

泉傍精舍似山家, 只取幽闲不取奢。 就近烹炉第一水, 尝新遂试雨前茶①。

题壁已周因刻石②, 赋诗多笑此何为。 卢仝杜甫相看谓, 输与岩泉付不知。

——录自《清高宗御制诗五集》卷七十九(乾隆五十八年,癸丑三)

【注释】
①乾隆原注：时浙省例贡雨前新茗适至，遂以泉水试之。
②乾隆原注：自丁未年以此处历年题句揭之屋壁间者已遍，因令嗣后于山房外选峰泐石，可以用之不竭矣。

竹 炉 山 房

春间来值雪殷望， 夏令过(平声)犹雨冀沾①。 三寸余兹称谢暍， 心希继渥未全恬。

第一泉旁房两间， 试茶就近汲甘潆。 竹炉侧坐陆羽笑， 事固清闲人可闲。

甫微愁释复廑思， 望继沾优刻弗怡。 过去未来弹指顷， 竟于何刻得伸眉。

——录自《清高宗御制诗五集》卷八十九（乾隆五十九年，甲寅五）

【注释】
①乾隆原注：仲春来此祈泽，以冬雪既未优沾，而春初又不及，辛亥之正月，两次得雪尺余，因有望雪寝寻为望雨之句。迨四月望后，自香山回跸路经此园小驻，惟时因四月初九日得雨后，甫阅七日，未敢再诣龙神祠渎请，而心希续需优霖无时少解，是以题乐景阁之作，有"未敢灵祠再三渎，秉诚遥叩鉴斯忱"之句。昨初十日得雨三寸余，大田耕种不无裨益，然犹未能十分沾透，兹来敬谢神佑，而望继渥之心犹未即自释也。

竹 炉 山 房

饮啄长时总玉泉①， 山房于此近天然②。 竹炉学古年已久③， 事半犹欣功倍全。
新到雨前贮建城④， 因之活火试煎烹。 座中陆氏应含笑， 似笑殷勤效古情⑤。

——录自《清高宗御制诗五集》卷九十五（乾隆六十年，乙卯三）

【注释】
①乾隆原注：内廷茶膳房自来俱用玉泉山之水，向品其水为天下第一泉。
②乾隆原注：玉泉山本灵境，就筑山房颇有天然之趣。
③乾隆原注：山房数典惠山听松庵，明僧性海就惠泉制竹炉，以供煎茶之用。辛未南巡，过其地，爱其高雅，旋跸后仿构精舍两楹于是泉之侧，并依式制竹炉贮之几间，详见癸酉所作《玉泉山竹炉山房记》。
④乾隆原注：建城，贮茶器也，以箬为笼，封茶以贮高阁。见明高濂《遵生八笺》。
⑤乾隆原注：《唐书》载，陆羽嗜茶，著经三篇，言茶之原、之法、之具尤备。时鬻茶者至陶其形，置炀突间，祀为茶神。今山房内亦复效之，未能免俗，应为羽所窃笑也。

竹炉山房二首

第一灵泉近左边， 竹炉置以便烹煎。 每教空过因愁雨①， 茗碗得擎诚谢天。

虽云归政仍勤政②， 几次祈祠责已频。 兹坐山房吟七字， 笑欣名乃称闲人③。

——录自《清高宗御制诗余集》卷五（嘉庆元年，丙辰五）

【注释】

①乾隆原注:夏初频来祈雨,心殷盼泽,过此未一停憩。

②乾隆原注:今岁既归政,一切筹农致祭均应为子皇帝之事,然予受昊苍懋眷,得为千古第一全人,而精神尚觉强健,理合随事训子,诚一无二。迹自夏初盼望雨泽,何忍自耽安逸,视若无涉,是以频次虔求,返已责躬,幸蒙恩宥耳。

③乾隆原注:自五月初二以后,未及旬日,三次蒙泽。兹来虔谢神惠。乘暇临此试泉、瀹茗,略似闲人斗茶韵事矣,戏谈及之,以称太上也。

竹炉山房作

山房留咏例年年, 春月来兹去默然。 一雨救农兼救己, 同斯乳窦发言泉。

昨年曾谓称(去声)闲人①, 望捷望霖仍此身②。 训子为(去声)民忧可罢, 是心不计几何春。

——录自《清高宗御制诗余集》卷十三(嘉庆二年,丁巳五)

【注释】

①乾隆原注:去年仲夏得雨后坐此试泉瀹茗,有"笑欣名乃称闲人"之句,盖以既归政戏云耳。

②乾隆原注:今年入夏以来,望捷、望霖仍廑寤夜辛,以昊苍鸿佑,精神强健如常,所以训子为政,于一切庶务勿懈益虔,兹既叨恩泽仍更不敢稍放此心也。

(2)茶舍(竹炉精舍、试泉悦性山房、味甘书屋、焙茶坞、春风啜茗台、盘山千尺雪)

①竹炉精舍(香山静宜园,茶舍)

竹 炉 精 舍

蟹眼鱼眼声潺潺, 莽芽小试萧晨闲。 筌蹄已忘悟秋水, 伯仲之间见惠山。
气霁波披古铜镜, 云开峰矗青玉鬟。 忽忆明春听松处①, 退心早至梁溪湾。

——录自《清高宗御制诗二集》卷五十九(乾隆二十年,乙亥六)

【注释】

①乾隆原注:惠山有听松庵,明春南巡将至彼,故云。

竹炉精舍烹茶戏作

竹炉为爱僧房制, 精舍寻常率置旃。 欲拟游山消半渴, 早看调水走中涓。
武文火候容谁待, 冷热茶汤剂已便。 陆羽卢仝却失笑, 茗家清供岂其然?

——录自《清高宗御制诗三集》卷十三(乾隆二十六年,辛巳五)

竹炉精舍烹茶作

到处竹炉仿惠山, 武文火候酌斟间。 九龙蓦遇应予笑, 不是闲人强学闲。

——录自《清高宗御制诗三集》卷二十六(乾隆二十七年,壬午十)

竹 炉 精 舍

缀景偶教筠鼎施， 趁闲聊亦小栖迟。 擎来茗碗定遵例， 何必如斯著相(去声)为。

茶舍窗中景致殊， 西山积雪有碑模①。 前旬忽忆御园望， 一帧即斯展画图。

——录自《清高宗御制诗三集》卷六十二(乾隆三十二年,丁亥二)

【注释】
①乾隆原注：西山积雪为燕台八景之一,向立碑于精舍,对嶂窗中即见。

竹炉精舍戏题

到处山房有竹炉， 无过烹瀹效清娱。 质诸性海还应笑， 大辂椎轮至此乎。

——录自《清高宗御制诗三集》卷七十三(乾隆三十三年,戊子五)

竹炉精舍烹茶

鼻祖由来仿惠山， 清烹到处可消闲。 听松庵里明年况①， 逸兴遄飞想像间。

——录自《清高宗御制诗四集》卷六十(乾隆四十四年,己亥六)

【注释】
①乾隆原注：惠山听松庵旧弆竹炉并王绂画卷,每次南巡无不以竹炉烹茶并题诗书卷中,此间竹炉即仿其制也。

竹 炉 精 舍

静室边傍精舍存， 磁杯洁净竹炉温。 山泉也自堪煮茗， 松籁瓶笙答不喧。

——录自《清高宗御制诗四集》卷八十九(乾隆四十七年,壬寅五)

竹 炉 精 舍

静室东厢近， 游廊精舍连。 竹炉置以久， 磁碗净而便。
雪水取之洁， 松枝拾以燃。 今朝真啜茗， 亦欲一时瀹。

——录自《清高宗御制诗四集》卷九十六(乾隆四十八年,癸卯四)

竹 炉 精 舍

到处居然设竹炉， 越瓯犀液助清娱。 灶旁陆羽莞然笑， 忙杀中涓有是乎。

精舍何曾傍竺庵， 贡来新试雨前堪。 惠山吟瀹昨年景， 佳话翻成往事谈。

——录自《清高宗御制诗五集》卷十五(乾隆五十年,乙巳五)

竹 炉 精 舍

因爱惠泉编竹炉， 仿为佳处置之俱①。 香山精舍偶临此， 即日无泉泉岂无②？

御用大都第一泉③， 携来中使熟烹煎。 惯经伺候早呈到， 谓曰啜清笑不然。

嫌用玻璃用纸疏， 开来廊落试凭虚。 隔峰松种龙鳞老， 摩诘愧他老读书。

——录自《清高宗御制诗五集》卷三十九（乾隆五十三年，戊申五）

【注释】
①乾隆原注：辛未南巡过惠山听松庵，爱竹炉之雅，命吴工仿制，因于此构精舍置之。
②乾隆原注：此为香山最高处，而实山顶无泉也。
③乾隆原注：近京虽多有泉，皆不及玉泉之天下第一泉，凡御用饮膳之水皆从是处取之。

竹炉精舍口号

茗人烹鼎早殷勤， 却为(去声，后同)厌观弗为欣。 小或致佳大致戒， 一编《明史》具前闻。

——录自《清高宗御制诗五集》卷八十（乾隆五十八年，癸丑四）

竹炉精舍漫题

中人溉鼎备精良， 火候何曾文武详？ 陆羽炉旁兀然坐①， 笑他执事太匆忙。

——录自《清高宗御制诗五集》卷八十九（乾隆五十九年，甲寅五）

【注释】
①乾隆原注：惠山听松庵竹炉，不过爱其雅洁，因命仿制于此间及盘山等处，构精舍置之。每来驻跸，辄命烹茗，借怡清暇，而中人伺备匆忙，殊失雅人深致。

竹 炉 精 舍

到处竹炉不一足， 耽诗自信匪耽娱。 却将雅事成尘事， 陆老还应笑此夫。

——录自《清高宗御制诗五集》卷九十七（乾隆六十年，乙卯五）

②试泉悦性山房（香山碧云寺，茶舍）

试泉悦性山房

天池不冻一泓清， 汲取还教活火烹。 瓷碗竹炉皆恰当， 新题旧什各分明。
石泉岂改琤琮注， 云岫常看图画横。 小坐便当移跸去， 三间多矣笑斯营。

——录自《清高宗御制诗二集》卷六十五（乾隆二十一年，丙子六）

试泉悦性山房

泉虽输第一①， 房自纳三千。 清暇值偶尔， 烹云便试旃。
竹炉文武火， 芸壁短长篇。 境诣于焉验， 心希四十贤。

——录自《清高宗御制诗二集·卷九十》，(乾隆二十四年,己卯八)

【注释】
①乾隆原注:碧云虽西山名泉,然较玉泉为不及。

试泉悦性山房

洗心亭北入松门， 别有山房临水源。 瓷铫筠炉俱恰当， 试泉悦性且温存。
低枝竹解尘踪扫， 弹舌禽能佛偈翻。 小坐已欣诸虑静， 一声定磬隔云垣。

——录自《清高宗御制诗三集》卷三十七(乾隆二十九年,甲申三)

试泉悦性山房

就泉那可不烹茶， 调水饶他去路赊。 檐外适翻涛谡谡， 一家风味本无差。

——录自《清高宗御制诗三集》卷五十二(乾隆三十年,乙酉十)

试泉悦性山房

携得新芽此试泉， 清供真与性相便。 灶边亦坐陆鸿渐， 笑我今朝属偶然。

——录自《清高宗御制诗三集》卷七十三(乾隆三十三年,戊子五)

试泉悦性山房戏题

过亭不数武， 则已洗心竟。 古桧曲倚石， 为门护幽径。
入门即山房， 石壁耸屏映。 壁下喷泉出， 味甘色愈净。
竹炉妥帖陈， 中人备已定。 那容拾松枝， 何借候火性。
当差彼实熟， 清供我难称。 持以告陆羽， 却走必弗应。

——录自《清高宗御制诗四集》卷六十(乾隆四十四年,己亥六)

试泉悦性山房

泉韵风情静者机， 松枝竹鼎火升微①。 但谋口食无关性， 苏(轼)陆(羽)由来两涉非。

——录自《清高宗御制诗五集》卷三十一(乾隆五十二年,丁未五)

【注释】
①乾隆原注:所谓文火候。

③味甘书屋(热河避暑山庄,茶舍)

味 甘 书 屋

书屋临清泉， 可以安茶铫。 取用乃不竭， 奚虑瓶罍诮？
泉甘茶自甘， 那繁龙团貌？ 展书待尔浇， 颇复从吾好。
是中亦有甘， 谁能味其调？

——录自《清高宗御制诗三集》卷四十一(乾隆二十九年,甲申七)

味 甘 书 屋

书屋秋风满意凉， 筠炉瓷碗趣偏长。 于茶斯可于言否， 善辟犹然忆赵良。

——录自《清高宗御制诗三集》卷五十一(乾隆三十年,乙酉九)

味 甘 书 屋

石髓岩边洁且芳， 便教竹鼎试烹尝。 苦言药也甘言疾， 我却因之缅赵良。

——录自《清高宗御制诗三集》卷六十七(乾隆三十二年,丁亥七)

味 甘 书 屋

寺后有隙地， 可构房三间。 竹炉置其中， 乃复学惠山。
石泉甘且洁， 就近聊烹煎。 中人熟伺候， 到即呈茶盘。
我本无闲人， 亦不容我闲。

——录自《清高宗御制诗三集》卷七十五(乾隆三十三年,戊子七)

味 甘 书 屋

向汲山泉饮而甘， 书屋味甘名以此。 竹炉茗碗设妥帖， 试而烹斯偶一耳。
偶一之故室三间， 露台十家产愧矣。 虽然乃更有进焉， 味甘敢忘味苦彼。

——录自《清高宗御制诗四集》卷二十三(乾隆三十九年,甲午七)

味 甘 书 屋

书屋缀景为， 洒然萧寺左。 隔岁此初来， 有暇便小坐。
茗瓯及竹炉， 安设原贴妥。 石泉汲以烹， 略试文武火。
既非竟陵癖， 更殊赵州果。 擎杯吟五字， 爽然有会我。
味泉或偶宜， 味言殊未可。

——录自《清高宗御制诗四集》卷三十八(乾隆四十一年,丙申六)

味甘书屋口号

寺后三间精舍幽， 竹炉茗碗味相投。 东坡却道输崖密， 试问为同为异不？

——录自《清高宗御制诗四集》卷八十三（乾隆四十六年，辛丑七）

味甘书屋口号

竹炉到处学江南， 书屋因之号味甘。 泉固尚甘茶尚苦， 其间调剂义应探。

——录自《清高宗御制诗四集》卷九十一（乾隆四十七年，壬寅七）

味 甘 书 屋

茗碗竹炉陈妥贴， 山泉有味品移时。 言中设以苦甘喻， 吾意于斯未信之。

——录自《清高宗御制诗五集》卷四十（乾隆五十三年，戊申六）

④焙茶坞（西苑，茶舍）

焙 茶 坞

石上泉依松下风， 竹炉制与惠山同。 蔡襄不止工其法， 因事还思善纳忠。

——录自《清高宗御制诗二集》卷七十六（乾隆二十三年，戊寅二）

焙 茶 坞

矮屋疏棂祈两楹， 竹炉茗碗洒然清。 今朝第一泉无藉， 恰好收来雪水烹。

——录自《清高宗御制诗三集》卷十七（乾隆二十七年，壬午一）

焙 茶 坞

茶坞居然可试茶， 篦炉瓷铫伴清嘉。 竹窗入籁吹梅朵， 仿佛龙山引兴赊。

——录自《清高宗御制诗三集》卷五十四（乾隆三十一年，丙戌二）

焙 茶 坞

偶因缀景竹炉设， 到便中人烹茗前。 却喜虚窗对筠埭， 迎眸每与意悠然。

——录自《清高宗御制诗三集》卷六十一（乾隆三十二年，丁亥一）

焙 茶 坞 戏 题

行来小坐正须茶， 竹鼎瓷瓯本一家。烹瀹不烦早擎到， 嫌他伺候略无差。

——录自《清高宗御制诗三集》卷七十一（乾隆三十三年，戊子三）

焙茶坞戏题

例有竹炉屋里陈， 奔忙中使捧擎频。 应教笑煞陆鸿渐， 似此安称事茗人。

——录自《清高宗御制诗三集》卷七十七（乾隆三十四年，己丑一）

焙 茶 坞

北地无茶岂藉焙， 佳名偶取副清陪。 亦看竹鼎烹顾渚， 早是南方精制来。

——录自《清高宗御制诗三集》卷八十五（乾隆三十五年，庚寅一）

焙 茶 坞

焙茶原只设佳名， 贡到雨前早制精。 偶憩亦常得其半， 竹炉每一试清烹。

——录自《清高宗御制诗四集》卷八十一（乾隆四十六年，辛丑五）

⑤春风啜茗台（万寿山清漪园，茶舍）

题春风啜茗台

湖中之山上有台， 维舟屧步登崔嵬。 水风既凉台既敞， 延爽望远胸襟开。
竹炉妥帖宜烹茗， 收来荷露清而冷。 固非汉帝痴铸盘， 颇胜唐贤徒汲绠。
绿瓯闲啜成小坐， 旧句新题自倡和。 以曰循名斯未能， 早是春风背人过。

——录自《清高宗御制诗三集》卷八十三（乾隆三十四年，己丑七）

【注释】
①乾隆原注：今岁初来是处，故云。

春风啜茗台二首

屋奔竹炉肖惠山， 春风啜茗趁斯闲。 却予心每闲不得， 忆到九龙问俗间。

凤饼龙团底较工， 擎杯别有会心中。 春风正值登台候， 管仲老聃异代同。

——录自《清高宗御制诗四集》卷二十六（乾隆四十年，乙未二）

春风啜茗台

湖西缀景别一区， 背山面水景最殊。 山巅之台迥而敞， 春风啜茗因名诸。
啜茗高闲非我事， 炉瓯久未偶来试。 弗以渴害为心害， 修己治人廑此意。

——录自《清高宗御制诗五集》卷二十九（乾隆五十二年，丁未三）

⑥盘山千尺雪（盘山静寄山庄，茶舍）

再叠前韵题唐寅《品茶图》

非关陆羽癖分茶， 偶试原欣沃道芽。 瓷碗筠炉值兹暇， 田盘春色正和嘉。
——录自《清高宗御制诗二集》卷四十六（乾隆十九年，甲戌二）

千 尺 雪

游山乘好春， 言旋未卓午。 山庄咫尺近， 依墙构轩宇。
下马每憩兹， 三楹清尔许。 回落千尺雪， 平贮一泓渚。
松涛泛上檐， 峡籁翻底础。 或为勇丈夫， 慷慨悲歌举；
或为儿女子， 啜嚅相尔汝； 或为金石坚， 戛之凤来舞；
或为丝管脆， 奏之行云仵。 竹炉亦在旁， 汲取活火煮。
无色声香味， 谁能信此语？
——录自《清高宗御制诗二集》卷五十五（乾隆二十年，乙亥二）

再题千尺雪

洒然茶舍俯流泉， 茗碗筠炉映碧鲜。 陆羽陶成聊韵事， 个人合是个中仙。
——录自《清高宗御制诗二集》卷五十五（乾隆二十年，乙亥二）

千尺雪四首

园门西北对山开， 策骑游山半刻回。 石屋向题千尺雪， 便中聊一俯潆洄。

流泉石底万溪淙， 汇作平池荫古松。 虽是寒山名假借， 天然觉足傲吴侬。

适看阴岭还余雪， 复有消成水几湾。 绿柳红桃春物鬯， 无穷景答片时闲。

竹炉茶铫供清陪， 便啜春风茗一杯。 笑指碧溪流水道， 源头何较我先来？
——录自《清高宗御制诗三集》卷三（乾隆二十五年，庚辰三）

唐寅《品茶图》

千尺雪旁安竹炉， 壁张伯虎《品茶图》。 却似图中人语我， 不须如此费工夫。
——录自《清高宗御制诗三集》卷三（乾隆二十五年，庚辰三）

唐寅《品茶图》仍叠前韵

底须调水始烹茶， 就近瓶罍煮贡芽。 恰似去年惠泉上， 听松得句也清嘉。

——录自《清高宗御制诗三集》卷二十九（乾隆二十八年，癸未三）

题唐寅《品茶图》

苏台文笔擅风流， 雅合高张石屋幽。 竹鼎茗瓯依旧例， 图中人可许从不？

——录自《清高宗御制诗三集》卷五十五（乾隆三十一年，丙戌三）

题唐寅《品茶图》

泉上山房有竹炉， 品茶恰对《品茶图》。 谁知三百年前笔， 却与今朝景不殊。

——录自《清高宗御制诗三集》卷六十（乾隆三十一年，丙戌八）

千 尺 雪

唐皇晾甲石， 兹名千尺雪。 结构肖吴中， 池馆殊清绝。
以近苑墙门， 游山归每歇。 开窗俯澄泠， 坐席弄矽汃。
竹炉来必试， 一瓯甘且洁。 旧题如昨日， 不信三年别。

——录自《清高宗御制诗三集》卷八十（乾隆三十四年，己丑四）

坐千尺雪烹茶作

千尺雪原拟议名， 名实毕竟难相争。 譬如颠翁临大令， 真者在前终不成。
昨于泉上已喜雪， 今乃泉上更喜晴。 汲泉便拾松枝煮， 收雪亦就竹炉烹。
泉水终弗如雪水， 以来天上洁且轻①。 高下品诚定乎此， 惜未质之陆羽经。

——录自《清高宗御制诗四集》卷三（乾隆三十七年，壬辰三）

【注释】
① 乾隆原注：水以轻者为上，曾制银斗量之，详见《天下第一泉记》。

千 尺 雪

薄言游山返， 山园门却近。 下马入园门， 溪斋朴而隐。
贞观晾甲石， 诸泉汇流混。 潋濉泻湍流， 盈科斋下引。
可以滴砚池， 摘藻纾心蕴。 可以烹竹炉， 啜香悦舌本。
漫云假藉雪， 泽同天一允。 莫訾千尺无， 其源百倍远。
昨春对寒山， 客秋抚塞苑。 日同固不可， 日异益堪哂。

——录自《清高宗御制诗五集》卷十四（乾隆五十年，乙巳四）

千尺雪三绝句

未倦春游卓午归，　于凡留恋宿知非。　适才携得俾湿者，　都作斋前雪浪飞。

声是云和六律调，　色为鲛泽万珠跳。　贞观设弗留斯迹，　谁识东征事涉骄？

隔岁闲凭窗碧纱，　竹炉铜铫伴清嘉。　适来摘句嫌多矣，　可以消之一盏茶。

——录自《清高宗御制诗五集》卷三十（乾隆五十二年，丁未四）

题唐寅《品茶图》

千尺雪斋设竹炉，　壁悬伯虎《品茶图》。　羡其高致应输彼，　笑此清闲何有吾？

——录自《清高宗御制诗五集》卷三十（乾隆五十二年，丁未四）

题唐寅《品茶图》

品茶事自属高闲，　真迹六如挂壁间。　茗碗竹炉陈妥贴，　品非闲者略赧颜。

——录自《清高宗御制诗五集》卷四十六（乾隆五十四年，己酉四）

游山回入千尺雪门小憩有作

静寄庄同避暑庄，　围庄胥以石为墙。　乘与驻跸应如是，　广只十之三四强①。

降由西北向东南，　门却山庄西北探②。　是则原无一定向，　世间名象可因参。

入门山舍向南寻，　可坐憩焉幽且深。　临水三间竹炉在，　片时试茗足娱心。

一室中收四处图③，　咄哉求备自嗤吾。　四而一与一而四，　齐物南华有是乎。

——录自《清高宗御制诗五集》卷七十九（乾隆五十八年，癸丑三）

【注释】
①乾隆原注：避暑山庄围墙周十六里有奇，此间周七里有奇，通计尚不及半。
②乾隆原注：山庄建于山之东南麓，千尺雪门则在山庄西北隅。
③乾隆原注：此间及西苑热河千尺雪既仿吴中寒山景为之，并亲写此间图四卷，其西苑、热河、寒山三图则命董邦达、钱维诚、张宗苍分绘之，每处互弆四图至一处，而馀三处之景皆可展阅得之。

(3) 设竹炉的景点(西苑千尺雪、热河千尺雪、清可轩、枕碧楼、宙鉴室、画禅室、露香斋)

①西苑千尺雪(西苑淑清院)

题瀛台千尺雪

雨后瀑声鼓舞石， 春深波影涌沉花。 竹炉茗碗浑堪试， 内苑吴山本一家。

——录自《清高宗御制诗二集》卷四十(乾隆十八年．癸酉三)

晓春瀛台即景杂咏

檐间雪是嵁山雪， 试问支硎更藉无？ 恰喜收来仙露洁， 竹炉茗碗试斯须。

——录自《清高宗御制诗二集》卷五十四(乾隆二十年，乙亥一)

千尺雪口号

声为响雪色寂雪， 茗碗竹炉称雅陪。 讶似寒山昨春况， 临溪只欠几枝梅。

——录自《清高宗御制诗三集》卷二十八(乾隆二十八年，癸未二)

千尺雪二首

三间精舍倚崚嶒， 每爱清幽辄憩凭。 假借南方千尺雪， 真如陈老一条冰。

到处方圆有竹炉， 品泉聊与试清娱。 匡床甫坐茶擎至， 陆羽多应未肯吾。

——录自《清高宗御制诗三集》卷三十一(乾隆二十八年，癸未五)

淑清院杂咏三首

御殿常朝礼易成， 西华路转趁凉行。 毂裳脱却生衣换， 真觉林泉淑且清。

壶中寻径得岩斋， 素尚萧然意与佳。 何必北窗待风至， 娱神亦可傲无怀。

翠木参天原祛暑， 白泉响雪解招凉。 竹炉火候今姑舍， 片刻聊将七字偿。

——录自《清高宗御制诗三集》卷四十(乾隆二十九年，甲申六)

千 尺 雪

积余雪色在山阴， 落下银淙雪有音。 指日寒山听雪阁， 异同此雪费推寻。

茗瓯竹鼎伴清嘉， 七字刚成趣亦赊。 彩胜银镫概无设， 室中宜朴不宜华。

年前三白布祥霙， 掩映轩楹倍觉清。 若问予心喜所托， 率因真泽匪虚名。

——录自《清高宗御制诗三集》卷四十三(乾隆三十年，乙酉一)

②热河千尺雪（热河避暑山庄）

千尺雪歌再叠旧韵

物无妍媸贵已有，　譬之鸡口与牛后。　赵家寒山虽鼻祖，　岂似奔川带我牖？
落叶雨如散天花，　八功德水无更加。　渚然净练挂千尺，　披图仿佛荆关家。
千林一色皆凝素，　雪耶声胡作《英》《濩》。　闻观寂复似无声，　妙觉都来归静悟。
时为渟注时潺湲，　对我迩年几往还。　如斯逝者曾不改，　依然沙渚萦云湾。
枕流静室潇而洒，　影漾虚窗光上下。　清机飒景凑秋深，　兴来恰当吟篇把。
宗苍吴人还写吴，　盘山吾亦规摹夫。　春卿点笔绘西苑，　学士实则图斯区①。
四卷匣庋伴竹炉，　一览备悉事创吾。　风在林端月在湖，　取之无尽何同殊。

——录自《清高宗御制诗二集》卷四十四（乾隆十八年，癸酉七）

【注释】

①乾隆原注：去年游盘山，自为《千尺雪图》，而以寒山属宗苍，西苑属董邦达，热河则命钱维诚，各为一图，四卷合装分贮之。

千尺雪三首

引流叠石落飞泉，　千尺窗前雪色悬。　漫拟春明称转，　所欣结构借天然。

淙淙曲注结轻冰，　瓷碗筠炉此恰应。　怪底茶烟寒不起，　远山微削玉崚嶒。

弆藏四卷各传神①，　同异频参总静因。　分付寒山听雪阁，　临流搜句待明春②。

——录自《清高宗御制诗二集》卷五十九（乾隆二十年，乙亥六）

【注释】

①乾隆原注：山庄及西苑、田盘、寒山均有千尺雪，名写为图，合贮笥中，每至一处四岑皆备。
②将以明春南巡。

千 尺 雪

地真塞北无双地，　泉不江南第几泉。　太古林岚人鲜识，　付他秋月与春烟。

叠石疏流落涧鸣，　汇为汀沼渫然清。　若从云外来源计，　千尺称犹太屈生。

一处图存四处踪①，　东西南北任相逢。　竹炉应付高闲者，　惭愧浮香越碗浓。

——录自《清高宗御制诗二集》卷八十一（乾隆二十三年，戊寅六）

【注释】

①乾隆原注：去年游盘山，自为《千尺雪图》，而以寒山属宗苍，西苑属董邦达，热河则命钱维诚，各为一图，四卷合装分贮之。

千 尺 雪

塞中沙水典千湾， 过雨浑流落下潺。 便使六霙真个对， 的应今日是嵯山。

筠炉瓷碗伴幽嘉， 绿水浮香便试茶。 虽是习劳觇武地， 奚妨清供学山家？

渚然铿尔复纯如， 千斛尘嚣水石居。 西苑盘山将惠麓， 异同同异漫分疏。
——录自《清高宗御制诗三集》卷十六（乾隆二十六年，辛巳八）

千 尺 雪

引流阻峡即为瀑， 源远挟沙色变黄。 称瑞不须夸绛雪， 可知此地乃其常。

减汩其形湃㵭声， 齐官匡阜合其名。 竹炉茗碗忘言坐， 形寂声清惬性情。
——录自《清高宗御制诗五集》卷四十一（乾隆五十三年，戊申七）

③清可轩（万寿山清漪园）

清 可 轩

万物到秋清， 岩轩清最可。 石壁育仙茅， 山柤缀野果。
开窗有金飔， 晒宇净云朵。 匡床簟席凉， 适得片时坐。
步磴拾松枝， 便试竹炉火。
——录自《清高宗御制诗三集》卷十五（乾隆二十六年，辛巳七）

④枕碧楼（热河避暑山庄）

枕 碧 楼

老松横谷石溪斜， 纵入深山却是家。 岩阁有窗皆纳树， 竹炉无火不烹茶。
余多浓翠全因暖， 著几新红幻作霞。 应接万奇真莫暇， 分毫方寸那曾加？
——录自《清高宗御制诗三集》卷二十六（乾隆二十七年，壬午十）

⑤亩鉴室（万寿山清漪园）

亩 鉴 室

千年古井事新淘， 山半渟流学濮濠。 何必本来较高下， 炉峰还比瀑帘高。
——录自《清乾隆御制诗二集》卷五十四（乾隆二十年，乙亥一）

⑥画禅室(圆明园)

圆明园画禅室对雪有作

积素山逾远， 寒侵夕益繁。 节真应大雪， 景恰媚名园。
鹤讶翔松顶， 蝗知避麦根。 竹炉新仿得①， 活火正温存。
——录自《清高宗御制诗二集》卷三十(乾隆十六年,辛未九)

【注释】
①乾隆原注:仿惠山制竹炉,收雪水烹之。

⑦露香斋(圆明园)

露 香 斋

过雨晴明露气瀼， 收来不用结丝囊。 竹炉瓷碗原清秘， 煮茗偏欣分外香。
——录自《清高宗御制诗三集》卷五十八(乾隆三十一年,丙戌六)

⑧静明园

进舟至静明园即景再作

繁云渐低翳， 波面接雨足。 上下空濛意， 悦我心与目。
烟篷稍沿缘， 一湾复一曲。 宛转达溪源， 舍舟而就陆。
适兹雨少间， 花木瀚芳馥。 翠峰为后屏， 萧寺在前腹。
天下第一泉， 趵突益潾洑。 其侧得少平， 命置棕毛屋。
拟学惠山胜， 肯让听松(庵名)独。 断手应不日， 竹炉候茶熟。
——录自《清高宗御制诗二集》卷三十三(乾隆十七年,壬申三)

⑨其他

雪 水 烹 茶

越瓯真滤雪， 惠鼎胜烹泉。 华液三焦润， 芳腴五蕴湔。
何殊炼水碧， 坐可证金仙。 陶谷独余笑， 事同人未然。
——录自《清高宗御制诗二集》卷九十(乾隆二十四年,己卯八)

舟中杂兴(选一首)
烹茶

南方新到雨前茶， 画舫竹炉本一家。 恰似梁溪烟艇泛， 擎瓯得句定无差。
——录自《清高宗御制诗四集》卷三十六(乾隆四十一年,丙申四)

听松庵的前世和今生 279

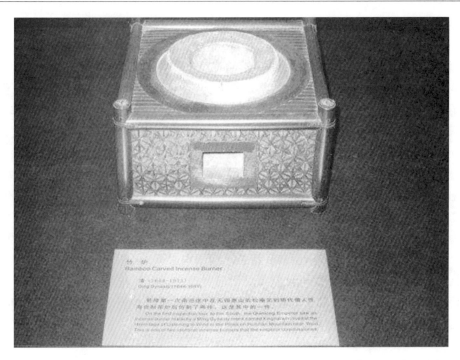

图 23　故宫收藏的乾隆帝到无锡惠山听松庵竹炉煮茶后请工匠仿制的煮茶竹炉　半夏摄

图 24　乾隆竹茶炉　北京故宫博物院藏

5. 其他

乾隆的竹炉情结,不仅反映在历次南巡时的赋诗、叠韵,命张宗苍补图,图毁后又亲书第一图并促成《竹炉图咏补集》的出版,"俾仍余韵存,亦重结一番翰墨缘也"、"应为名蓝复增韵事",又在北京玉泉山仿制了听松庵竹炉山房,在京城皇室茶室仿制竹茶炉烹茶,且在各常临幸景点,遍放竹茶炉,供赏景休憩时享用,还反映在留下了大量有关听松庵、竹茶炉的诗篇上。据不完全统计,惠山听松庵诗作37首,北京玉泉山竹炉山房诗作75首,其余茶会、景点有关竹炉的诗有几百首,这体现了乾隆的大气概、大手笔。

《竹炉图咏》所收录的明人诗文共105篇,它反映了文人、官宦的士人文化,乾隆大量关于竹茶炉的诗作则是反映了一种帝王文化,而《竹炉图咏》是士人文化和帝王文化的有机结合,是满汉文化的大融合,反映了康乾盛世的一个侧面,即士人文化和帝王文化共同推进了在传承基础上发展起来的中华文化,这是中华文化的瑰宝。乾隆所推动的竹茶炉文化,也是中华茶文化发展史中一个辉煌的历史阶段。

辛未以来,惠山寺建宝翰阁,即御题竹炉诗卷藏庋处。知县吴钺石刻御笔《竹炉图》巨幅嵌于阁中。又有书条石三十五方摹刻御制诗章及诸臣恭和诗章。而墨本册页,堆叠僧案,难于摹拓。

乾隆五十八年,邹炳泰于竹炉山房雨秋堂得见诸前贤遗文,编撰《纪听松庵竹炉始末》行于世。在此文最后提供了一个信息:"王述庵侍郎于乾隆庚子扈跸至惠山,见茶炉爱之。顾晴沙观察时家居,仿其式制一以赠,太仓王蓬心宸为图作诗记之。"(待考)

(四)竹茶炉文化余韵不绝

嘉庆十八年　秦瀛编纂嘉庆《无锡县志》

听松庵
秦　瀛

风雨起何处,　月明林际峰。　僧依竹炉火,　鹤语石上松。
一听太古奏,　欲寻尘外踪。　涛声飞瀑里,　又打六朝钟。

——录自《小岘山人诗文集》卷五

秋霁竹炉山房小憩
秦　瀛

性公已往剩祇林,　蒸火炉边落叶深。　只为看山停短棹,　暂教啜茗损愁心。
人缘多病真成懒,　天与清游不放阴。　所惜故园同调少,　但闻啼鸟一长吟。

——录自《小岘山人诗文集》卷十六

屠琴坞过访同游惠山,小憩寄畅园,至竹炉山房敬观上赐王绂《溪山渔隐图》,薄暮饮于寺塘泾之溪山第一楼,送琴坞至黄埠而别,是日余并约齐梅麓明府,会有公事不至
秦　瀛

忽弭梁溪棹,　相将入翠微。　九峰当面立,　乱瀑到门飞。
竹色侵鱼槛,　潭光浸鹤矶。　喜逢贤令尹,　煮茗话斜晖。

黄叶前朝寺，	闲房剩竹炉。	因寻茂之宅，	重抚孟端图。
松火留僧榻，	溪山梦钓徒。	几多怀古意，	寂寞昼啼乌。

潇洒齐明府，	赏心惟我偕。	如何负前诺，	未得遂幽怀。
以此岩壑美，	兼之风日佳。	只应容漫叟，	日日踏芒鞋。

楚相墩前月，	悠悠照去旌。	楼头一尊酒，	相送涉江行。
白舫烟中树，	青山水上城。	诸君方报国，	老我独躬耕。

——录自《小岘山人诗文集》卷二十二

偕恽子居游惠山访竹茶炉，即与别二首
秦 瀛

子居不得志，	来往江湖间。	泰伯城边宿，	同寻古华山。
高僧性公渺，	寂寞松风闲。	身世无可说，	月明溪上还。

师友平生谊，	相思梦寐间。	寒钟北兰寺，	残雪太湖山。
将母念尤切，	著书身未闲。	因风念余季，	倦鸟亦知还。

——录自《小岘山人诗文集》卷二十六

【注释】①原注：子居与余弟小泗善，故及之。戴文端为子居座师，而密友则其乡人张皋文也。北兰寺在南昌城外，文端葬于南昌。

为某题《万壑松风图》
秦 瀛

我曾读书居听松，	坐听万壑回松风。	今朝此卷落吾手，	置身如在深岩中。
此君潇洒绝尘俗，	索我题句烦邮筒。	年末我已双目暗，	作字敧侧难为工。
新诗题罢发遐想，	抚掌犹喜两耳聪。	东轩起视月东上，	凉飙飒沓生高桐。

——录自《小岘山人诗文集》卷二十七

游 惠 山
秦 瀛

茅堂晚色映初暾，	林际还留宿雨痕。	薄具酒肴谋小妇，	忙呼舴艋挈诸孙。
年衰爱著名山屐，	秋老闲寻古寺门。	旧是听松松畔路，	煮茶声沸石床温。

——录自《小岘山人诗文集》卷二十七

梁溪竹枝词一百首(选一首)
杜汉阶

之二十一

万松插汉傍山岚， 诗咏茶炉剩几函。 韵事至今传未已， 行人犹慕听松庵。

——录自《逸轩诗草》

芙蓉湖棹歌一百首(选一首)
杨 伦

之六十八

参差楼阁又重新， 陆子泉清不染尘。 要识竹炉真古制， 雨前先试碧螺春。

——录自《芙蓉湖棹歌》

【注释】①原注：二泉本名陆子泉，碧螺春芽茶产洞庭山。

咏梁溪杂事一百首(选二首)
秦 瀛

癸巳夏五月，余之津门，舟中无俚，系怀乡土，偶有所记，辄成断句，诗成共得一百首，语无诠次，聊以志，一时托兴云尔。

之十五

惠山山寺正鸣钟， 第七峰前一短筇。 试向秋涛轩里坐， 月明初上六朝松。

——录自《小岘山人诗文集》卷三

【注释】①原注：惠山听松庵有秋涛轩，王孟端绂尝画庐山景于其壁。首二句用邵文庄宝诗。

之二十四

支颐醉向石床眠， 好煮山厨陆羽泉。 日日湘江清梦里， 茶声初破竹炉烟。

——录自《小岘山人诗文集》卷三

【注释】①原注：皮日休诗"松子声声打石床"。石床在惠山寺前，竹炉山房洪武中僧性海卓锡处，王孟端竹炉诗云"声带湘江两岸秋"，第二泉一名陆子泉，陆羽品泉处，"好煮山厨第二泉"，孟端《煮泉图》句。

惠山竹枝词一百首
秦 琦

之五十九

山前一水便蓉湖， 过客时来试竹炉。 跳上岸头须记取， 惠泉新酿酒家酤。

之七十一

风卷松涛静夜听， 佛檐铃铎和冬丁。 栖乌月出惊移榭， 飞上千金累址亭。

之九十二

丸泥擘竹制茶炉， 性海高风绝代无。 劫大不容留宝墨， 何人重补孟端图。

之九十四

尚书墓道费寻踪， 何处山庵问听松？只有石床无恙在， 模糊篆刻藓花封。

——录自《漆渔诗存》

读梁溪诗钞杂题七绝(选一首)
秦 琦

之十

竹炉卷子付瞿昙， 友石风流书画耽。 一自旧图经劫火， 断碑风雨听松庵。

——录自《漆渔诗存》

【注释】①原注：王孟端号友石生，工诗善画，有竹炉卷。旧存听松庵，乾隆己亥年被毁。

游惠山竹枝词(选一首)
佚 名

其五

宝殿西朗访竹炉， 泂门花石隐重铺。 庵僧特地留茶话， 许看天皇御笔图。

——录自《梁溪诗钞》

惠山竹枝词三十首(选一首)
刘继增

之十一

漪澜堂外碧粼粼， 堂上千秋御笔新。 品茗竹炉寻旧迹， 当年盛事说南巡。

——录自《惠山竹枝词》

惠山杂咏
胡介昌

竹炉山房

片竹制成小小炉，名人珍重绘瑶图。山房留得宸翰在，毕竟诗才旷代无。

——录自《西麓诗钞》

锡山风土竹枝词（选一首）
秦铭光

之一百

沧桑阅尽一拳顽，松子无声打石残。尺短寸长谁解得，量人容易量心难。

——录自《锡山风土竹枝词》

【注释】①原注：惠山听松石床，俗称量人石。谓旧时人卧其上，修短皆适合。"松子声声打石床"，唐皮日休句，即此是也。

无锡景物竹枝词
周贻白

之五十二

僧家韵事动三吴，活火烹茶有竹炉。宸翰新临王绂画，壁间小景任传摹。

——录自《无锡景物竹枝词》

【注释】①原注：明洪武间，有僧人名性海，以竹炉烹茶，传闻一时。王绂绘图记其事，清乾隆仿其笔意，补图刻石嵌壁间，今尚在。

道光十五年乙未　观察李彦章檄建石床亭，覆听松石床。
道光十七年丁酉　画家黄鞠和苏州刻石家、藏书家顾湘舟，道出锡山往见曾文弢明府（即曾承显），探访惠山听松庵，观摩竹茶炉，黄鞠画图携之归，赠给曾承显，曾把顾湘舟之石铫图和此《竹茶炉图》刻石立于栖云楼前。

图 25　清道光听松庵竹炉图　北京刘政供图

——录自《无锡园林志》

清道光听松庵竹炉图题跋和题诗

右上题跋

锡山竹炉图凡四,乾隆中毁于火,纯庙命补之,永奔名山等诸球图矣。黄生复写此,又当为听松庵中添一佳话也。

道光丁酉陶澍

左边题跋

锡城西里许,惠山稍折北为听松庵。洪武中真上人性海尝命竹工织竹为炉,高不盈尺,圆上方下,类乾坤之象,规制绝精。王学士达善、朱少卿逢吉、王舍人孟端各赋诗纪事。真公没,炉沦落城中右族已两易主矣。成化丙申冬,武昌太守秦公廷韶归,过庵中,诵诸诗,叹曰:物各有主,兹炉固惠泉之物也,而他人何有。慨然许为物色归之,复为诗,饬其徒世守焉。和者自京师诸名硕下得数十家。竹炉之名遂闻天下。我朝纯庙翠华屡幸,天章叠锡,斯炉之遇良厚矣。道光丁酉七月十日,偕顾君湘舟,道出锡山往见曾文弢(承显)明府,探惠山诸胜,寺僧出炉以观,共为摩娑,汲泉瀹茗。少焉,清风涤暑,新雨送凉,山色溪声,悉臻妙境。作一图寿石以纪鸿爪云。

云间黄鞠

右下题跋

然竹煎湘水, 高僧殊不同。 能邀天藻富, 自较地炉工。
器藉人千古, 茶先酒一中。 锡山征故事, 风雅仗南丰。①

丁酉秋仲沈兆沄题

【注释】

①原注:语曾文弢大令。

中间题跋

竹炉自前明盛冰壑太常题咏之后,物益增重。今黄君秋士,过听松庵归而图此为赠。适余修缮栖云楼工竣,遂与王君筱邻共商,将湘舟顾氏所藏《石銚图》分列两石刻置其间以成。秋士嗜古,好事事兴抑,使登楼饮泉,暇逸相对围图而谈往慨,物而兴浓正不减竹垞、西溪诸贤,欣聚青藤花下,烧炉烹茗之吟赏也。题墨馀罅,跋此补空。

丁酉祍秋虔南曾承显并书

【注释】

(1)黄鞠(1796—1860),字秋士,号菊痴。松江人,侨寓吴门。擅山水、花卉,工人物,还善刻印。

(2)曾承显(文弢)宛平人,道光十四年~道光十六年,无锡知县,道光十九年,长洲知县。

(3)顾湘舟(1799—1851),名沅,字澧芝,号湘舟,苏州人,清代刻石家、藏书家,所居辟疆园在甫桥西街。

(4)陶澍,清道光间江苏巡抚。

(5)沈兆沄(1784—1877),字莹川,号拙安,谥文和。嘉庆二十三年进士,道光十三年任苏州知府,道光十七年改任江宁知府。

道光三十年庚戌　法良为《唐六如竹炉图祝枝山草书合璧》卷撰跋。

法 良 跋

　　六如居士在明为一代名手，所画人物山水，深得北宋及宋元人遗意，士气作家皆备，落笔古雅，品兼神逸，诚明四家中自树一帜。此慧山竹炉图为吴文定公作。卷止四尺，树木山石超逸绝伦。坐床者似为鲍翁写照，傍坐一僧观枝山诗，或即冰蘗和尚，不知是否？至神采奕奕，识者自解。六如风流潇洒，当时不肯多作，传世真迹甚少。余于相城汪氏见有《寒林高士图》，又见有《美人掌珠图》，却非赝本，其余虽见不足观矣。尾有祝京兆诗字俱佳，可谓双璧。隔水绫上有孙渊如印，后归江都孟玉生处士。道光庚戌得于玉生所，因并记之。是岁六月初三日书于袁江官廨种植轩。长白沤罗侍者法良识。

——录于《虚斋名画录》卷四

【编者按】　此跋作于道光三十年庚戌为《唐六如竹炉图祝枝山草书合璧卷》所作。

咸丰七年丁巳　邵涵初把另有小幅刻石嵌于雨秋堂壁，以王孟端画竹刻石嵌在右隅。堂在宝翰阁右，阁与堂都在竹炉山房。
咸丰十年庚申　惠山寺毁于战火，所有补写四图及《溪山渔隐图》均不知流落何处，宝翰阁也被毁，碑尚存十余条。
同治三年甲子　秦缃业得御笔图于上海，时县城虽复，听松庵一片瓦砾，基址仅存，未遑兴构。
同治四年乙丑　就惠山寺故地，建淮湘昭忠祠，而竹炉山房遂不可复问矣。残余碑嵌昭忠祠头门。
同治三年甲子～同治六年丁卯　诸家会黄埠墩僧舍落成，秦湘业把御书图卷存于僧舍，华翼纶复出其所藏王绂《画竹图》以补其阙，而《渔隐卷》尚不知下落。
同治六年丁卯　秦恩延始见《渔隐卷》于洞庭山人家，以重金赎之归，亦不敢私为己有，拟归并黄埠墩僧舍同治十年辛未，方浚颐作《竹茶炉歌》题于《唐六如竹炉图祝枝山草书合璧卷》上。

题唐六如祝枝山竹炉图咏卷用曝书亭联句韵
方浚颐

慧山第二泉，　亘古雪花歕。　以之比南泠，　约略未少逊。
去年过润州，　烹瀹偿素愿[①]。　想像卷中景，　扇炉童发髻。
今春抵梁溪，　冒雨怯登顿。　长夏偶披览，　编筠巧曲卷。
状如乾坤壶，　玲珑高数寸。　用备水火风，　卦兼离坎巽。
滑俾象牙削，　虚受鸽炭焌。　文定目奇古，　袒胸目瞷瞚。
性公隅坐陪，　共试雨前嫩。　争胜四图外，　甲乙姑勿论[②]。
司寇博征引[③]，　可为艺林劝。　倡始王孟端，　银光濡墨渲。
良工出吴兴，　陶泥陋下贩。　手截青琅玕，　有若葭萌蔓。
斯时听松庵，　留客户难楗。　自从归潘(克诚)杨(谌)，　□尘俗与远[④]
方伯(秦夔)能返璧，　侍郎继模宪[⑤]。　平头好容铫，　款足为肖廛。

纯庙昔南巡，　阇黎煮泉献。　宸章选颁赀，　夹道嵩呼万。
迄来新咏堂，　稍稍窜貗猫。　山房改祠宇⑥，　扪碑剔榛蔓⑦。
独念顾梁汾，　怀古意勤绻。　两炉重仿制，　孰敢消麟搉⑧。
位置积书岩，　了不著微垄。　重以天子笔⑨，　珍秘俨图券。
溪山还旧观，　什袭牛腰綣。　兹图未进御，　翻免祝诵恨。
任逸唐子畏，　林泉乐肥遁。　狂草枝指生，　几欲怀素溷。
流传到春明，　居奇僧侩贩⑩。　秋声阁中物，　携回召伯堰。
棐几三摩抄，　亦足破孤闷。　诗画皆妙品，　清空无滞钝。
当年海波寺，　纷然旗鼓建。　于今宝米斋，　挑战各雄健。
匾壶作虬蟠，　满瓮注龙溅。　微器荷天宠，　此君尚何怨。

——录自《虚斋名画录·卷四》

【注释】

①原注：客春始饮扬子江心泉。

②原注：慧山竹炉四卷。其一为王绂，一为履翁，一为吴珵，又一则早失之。纯庙命张宗苍补图，此卷不在其内。

③原注：秦小岘司寇修《锡金合志》，载竹炉端委甚详。

④这里漏一字。

⑤原注：炉制于洪武间，至永乐间炉归潘、杨二家，秦方伯取还庵中，题咏更多，而炉渐坏。盛侍郎冰壑命犹子舜臣仿为之。

⑥原注：竹炉山房近已并入昭忠祠。

⑦原注：御制诗尚嵌于壁间。

⑧原注：梁汾竹炉记云：舜臣所为炉亦坏，二炉仅存其一。于重作两炉，携一入京师，后在成客若处得孟端西涯题咏卷。

⑨原注：乾隆间四图为无锡县令邱某携去重装，竟毁于火。事闻，乾隆御笔补写首卷，命皇六子及弘旿、董诰等分补二、三、四卷，并皆补书前人题咏，仍付庵僧收弃，兼赐王绂《溪山渔隐图》以偿其失。

⑩原注：于汉卿得此卷于京师琉璃厂，索值甚昂。

【编者按】　此歌作于同治十年，辛未。

同治十一年壬申　秦缃业撰《王绂〈溪山渔隐图〉卷复归僧寺记》，题于王绂《溪山渔隐图卷》上。

王绂《溪山渔隐图卷》复归僧寺记
秦湘业

前明洪武间，惠山听松庵僧性海尝编竹成炉以煮茗，王绂为之绘图赋诗。后炉坏更制，而绂图亦亡。迨康熙间，内阁典籍顾贞观得于纳兰成德所，复归诸庵。及高宗纯皇帝南巡，数幸庵中，赐以"竹炉山房"额。乾隆四十四年冬，无锡知县邱涟携卷至署重装，毁于火，事闻，御笔补图竹炉，仍仿王绂笔意，并取内府所藏绂画《溪山渔隐图》偿之，与诸臣赋诗纪事题其上，即是卷也。自后庵僧每出竹炉及画卷夸示游客，薄海皆知，传为盛事。咸丰十年，粤寇遘乱，锡城沦陷。竹炉山房既毁，诸卷亦散失。同治三年，臣湘业得御笔图卷于上海，时县城虽复，听松庵一片瓦砾，基址仅存,未遑兴构。越明年,即就惠山寺故地,建淮湘昭忠祠,而竹炉山房遂不可复问矣。然天章宸翰,终未敢私藏,诸家会黄埠墩僧舍落成,因付住持。臣华翼纶复出其所藏王绂画竹卷以补其缺。而《渔隐卷》已不知流落何所,不无馀憾焉。又数载,臣族弟恩延始见是卷于洞庭山人家,以重价赎之归,亦不敢私为已有,拟并归黄埠墩僧舍,俾臣记之。噫!烟云过眼,书画之常一经易主,莫可踪迹。而古人笔墨自有真气流行,恐非后世所能摹仿,况是卷前追吴镇,后启沈周,尤称绝笔。乃既失而复得之,不可谓非幸事。至听松庵自有唐迄本朝,兴废不一,无难复旧。今顾并其基地而亡之,千馀年古迹,一旦荡焉,泯焉,殆亦有数存乎其间耶。虽收藏得所易地,皆然终非先皇帝巡幸赐图之意,安得有贤有司及地方好事者,复构斯庵,复制斯炉,庶几顿还旧观乎?卷首有御题顿还旧观四字同治十一年仲冬,盐运使衔浙江候补道臣秦湘业恭记。

——录自《锡山秦氏文钞》卷之九

按:此记题在王绂《溪山渔隐图卷》上。

光绪二年丙子　秦赓彤出资刻印周佩安《锡金考乘》,卷三古迹,竹炉一章,对听松庵竹茶炉变迁,有详细介绍。

锡金考乘·竹炉

竹炉旧在听松庵,明洪武间僧性海命湖州竹工为之,制古而雅。王绂为绘图赋诗,诸名人相继题咏,篇什甚富。永乐初性海之虎邱,炉遂留为潘克诚别,成化间潘之孙某又以赠孟贤,孟贤殁之三年,秦中斋夔自武昌报政还,求访旧物,白诸孟贤之兄孟敬,俾还庵中。一时海内名流俱为诗文赞美,先是盛冰壑容之侄舜臣雅慕兹炉,仿制为二携至都中,一呈冰壑,一赠吴文定公。辇下名公钜卿题咏益夥,后亦付之庵僧。于是仿炉诸篇与制炉复炉诸作合而为一焉。岁久炉坏,庵亦废,卷遂沦失。国初有以此卷鬻于京师者,遂为满洲成容若所得。邑人顾贞观与容若善,乞以归。是时图已有四,贞观乃更制一炉并归寺中,贮之大同殿右弥陀殿。巡抚商邱宋公装为四卷,识以官印。纯庙南巡至惠山,试炉酌泉、赋诗叠韵,并赐"竹炉山房"额,时四图又失其一,特命张宗苍补之。圣驾回銮,命工仿制,别建竹炉山房于玉泉山以贮之。知县邱涟取卷至署重装毁于火。事闻,御笔亲仿九龙山人意为补竹炉首图,命皇六子弘昈等分作二三四图,补录前人题咏于其后,又取内府所藏王绂《溪山渔隐图》偿之。甲辰春再幸惠山,命大学士梁国治书辛未以后御制诗于卷中,永为名山世宝云。

谨案:惠山竹炉久已著名海内,兹复恭邀睿鉴益为泉石增荣,志载未能全备,敬遵御制诗集并无锡知县吴钺编刻之《竹炉图咏》各记序,合参邑志所载叙其缘起如此。

——录自《锡金考乘·竹炉》

光绪七年辛巳　秦缃业纂《无锡金匮县志》成,在《古迹》一卷内,沿用了秦瀛嘉庆《无锡金匮县志》内容,加以补入新的内容,是一篇较完整竹炉沿革的文章。

古迹·竹炉

竹炉在听松庵,明洪武间湖州竹工为僧性海编竹为炉,规制精密,高不盈尺,上圆下方,类道家乾坤壶。王绂为绘图赋诗,时多题咏。永乐间,炉归潘克诚,后属杨谟。成化丙申,秦夔为僧撰疏募而复之，以贮秋声小阁。盛颙之从子虞，尝仿其制为之。至清初，旧炉既毁，盛制又坏，而绂图亦亡。顾贞观更制二炉，携其一至京师，而得绂图于纳兰成德所，复归于庵。乾隆间，清高宗南巡，有诗叠韵卷中。赐"竹炉山房"额，命张宗苍补写一图。旧图凡四，而失其一也。己亥冬，知县邱涟取卷至署重装，毁于火，事闻，御笔亲仿绂画为补首图，命皇六子及弘旿、董诰分画二三四图，补录前人题咏。又出内府所藏王绂《溪山渔隐图卷》偿之，与诸臣赋诗纪事。甲辰春再幸，五叠前韵。命大学士梁国治书辛未以后御制诗于卷中。及更咸丰十年之乱，炉卷皆失。同治初，秦湘业始得御笔图，华翼纶又出所藏王绂《翠竹卷》，并付黄埠墩藏焉。而秦恩延亦旋得《渔隐卷》乃并归之。

——录自光绪《无锡金匮县志》·卷十四《古迹》

光绪十九年癸巳　刘继增把乾隆二十七年吴钺《竹炉图咏》和乾隆四十七年邱涟的《竹炉图咏补集》合成新的《竹炉图咏》，这已是竹炉图咏的第五个版本了。

刘继增序
光绪十九年

《竹炉图咏》前后刻有两本，一为乾隆二十七年知无锡县事吴钺刻，以第一至第四四图谨依原轴分为元、亨、利、贞四集，而以驻跸惠山诸咏原轴所未登者冠于前。一为乾隆四十七年知无锡县事邱涟所刻，因原轴被毁，奉到颁赐补图四轴及王绂《溪山渔隐图》，亦谨依式样照刊，不标第集，惟于每轴首缩摹御题四字。自咸丰庚申被兵后，前版尽失，轴亦无存。今从弆藏家借得吴、邱两刻原本影写合订成帙，吴刻首阙四叶，馀悉照写，邱刻凡遇补书题咏已具在吴刻中者，但注明不复照写，省手也。光绪癸巳冬十月十七日，无锡鲜民刘继增敬记。

——录自刘继增辑《竹炉图咏》

按：乾隆四十七年是壬寅，乾隆六巡是在乾隆四十九年甲辰，邱涟的四十七年刻本，按理不会有乾隆六巡诗，其实这是四十七年刻本的增补本，具体时间无文献记载，估约在四十九年，或稍后的一两年。

吴　钺　后　跋

乾隆壬寅春正月，钦颁到《竹炉图》四卷，天章近捧，宝绘遥传，挟帝释以来，观共山灵而忭舞，懿夫竹炉，肇于性海，图咏昉于孟端，厥后名流咸留妙迹，我皇上观民，九有驻跸二泉，访萧寺之遗风，试烹团月，飞葛天之浩唱，并丽丛云言，写豫游永光岩岫。前于己亥之腊，皇上五度巡幸，爰将图卷敬谨装池，岂期什袭之有渝适蹈，邑人于不诚，《兰亭》旧本究脱残编，《石鼓》遗文尚存，散帙随得，前令臣吴钺旧刻，抚臣陈奏（以下残阙）。

——录自《竹炉图咏》

刘注：此跋为后来添刻，初印本所无。其下半残阙，无从补全，岁月亦不可考，要当在乾隆甲辰以后，与首叶补刻御制诗同时。故流传之本，凡有此跋及前补刻御制一叶者，于卷末所题乾隆壬寅两行皆划去。

附：

为窦叔英题王仲山竹炉烹茶图
秦歧农

竹炉空有山房在，	性海编制无由传。	孟端国画亦已烬，	遑迹变灭随飞烟。
王公斯图有古意，	白描不减李龙眠。	诗词摆脱字倔强，	三绝可以继郑虔。
谁欤宝至窦老翁，	晴窗展玩消残季。	翁亦善草学书谱，	笔画飞舞蛟龙缠。
写生遣兴意有在，	闭户著书非偶然。	煎茶煎水古有说，	此事还须问玉川。

——录自《晚红轩剩稿》

光绪初—宣统末　《溪山渔隐图》的变迁：《溪山渔隐图》于光绪初又失。光绪十五年，画卷已为裴景福（伯谦）所藏（见光绪十五年费念慈题跋）。裴伯谦父裴浩亭曾任无锡令，承诺只要竹炉山房恢复，当即返璧。后邑之好事者联名请于前相国合肥李公，同意于惠山淮湘忠义祠内山房旧址划出，重建竹炉山房。山房建成后，裴大令践前约，将画卷归回山房，但山房无合适住持，画卷暂由秦宝瓒（歧臣）代管，这已是光绪三十年事了，据秦歧臣孙回忆，曾听上辈讲过此事，画卷似有人取去，以后去向不明，现曾在拍卖会上出现过。

秦湘业记
（见同治十一年）

费念慈记（光绪十五年）

光绪十五年十一月八日，翰林院庶吉士臣费念慈获观于户部主事臣裴景福家，时景福方议就惠山之麓重建竹炉山房，敬谨藏储，以垂久远。臣念慈恭记。

吴大澂记（光绪十八年）

光绪十有八年壬辰，秋九月，湖南巡抚吴大澂手临一卷。恭记。

吴郁生记（光绪十九年）

光绪十九年癸巳秋，奉使典试广东，获观于同考官臣裴景福所，臣吴郁生恭纪。

秦宝瓒记（光绪三十年）

卷于光绪初元重复失去，为霍邱裴大令伯谦所得。大令尊公浩亭先生曾为锡邑宰，固与锡人有旧。因相约曰：能复山房，即当返璧。于是邑之好事者相率联名请于前相国合肥李公，于淮湘忠义祠内划出山房旧址，俾还旧观。大令亦践前诺，将卷送还。顾山房虽复，绝无好事之僧得为住持，虑庋藏失所，反复有损轶之虞，如前者捐存于皇阜墩之二卷，过客屡欲索观而不可一得，已付诸若存若已之数。况无常住之僧,即少守藏之责不获,已暂留瓒处,俟他日访得可为山房住持者而归之,亦爱护之变通法也。噫!此卷逾先叔祖都转公记,时已三十余年,当时急山房之基业无存,不克复旧观。今复旧观矣,复患无胜任之住持,而此卷且得而复失,失而复得重阅一沧桑矣。若夫内府珍藏古木名迹,不知凡几,而联军入都之后,其付诸浩劫及流出重溟,当无复有存者,此卷已颁至吾邑,故虽屡经得失而去,去复来璧,则犹是不可谓非深也已。

光绪三十年岁次甲辰二月草莽臣秦宝瓒恭记。

端方题诗和题跋

九龙山俯伯鸾溪,　遣尽沧洲万莺低。　尽有风轮兼火劫,　百灵终古获天题。
裴楷清通海内知,　翻同出塞得新诗。　听松石畔重来日,　应识溪山似旧时。
绝顶湖光瞰昔年,　今披剧迹更欣然。　吴中最足勾留处,　第一泉还第二泉。

跋:伯谦仲若昆季得御题《溪山渔隐》还之山中,付僧世守,为记。记竹炉已荷。

宣统纪元正月初告□□端方题于惠山之麓

民国十一年　侯鸿鉴辑《锡山先哲丛刊》,把刘继增重录《竹炉图咏》收入第一辑。

竹炉图咏后跋
俞　复

竹炉图咏原系前清应制体式颂扬处,概用抬格,此次重钞付排,改去抬格,均作平行。社中诸君以校勘事嘱余任之,余检阅书中称臣处,仍小字旁列,此与抬格为对,举似不应去彼而存此,又原刻元、亨、利、贞四集,均先列清高宗御题暨当时诸臣和作,而以明朝以来题咏另页列后,此在当时尊王之下,不得不尔。今改制后,重付印行,无取于此,自以依时代之先后次第为宜。余以所见质诸社中诸君,承嘱照为改订,并令附识数语,俾后人得知原书体式,以及此次改订之理由,以免来蒉古之讥。又按:元集冰壑道人题后,刘注云:邱刻于题名不加别号,并不加籍贯,如此行迳,题盛颙二字云云。据此,则吴刻自较妥善,邱改之非也。盖此书本非著作体裁,但照卷中题识,依次录下,称名称号附加籍贯与否,一仍原式为宜。间有并不存名号者,如亨集之《竹炉记》,是若照邱刻一律改用姓名,则于此处穷矣。盖若使此卷留诸今日,必有好事者以写真印法存其真相,以供考古者之雅好,惜乎物之成毁有数,而时之不及待耳。

中华民国十一年岁次壬戌双十节后二日俞复跋
——录自侯鸿鉴辑《锡山先哲丛刊·竹炉图咏》

民国十六年　杨志濂在顾伯康夫妇六十寿辰之时,把有关诗文、汇编成《辟疆园诗文汇钞》,内中有顾伯康复制竹茶炉的有关诗文,也是竹茶炉变迁过程中一大雅事。

辟疆园复制竹炉诗文：

辟疆园复制竹炉记
杨志濂

　　吾邑惠山听松庵竹炉之名天下也。以僧性海之制而名欤？以王孟端之图而名欤？抑更以一代烈文之主翠华临辛、翰宝纷披、爱护珍藏、视若球图彝鼎而名欤？然二三百年间过眼云烟，倏焉俱杳矣。而竹炉之名仍在，则以炉名于泉，而泉固以第二名于天下者也。夫伊古以来，一无依傍而欲擅天下之名，虽挟常王之力有所不能，而惟善因者能之，今辟疆园主人可谓善因者已。辟疆园之名不刱自主人，而未成园之前则一平地耳。主人凿地得泉而成池，就所出土累石而为山。随山高下，池曲折为亭榭台馆，于原有林木外添植松竹花药之属，才一二年，蔚然成园矣。尤可喜者泉得自瞽井，其味甘冽，无异惠泉。昔李德裕在中书用水，递以取惠山泉，有僧阻之。为于京都一眼井通惠山泉脉，试之果然。今山泉数里，而近地脉之通益可征信。主人日涉成趣，逸兴横生，乃叠石壁于土山之巅。吸水而上为瀑布，蜿蜒下注于山之阳，承以螭吻，流入池沼，有声淙淙，与松涛相答和。颜其山颠之亭曰听松，复取竹之成材者，仿性海遗制编篾为二炉，一贻贯华阁，一置园池前亭中，即以"竹炉"二字额之。春秋佳日，文酒之宴，引坐亭榭，汲泉注罂，拾松子炽竹炉煮本园所种茶，列前所得自井中之龙泉瓷以饷客。仰观飞瀑，俯瞰清流，不啻置身九峰二泉间也。客曰：是不可以无记。主人举以属余，余曰：天地无心而成化四时，不言而成序。亦惟因其故，而已故者已然之。迹自古圣贤豪杰间，物成务恒，必由之主人。因吴中顾氏旧有之名以成园，因引水而得通脉惠山之泉，因泉而编竹为炉，因竹炉为听松庵僧旧制，而以是两名其亭。吾知他日必有继孟端为之图，且引起海内诸名流之题咏，以踵美明清之韵事者，则因之为用，顾不重哉。文章本天成，余亦何待他求哉。爰濡笔而为之记。

记　二
辟疆园主

　　岁在丁卯，余筑辟疆园于欢喜巷。叠石为山，凿池引水又建亭台榭阁，颇得幽居之乐。凿池时偶得七瞽井，遂疏瀹之，均通泉脉。复得龙泉古瓷韩瓶数十事，酌水尝之，清冽甘滑，与惠山二泉无异。斯园离惠山只数里耳，泉脉灌输，理固宜然。尝诵李太白"竹暗辟疆园"句，乃遍种修竹篔筜满园，土山之麓植茶，茶花可以悦目，山阴种松，松涛可以悦耳，惟松与茶兼资啜茗之用。余童时习闻外祖莒风秦公，与堂曾外祖澹如公纵谈竹炉故事甚详，并睹御笔图卷，忻慕久之，惜竹炉已毁，不得复见耳。今竹炉山房复建于昭忠祠，侧贯华阁，亦由杨味云姑丈兴复之。盖邑中名胜，将次第兴复，其未复者第竹炉耳。适余园中丛篁日茂，乃追溯竹炉故事，遂截园竹仿制两炉，又于土山之巅叠石为石壁，吸水灌山顶为瀑布，下有沼，屈曲泻入山麓，宛如九曲清流，至山之阳，有螭吻流入圆池，池前构亭颜曰竹炉，以贮新制之炉，山巅构亭颜曰听松，置设几席，为良朋雅集观瀑之所。于是汲清泉、拾松实、采新茗、燃竹炉、列龙泉瓷以飨客，闲情逸致庶几追踪先哲之遗徽。惟御笔图卷不知流落何所，颇拟访求前图，摹临一卷，追录前贤题咏，置于秋声阁上，以资游客之赏鉴焉。更拟分置一炉于贯华阁，付忍草庵僧储藏。每逢上巳修禊，重九登高，名流毕集之会，乃以此炉烹泉酌茗，继盛舜臣、顾梁汾诸老之后，他日或且以竹炉联句媲美竹垞，为九峰二泉增此韵事，不亦幸乎。或疑吾将以辟疆竹炉传名于后，此则好名者所为，岂隐居遯世之旨哉？

辟疆园复制竹炉诗

康伯制竹炉二，以其一赠忍草庵置贯华阁中以续山房韵事，作诗和之。

杨寿枏诗

一帘花雨茶烟绿，　帘外松风鸣谡谡。　何人手擘青琅玕，　自沦龙团煮寒玉。
舍人遗迹不可求，　幽篁翠冷空山秋。　却向草庵续韵事，　风流更有顾虎头。
故园荒径烟萝老，　苍云满坞无人扫。　待烧红叶试清泉，　从子山中拾瑶草。

吴涛诗

自种新茶自浚泉，　自裁园竹火炉编。　名山景物高人趣，　收入君家事事全。

风雅传薪前事师，　梁汾遗派溯分支。　一炉别置贯华阁，　佳话续赓弹指词。

侯鸿鉴诗

吾邑惠山听松庵旧有竹炉，为僧性海所制，王孟端有图。清帝南游时，翰墨流芳一时，称盛迄今。竹炉山房之名犹存，而炉与图早随劫火已渺不可得矣。同学兄顾君康伯，既辟辟疆园于欢喜巷，亭台池榭，点缀日新。掘地得古井，又得龙泉古瓷器若干件，浚泉种竹，越两年余，截竹为筒，制炉烹茶，仿古式成二炉。一置园中，一置贯华阁，风雅继前贤，嘱同人赋诗志盛云。

听松旧韵溯吾乡，　三百年来孰继将？　性海竹炉随劫火，　孟端图卷渺沧桑。
忻闻佳制仿前哲，　资赏名园贮辟疆。　剩汲苓泉同试味，　贯华题咏共评量。

慨予久渴惠山泉，　幸傍园林韵事联。　春雨千竿笼翠影，　秋声一阁袅茶烟。
龙瓷合借清流涤，　松子还将活火煎。　为羡虎头闲逸致，　也拈秃管寄吟篇。

胡朴安诗

今昔名园属顾家，　巷居欢喜少喧哗。　竹炉规复林泉趣，　明月清风对品茶。

新筑亭台故实多，　幽情思古费钩摩。　精心点缀东林景，　觞咏风流继永和。

朱文熊诗

君本虎头系， 取字亦相因。 因之为用大， 庄生拟天钧。
箕裘出弓冶， 规矱遵先民。 卓哉齐物论， 成毁互相循。
彼即此所因， 古今成一纯。 孝子明此理， 躯壳留精神。
达士悟此理， 朽腐转寄新。 妙哉君所见， 庄列同曾闵。
既筑辟疆园， 祖德陈晋人。 复以竹为炉， 前贤希清尘。
两者各善因， 孝贤萃一身。 我忆二年前， 饮君团圞室。
其时园初筑， 篑笃已崒崔。 抉石复引泉， 古甓陈皇甍。
曾嗤陆士衡， 先世陈爵秩。 何如彦先贤， 子孙希隐逸。
今复读名篇， 竹炉继前哲。 想见瀹茗时， 拄颊风生腋。
羊昙有名墅， 谢傅宜淹迹。 何期远寄笺， 谓宜有此什。
我今识君意， 世浇仍先泽。 山僧有名制， 乡邑企芳躅。
悠悠世外心， 两因俱超绝。

侯学愈诗

康伯表弟，幼学嗜古，既筑辟疆园，遍征名流题咏，余亦忝附骥尾。近复伐园竹仿明僧性海遗制成竹炉二，一置于惠麓贯华阁，一存于园中听松亭，洵可谓风雅好事者矣。一日枉驾过余手，杨筱荔世丈所撰复制竹炉记并昧云表阮题句见示，谣诼加墨重违其意为述竹炉兴废源流，率赋长歌即希郢政。

竹炉题咏怀先哲， 文采风流尽人杰。 谁欤创始缔造成， 明僧性海传手笔。
当年卓锡听松庵， 自擘篑笃施巧术。 上圆下方象乾坤， 空中有窍烟焰彻。
耐轩学士首吟赏， 逢吉少卿踵论说。 孟端舍人写作图， 一时珍异无与匹。
其间沦丧几何年， 名流翰墨暂消歇。 武昌太守好事者， 敦促山僧罗放失。
珠还合浦会有期， 剑返延津岂无日。 后来仿制盛舜臣， 远遗冰蘗资鉴别。
卷端题跋满琳琅， 高逸名贤难具述。 聚散由来本无定， 一夕疏防遭篡窃。
国初风雅顾梁芬， 捐金收赎还旧物。 商邱中丞鉴定之， 重付装池弥残缺。
翠华屡幸西神山， 赋诗纪事辉岩穴。 天语褒嘉声价增， 英光宝气长不减。
特敕僧寮善守藏， 绝类瞿昙托衣钵。 韵事流传五百春， 无人继起绍先烈。
辟疆园主虎头痴， 疏凿林泉盛建设。 手刳园竹织成炉， 规制如前无少越。
一存高阁一茅亭， 宾朋裙屐赏风月。 毋烦再到九峰间， 怳疑如入二泉室。
拾取松枝煮凤团， 酌以古瓷龙泉质。 追踪胜国性上人， 易代声名犹未沫。
好延妙手补丹青， 挥洒烟云差仿佛。 闲情雅欲希往古， 逸致永堪式俗末。
名园从此增胜概， 足使游人慰饥渴。 我来把玩叹观止， 忝承雅命难藏拙。
源流叙述作长歌， 与炉永永垂无极。

黄慈寿诗

竹炉雅制注名泉，　蟹眼鱼眼百沸煎。　吾乡虚泡无此味，　第一只让中冷前。

辟疆顾子慕风雅，　截竹仿造形模全。　酌罢试登九龙顶，　枕石漱流放足眠。

顾祖诒诗

天下闻名第二泉，　听松品茗竹炉煎。　相传性海高僧制，　独证心源盛老贤。
几度沧桑资鉴别，　数行题跋写诗篇。　搜罗还我千秋笔，　收赎何人七世先。
顾氏宗风作与述，　王公遗墨爱生怜。　茅亭高阁夸双绝，　宝贵珍藏亿万年。

吴中胜地辟疆名，　顾氏园林费品评。　自昔苏台留韵事，　于今锡社订诗盟。
竹炉复制茶烟活，　瓷器纷陈岂色清。　江左风流怀耆宿，　梁汾遗迹感频更。
二泉甘冽分馀润，　尺幅云烟寄此生。　车马盈门无俗客，　幽居深巷乐升平。

跋：予七世祖梁汾公讳贞观，由丙午南元考授内阁国史院典籍。今城中连元街石柱下即内史第旧址也。雅善诗词歌曲，与相国公子纳兰成德为八拜知己。曾于惠山忍草庵贯华阁下，建筑一弹指堂，所著《弹指词》一卷，有《调寄金缕曲》两阕，系赠友人吴骞出塞之作。古调独弹，尤为当世士夫所传诵。重修端文泾阳公祖祠，时添筑积书岩于祠旁，并于缋堂后疏通泉脉，叠石为池，辟一竹园，则有高楼一角，平屋数楹，屈曲蜿蜒以通幽处。结构虽小，与听松庵仅隔一墙，即竹炉山房亦近在咫尺。想见当年名流耆宿，日涉成趣，仿性海之制，披孟端之图，煮茗汲泉，唱予和汝，由今思之辄为神往。兹于辟疆园落成后，其主人康伯宗兄复制竹炉，一时擅通才负盛名者有记有诗、有歌有赋，固已珠玉挥毫琳琅成帙矣。吾知踵王舍人之后，绘成新图，大可引起海内高人名士之题咏，为九峰二泉生色不少。益见我先祖手泽如新，俾与商彝周鼎而并寿也。予也半世宦游，三生翰墨，怅风徽之已杳，忻继起之有人。前次高张盛宴，非有约而不来，兹以旧事重提，借赋诗以自献。六十七龄眇翁宗末祖诒谨题并跋。

范熙诗

因旧名园署辟疆，　二泉通脉继流芳。　竹炉仿制好师古，　茶叶自栽倍觉香。
松菊常存三径路，　林花掩映四围墙。　谁知城市嚣尘处，　独辟溪山伴日长。

调寄钗头凤
孔宪功

炉烟起，幽篁里，潇湘妃子真知己。新茶经，小中冷，泉声淅沥，仿佛鸣琴。听，听，听！
巷欢喜，眢井底，千年宝物重磨洗。豆花青，古瓷瓶，果然试验，舌本流馨。灵，灵，灵！

——以上都录于杨志濂《辟疆园诗文钞》

图26　辟疆园复制竹炉图

民国二十一年　顾伯康（即赓良）辑《惠山听松庵竹炉志》，秦敦世有序。

秦 敦 世 序

　　物不能自传也，必以人而传。人不能自传也，必有所托而传。三代金石甲骨简策之文字，图形尚象之刻画，皆有所托而传者也。后世孳乳日繁，始区而别之曰文（诗为有韵之文）曰书、曰画，三家遂为文学之大宗，有一于此即可不朽。吾邑听松庵之竹炉，一细物耳。自王孟端舍人为图咏以张之，竹炉乃以此名天下。明清两朝之贤士大夫，以诗文相雄视者灿然，若明珠大贝极文采风流之盛，而天章稠叠几欲以山房之雅玩为天府之球图。至是而竹炉之名益高绝千古。顾天道忌盈，炉图并毁，高宗御笔补图且出内府所藏孟端《溪山渔隐图》以偿之，与诸臣赋诗题其上，不惜以帝王之尊同骚人墨客较一日之胜，想见雍容太平之乐，不可谓非山林之盛事也。咸丰庚申之变，御笔图及渔隐卷皆失而复得，先从祖都转公曾为文以记之，归之黄埠墩僧舍。乃不久而《渔隐卷》为裴伯谦所有，伯谦故善先四兄，以是卷为一邑之掌故，慨然留兄处者，殆十年后乃索还，或以为德不卒讥之，非也，窃谓孟端之画超凡入圣，为天下之环宝，当与天下共宝之，乃欲以一邑私之陋矣。呜呼！沧桑屡易，文物全非，归老山林求所谓听松之流风馀韵，已渺不可得辄为，不怡顾甥康伯，园居多暇，独搜缉竹炉之诗文为一编，裦然《竹炉志》也。每一展卷，如置身成宏康乾之世，庄严典重，宛在目前。图卷虽亡，有《竹炉志》以汇萃之，则亡者可不亡，人与物之不能无所托而传之也，有如是哉。壬申春正秦敦世序。

秦敦世民国二十一年
——录自《惠山听松庵竹炉志》

（五）结语

惠山听松庵竹茶炉的创建、复炉、新制都有文人雅士的唱和、题跋、画图。每一次雅集，都在惠山这块积淀了丰富传统文化的土地上撒下了种子，并逐渐生长、开花、结果，再继续播种、生长、开花、结果……生生不息，余响不绝，一代一代地传承下来。这是惠山特有的文化现象，它有独特的人文环境：天时、地理、人和，缺一不可。

明朝在听松庵有性海、王绂的竹茶炉原咏，秦夔的复竹茶炉唱和诗卷，有盛舜臣新制竹茶炉题咏，文人雅集一次又一次，竹炉文化的发展一波又一波。

清朝除了顾贞观的竹炉新咏，还有灵源上人的复炉唱咏，但规模和影响都远不及前朝。

清朝最突出的是乾隆六次南巡所掀起的竹茶炉文化新高潮。乾隆一人竹炉诗章的丰硕不亚于明、清文人墨客诗作的总和，但在历史上的影响，明人的竹茶炉雅集唱咏是挥不去抹不掉的，它已深入人心，牢牢地铭刻在历史的丰碑上。

乾隆具有诗人的气质，但他的帝王身份压抑了他诗人的才华，乾隆深知中国历史，在历代帝王中不乏才华横溢的人，唐玄宗在后期耽于声色，几毁了"开元之治"；宋徽宗是一位书画大家，最终却成了亡国皇帝。乾隆只有在繁杂的治国理政之暇，才有机会表露，即使这样，留下的四万余首的诗章是任何高产的诗人所不及的，而且这诗作中也有很多佳作。乾隆的吟诗有一个原则："予向来吟咏，不为风云月露之辞，每有关政典之大者，必有诗纪事，即游艺拈毫，亦必于小中见大，订讹析义。"（《清高宗御制诗余集》卷二中《惠山图八景》注①），"拈吟终日不涉景，七字聊当注起居"。（《清高宗御制诗五集》卷六十四《东甘涧》）。乾隆也是一个人，他也有感情生活，但他并不用他的感情去驾驭他的行为。因而作为诗人的乾隆是须服从帝王的乾隆，他在重大问题上是理智占上风的，乾隆不会把他的感情无所选择地暴露在诗作中。乾隆其实是很孤独的，单从南巡临幸惠山的诗篇中可看出乾隆很欣赏钱陈群、沈德潜等文人，以及张宗苍、邹一桂等画家，但他们只是臣子，主子和奴婢的界线是分明的。然而乾隆对于历史上名人的评说和已故臣子的思念，就少了这一层的限制了，例如，盘山千尺雪的诸多《唐寅品茶图》诗，他和唐伯虎的"对话"就少了这种拘谨，随便多了。再如乾隆在己酉《题张宗苍惠山图》中，却一反常态，流露出思念之情："宗苍即往惠山在，一例如同古画壁。"此时乾隆已是七十八岁高龄，而张宗苍已作古了二十四年，乾隆已抛掉了帝王的威严，像是朋友之间的思念了。

乾隆南巡六次，十一次临幸了惠山，在听松庵竹炉山房表现了他对竹茶炉文化的极大关注，《竹炉图咏》卷四图失其一，他命张宗苍补图，并在《竹炉图咏》卷上题诗、叠韵和大臣唱和，留下了大量诗作。后《竹炉图咏》被焚，他亲自补书第一图，命永瑢、弘旿、董诰补了其余三图，并把宫廷所藏王绂的《溪山渔隐图》赐给听松庵，令寺僧永宝之。回京后又作了几百首的有关竹炉的诗章等，这些似乎是在进行着一种竞赛，和明人的竹炉诗文比一下高低。秦敦世在《惠山听松庵竹炉志》序中写道："（乾隆）不惜以帝王之尊同骚人墨客较一日之胜，想见雍容太平之乐，不可谓非山林盛事也。"乾隆的大量诗文和前朝文人的竹炉图咏出现了帝王文化和士人文化的大PK，出现了帝王文化和士人文化交相辉映的奇观。这种竞赛不是排斥汉文化，相反地促进了满汉文化融合和发展，乾隆做到了，成功了，但竞赛还是输了。乾隆留了大量的竹茶炉诗文，但传播并不广，大多默默无闻，这比之明人的竹炉诗画卷传遍海内，就相形见绌了，这就是帝王文化和士人文化区别的所在。

帝王文化更多的是体现一种威权力量，而士人文化却有更多的亲和力。

帝王文化像是生长在高山峻岭之巅的一朵花，虽鲜艳，只能孤芳自赏，鲜为人知。而士人文化是生长在肥沃土地上的花圃，竞相争艳，声誉远播，影响也广。

帝王文化除了帝王的孤家寡人外，最多只有一些近臣的唱和，这些大臣怀着畏惧心理如履薄冰，生怕一不小心，跌入深渊，不能敞开心扉，只能有所制约。

一种文化的传播和发扬，涉及天时、地理、人和的紧密结合，即便是听松庵，在隆庆年间被焚后，在惠山寺竹炉山房重生，但终究不是土生土长了，从天时、地理、人和来分析，惠山寺的喧嚣不及桃花坞的清静超脱，竹炉山房在惠山寺内，它缺少独立性，缺少单独的活动空间，有些活动也受到惠山寺活动的制约。而桃花坞下听松庵，它不是传统意义上的"庵"，它没有接受十方香火的功能，它是惠山寺住持普真禅师退居后归隐之所。《惠山记》和《惠山古今考》谈到惠山寺的十四所僧房中，从南向北第一所为南隐房，第十四所就是听松庵，它虽和惠山寺邻近，却感受不到人世的嘈杂，它有高僧性海的修真，有王绂等文人的来访，是竹茶炉文化诞生之地，因而在清朝若没有乾隆帝的南巡，也掀不起像前明那样一波又一波的竹茶炉文化的热潮了，其充其量只有是波浪的起伏而已。

乾隆南巡多次临幸了惠山，回銮后，在北京的皇家园林中，复制了惠山九龙的缩影：惠山园、玉泉山竹炉山房、凤凰墩，以慰他思念之情，但复制的景点只能达到形似而非神似，它缺少文化内涵和历史的积淀，缺少了几百年文脉的传承，缺少了一股灵动之气。惠山文化是惠山一方水土孕育下发展起来的，是惠山灵气的结晶，它给听松庵的竹茶炉文化注入了生命。皇家园林稀有人至，缺少文人逸士的唱和，只有乾隆一人的男高音，最多增加几位近臣的吟咏。而听松庵雅集，一人首倡，众人赓和，它接地气，使人流连，使人神往。乾隆的独唱终究达不到江南士人合唱的力量和影响。但乾隆的帝王文化和明清士人文化的结合，却促进了满汉文化的大融合，推进了在传承的基础上发展了优秀的中华文化，这是传统文化遗产的瑰宝，这是其价值的所在。我们今天把乾隆留下的几百首竹炉诗整理了出来，凸显了他的惠山情结，而这种情结恰恰反映了惠山这块风水宝地的人文价值，反映惠山地区文化遗存积淀的丰富和独特人文精神，进而提升了惠山文化的知名度，宣传了惠山，推广了惠山。

竹炉山房中的石刻于1983年列为市级文物保护单位。

附录一、惠山听松庵—竹炉山房留下了多少个不解之谜？

谜之一：王绂戍朔州是何时回锡的？

问题的提出是由邵宝在正德十三年戊寅所撰的《序竹茶炉遗事》（下简作《序》）一文引起的：

序竹茶炉遗事

邵　宝

洪武壬午春，友石公以病目寓慧山之听松庵。目愈图庐山于秋涛轩壁，其友潘克诚氏往观之，于是有竹工自湖州至，主庵僧性海与二子者以古制命为茶炉。友石有诗咏之，一时诸名公继作成卷。永乐初性海之虎邱，留以为克诚别，盖在潘氏者六十余年。成化间杨谟孟贤见而爱之，抚玩不已。潘之孙某者慨然曰，此岂珍于昌黎之画而吾独不能归好者哉，乃以畀孟贤。孟贤卒之三年，中斋秦公以知府报政还武昌，遂为僧撰疏语，白诸孟贤之兄孟敬取而归焉。吾闻诸吾母姨之夫，东耕翁云。正德戊寅三月望后四日，二泉山人宝书于容春精舍。

——录自《竹炉图咏·利集》

这篇《序》谈了以下几个问题：一是王绂病目寓听松庵。二是图庐山于听松庵秋涛轩壁。三是僧性海制作竹茶炉，王绂和潘克诚在正。四是竹炉唱咏诗卷。五是竹茶炉的失和复。《序》中谈及之事且都在洪武三十五年壬午（1402）春以后，而以上这些事情的发生和变化都和一个人——王绂有关，王绂在青年时曾受累戍朔州，王绂究竟是什么时候回乡的呢？王绂回乡的时间直接影响到邵宝《序》中提及的"洪武壬午"是否正确，笔者发现，这个时间可能有误，现举例说明之：

例1：《竹炉图咏》中有王达《竹茶炉记》，最后落款为："岁乙亥秋既望日。"

按：乙亥为洪武二十八年（1395），早于洪武壬午（1402）。

例2：《梁溪文钞》中有王达《江南春雨图记》："洪武丙子秋，余承浙江大臣之命，为秋闱校艺官。滨行时，友人王孟端，沈存耕氏饯余于梁溪之上。"

按：《江南春雨图》是王绂为沈存耕所画，王达撰记的时间为"洪武丙子秋"，洪武丙子是洪武二十九年（1396），早于洪武壬午（1402），这年秋，王达将赴浙任职，王绂和沈存耕在梁溪上为王达饯行。这是洪武二十九年王绂在无锡的确凿证据。

例3：《虚斋名画录·卷八》有王达《溪山渔乐图记》："吾弟王孟端学成，……黄君叔洪吾之至友也……今观孟端为叔洪画此图，笔法高古……洪武丙子耐轩居士王达识。"

按：同例2一样，此为王绂在无锡的又一旁证。

例4：《竹炉图咏·亨集》有陶振《竹茶炉》诗三首，后附跋："余读茶炉诗，有怀锡山诸老，制作令人歆羡。不觉清兴飞动，因滴梅梢露，磨龙香剂，蘸紫霜笔，写诗三首寄呈听松轩主叟一笑，且求诸公教正云。浔阳陶振醉里书于雪滩梅竹边之西小轩。时洪武岁丁丑二月廿有四日也。"

按：洪武丁丑即洪武三十年（1397）也早于洪武壬午（1402），《跋》中反映了此年不但竹茶炉已制成，且竹炉唱咏的热潮正当其时。

以上四个例子可看出，僧性海制作竹茶炉的时间应在洪武二十八年或以前，因而王绂在洪武二十八年或以前就应回乡了，王达的两篇记把王绂的身影定格在洪武二十九年的无锡。到了洪武三十年，竹炉诗卷的唱咏已达到了高潮。王绂受累戍朔州回乡的时间是须尽量厘清的。还有王绂病目寓听松庵、画庐山景画壁和制作竹茶炉、竹炉唱咏的时间孰先孰后也须厘清。

一

王绂早年的经历：

1.《明史》卷二百八十六,《列传》第一百七十四：

王绂,字孟端,无锡人。博学,工歌诗,能书,写山木竹石,妙绝一时。洪武中,坐累戍朔州。永乐初,用荐,以善书供事文渊阁。久之,除中书舍人。

2.《四库全书总目·提要·王舍人诗集》：

绂字孟端,无锡人,别号友石生,又曰九龙山人。洪武中就征,寻坐累戍朔州,永乐初用荐,以善书供事文渊阁,久之,除中书舍人。

3.《王舍人诗集·曾棨序》：

中更多故厄,穷连蹇,于羁旅道路之间者十有余年,其后,乃用荐,以善书选入翰林者又十余年……

4.《王舍人诗集·王进序》：

后被逮屏处边陲十有余年……以知为授中书舍人……永乐丙申,以疾卒于官舍。

5. 章晄如《故中书舍人孟端王公行状》：

洪武戊午,征天下罢闲弟子员,登其能者仍授以官,公亦与焉。未几,以事累谪戍山西朔州,公虽在戎旅间,布衣韦带,意气自若,内无摇夺之心,外无沮馁之色,不自知其为谪戍也。主守者知其情,亦加优礼。无何,藉其养子以代之。既而归乡里,隐居教授,孜孜训诲子弟,率多宾兴。永乐初……登文渊阁以被选……十年三月甲子拜中书舍人……今年春以病卒于官舍,实二月初六也……永乐十四年三月二十日征事郎中书舍人章晄如状。

1、2、两条可以代表清朝官方的研究,3、4、5、三条是王绂同时代人且都是王绂的友人所撰,这是笔者所见到的最具权威性的资料,所反映的情况应是真实可靠的。王绂的经历可分成以下几个阶段：

1. 洪武中就征。
2. 寻坐累戍朔州。
3. 永乐初用荐。
4. 除中书舍人。
5. 永乐十四年卒。

下面来分析上述各阶段的具体时间：

①"洪武中就征",据章晄如《行状》有："洪武戊午,征天下罢闲弟子",时间为洪武十一年(1378)。

②"洪武中就征"到"寻坐累戍朔州",这说明"就征"、"戍朔州",时间很近,结合"未几",恐只有一两年间隔,供进一步分析参考。

③"寻坐累戍朔州"究竟几年呢？曾棨序："中更多故厄,穷连蹇,羁旋道路之间者十有余年。"这里提出了"十有余年"的说法。王进序："后被逮屏处边陲十有余年。"这里也是十有余年。章晄如《行状》："山事累谪戍山西朔州……无何,藉其养子代之,既而归乡里。"无何,即没有多久,以养子代之而王绂提前归里。十有余年可能是指解除戍籍的时间。总之十有余年不可能是二十年,最有可能的是十二三年,若把"养子代之"的时间算进去,可能时间还要短一些。

④"永乐初用荐",无争议。

⑤"永乐初用荐"到"除中书舍人"共十年。章晄如《行状》中："永乐初登文渊阁被选,十年三月甲子拜中书舍人。"

⑥卒于永乐十四年。见王进《序》,章晄如《行状》。

以上分析王绂一生的五个时间段,有争议的是两段：

(1)"洪武中就征"到"寻坐累戍朔州"的时间,上面我估计只有一两年,现摘录今人赵永良、蔡坛基《无锡名人辞典》(古代专辑)的材料："王绂(1362—1416),明画家……十九岁时因事被累,谪戍朔州十余年。"王绂十九岁,1380年,即洪武十三年,笔者不知他们的依据是什么,抑或是一种分析或推理,但这个结果和我们的分析很近,多了一个旁证,我们把这个时间看作二年,到洪武十三年王绂"寻坐累戍朔州"。

(2)"寻坐累戍朔州"的原因是被何政治事件波及?十有余年是十几年呢?

1. 孟森《明史讲义》,第四节:洪武年中诸大事:

十三年胡惟庸伏诛……洪武间四大狱,连坐动至数万人,胡惟庸狱最早发,延十余年,其狱始竟,不可不稍详之。

靖宁侯叶升之以胡党伏诛,更在洪武二十五年。所谓坐诛者三万余人,其名何可胜考。此为明初第一大狱。

可以看出王绂是受累于胡惟庸案,自明洪武十三年一直延伸至洪武二十五年,前后共十三年。

2.《明史纪事本末·卷之十三·胡蓝之狱》:

十三年(庚申,1380)春正月,左丞相胡惟庸谋不轨伏诛。

二十五年(壬申,1392)秋八月丙子,靖宁侯叶升坐交通胡惟庸伏诛。

二十六年(癸酉,1393)春月乙酉,凉国公蓝玉谋不轨,伏诛。……九月,诏:'胡党蓝党,除已捕在官者外,其未发,不究。

同样,可看出,胡庸案在洪武二十五告一段落,二十六年蓝玉案发,时间较短,仅一年就收了。至二十六年,诏告天下,"除已捕在官者外,其未发,不究"。这样,王绂回乡的时间早至二十五年,考虑到王绂戍边的后期由养子代,因而回乡的时间可能还会早,洪武二十三年、洪武二十四年也有可能,最晚于二十六年必回乡了。因此洪武二十七年、洪武二十八年、洪武二十九年已在无锡是没有疑义的了。

二

《惠山记》(下简作《记》)由邵宝手定,成书于正德五年,邵宝《序竹茶炉遗事》(以简作《序》),记录于正德戊寅即正德十三年,而东耕翁卒于正德三年(见《容春堂别集·东耕处士杨公墓志铭》),《记》和《序》提到的时间一为"洪武末"、一为"洪武壬午",都应来源于东耕翁的转述。弘治《重修无锡县志》成书于弘治七年,书成在《惠山记》和《序》之前,在《听松庵》一节中有"王友石画壁特妙,竹茶炉尤清绝一时"之说,顺序是庐山景画壁在前,制竹茶炉在后,显然资料来源同邵宝《序》无关,这是画在前炉在后的有力旁证且并没有谈到时间。还有《惠山古今考》和《锡山景物略》虽都成书于《记》和《序》之后,但所引用资料中比邵宝《序》详细,增加了王绂绘《观音像》《三士图》《书金刚经》等内容,资料来源显然和《序》无相关性,顺序也是"画前炉后",没有谈及时间。万历《无锡县志》在《听松庵》一节中在谈到"画"和"炉"时也是"画前炉后"。康熙《无锡县志》在卷七《王舍人画壁》一节中特地提到了邵宝的《序》:"邵文庄公宝尝记其流传之始末甚详",其顺序仍是"画前炉后",但却独回避了"洪武壬午"的时间。其后的乾隆《无锡县志》,类同于康熙志的提法:"画前炉后",也回避时间。嘉庆志、光绪志把"庐山景画壁"和"性海制竹茶炉"分别记在不同的地方,但仍不谈时间。

据上述分析,在所有无锡历代地方史资料中,基本上是"画前炉后"的顺序,且只有邵宝的《惠山记》和《序竹茶炉遗事》中提到了时间。因此我们可作如下推断:王绂画庐山景画壁的时间应在性海制作茶炉时间之前。

结论:王绂戍朔州回乡的确切时间还须进一步探索,但至少在洪武二十六左右就已回乡了,邵宝《序竹茶炉遗事》一文把时间搞错了,只须把文中"洪武壬午春"改成"洪武乙亥春",则一切都理顺了。

主要参考书目:《锡山先哲丛刊·竹炉图咏亨集》

《锡山先哲丛刊·王舍人诗集》

谜之二：雍正间松泉上人访归之竹炉为性海旧物吗？

秦道然《惠山听松庵再复竹炉记》(《辟疆园集录·竹炉图咏补辑》)有：

"雍正壬子冬，有松泉上人者，真公之后，遇此炉于农家，知为山中故物，询所由来，乃其人从祖始庵僧，后返初服，遂携竹炉及其茶具去。今茶具已失，而炉尚无恙，上人遂乞之而归。"秦道然认为这是山中故物，已第二次失而复归："当明洪武初，性海真禅师始制此炉……至明末炉复失，莫有访求之者。""竹炉者，山中煮泉之器耳……既失矣，必求复之，斯亦奇矣，及再失而再复也，距其始制时已四百年而完好如故，则益奇矣。"又："至明末而炉复失，莫有访求之者"。

姚梦熊《再复竹炉为山僧松泉赋》小序：

正月七日过听松庵，松泉喜谓余曰：明洪武间，吾祖性海公手制竹炉……岁久炉亡，成化中秦武昌中斋苦心访求，得之城中杨氏，有复竹炉记，嗣复沦落人间迄今三百年……顾典籍梁汾亦重制一炉，终以不得故物为憾，今灵源(松泉)又于斗门张氏访得之，按武昌(秦夔)记中规制，无爽毫发，神采逼人，知为故物无疑。

把上述资料作一小结：

1. 雍正十年，松泉上人自斗门张姓农家访得竹炉一只，乞而归之。
2. 这竹炉是张姓从祖，始为庵僧，后还俗携去，约在明末，迄今近百年。
3. 竹炉规制极似性海故物，且完好如故，认为这是性海之竹炉第二次失而复得。

回顾从听松庵到竹炉山房，究竟存有哪些竹炉，其成毁怎样呢？

性海所制竹茶炉：

洪武二十八年，僧性海命湖州竹工所制，约毁于成化年间。

顾贞观《竹炉新咏记》："惠山竹茶炉者，明初听松庵僧性海所制……岁久炉亡，至成化间秦太守廷韶购得复还僧舍……而炉已渐坏。"

光绪《无锡金匮县志·竹炉》："国初，旧炉既毁，盛制又坏。"

盛舜臣新制竹茶炉：

盛颙和诗(三首)序："吾侄虞，奇其制而仿为之……成化癸卯来省京邸，出炉煮茗。"

《惠山记续编·器物》："至国朝康熙间，盛舜臣炉亦坏。"

顾贞观《竹炉新咏记》："于是舜臣所为炉亦坏，其旧者乃不复存，唯一图在耳。"

光绪《无锡金匮县志》："国初……盛制又坏。"

《锡金考乘·竹炉》："竹炉旧在听松庵，明洪武间僧性海命湖州竹工为之……盛冰壑之侄舜臣雅慕兹炉仿制为二……岁久炉坏，庵亦废，卷遂渝失。"

这说明，不论是性海之炉或盛之炉，岁久都已废了，未能留存下来。

顾贞观所制竹茶炉：

顾贞观《竹炉新咏记》："甲子秋……因忆山中故事，遂仿旧制作两炉。"

《惠山记续编·器物》："顾典籍贞观，仿旧制更作两炉……今百五十年，尚存一炉，藏于竹炉山房，亦将坏矣。"

顾炉制于康熙二十三年，经一百五十年，已到道光年间了，这说明顾炉到道光年间，亦将坏矣。

而顾之炉一直在听松庵(竹炉山房)，没有遗失，雍正六年张坦麟题诗有"听松庵里竹炉煎"，又跋中："见所制竹炉极奇古"，张所讲的竹炉当为顾炉无疑了。

关于盛制竹炉，又出现另一种说法，还是在《惠山记续编》中：

《僧房》："先文庄温砚炉，盛舜臣新制作炉，嗣僧典守不谨，旋皆失去。"

《庵院附》："庵中又藏先文庄温砚炉……旧藏桃花坞之听松庵，后为守僧所鬻，与新旧竹炉俱失。"

《竹炉》："盛舜臣新制竹炉……嗣僧不能谨守，竹茶炉复失。"

关于盛制竹炉，出现了两种不同的说法：一说已坏，一说已失。这两种观点也同样出现在《惠山记续编》中，在《器物》中说已"坏"，而在《僧房》《庵院附》《竹炉》中却讲的是"失"，这是一个"谜"。

而松泉访得之炉，雍正间松泉上人等认为是性海旧物，而上文我们已举例说明，此炉早已岁久已坏，这又是一个"谜"。

怎样才能解开这些谜？难道听松庵还有一只仿性海的竹炉吗？回答是肯定的。

《惠山古今考》卷一《园亭僧房峰坞考》中有一小段鲜为人所注意：

此炉（秦夔所复竹炉）岁久渐损，山僧真恩以山间紫竹之细者，仿其制而为之，亦称精巧，与旧炉并存于秋声小阁。

竹炉一微物耳，成毁之变是自然之常态，不足为奇，但物以人而贵，因人而名传四方，性海之炉、盛之炉、顾之炉，都是因人而传。独山僧真思，名声不著，鲜为人知，所制炉也只能静静地躺在秋声小阁，等待着命运的机遇了。竹炉之名声愈著，使用频率愈高，损毁愈速，尤其是性海之炉，从竹茶炉原咏到复炉之雅集，在《竹炉图咏》元、亨、利、贞四卷中，就占了三卷：亨、利、贞。性海之炉在成化间已"损"，至隆庆间听松庵被火焚之前，性海之炉早就已经毁了，秋声小阁所贮之炉应有两只：盛制炉和山僧真恩之炉。

听松庵隆庆间被毁后，竹茶炉和诗卷已移放至二泉书院之讲堂，万历初，讲堂被有力者拆去建生祠，名公词翰大多散失，后秦秋白于县大夫李公，使竹炉和残余诗卷得存于惠山寺（见秦秋《竹炉诗卷散失不全书院讲堂保守无策志感》），在转移过程中，竹茶炉并未失，应仍为盛制炉和真恩之炉。"嗣僧典守不谨，旋皆失去"，失去的炉一般认为是盛制的炉，其实是真恩之炉。秦道然《惠山听松庵再复竹炉记》（下简作《记》）中讲了失去的时间："至明末而复失"，他误把真恩之炉当成性海故物，所以有"复失"之说，《记》中又讲："其人从祖始为庵僧，后返初服，遂携竹炉及茶具去。"这就是"嗣僧典守不谨"的真实原委，从时间上讲明末炉失也讲得通，由于真恩之炉保存完好，"识竹斓斒，土色如漆"，当然就成为张姓庵僧"携归"的首选了，这样盛制之炉保存于惠山寺，至康熙间竹炉已坏了。这样谜团也就解开了。

题 外 之 话

雍正十年松泉上人复归之炉既为成化间山僧真恩所仿制，则雍正十年后，听松庵（竹炉山房）所藏之炉有两只了：一为顾贞观所制，一为山僧真恩所制，这又延伸出了两个问题：

乾隆辛未第一次南巡，他所见到的竹炉是哪一只？

道光十七年，黄鞠图听松庵之竹炉又是哪一只？

由于缺少资料的佐证，要详解这两个谜团，须待之来日了，但据现有资料可作如下的"合情推理"：

山僧真恩之炉，一直保存在秋声小阁，每当文人雅集，烹茶喝咏都没有它的份，它只能默默地待在阁中，等待着时机，但也正因为这样，它保存完好，使得松泉上人等误以为是性海所制原炉了；而顾炉的仿制原型，不可能是性海之炉，只能是盛之炉，即是从仿制的炉再仿制了，这样神韵有所不及，且经常使用损毁也快，姚梦熊曾说："顾典籍梁汾亦重制一炉，终以不得故物为憾。"两者相较，高下立分。在接待乾隆南巡所用之竹炉，不用顾炉而用真恩之炉是很自然的。

再进一步推之，乾隆辛未回銮时命吴门竹工仿制的竹炉以及回銮后在茶舍、景点设置的竹炉的原型也是山僧真恩之炉。

至于道光间听松庵用以展示的竹炉，《惠山记续编·器物》一节中讲到顾炉至今一百五十年，亦将坏矣。从康熙甲子后一百五十年左右正是道光年间，既然顾炉将坏，不能展示，这必然也是山僧真恩之炉了。

有此奇遇，是默默无闻的山僧真恩始料不及的，然而也正因如是，恰可告慰其在天之灵焉。

谜之三：僧性海之前五百年惠山就有听松庵吗？

问题的提出源于乾隆三十八年的一首《竹炉山房》诗：

竹 炉 山 房

试品春泉倍觉清， 那宜姑舍是而行。 新收雪水亦携至， 银斗无烦较重轻①。

松籁落从檐际流， 听来不异惠山游。 弄成四卷多称古， 鼻祖翻忘皮日休②。

——录自《清高宗御制诗四集》卷十一（乾隆三十八年，癸巳三）

【注释】

①乾隆原注：尝制银斗，较水轻重。惟玉泉水最轻，斗重一两，伊逊水亦然。其余名泉比之，有加重二三厘至一分者，独雪水较玉泉斗轻三厘。雪水不恒得，凡山下所出之泉，诚无过玉泉者。详见《玉泉山天下第一泉记》。

②乾隆原注：惠山听松庵，因有明僧性海竹炉，王绂为图，后之题咏者积为四卷，竟若庵因是僧而著。不知唐皮日休即有惠山听松庵诗，是庵之名在性海前五百余年，而数典者顾未之及，何耶？

在注释②中，乾隆提出了一个问题：听松庵的名声竟是因僧性海而著，殊不知唐皮日休就有《惠山听松庵》诗，故"听松庵"之名在明性海前五百余年就有了，为什么考证者就没有注意到呢？

在明僧海之前五百余年，惠山就有听松庵了吗？

笔者查阅无锡历代的地方史资料咸淳《毗陵志》中没有记载，元人王仁辅《无锡县志》也没有记载，但收录了两首宋代僧道章关于"听松"的诗：

（一）听松轩

山头未吐三更月， 枕上唯闻万窍风。 疑是怒涛声不散， 夜深飞雨过寒空。

（二）偃松

得地多蟠踞， 参天多晦螟。 月通深夜白， 雪压岁寒青。
独拥虬腰大， 疑闻雨甲腥。 深根动坤轴， 萧瑟挂疏星。

从宋道章的这两首诗出发，是否可以找到明以前有关听松庵的踪影呢？

弘治志倒是有"听松庵"的记载，但都是关于僧性海所创建的"听松庵"，以后的县志和地方资料提到的"听松庵"也都是这样。关于宋僧道章的这两首诗也都有转录，特别是《偃松》这一首，基本上都收录了。

弘治志、《惠山古今考》，这两首都收录了，诗题和内容没有变化，万历志这两首诗没有收录，《锡山景物略》中这两首也都收录了，但《听松轩》这首没有诗题，只录了诗的内容，而《偃松》这首收录在卷之三《怀先阁》这一节内，诗题改成了"听松"。以后的康熙志、乾隆志、嘉庆志、光绪志只收录了《偃松》这一首，且增加了一个副标题"听松轩"，即诗题都是"偃松听松轩"了，而《惠山记续编》把这首《偃松》记在卷二《山居·怀先阁》这一节内，诗题改成了"怀先阁听松"。从诗题的变化：偃松——听松——听松轩——怀先阁，我们看到了这样一个事实：宋朝的"听松轩"就是明朝的"怀先阁"，且附近有一棵古松（偃松），据《惠山记续编·怀先阁》："怀先阁，在听松坊街，南太仆卿王鉴继山别墅，祀其父问于阁中，故名'怀先'……阁左孤松特立，数百年物也。"从找唐朝的惠山听松庵——宋朝僧道章的诗——听松轩——怀先阁，就追溯不下去了，怀先阁即今王仲山先生祠也。说明无锡历代地方史资料中找不到明僧性海前五百余年关于"听松庵"的记载。

现在回到找皮日休《惠山听松庵》诗,在无锡历代地方史资料中,也找不到皮日休以"惠山听松庵"为诗题的诗。有人说《全唐诗》中可能有,笔者在无锡市图书馆找到了一部中华书局出版的《全唐诗》,在卷六一五,皮日休八,第7151页上,终于找到了:

惠 山 听 松 庵

千叶莲花旧有香, 半山金刹照方塘。 殿前日暮高风起, 松子声声打石床。

这首诗的诗题确是第一次见到,但内容却很熟,有关地方史的资料中都有收录。

皮日休的这首诗在咸淳《毗陵志》中为"题惠山寺",而且元代王仁辅《无锡县志》、弘治志、《惠山古今考》中的诗题也都是"题惠山寺",万历志和《锡山景物略》也都收录,但无诗题,在康熙以后的康熙志、乾隆志、嘉庆志、光绪志、《惠山记》中也都是这个"题惠山寺"作为诗题,唯诗的第二句:"半山金刹照方塘",改了一个字,为"半山金刹照芳塘",从宋至清所有无锡本地的地方史资料,都是以"题惠山寺"为诗题,特别是从宋到清康熙间的县志,编撰在《全唐诗》成书前,且皮日休的此诗是在无锡写的,这说明此诗原来的诗题应是"题惠山寺",后在编纂《全唐诗》时,把诗题改成了"惠山听松庵",《全唐诗》成书于康熙四十五年,在以后的县志中,仍坚持使用了原诗题。不过古人对于"诗",似只重视诗的内容,不大注重诗题,同一首诗,往往出现了不同的诗题,在流传过程中诗题变化是常见的,例如本文引用宋代僧道章的《偃松》诗,在明朝仍为"偃松",在清朝的县志中成了"偃松听松轩",《锡山景物略》成为"听松",而到《惠山记续编》中又改成了"怀先阁听松"。故若要据诗题来考证一些问题,要慎之又慎,乾隆忽视了这个问题,应了一句俗语"智者千虑必有一失",这"一失"乾隆把"听松庵"名在无锡历史上出现的时间提前了五百年。

本文所引用无锡历代地方史资料版本:
(1)宋咸淳《毗陵志》,常州图书馆点校本,四川美术出版社,2005.1
(2)元王仁辅《无锡县志》,无锡史志办公室、无锡太湖文史编纂中心合编,中国社会出版社,2005.8
(3)明弘治《重修无锡县志》,录自《无锡文库》
(4)明万历《惠山古今考》,台北无锡文献丛刊第七辑
(5)明万历《无锡县志》,录自《无锡文库》
(6)明崇祯《锡山景物略》,录自《无锡文库》
(7)清康熙《无锡县志》,录自《无锡文库》
(8)清乾隆《无锡县志》,录自《无锡文库》
(9)清嘉庆《无锡金匮县志》,录自《无锡文库》
(10)明正德《惠山记》,清咸丰邵涵初重刻本。清咸丰《惠山记续编》,清咸丰邵涵初重刻本。无锡市图书馆、无锡锡惠园林文物名胜管理处整理,古吴轩出版社,2006.12
(11)清光绪《无锡金匮县志》,录自《无锡文库》

谜之四:"竹炉山房"名由来之谜

听松庵和竹炉山房经常纠缠在一起,使人困惑,它们之间关系似很难说清、讲明。

听松庵的原型是在桃花坞下,明洪武七年僧性海创建,在这里性海制作了竹茶炉,围绕竹茶炉的浮沉,文人的雅集、唱咏、题词、画图,有制炉篇、复炉篇和新制竹茶炉的唱咏篇等,形成了竹炉图咏诗卷。明隆庆间,听松庵毁于火,竹茶炉和竹炉诗卷辗转移至惠山寺,藏弃于惠山寺之弥陀殿。万历二十三年乙未,惠山寺火,邹迪光重修弥陀殿,并改名为竹炉山房。《惠山记续编》卷二《器物》中邵涵初注:"自听松庵废,其法裔徙居弥陀殿,故仍名'听松房',一名竹炉房。"《惠山记续编》卷二《秋声小阁》:"隆庆间,听

松庵废,法嗣迁居护云关,仍称听松庵。"惠山寺之竹炉山房,有时仍以听松庵称之,故引起了误会。

乾隆自辛未始六次南巡,十一次临幸惠山寺,在竹炉山房烹茶、品茗、赋诗、叠韵,留下了大量诗篇,有意思的是在这些诗的诗题中不称"竹炉山房"而称"听松庵"。而乾隆也留下了大量的《竹炉山房》诗,这里的"竹炉山房"不是指惠山的竹炉山房,而是指北京玉泉山仿制无锡的竹炉山房。乾隆嗜古,又爱数典,这样的称呼显示了他重视历史文化的传承,但这样一来把"听松庵"和"竹炉山房"搞得更乱了。

在乾隆所有以"竹炉山房"为诗题的诗作中,仅有两首确是描述了惠山寺的竹炉山房,一首是乾隆二十五年作的《题沈贞竹炉山房》,另一首为乾隆二十七年南巡时作的《竹炉山房作》,还有一幅《惠山竹炉山房图》。

竹 炉 山 房 作

竹炉是处有山房[①], 茗碗偏欣滋味长。 梅韵松籁重(去声)清晤, 春风数典那能忘?

——录自《清高宗御制诗三集》卷二十(乾隆二十七年,壬午四)

【注释】

①乾隆原注:自辛未到此,爱竹炉之雅,命吴工仿制,玉泉、盘山诸处率置之。

此诗是乾隆第三次南巡时,在惠山寺留下的两首以"竹炉山房"为诗题中的一首,从注释中可以看出,这是描述了惠山的竹炉山房,同时御笔又画了一幅《惠山竹炉山房图》,吴钺把此画刻石嵌于惠山寺宝翰阁之壁,今之竹炉山房仍存留下此碑刻。

题沈贞竹炉山房

阶下回回淙惠泉, 竹炉小叩赵州禅。 个中我亦曾清憩, 为缅流风三百年。

——录自《清高宗御制诗三集》卷七(乾隆二十五年,庚辰七)

此诗是在沈贞《竹炉山房图》上的题诗,时间要比前一首早两年,应是二巡和三巡之间。我们感兴趣的是沈贞这画作于什么时间。沈贞在画上有题跋:"成化辛卯初夏,余游毗陵过竹炉山房,得普照师□酌竹林深处,谈话间出素纸索画,余时薄醉,挑灯戏作此图以供清赏。"成化辛卯即成化七年(1471),秦夔的复竹茶炉是在成化十二年,此时竹炉仍流失在外,还未收回。"游毗陵过竹炉山房"句,说"竹炉山房"的名在成化七年就已有了,这比之邹迪光在万历二十三年乙未(1595)把弥陀殿重建改名为"竹炉山房"时提前了一百多年,即邹迪光改名前一百多年,就已有人称听松庵(桃花坞)为竹炉山房了。

这样,桃花坞下的听松庵,民间也有以竹炉山房称之,而惠山寺的竹炉山房,有时也以听松庵称之,要分清听松庵和竹炉山房的称呼,须根据具体情况而定,一般情况下,地方史资料中是不称桃花坞的听松庵为"竹炉山房"的。

附录二、听松庵大事记

听松庵的前世		
年份	内容	资料来源
洪武七年甲寅(1374)	僧性海创建听松庵	弘治《重修无锡县志》
洪武十三年庚申(1380)	王绂受累于胡惟庸案戍朔州十余年	《王舍人诗集·曾棨序》《无锡名人辞典·古代专辑》
洪武十四年辛酉(1381)	僧性海重修惠山寺	弘治《重修无锡县志》
洪武二十六年癸酉(1393)	此年前后,王绂归	据推算
洪武二十七年末～洪武二十八年初	王绂病目寓听松庵,目疾愈,在听松庵松涛轩画庐山景画壁	据王达《竹炉记》推算
洪武二十八年乙亥(1395)	春,僧性海制作竹茶炉,潘克诚、王绂同在。竹茶炉原咏唱和始	王达《竹炉记》
洪武二十八年	秋,王达《竹炉记》问世	王达《竹炉记》
洪武二十九年丙子(1396)	王达为王绂《江南春雨图》《溪山渔乐图》题记	《梁溪文钞》《虚斋名画录》卷八
洪武三十年丁丑(1397)	陶振《竹茶炉》诗三首	《竹炉图咏·亨集》
永乐初	性海去虎丘,王达以善书被荐	邵宝《序竹茶炉遗事》《明史·王绂传》
永乐中	性海卒,王达铭其塔	秦夔《听松庵复竹茶炉记》弘治《重修无锡县志》
永乐十四年丙申(1416)	王绂卒于官	《辞海》
天顺中	县丞邵性把听松石床从惠山寺移置到听松庵东墙下	康熙《无锡县志·惠山禅寺》
成化七年辛卯(1471)	沈贞《竹炉山房图》	图中沈贞题词
成化八年壬辰(1472)	秦夔擢广湖武昌府知府	《锡山秦氏人物资料辑要》
成化十二年丙申(1476)	秦夔赴京,顺路归家探亲	《锡山秦氏人物资料辑要》
成化十二年	秦夔《听松庵复归竹茶炉疏》秦夔《听松庵复竹茶炉记》及和诗,以"传"字为韵	秦毓钧《中斋公复听松庵竹炉颠末》《竹炉图咏·利集》
成化十二年	刘弘(超远)《复竹茶炉诗卷序》及和诗	《竹炉图咏·利集》
成化十二年	秦旭《与高惟青复竹茶炉》和诗及跋	《竹炉图咏·利集》
成化十三年丁酉(1477)	秦夔赴京 陆简《复竹茶炉记》及和诗、跋 秦夔又和诗及跋 吴珵和诗及画	《竹炉图咏·贞集》
成化十三年	约此年前后,山僧真恩首仿竹茶炉	《惠山古今考》卷一《园亭僧房峰坞考》
成化十四年戊戌(1478)	秦夔丁内艰	《锡山秦氏人物资料辑要》
成化十四年	秋,秦夔建松风阁	《锡山秦氏文钞》卷一秦夔《松风阁记》

续表

年份	内容	资料来源
成化十五年己亥(1479)	吴宽和《复竹炉》诗,首用"全"字韵	《竹炉图咏·元集》:吴宽序,秦毓钧《中斋公复听松庵竹炉颠末》
成化十六年庚子(1480)	秦夔起复江西建昌府知府	《锡山秦氏人物资料辑要》
成化十六年	庐山景画壁毁于火	《惠山记》
成化十八年壬寅(1482)	秦旭创造碧山吟社	《锡山秦氏人物资料辑要》
成化十九年癸卯(1483)	盛舜臣新制竹茶炉	《竹炉图咏·元集》盛颙序
成化十九年	吴宽为新制竹茶炉序、和诗二首,仍以十五年复竹茶炉和诗的"全"字韵	《竹炉图咏·元集》
成化十九年	盛颙和诗三首并序	《竹炉图咏·元集》
弘治三年庚戌(1490)	陆简和诗("全"字韵)	《竹炉图咏·元集》
弘治七年甲寅(1494)	秦旭卒	《锡山秦氏人物资料辑要》
弘治八年乙卯(1495)	秦夔卒	《锡山秦氏人物资料辑要》
弘治十年丁巳(1497)	钱福《竹炉新咏引》	《竹炉图咏·元集》
正德四年己巳(1505)	《唐六如竹炉图祝枝山草诗合璧卷》问世	《虚斋名画录》卷四
正德五年庚午(1510)	邵宝七月建尚德书院,落成十贤堂,八月订定《惠山记》,九月祠李丞相李忠定公于尚德书院 邵宝移听松石床于双古松下,建松坛,竣逊名泉	《惠山记续编》
正德十一年丙子(1516)	李东阳卒	《辞源》
正德十一年	邵宝建二泉书院于惠山寺左,移尚德书院中李忠定祠于二泉书院	《惠山记续编》
正德十二年丁丑(1517)	邵宝悬李东阳像于松风阁	《惠山记·阁》邵宝诗 《听松偶成》小序
正德十二年	邵宝将《竹茶炉原咏卷》重装	《竹炉图咏·亨集》 邵宝题跋
正德十三年戊寅(1518)	邵宝撰《序竹茶炉遗事》	《竹炉图咏·利集》
正德十三年	文徵明《惠山茶会图》	蔡羽《惠山茶会图序》
正德十五年庚辰(1520)	冬十一月,邵宝重修松风阁	《惠山记续编·庵院附》 邵宝《修松风阁记》
正德十六年辛巳(1521)	邵宝营太淑人过氏寿藏于松风阁,建庐五楹为守墓僧居,置田十亩为守墓僧工食。庵僧圆金、方益、圆觉为太淑人守墓僧	《惠山记·庵院附》 邵函初注:《附考邑志之讹》
嘉靖二年癸未(1523)	十月一日,邵宝葬太淑人	同上
嘉靖六年丁亥(1527)	二月二十四日,邵宝卒 邵宝卒后,赘婿秦汶嗣子煦奉宝肖像于二泉书院之超然堂	《邵文庄公年谱》 《惠山记续编·二泉书院》 顾宪成《重修二泉书院记》
嘉靖九年庚寅(1537)	秦金和诗("传"字韵)	《竹炉图咏·利集》
嘉靖四十年辛酉(1561)	罗南斗《竹茶炉》诗	《竹炉图咏·利集》
隆庆年间(1567~1572)	听松庵毁于火	《惠山记续编·尚德书院》

听松庵的今生		
年份	内容	资料来源
隆庆后~万历初	隆庆间听松庵毁后,秦汶已过世,秦汶子秦榛把竹茶炉和诗卷移置于二泉书院之讲堂,原守庵僧戒洪裔徒也迁居二泉讲堂,守竹茶炉及竹炉书卷	《惠山记续编·君子堂》秦秋《竹炉诗卷散失不全,书院讲堂保守无策,志感》
万历八年庚辰(1580)	秦榛卒,此年前后守僧殁,讲堂垂废	同上,据时间推算得
万历九年辛巳(1581)	此年前后,秦秋出资修葺讲堂,付僧文忞管业	同上,据时间推算得
万历十年壬午(1582)	此年左右,有张姓阴阳官者,为开府立生祠,竟将讲堂拆去,移建一生祠于黄埠渡,而诗卷俱质于有力者之家,名公词翰半为窃去,无全璧矣	《惠山记续编·君子堂》:秦秋诗、序,谈青诗、序
万历十一年癸未(1583)~万历十六年戊子(1588)	丰城李复阳任无锡令,秦秋白于李公,炉和残卷得存于惠山寺弥陀殿,庵僧也移居惠山寺的护云关、竹炉房、地藏殿,住僧皆听松庵圆金、方益、圆觉之裔徒	光绪《无锡金匮县志》《惠山记续编》
万历二十三年乙未(1595)	惠山寺火,邹迪光重建弥陀殿,改名为竹炉山房,习惯上也称听松房、弥陀房、听松庵	《惠山记续编·惠山寺》
明后期	竹茶炉和残余诗卷,由于嗣僧典守不谨,旋皆失去	《惠山记续编·惠山寺》
康熙初	吴伯成明府为无锡令,见竹炉图咏之残卷,为加装潢,凡二卷。独王绂赠性海画及李文正篆"竹炉新咏"四字皆失去,于时舜臣所为炉亦坏,其旧者乃不复存,惟一图在耳	顾贞观《竹炉新咏记》
康熙十年辛亥(16761)	僧超杲修复惠山寺时,又把听松石床从听松庵遗址,复移置于惠山寺大雄寺前	康熙《无锡县志·惠山禅寺》
康熙二十三年甲子(1684)	康熙第一次南巡,纳兰性德以一等侍卫扈驾随行。南巡中性德得明人《竹炉新咏》卷,为惠山听松庵故物,回京后以此卷归梁汾,作《题竹炉新咏卷》诗	赵秀亭等《纳兰性德行年录》康熙二十三年条
康熙二十三年	秋,顾贞观仿旧制,作两竹炉,赋近体一章("然"字韵),赓和者甚众,后携一炉至京师,在容若处得归《竹炉新咏卷》,王李风流仍合璧,吴、谢诸公题诗附焉,后置岩居,以容若书"新咏"颜其堂,另一炉按置于听松庵竹炉山房顾贞观携回之图加上庵中原有一图,图遂有四	顾贞观《竹咏新咏记》、《锡金考乘·竹炉》 嘉庆《无锡金匮县志·竹炉》
康熙二十四年乙丑(1685)	春,顾贞观作《竹炉新咏记》	《记》落款:"康熙乙丑春分后二日顾贞观书于燕台旅次。"

续表

年份	内容	资料来源
康熙二十五年丙寅(1686)	秋,朱彝尊等海波寺《竹炉联句》	《竹炉联句·序》
康熙二十六年丁卯(1687)	顾贞观回乡	《竹炉联句·序》
康熙三十一年壬申(1692)	江苏巡抚宋荦途经无锡至二泉取竹炉煮茗,"念高僧往哲之风流,从寺僧收拾断纸残墨,并求梁汾所藏王李遗迹装池为四卷付寺僧永宝之。计文十三篇,诗九十二首,名贤高逸见卷中者六十有七人。"这是《竹炉图咏》的最初版本,宋荦题跋落款时间为"丁丑六月七日",即至康熙三十六年,此书方成。后庵僧典守不谨,遗失第四图(见雍正四年王澍题跋)	《竹炉图咏元集》宋荦题跋
康熙三十六年丁丑(1697)	宋荦版《竹炉图咏》宋荦题跋	《竹炉图咏·元集》
康熙三十六年	宋荦版《竹炉图咏》范承勋题跋	《竹炉图咏·亨集》
康熙三十六年	宋荦版《竹炉图咏》李继善题跋	康熙《无锡县志》(补刻)
雍正四年丙午(1726)	宋荦版《竹炉图咏》王澍题跋 内有"为卷有四,图画三",四图已失其一	《竹炉图咏·贞集》
雍正五年丁未(1727)	宋荦版《竹炉图咏》蒋衡题跋 宋荦版《竹炉图咏》高崇修观题记	《竹炉图咏·贞集》
雍正六年戊申(1728)	宋荦版《竹炉图咏》张坦麟诗和跋,有"听松庵里竹炉煎"句,跋中有"见所制竹炉极奇古,把玩移时"句,可见雍正六年,庵中尚存有竹炉。	《竹炉图咏·元集》
雍正十年壬子(1732)	雍正十年冬,听松庵僧灵源上人(号松泉,斗门人)探亲时发现竹炉在同村张姓之家,"询所由来,乃其人从叔祖始为庵僧,后返初服,遂携竹炉及茶具去"。今茶具已失,竹炉尚无恙,遂乞而归。并请王虚舟为之记,王虚舟转请秦道然撰记。此时秦道然仍圈禁,但可和外界接触,尝与友人讨论性名之学。灵源并求请杜云川为竹炉复归山寺广为征诗。	《辟疆园集录》:秦道然《惠山听松庵再复竹炉记》
乾隆五年庚申(1740)	缪曰藻题跋	《竹炉图咏·贞集》
乾隆十二年丁卯(1747)	高斌诗	《竹炉图咏·贞集》
乾隆十五年庚午(1750)	裘曰修歌 陶镛诗	《竹炉图咏·亨集》
乾隆十六年辛未(1751)	乾隆十六年辛未,第一次南巡,乾隆对于竹炉和《竹炉图咏》就表现出了不同寻常的关注。黄惺吾《乾隆南巡秘记·题诗》一节中讲得很详细:"竹炉诗卷,山中故物也。上在扬州,即传旨取观,卷凡四轴。既临幸泉上,抵苏,始将原卷发还。上和	黄惺吾《乾隆南巡秘记·题诗》

续表

年份	内容	资料来源
	明人韵七律二首,题第一轴。无锡惠山之作,七律一首,题第二轴,皆有小序,沈德潜、汪由敦皆和。又七言古一首,题第三轴。至回銮时又取观,至扬州发还,又题第四轴七言一律,皆御笔。又补画于卷端,则盐院进工画者,张宗苍也(前三轴本皆有画)。"又:"茗于竹炉山房时,案列古玩,皆不注视,惟于古竹茶炉,再三抚玩,既至苏,特命取观,选竹工如式制二,原炉仍发还山中,命寺僧谨守之。"	
乾隆二十七年壬午(1762)	乾隆二十七年壬午,乾隆三巡幸惠山,知州摄无锡县事吴钺奉御题元、亨、利、贞把宋荦《竹炉图咏》列为四册,首录天章,以冠篇首。其古今名贤依原卷款式以次相附。吴钺的版本和宋荦相较,多了冠以卷首的乾隆题诗、张宗苍所补的第四图,各卷分别以元、亨、利、贞命之。乾隆诗只录到壬午。这是竹炉图咏的第二个版本——吴钺版本	《竹炉图咏·吴钺后跋》
乾隆四十四年至乙亥(1779)	乾隆四十四年,吴钺版的《竹炉图咏》多有破损,无锡知县邱涟携至署中重装,值署西民居失火,《竹炉图咏》竟毁于火	《竹炉图咏·补集》:乾隆庚子诗:《补写惠山寺听松庵竹炉图并成是什纪事》(注)
乾隆四十五年庚子(1780)	乾隆四十五年庚子,第五次南巡,得知竹炉诗卷被焚,遂御笔亲仿王绂画笔意,补写首图,题曰"顿还归观",命皇六子永瑢、都统弘旿、侍郎董诰分画二、三、四图,依原式样照刊,不标集,每轴首缩摹御题四字:"生面重开""味回寄兴""清风再挹",并令补书明人题咏。又出内府所藏王绂《溪山渔隐图卷》,赐藏山寺,俾还旧观。乾隆自辛未以后诗,则命梁国治补书附于书中。又:"王述庵侍郎于乾隆庚子扈跸至惠山,见茶炉爱之。顾晴沙观察时家居,仿其式制一以赠,太仓王蓬心宸为图作诗记之。"	乾隆《听松庵竹炉煎茶四叠旧作韵》右跋以及乾隆庚子竹炉诗"注"。邹炳泰《纪听松庵竹炉始末》
乾隆四十七年壬寅(1782)	乾隆四十七年壬寅,邱涟把焚后补图刻出,这是《竹炉图咏》的第三个版本,称之为《竹炉图咏·补集》,即邱刻第一版,壬寅在庚子(五巡)后甲辰(六巡)前,这一版本仅收进了乾隆的五巡诗。	《竹炉图咏·刘继增序》

续表

年份	内容	资料来源
乾隆四十九年甲辰(1784)	春,乾隆第六次南巡再幸惠山,在邱刻《竹炉图咏·补集》上再补刻六巡御制诗一首,放在卷首,此诗在《御制诗集》中名为《听松庵竹炉煎茶五叠旧作韵》("何处名山弗有泉"),在补集中无诗题,诗后落款为:"甲辰暮春五叠旧作韵仍书卷中,御笔。"为邱刻的第二版,即《竹炉图咏补集》的第二版,应是《竹炉图咏》的第四个版本了,这个版本具体付梓的时间未有记载,但不外在乾隆四十九年了	《竹炉图咏·补集》
乾隆辛未以后	辛未以来,惠山寺建宝翰阁,即御题竹炉诗卷藏庋处。知县吴钺石刻御笔《竹炉图》巨幅嵌于阁中。又有书条石三十五方摹刻御制诗章及诸臣恭和诗章。然墨本册页,堆叠僧案,难于摹拓	《惠山记续编》
乾隆五十八年癸丑(1793)	乾隆五十八年,邹炳泰于竹炉山房雨秋堂得见诸前贤遗文,编撰《纪听松庵竹炉始末》行于世	邹炳泰《纪听松庵竹炉始末》
嘉庆十八年癸酉(1813)	秦瀛编纂嘉庆《无锡金匮县志》	嘉庆《无锡金匮县志》
道光十五年乙未(1835)	观察李彦章檄建石床亭,覆听松石床	《惠山记续编》
道光十七年丁酉(1837)	道光十七年丁酉,画家黄鞠和苏州刻石家、藏书家顾湘舟,道出锡山往见曾文斀明府(即曾承显),探访惠山听松庵,观摩竹茶炉,黄鞠画图携之归,赠给曾承显,曾把顾湘舟之石铫图和此《竹茶炉图》刻石立于栖云楼前	清道光《听松庵竹炉图》黄鞠题跋
道光三十年庚戌(1850)	道光三十年庚戌,法良为《唐六如竹炉图祝枝山草书合璧》卷撰跋	《虚斋名画录·卷四》
咸丰七年丁巳(1857)	咸丰七年丁巳,邵涵初把另有小幅刻石嵌于雨秋堂壁,以王孟端画竹刻石嵌在右隅。堂在宝翰阁右,阁与堂都在竹炉山房	《惠山记续编》
咸丰十年庚申(1860)	咸丰十年庚申,惠山寺毁于战火,所有补写四图及《溪山渔隐图》均不知流落何处,宝翰阁也被毁,碑尚存十余条	《惠山记续编》
同治三年甲子(1864)	同治三年甲子,秦缃业得御笔图于上海,时县城虽复,听松庵一片瓦砾,基址仅存,未遑兴构	秦湘业《王绂溪山渔隐图重归僧寺记》
同治四年乙丑(1865)	同治四年乙丑,就惠山寺故地,建淮湘昭忠祠,而竹炉山房遂不可复问矣。残余碑嵌昭忠祠头门	同上
同治三年甲子~同治六年丁卯	同治三年甲子~同治六年丁卯,诸家会黄埠墩僧舍落成,秦湘业把御书图卷存于僧舍,华翼纶复出其所藏王绂《画竹图》以补其阙,而《渔隐卷》尚不知下落	同上

续表

年份	内容	资料来源
同治六年丁卯(1867)	同治六年丁卯,秦恩延始见《渔隐卷》于洞庭山人家,以重金赎之归,亦不敢私为己有,拟归并黄埠墩僧舍	同上
同治十年辛未(1871)	是年方浚颐作《竹茶炉歌》题于《唐六如竹炉图祝枝山草书合璧卷》上	《虚斋名画录》卷四
同治十一年壬申(1872)	同治十一年壬申,秦缃业撰《王绂溪山渔隐图卷复归僧寺记》,题于王绂《溪山渔隐图卷》上	王绂《溪山渔隐图》
光绪二年丙子(1876)	秦赓彤出资刻印周佩安《锡金考乘》,卷三《古迹》,竹炉一章,对听松庵竹茶炉变迁,有详细介绍	《锡金考乘·秦赓彤序》
光绪七年辛巳(1881)	光绪七年辛巳,秦缃业纂《无锡金匮县志》成,在《古迹》一卷内,沿用了秦瀛嘉庆《无锡金匮县志》内容,加以补入新的内容是一篇较完整竹炉沿革的文章	光绪《无锡金匮县志》
光绪十九年癸巳(1893)	光绪十九年癸巳,刘继增把乾隆二十七年吴钺《竹炉图咏》和乾隆四十七年邱涟的《竹炉图咏补集》合成新的《竹炉图咏》。这已是《竹炉图咏》的第五个版本了	《竹炉图咏·刘继增序》
光绪初~宣统末	《溪山渔隐图》于光绪初又失。光绪十五年,画卷已为裴景福(伯谦)所藏。(见光绪十五年费念慈题跋)裴伯谦父裴浩亭曾任无锡令,承诺只要竹炉山房恢复,当即返璧。后邑之好事者联名请于前相国合肥李公,同意于惠山淮湘忠义祠内山房旧址划出,重建竹炉山房。山房建成后,裴大令践前约,将画卷归回山房,但山房无合适住持,画卷暂由秦宝瓒(歧臣)代管,这已是光绪三十年事了,据秦歧臣孙回忆,曾听上辈讲过此事,画卷似有人取去,以后去向不明,现曾在拍卖会上出现过	《溪山渔隐图》:秦宝瓒题记
民国十一年(1922)	民国十一年,侯鸿鉴辑《锡山先哲丛刊》,把刘继增重录《竹炉图咏》收入第一辑	俞复《竹炉图咏》后跋
民国十六年(1927)	民国十六年,杨志濂在顾伯康夫妇六十寿辰之时,把有关诗文、汇编成《辟疆园诗文汇钞》,内中有顾伯康复制竹茶炉的有关诗文,也是竹茶炉变迁过程中一大雅事	《辟疆园诗文汇钞》
民国二十一年(1932)	民国二十一年,顾伯康(即赓良)辑《惠山听松庵竹炉志》,秦敦世有序	秦敦世《惠山听松庵竹炉志序》
1983年	竹炉山房中的石刻被列为市级文保单位	

跋

　　康熙乾隆南巡临幸惠山和寄畅园,这是一个大课题,这个课题是在无锡祠堂文化研究会的组织指导下完成的,领导的支持和同仁的关心无疑是最大的推动力。从2011年开始到2014年上半年,课题基本完成,而修改一直到现在还停不下来,回想起在搜集、整理资料的那些时日,真有些后怕了。在这过程中我得到了好多朋友的鼓励、帮助和支持。

　　首先得感谢秦锦南先生,他帮我完成了很多资料的录入工作,不论是炎热的夏天或是寒冷的冬天,他从北京一回到无锡就投入到录入工作中来,而且还要乘二个多小时的公交车到我家中往返送取录入的材料,我只能衷心地说一句:锦南先生,真辛苦了,谢谢您!秦宝庭先生得知我在整理康乾南巡的材料,凭他敏锐的思维主动向我提供了有关线索和材料。秦振庭先生详细阅读了这三篇文章,从专业编审的角度提出了改进和建议。黄晓先生抽空去国家图书馆把《清代起居注册·康熙朝》的有关内容照相后传给了我。原史志办的杨玉伦主任、江南大学的秦和平教授和谢光前教授、秦氏福寿堂的秦绍楹先生、园林局的龚近贤先生也给予了热情的帮助。还有赵承中先生、朱刚先生、金石声先生等好多朋友给予的支持在此一并表示谢意!

　　感谢秦氏分会宗亲的支持!

　　感谢于铸梁先生、孟明峰先生在出版工作上给予的帮助!

2015年8月